# 관습적인, 너무나 관습적인

2003 좋은 방송을 위한 시민의 비평상 수상집

방송문화진흥회 엮음

한울

**국립중앙도서관 출판시도서목록(CIP)**

관습적인, 너무나 관습적인 : 2003 좋은 방송을 위한 시민
의 비평상 수상집 / 방송문화진흥회 엮음. -- 서울 : 한울,
2003
   p. ;    cm

ISBN   89-460-3185-9  03070

326.76-KDC4
384.55-DDC21                   CIP2003001499

# 발 간 사

    방송문화진흥회는 매년 시청자들과 함께 '좋은 방송을 위한 시민의 비평상'으로 한 해 사업을 마무리하고 있습니다.

    방송은 프로그램을 만드는 사람만으로 완성되지 않습니다. 그 프로그램을 보는 사람이 있어야만 비로소 방송 프로그램은 그 역할을 다했다고 할 수 있습니다. 이렇게 방송 프로그램에 그 존재의의를 부여해주는 시청자들과 한 해를 마무리하게 된 것을 기쁘게 생각하고 있습니다.

    방송문화진흥회에서는 방송의 진정한 주인이라고 할 수 있는 시청자들을 위한 사업의 하나로서 매년 '좋은 방송을 위한 시민의 비평상'을 개최하고 있으며, 올해로 6회째를 맞고 있습니다. 해가 거듭될수록 이 행사에 참여하시는 분들의 안목이 높아지고 있다는 것을 느낄 수 있습니다.

    양질의 프로그램을 보증해주는 것은 높은 시청률이 아닙니다. 시청률은 프로그램의 인기를 측량할 수 있는 잣대가 될 수는 있지만,

프로그램의 질을 측량할 수 있는 잣대가 될 수는 없습니다. 프로그램의 질은 바로 시청자 여러분이 판단하는 것입니다. 전문가의 이론적인 비평도 중요하겠지만, 시청자들의 눈높이에서 보는 시민의 비평이야말로 방송의 수준을 높이는 데 실질적인 도움이 될 것입니다.

방송 프로그램에 대한 반응을 즉각적으로 나타낼 수 있는 인터넷이라는 매체의 등장은 시청자들의 반응을 가시적으로 판단할 수 있는 데 많은 도움이 되고 있습니다. 그러나 익명성이라는 특징은 수많은 무책임한 의견들을 양산하여, 그 중에서 옥석을 가리기 힘든 것이 현실입니다. 이러한 현실 속에서 '좋은 방송을 위한 시민의 비평상'은 방송관계자들에게는 방송 발전에 도움이 될 수 있는 건강한 시청자들의 의견들을 들을 수 있는 좋은 기회를 주고, 또 시청자들에게는 직접 방송에 참여하고 방송 발전에 도움을 줄 수 있는 기회가 될 것입니다.

본 비평집은 엄격한 심사과정을 거친 작품들을 묶어서 발간한 것입니다. 아무쪼록 이 비평집이 건전하고 올바른 방송 비평의 저변 확대에 조금이나마 보탬이 되면 좋겠습니다. 마지막으로 수상자들에게 진심으로 축하의 말씀을 드리며, 방송에 대한 깊은 애정이 담긴 비평문을 보내주신 많은 시청자 여러분들과 바쁜 일정 중에서도 심사에 임해주신 심사위원님들과, 비평집의 발간을 위해 수고를 아끼지 않으신 도서출판 한울 관계자 여러분께 깊은 감사의 말씀을 드립니다.

2003년 11월
방송문화진흥회 이사장 이상희

# 심사를 마치고

우선 이번 '좋은 방송을 위한 시민의 비평상'에 참여해주신 여러 분들께 대단히 감사하단 말씀과 수상자들에게는 축하한다는 말씀을 드리고 싶습니다. 보내주신 250여 편의 작품 모두가 훌륭하고 하나도 빼놓을 것이 없었지만, 그 중에서 25편만 시상할 수밖에 없었던 점을 매우 아쉽게 생각합니다.

비평은 비평 대상에 대한 애정이 있을 때에만 '비평'으로서 존재할 수 있습니다. 만일 대상에 대한 애정이 없다면 이미 그 비평은 '비판'이 되어버리는 것입니다. 비판은 비판하는 순간 이미 끝이 나지만, 비평은 오히려 그 대상에 있어 훌륭한 자양분이 되어 발전할 수 있는 기반을 마련해줍니다.

이번 심사를 진행하면서 가장 중심으로 두고 봤던 점이 바로 이 글이 비평 대상에 대한 애정을 가지고 쓰여졌나 하는 점이었습니다. 글의 세련도 중요하지만, 대상에 대한 애정이 있는 글이 오히려 그 프로그램에 도움이 될 수 있기 때문입니다.

그런 점에서 최우수작을 받은 김선님 님의 '혼전동거, 관습으로 어루만지다'는 <옥탑방 고양이>에 대한 아쉬움을 잘 표현한 작품이라고 생각합니다. 이 프로그램이 방영될 당시, 많은 언론들에서 새로운 신세대적 드라마라는 평을 하였습니다. 그러나 필자는 그런 신선함을 인정하면서도, 한편으로는 여전히 관습적인 형태로 이야기를 진행한 아쉬움을 토로하고 있습니다. 그런 점에서 심사위원들은 이 글이 프로그램에 대한 외부 비평에만 귀를 기울이지 않고, 프로그램 자체에 대한 나름대로의 비평을 적절히 전개하였다고 생각하여 최우수작으로 선정하게 되었습니다.

이제 '좋은 방송을 위한 시민의 비평상'도 6회째를 맞이하였습니다. 그동안 많은 분들이 자신만의 비평문을 내주셨습니다. 여전히 우수한 비평문들이 들어오고 있지만, 올해는 아쉬운 점이 남습니다. 해가 거듭될수록 비평문의 형식이 너무 정형화되어 있지 않나라는 생각이 듭니다. 아마추어적인 글보다는 프로페셔널한 느낌이 나는 글들이 많아서 시청자들의 진솔한 생각을 듣는다는 본래의 취지를 잃어가고 있지 않나라는 생각이 듭니다. 그래서, 이번 수상작들은 가급적이면 정형화되지 않은 글들을 선정하려고 했습니다.

참다운 비평은 미사여구가 동원된 글에서 나오는 것이 아닙니다. 투박하더라도 진실하다면 그 글은 비평문으로서 충분한 가치가 있습니다. 앞으로도 '좋은 방송을 위한 시민의 비평상'에서 더욱 진실한 시청자 여러분의 글을 계속 심사할 수 있는 기쁨을 누릴 수 있기를 바랍니다. 다시 한번 수상자 여러분들과 참여해주신 모든 분들께 감사의 말씀을 드립니다. 시청자 여러분의 많은 애정을 부탁드립니다.

2003년 11월
'2003 좋은 방송을 위한 시민의 비평상' 심사위원회

# 차 례

 최우수작

# 혼전동거, 관습으로 어루만지다
## MBC <옥탑방 고양이>의 묘수

김선님(주부)

## 1. 관습적인 너무나 관습적인

지난 봄 우리는 그야말로 재미난 드라마를 한 편 만날 수 있었다. MBC-TV의 <옥탑방 고양이>는 높은 시청률을 기록하며 많은 시청자들에게 재미 쏠쏠한 입담거리로 떠올랐다. "김래원이 미소 예술 아니냐?", "이현우 옷발 죽이지……"와 같은 가벼운 농에서부터 시작해, "말이 좋아 혼전동거지…… 제목을 '청춘남녀 사리쌓기'쯤으로 정정해야 하는 것 아닌가" 하는 지나가는 소리로 듣기엔 일침이 있는 목소리까지 그야말로 인구에 회자되는 드라마가 되었다.

<옥탑방 고양이>는 젊은 청춘남녀의 '혼전동거'라는 다소 신선하면서도 선정적인 소재로써 이른 주목을 끌 수 있었다. 또한 이야기가 전개되어나가면서 이미 넘쳐날 만큼 넘쳐나 진부해질 대로 진부해진 멜로 장르의 그것—시니컬하게 표현하자면 기존의 정형화된 멜로물은 '사랑과 야망, 그 타락한 욕망의 속내'쯤으로 보여진다—과 차별화되면

서 많은 호응을 이끌어낼 수 있었다. 물론 이 드라마 또한 전체적으로 멜로 장르의 관습적 장치에 의존하고 있다. 그러나 기존의 멜로물이 기가 막히게 절묘한 우연의 짜증스런 반복으로 시청자들을 지치게 만들었다면 이 드라마는 최근의 흥행 코드이자 트렌드가 되어버린 '코믹'을 잘 버무려 '건강한 청춘남녀의 건강한 연애담'으로 시청자들을 집중케 만들었다. 게다가 이 드라마로 톱스타 반열에 오른 김래원이라는 젊은 남자 배우의 건강한 몸과 미소는 확실한 시너지 요소가 되었다.

이러한 시청자들의 관심은 높은 시청률로 반영돼 2003 봄 시즌 인기 드라마로 기록되기에도 손색이 없어 보인다. '혼전동거'라는 소재 또한 지금의 사회상을 적절히 반영한 시의성 있는 소재로 평가되었으며 타 방송사에는 '혼전동거 어떻게 생각하십니까?'라는 주제로 토론회를 열기도 했다.

그러나 소재가 신선하다고 해서, 몇몇 에피소드가 기존의 드라마와 비교해 조금은 현실적이었다고 해서, 그리고 재미있었다고 해서, <옥탑방 고양이>에 대해 전면적인 지지를 보내기엔 뭔가 찜찜한 구석이 남는다. 즉, '혼전동거'라는 소재로 우리 사회의 갑갑한 터부를 공중파라는 매체에서 건드렸다손 치더라도, 그리고 두 남녀 주인공의 연애담이 현실의 그것과 닮아 신선함으로 시청자들에게 다가왔다 치더라도, 여전히 TV 드라마의 전형성 그 이상의 것은 보여주질 못했기 때문이다. 이 드라마가 기존의 드라마들에 비해 상대적으로 신선한 면이 없지 않으나 실제의 모습은 철저하게 멜로 드라마의 관습적 장치와 구태로 이야기를 꾸려나가고 있는 것이다.

즉, 혼전동거라는 상황 속에서도 한국사회에서 쉽게 용납이 안 되는 일이어서인지 이 혈기왕성한 두 청춘남녀의 성생활은 마치 오누이처럼 정리되었고, 이야기의 한 축인 남정은(정다빈 분)에 대한 이동준 실장의 사랑 또한 누군가에게 끊임없는 구애의 대상이 되고자 하

는 많은 여인네들의 그것을 채우기에 부족함이 없었다. 또한 검사가
된 이경민과 짝을 맺어주기 위해서인지 아님, 드라마의 깔끔한 결말
을 위해선지 남정은은 로또와 같은 운으로 돌연 외국연수를 떠나고,
2년 만에 귀국해 팀장의 자리에 오른 후, 겉모양새까지 잘 나가는 커
리어우먼이 되어 젊은 검사 이경민(김래원 분)과 재회를 한다. 이 얼
마나 전형적인 드라마의 모습인가!

결과적으로 <옥탑방 고양이>는 그 신선한 소재까지도 시청자들의
시선을 끌기 위한 상업적 전략이었으며 시청률 지상주의라는 절대벽
앞에 겸허히 무릎 꿇은 또 한 편의 드라마가 되었을 뿐이다. 과연 TV
드라마에서 대안적 삶의 모습을 기대한다는 것은 어리석은 것일까?

## 2. 혼전동거에 동거는 없다

우선 <옥탑방 고양이>가 시청자들의 관심을 끌었던 것은 '청춘
남녀가 동거를 한다는데 무슨 일이 일어날까?' 하는 호기심에서 비
롯되었던 것 같다. 이전의 TV 드라마에도 젊은 남녀의 한방살이가
종종 등장했지만 이렇듯 전면적으로 혼전동거라는 상황을 앞세우
는 드라마는 없었던 것 같다. 혼전동거라는 사회적으로 금기시되는
그래서 궁금해지는 상황에 대한 시청자들의 호기심은 드라마 초반에
시청자들을 TV 앞에 붙잡아두는 데 적잖은 요인이 되었을 듯싶다.
현재의 연애방식과 결혼제도에 갑갑증과 답답함을 느끼는 많은 현실
의 성인남녀들에게 대안적인 방법론으로 눈여겨볼 만한 소재로 다가
설 수 있는 여지가 충분하기 때문이다(전체적인 억압구조 속에서 누군들
일탈이나 해방을 꿈꿔보지 않았겠는가).

또한 대중매체 , 그리고 대중문화의 흐름에 관심이 있는 이라면
아마도 <옥탑방 고양이>의 원작이 바로 인터넷 소설이라는 사실을
주지하고 있었을 것이다. 이 또한 미니시리즈 <옥탑방 고양이>에

대한 관심을 더욱 흥미롭게 만들었다. 그 성향과 취향이 너무나 개인적이어서 까다로운 네티즌으로부터 재미난 이야깃거리로서 검증이 되었기 때문이다. 아시다시피 시쳇말로 뜨는 인터넷 소설의 첫번째 덕목은 '재미'에 있다. 게다가 사회적 분위기 때문에 속시원하게 내놓고 이야기하기 어려웠던 혼전동거에 대한 사실적인 묘사로 네티즌 사이에서는 이미 큰 방향을 일으켜 화제가 되었다. '동거 사이트', '동거 커플'의 성행이라는 사회적 현상 속에서, 더욱이 이 이야기가 원작자 자신의 이야기라는 사실은 <옥탑방 고양이>에 대한 관심을 증폭시켰다.

그러나 이러한 관심과 기대에도 불구하고, 미니시리즈 <옥탑방 고양이>는 철저하게 공중파 드라마의 본연에 충실할 따름이다. 사회적 논란이 두려워서였는지 남녀 주인공 정은과 경민은 술기운에, 분위기에 실수로 쓰러져 단 한 차례의 잠자리만 있을 뿐 그 이후 이들의 생활은 티격태격 오누이의 옥탑방살이로 정리되어버린다. 혼전동거에 대한 실감나는 묘사를 기대했던 시청자들은 그야말로 또 한 편의 명랑만화 속 연애놀음을 지켜보는 것으로 만족해야 했다.

현재 우리 사회는 급증하는 이혼율로 가부장적인 결혼제도에 대해 어느 시기보다 논란이 분분하다. 이러한 시기에 억압적인 결혼제도에 대한 대안의 하나로서, 그리고 사회구성원의 다양한 삶의 양식을 보여준다는 의미에서 혼전동거를 좀더 현실적으로 그려주었더라면 하는 아쉬움이 남는다.

특히 혼전동거라는 설정 속에서 '성적 동기'에 대한 묘사가 없다는 것은 이 드라마의 정체를 흐리게 한다. 이 드라마는 혼전동거라는 소재로부터 이야기가 시작된다. 혼전동거라는 상황에 빠진 남녀 주인공과 그 주변인들의 에피소드가 이 드라마의 전부라 해도 틀린 말은 아닐 것이다.

혼전동거에 대한 사회적 시선 속엔 성인남녀의 합리적인 '성적 욕망 해소' 양식으로 받아들여지는 경향이 일면 큰 비중을 차지하고 있다. 이런 현실적 통념 속에서 혼전동거를 전면에 내세우면서도 '성생활'이 배제된 설정은 다소 우스워 보이기까지 한다. 이는 소재에 대한 일반의 호기심만을 착용했다는 혐의와 함께 사회적 논란에 대한 부담을 손쉽게 넘어가려는 속계산이 엿보인다.

'성'에 대한 노골적인 묘사도 필요 없다. 단지 은유적인 묘사만으로도 충분하다. 중요한 것은 이들이 혼전동거 상황임을 분명히 하는 장치로써 '성'을 잘 선용하고 제도권 밖의 삶의 양식이기 때문에 혼란스러울 수밖에 없을 혼전동거의 현실을 조금이라도 사실적으로 그려내어야 했었다는 것이다. 사회적 통념에 대한 성급한 견제 때문인지, 또 논란의 부담을 떨치기 위해서인지 혼전동거 설정에 혼전동거와 그 현실은 전혀 보이질 않는다.

모든 드라마에서 제도화되고 공식화된 삶의 모습만을 보여줄 필요는 없다. 아시다시피 그러한 삶 속의 허위와 부조리를 얼마나 쉽게 목도할 수 있는 시절인가!

### 3. 혼전동거는 여성에게만 불편하다

젊은 남녀가 결혼 전에 동거를 한다. 그것이 열렬한 사랑 때문이건, 경제적 이유에서이건 혼전에 동거를 한다는 사실에 전체 사회가 불쾌한 시선을 보낸다. 오로지 혼전동거를 실행한 여성에게만…….

이러한 사실은 드라마 곳곳에서 보여진다. 아니 어찌 보면 전체 이야기의 한 축이 되고 있다. 우여곡절 끝에 남정은과 이경민은 동거를 시작하게 되고 이는 한동안 비밀에 부쳐진다. 우연한 계기로 사실이 알려지고 이후 주변의 반응은 우리 사회의 전형을 여실히 보여주고 있다. 정은의 부모는 딸의 미래는 더 이상 없다는 듯이 낙담한다. 속물근성을 노골적으로 드러내 보이는 캐릭터로 크게 어필한 정은의 엄마(김자옥 분)는 강제로 경민에게서 혼인서약 각서에 지장을 찍게 하고 딸의 희망줄인 양 고이 간직할 정도이다. 반면 경민의 보호자로 등장하는 할아버지와 할머니는 아무래도 상관없는 태도이다. 손주가 편하고 좋다면 손해볼 것 없는 장사라는 듯 배짱 두둑하다.

그런데 문제는 드라마가 혼전동거에 대한 주변인의 반응 또한 관습적 통념에 의해 처리함으로써 사실성을 담보해냈지만 이를 다소 코믹스럽게 다루고 있어 그 현실적 어려움을 빗겨나가고 있다는 사실이다. 관련된 몇몇 재미난 에피소드를 통해 보여주는 것은 그저 혼전동거는 여성에게 몹시도 불편하다는 사회적 시선에 대한 확인들뿐이다. 다양한 삶의 양식의 하나로 동거를 계획중인 여성이 보았더라면 그 실행을 주춤거리게 할 만큼 드라마 속 정은은 부모에게 몰매맞아 마땅하고 친구에게 멸시받아도 당연한 대상으로 그려지고 있다. 정은이 경민의 마음을 얻기 위해 성심껏 노력하는 모습이라든가, 정은이 자신의 의지로써 삶의 과정을 주체적으로 선택하는 모습과 같은(그것이 다소 낭만적으로 그려져 있더라도) 가치 있는 미덕은 부각되지 못하고 있다.

양성 불평등이 사회적 쟁점으로 떠오른 지금, 혼전동거에 대한 주변인의 반응을 사실감 있게 그려내 우리네 사회문화적 현실을 반영한 점은 평가할 만하나 '코믹'이라는 트렌드에 치우쳐 불평등한 사회현실에 대한 문제제기는 전혀 하지 못했다는 점을 지적하고 싶다. 이 드라마는 코믹적 요소의 효과적인 배치로 높은 시청률을 기록할 수 있었다. 그러나 유쾌한 웃음 속에서도 삶의 진정성을 건드리는 묘미가 부족한 아쉬움이 있다.

## 4. 그의 사랑 앞에선 혼전동거는 문제도 아니다

'백마탄 기사'는 성공한 드라마의 불문율이다. 모든 여자는 사랑을 꿈꾼다. 그것도 누군가의 지고지순한 사랑의 대상이 되고 싶어한다. 이러한 욕망의 도구로 필연적으로 등장하는 '백마 탄 기사'는 높은 시청률의 열쇠가 되는 것이다. 현실 속에서는 좀처럼 존재하지 않을 것만 같은 그의 조건과 그의 사랑이 시청자들 특히 여성 시청자들의 구미를 자극하는 것이다.

드라마 <옥탑방 고양이>의 백마 탄 기사 역할을 맡은 이동준 실장 또한 그 전형성에 꼭 들어맞는 인물이다. 조상부터 부자인 집안의 아들로, 남녀상열지사를 칙칙하게 만드는 부모님은 외국에 계시며, 세계 각지의 친구들과 다수의 외국어에 능통한 유학파이며, 말끔한 외모에 세련된 옷차림, 그리고 요사이 드라마 속 백마 탄 기사들의 필수품인 최신형 외제차를 기본으로 장착한 인물이다. 사실 그 감정의 시작이 어디서인지 도무지 확인할 바 없지만(오랜 싱글생활 끝에 공원에서 건네받은 초라한 남정은의 도시락에 제대로 감동을 받아서인지) 내세울 것 전혀 없는 정은에 대한 끊임없는 퍼대기식 사랑은 정말이지 감동이 아닐 수 없다. 현실 속 꼬질꼬질한 우리네 남자친구들의 그것과 어찌나 비교가 되는지⋯⋯.

게다가 <옥탑방 고양이>의 '백마 탄 왕자' 이동준 실장은 이전의 숱한 왕자들이 보여줬던 '사랑=소유'라는 보수성을 뛰어넘는 미덕을 보여주며 독보적 '백마 탄 왕자'의 기개를 드높인다. 이동준 실장은 오랜 외국생활에서 익힌 도회적 세련됨 때문인지 여주인공 정은이 혈기왕성한 경민과 동거하고 있다는 사실을 알면서도 매번 옥탑방까지 극진히 모셔다 드리는 장면을 몇 번이고 연출한다. 그는 철인과 같은 인내와 질긴 기다림으로 정은을 아끼고 또 아낄 뿐이며, 혼전동거에 대한 사회적 통념 때문에 정은이 겪고 있는 모든 고초까지 함께하고자 할 뿐이다. 정말이지 혼전동거를 소재로 시작된 드라마 속에서 구현될 수 있는 최상의 '백마 탄 왕자'가 아닐 수 없다.

극중의 모든 등장인물들이 여주인공의 혼전동거에 불편해하지만

'백마 탄 왕자' 이동준 실장의 사랑 앞에선 하나의 장애물로 치부될 뿐이다. 시청률을 의식한 완벽한 '백마 탄 왕자'의 구현을 위해서인지 사랑하는 여자의 '혼전동거'라는 초유의 사태도 초인적인 힘으로 묵묵하게 받아들이는 그의 모습이 매력적으로 보이기보단 맹해 보이는 것은 왜일까?

## 5. 혼전동거는 결혼으로 이어져야 한다

미니시리즈 <옥탑방 고양이>가 성황리에 방영중이었을 당시 타 방송국에서 혼전동거에 대한 토론을 벌인 적이 있었다. '동거 커플'과 '동거 사이트'에 대해 찬반의 의견을 가진 패널들이 참여해 지금의 실태를 이야기하며 혼전동거에 대한 사회적 통념에 대해 문제를 제기하며 대안적인 결혼제도 등에 대해 다양한 의견들이 쏟아져나오는 자리에 <옥탑방 고양이>의 원작자가 이제는 그녀의 남편이 된 당시의 동거남과 함께 패널로 참여하고 있었다. 당당해 보이는 그녀의 모습을 보며 만약 그와 그녀의 동거가 결혼으로 이어지지 않았다면 그녀가 지금처럼 공중파에 나와 떳떳하게 자신을 노출시킬 수 있었을까 하는 의문이 들었다. 만약에 그녀의 동거가 결혼이라는 제도권 속으로 안착하지 못했다면 그녀의 프로필은 인터넷 작가가 아닌 투사로 되어 있을지도 모른다.

결론부터 말하자면, 드라마 <옥탑방 고양이>의 남녀 주인공도 이러한 사회의 암묵적 강제를 실행함으로써 혼전동거에 대한 사회적 혐의를 훌훌 벗어던진다. 드라마의 내용을 조금 들여다보면, 정은은 경민을 마음에 품은 채 이동준 실장의 물질적 후원은 마다하지 않고 받아들이는 애매한 태도를 초지일관 보여준다. 결국에는 해외연수라는 '로또'를 제시하는 이동준 실장의 손을 넙죽 잡고 대망의 유학길에 오르게 된다. 세월이 흘러 임시 고용직에서 간부급으로 급출세한 정은이 이제는 패기 넘치는 젊은 검사가 된 경민의 품에 뛰어드는 것으로 결말짓는다. 내내 정은과 경민을 괴롭혔던 혼전동거라는 껄끄러움은 낭만적 포옹으로 암시되는 사랑의 완성으로 자취를 감추게 되는 것이다.

놀라운 사실은 정은과 경민이 그들의 옥탑방에서 포옹하는 마지막 장면을 통해 제작진은 혼전동거 설정에 대한 남은 부담을 완전히 털어내고 있다는 점이다. 또한 이 장면은 젊은 시청자들의 신분상승과 출세에 대한 갈증나는 욕망을 채워주고 있으며, 결혼은 비슷한 계층끼리의 결합이 되어야 한다는 세태를 고스란히 반영하고 있다.

혼전동거라는 비관습적 설정에서 시작된 <옥탑방 고양이>는 모든 논쟁거리를 관습적 사고에 기대어 해소하는 잔재주에 탁월한 재능을 보여준다. 혼전동거로 인해 발생된 드라마의 잦은 갈등상황이 사회문화적 현실을 반영하는 듯한 통념적 수준에서 처리됨으로써 그 사안이 지닌 문제의 본질과 대안적 사고의 작동을 제거해버리고 있는 것이다.

## 6. 드라마는 대안적이어서는 안 되는가

<옥탑방 고양이>는 혼전동거라는 사회현상에 대한 일반인의 옅은 호기심을 자극하면서 드라마의 시작을 알렸다. 이 드라마는 혼전동거라는 상황에 빠진 두 남녀 주인공의 말못할 속내와 사회적 통념상 이를 쉬이 받아들일 수 없는 주변인들의 시끌벅적 에피소드가 이야기의 전부라 할 수 있다. 그만큼 혼전동거는 이 드라마를 이끌어가는 동력이라 말할 수 있다. 그러나 드라마가 진행될수록 <옥탑방 고양이>는 혼전동거를 앞세워 시청자의 궁금증을 유발시키고자 하는 장치였을 뿐 그 본질에 대해선 눈곱만큼도 건드릴 의사가 없었음을 확인시켜주고 있었다.

드라마 <옥탑방 고양이>의 애초 기획의도가 혼전동거에 대한 사회적 공론화에 기여하고자 했다고는 생각지 않는다. 그러나 대안적 방식으로서 혼전동거라는 비전을 제시할 수 있는 여지가 충분히 있었음에도 불구하고 철저히 관습적 장치들과 사회적 통념에 기반하여 혼전동거 문제를 풀어나감으로써 그저 재미난 드라마로 만들어버렸다는 아쉬움이 크다. 사실 조금만 상상력을 발동시켜봐도 경제력이 변변찮은 젊은 남녀의 동거가 얼마나 낭만적일 수 있겠는가? 모두가 알다시피 현실은 늘 만만찮은 무게로 생활인의 얼굴을 그늘지게 한다. 그러나 <옥탑방 고양이> 속 두 주인공의 혼전동거는 정말이지 "참 재미나겠다"고 말할 수밖에 없이 그려진다. 또한 그 주변의 반응 또한 그저 '코믹' 일색으로 그려짐으로써 '재미' 그 이상의 가치는 찾아볼 수 없는 드라마가 되어버렸다.

앞에서도 논의된 부분이지만, 분명 이 드라마를 풀어나가는 중심엔 혼전동거가 명명백백 자리 잡고 있음에도 불구하고 혼전의 남녀가 노골적인 성생활을 즐긴다는 것이 말도 안 되는 일이라는 듯 극중 주인공들의 동거는 마치 어린 시절 소꿉놀이처럼 그저 알콩달콩 그려지고 있는 것이다. 공중파에서 제도적으로 , 그리고 정서적으로 용납되지 않은 사회적 금기를 건드릴 의향이 조금도 없다는 것을 만천하에 공표하듯이 말이다. <옥탑방 고양이>에 혼전동거는 없다.

또한 여주인공 정은이 자신의 동거사실이 알려지면서 그녀의 주변인들에게 당하는 수모를 통해 이 드라마의 보수적 성향이 고스란히 드러난다. 혼전동거는 여성에게만 불리하다는 사회문화적 인식을 저변에 깔고 있음을 드라마 곳곳에서 심심찮게 발견할 수 있다. 여전히 자유로운 성의 가치는 남성의 전유물이며 자기 의지로 삶을 결정하는 일조차 남성의 것이라는 듯이 두 주인공에게 가해지는 주변의 시선, 즉 사회적 시선은 분명 극한 차이를 보여주고 있다. 이런 답답한 현실에 대해 정은의 입을 통해 토로하는 한 장면이, 그것이 만취 끝에 웅얼거림이라도, 절실한 사회이지 않는가! 드라마 <옥탑방 고양이>는 '백마 탄 왕자'의 투입에도 공을 들여 멜로물의 관습적 장치를 십분 활용하고 있으며, 임시 고용직과 예비 검사의 결합이 용납되지 않았는지 친절하게도 여주인공을 신분상승시킨 후 검사가 된 남주인공과 결합시킴으로써 이 드라마의 보수적 성향을 또다시 확실히 하고 있다.

드라마가 반드시 가치전복적 사고를 꾀해야 한다고는 생각지 않는다. 드라마는 재미있어야 한다는 일반의 상식에 전적으로 동감한다. 그러나 그 소재가 지금의 사회에서 제도적으로 승인되지 못한 대안적 삶의 양식을 소재로 다루었다면 이에 대한 진지한 고민과 대안 모색이 조금이라도 녹아들어갔어야 했다는 것을 말하고 싶다. 또한, 왜 요즈음의 드라마들이 삶의 다양성을 인정하는 열린 사고를 지닌 많은 시청자들의 존재를 무시하고 구태만을 반복하는지 일선의 제작진에게 말하고 싶다.

이러한 아쉬움에도 불구하고 한국사회에서 혼전동거를 경험했거나 실행중이거나 의사가 있는 사람이라면 특히 그가 바로 여성이라면 이 드라마가 보여주는 사회적 통념만은 눈여겨보아야 할 가치가 있는 부분이라 말하고 싶다.

이 재미난 드라마는 높은 시청률이라는 최고목표는 달성했을지 모른다. 그러나 혼전동거를 소재로 채택했다면, 이에 대한 현실인식을 기반으로 그리고 가능하다면 대안모색의 차원 속에서 드라마를 끌고 나가는 의지를 담아내야 했다. 혼전동거라는 사회적 쟁점과 그 당사자들, 그리고 이를 둘러싼 주변인의 반응 속에 부조리한 사회에 대한 문제의식과 이에 대한 대안적 의식을 투영시켰더라면 좀더 의미 있고 가치 있는 드라마로 시청자들의 기억 속에 남을 수 있었을 것이다.

# 올바른 세대통합 위한 프로그램이 되어야

MBC, <일요일 일요일 밤에> '브레인 서바이벌'

이평기·이용철(대학생)

## 1. 들어가며

현대사회는 '정보화 사회', 'IT기술'과 같은 용어들이 현재 우리 생활 전반에 걸쳐 이미 자리를 잡고 있다. 더 이상 이것은 용어 자체로 끝나는 것이 아니라 실제 우리 생활 곳곳에서 생활의 일부분이 되어 있는 듯하다. 이러한 기술은 뉴 미디어(new media)를 꾸준히 태생하게 하고, 디지털 기술은 멀티미디어라는 융합의 시대를 도래하게 만들었다. 그래서 우리는 스크린을 통해 모든 제품에서 영상의 문제를 해결하려 한다. 바야흐로 현대는 영상의 시대라 할 수 있다.

흔히 볼 수 있는 휴대폰 또한 통화의 기능에서 영상을 겸비하고 사진과 동영상을 담을 수 있는 것이다. 지금 밖으로 나가면 우리는 집 근처에서 쉽게 PC방을 찾아볼 수 있고 인터넷을 얼마든지 24시간 쓸 수 있는 것이 오늘날 기술혁신의 모습들이다. 그래서인지 우리의 안방에 널리 자리 잡고 있는 텔레비전을 보면 늘 따라붙었던 바보상자란 별명도 이제는 오늘날 변화를 반영하고 있는 듯 첨단상자로 바뀌고 있음을 알아야 할 것이다.

한편으로 기술의 발전은 우리의 생활을 편리한 세상으로 바꾸어놓은 이점이 있기도 하지만 구입한 지 얼마 되지 않은 전자제품을 오래된 골동품으로 만들어버리는 단점도 가지고 있다. 즉, 기술의 변화 속도가 너무 빨라 따라가지 못하는 정보 빈부의 격차도 생기게 마련이고 첨단 제품을 제대로 사용할 줄 몰라 장식으로 용도가 변경된 전시용 제품도 생기게 마련인 것이다.

오늘날 일상생활의 일부분이 되어버린 방송 프로그램들도 이러한 기술에 발 맞추어 기존의 낡은 전통에서 벗어나 혁신적이고 최첨단의 기술과 접목하는 IT방송을 실현하고 있다. 우리가 자주 들어본 '디지털 방송', '입체영상방송', '쌍방향 방송'이란 용어는 머지않아 실현되리라 본다. 생활의 편리함을 위한 이런 노력은 "기술의 이해 없이는 즐거움이 없다"라는 글을 한번쯤 생각해보게 한다

우리가 이러한 시대에 위와 같은 문제점을 생각해본다면 기술을 통한 오락 프로그램의 질적 향상에 관하여도 생각해보아야 할 것 같다. 이미 KBS2의 MC 대격돌 <위험한 초대>와 같은 경우 토크(talk)와 전자 제어기술의 혼합된 예로 들 수 있을 것이고, MBC <퀴즈가 좋다>는 퀴즈와 인터넷의 혼합의 예로 볼 수 있을 것이다.

이와 같은 많은 방송통신융합 프로그램 중에서 기존 오락의 전통을 파괴하고 새로운 프로그램을 지향하는 방송 중 우리에게 신선한 충격을 주고 있는 것이 있다. '지식이 필요 없는 퀴즈! 국내 최고 스타 16인의 본격 서바이벌 퀴즈!'라는 슬로건을 내세우는 MBC 일요일 일요일 밤에 '브레인 서바이벌'은 오락, 퀴즈, 영상 이 세 가지를 합쳐 만든 가족오락 프로그램이다.

## 2. '브레인 서바이벌'의 순기능

### 퀴즈의 고정관념은 사라졌다

퀴즈 프로그램은 예전부터 우리 방송에서 자주 이용되어온 프로그램 장르이다. 가장 대표적인 퀴즈 프로그램인 <장학퀴즈>(1973~1996년 MBC에서 방송, 1997년부터 EBS에서 방송중)는 청소년들의 지적 탐구를 향한 청소년 대표 퀴즈 프로그램으로, <퀴즈 아카데미>(1987~1992년 MBC에서 방송)는 일반인 누구나 참여할 수 있도록 참여의 폭을 넓히고 돈이란 목표를 향한 일반인에게 동기를 부여함으로써 나름대로 퀴즈 프로그램으로의 목표를 제시하고 있다. 그러나 '브레인 서바이벌'은 도대체 시청자 대상(target)이 누구인지, 퀴즈의 대상이 누구인지 쉽게 알 수가 없다.

대형 스크린에 나타난 사회자를 배경으로 어둠 속에 16명의 출연자들이 그 윤곽만을 나타내고 있다. 스크린에 나타난 사회자(MC 김용만)를 통하여 화면에 나타난 플래시 애니메이션 문제를 푸는 방식으로 '지나가는 숫자 맞추기', '씨앗 개수 세기' 등의 예선전과 결승전 '기억의 징검다리' 등으로 구성되어 있다. 마지막 결승전에서는 우승 후보 2명을 가려내어 바닥에 나타난 여러 정사각형에 일정한 순서의 스크린에 잠깐 불이 들어오면 그 순서를 기억하고 있다가 먼저 통과하는 선수가 최종 우승자가 된다. 우승자의 상금은 자신이 나온 모교 장학금으로 기증되어 사적인 보상이 아닌 공익적인 보상으로 훌륭히 평가할 만하다.

이러한 방식의 퀴즈오락 프로그램은 딱딱하게만 여겨졌던 전통 퀴즈 형식을 접고, 온 가족이 함께 볼 수 있도록 부담 없는 놀이로 만든 것이다. 그 이유는 문제 자체가 KBS <도전 골든 벨>과 같이 특정 계층(청소년)을 목표로 하는 것에서 벗어나 모든 사람이 풀 수 있는 문제들로 구성되었고 특별한 전문지식을 요구하지도 않는다. 대개 전통방식의 퀴즈 프로그램들의 문제점들은 프로그램과 관계없는 소외계층을 만들게 마련이고 전문지식이 없는 일반 지식의 시청자들에게도 부담감이 있기 마련이었다. 비로소 우리는 남녀노소, 계급, 직업, 신분 등 성역이 없는, 세대와 세대가 없는 프로그램을 함께 보는 있는 것이다. 이러한 퀴즈 프로그램을 가능케 할 수 있었던 요인들은 퀴즈의 문제를 단순화시킨 것이 큰 요인으로, 이는 기술의 발전으로 가능해졌으리라 볼 수 있다.

먼저 사회자가 문제를 푸는 게스트의 머리 위에 설치된 대형 스크린 속에 상체를 나타내어 진행하는 형식은 게스트와 함께하고 시청자에게 친근감을 준다. 정답자와 오답자를 구별할 때 동시에 보여주는 화면분할 방식을 통하여 우리는 모든 게스트의 정답자와 오답자를 한번에 확인할 수 있고 계산도 필요 없다. 이는 카메라의 기술과 영상 발전을 들 수 있다. 여기에 퀴즈 프로그램의 문제 자체가 딱딱하지 않은 플래시 영상을 통하여 이루어져 시각적인 요소까지 겸비하고 있다. 퀴즈에 영상을 이용하는 방식과 영상을 이용하여 진행하는 방식은 기술의 발전이 방송에서도 잘 보여지고 앞으로도 방송 진행에 있어 자주 이용될 것이라고 짐작하게 한다.

## 세대를 통합하는 올바른 프로그램

방송 시작 장면은 기존의 퀴즈 프로그램에서 볼 수 없었던 가히 혁명적인 기획이다. 그런데 스튜디오에 조명이 들어오고 출연자들이 확인되는 순간 또 한번 놀라게 된다. 퀴즈 프로그램 출연의 일정 기준은 찾아볼 수 없다. 어떠한 차별적 기준 없이 우리 사회의 다양한 사람들이 앉아 있다. 다만 유일한 기준이라면 TV를 통해 어느 정도 친근감이 있는 인물이 등장한다는 것이다. 탤런트, 가

수, 개그맨, 아나운서, 성우, 체육인, 교수 등 각계각층의 출연자들
이 동일 공간에 모여 동일한 문제에 대해 고민할 준비를 하는 모
습은 일찍이 보기 힘들었다. 우리가 여기서 주목할 만한 사항은
방송에서 필요로 하는 세대 차이의 극복을 말할 수 있다. 방송이
라는 것은 대중매체이므로 국민이 원하는 방송보다는 국민에게 필
요로 하는 방송을 해야 한다는 BBC의 철학처럼 이러한 세대 차이
의 극복도 우리 방송에서 지향해야 할 방송의 의무라 생각된다.
우리는 방송을 통하여 문화를 접촉하는 경우가 많은데, 각각 프로
그램마다 시청자층이 달라진다면 당연히 신분, 세대간의 사고와
가치관들도 달라지게 되기 때문이다.

'브레인 서바이벌'은 최첨단의 영상기술과 퀴즈 방식의 고정관념
을 바꾸고 있다는 기술융합의 장점들도 있지만 이러한 기술이 세대
차이를 극복한다는 또 하나의 커다란 장점도 있기 때문인지 전국 시
청률 6~8위를 자랑하며 시청자의 폭을 넓히고 있다. 현대와 같은
핵가족 시대 단절된 부모와 자식이 함께 방송을 통하여 공감대를 형
성하고 즐길 수 있는 특정한 세대가 없는 방송인 것이다.

신분적 측면에서도 다양한 연령층이 앉아 있는 장면은 이것이 과
연 퀴즈 프로그램인지 시사 토론 프로그램인지 의심이 들 정도로 신
선한 충격이다. 이러한 충격은 시청자들로 하여금 자연스레 신분의
소외감을 극복하고 성역 없이 모두 TV 앞에 나란히 앉게 해주는 효
과를 낳아 우리 모두가 함께할 수 있는 오락 프로그램이 되었다. 이
런 것이 가능해진 것은 지식이 필요 없는 순발력과 기억력이라는 초
등학교 수준의 산수 문제를 푸는 가벼운 문제들로 구성되었기 때문
으로 볼 수 있다. 이는 우리 사회의 학벌문제를 없애고 더 나아가 사
회 전체의 지적 신분이 없는 가능성의 시작을 상징한다.

## 3. '브레인 서바이벌'의 역기능

### 세대차이의 극복인가 심화인가

서바이벌! 말 그대로 살아남는 것이다. '브레인 서바이벌'은 각각의 퀴즈를 통해 낙오자와 생존자를 구분해낸다. 이것이 프로그램이 주는 재미 중의 하나이다. 하지만 재미를 얻는 반면, 브레인 서바이벌을 통해 느낄 수 있었던 세대간 통합은 점점 더 멀어져가는 느낌이다. 지식이 필요 없음을 강조하여 젊은 세대의 전유물 같았던 시사상식 퀴즈 프로그램 혹은 특정 계층을 위한 전문 퀴즈 프로그램들과는 달리 이 프로그램에서는 신세대와 구세대의 만남을 의도해 초대손님에 기성세대들도 출연시켜왔고, 호기심과 웃음의 공감대를 통해 세대간 통합이 불가능한 일만은 아니라는 믿음을 줬던 브레인 서바이벌! 하지만 이건 기성세대에게 세월의 변화와 신세대의 웃음거리를 만들 뿐이었다.

과연 무엇 때문에 그럴까? 아이러니컬하게도 퀴즈 자체를 누구나 풀 수 있게 만들고 아무런 제약을 받지 않기 위해서 만든 퀴즈 자체의 특성 때문이다. '브레인 서바이벌'의 퀴즈 문제는 앞서 언급한 기술발전으로 영상을 통해 누구나 풀 수 있는 쉬운 문제들로 제작, 출제되고 있으며 출제방식 또한 그에 맞게 매우 감각적이다. 이러다 보니 문제 자체가 순발력 혹은 집중력 등 빠른 두뇌회전을 소유한 사람에게 유리한 문제들이 대부분이다. 그러니 기성세대는 아무래도 뉴미디어와 영상미디어에 익숙한 젊은 세대에 비해 불리해진다.

프로그램 통계에서 보여주듯이 출연자 16명 중 대부분이 20대이고 서바이벌의 첫 관문인 1라운드 낙오자 6명 중 4~5명은 30~40대 이상의 기성세대들이다. 그리고 이런 결과는 매회 반복된다. 출연했던 기성세대들은 오락적인 상업요소가 있는 극소수를 제외하곤 대부분 이 프로그램에 다시 출연하지 않는다. 세대를 통합한다는 커다란 장점으로 이룩한 영상기술의 발전이 오히려 기성세대에게는 어려운 문제와 자신이 살아온 세월의 변화를 느끼게 하는 그래서 신세대와의 공감대가 더 멀어지는 이질감을 형성시킨다. 만약 부모와 자녀가 함께 보고 있다면 자녀들은 웃고 부모들은 묵묵히 생각하는 모습을 쉽게 볼 수 있을 것이다.

### 오락 이전에 방송이다

'브레인 서바이벌'의 웃음은 연출되어나오지 않는다. 퀴즈를 풀어나가면서 자연스럽게 발생한다. 이는 출연자는 물론 시청자들에게도 세대간의 공감대를 형성시켜준다. 그러나 아쉽게도 매회 방송이 되어갈수록 그 웃음의 방법이 어느 코미디 프로그램과 다를 바 없다는 생각이 든다. 만약 웃음이 특정 방식에 고정된다면 일상 사회에서도 사람들은 이러한 방식으로 웃음을 누리려 할 것이다. 더군다나 웃음의 대상이 특정층에게만 몰려 있다면 더욱 큰 문제가 아닐 수 없다.

앞서 말했듯이 퀴즈자체의 특성으로 인해 기성세대들이 많이 틀리고 낙오하게 된다. '브레인 서바이벌'은 웃음을 주로 여기에서 구하려고 한다. 틀린 이유를 집중해서 묻거나, 혹시나 맞추게 되면 대단한 일을 해낸 것처럼 억지로 부추긴다. 이는 진행자의 진행능력일 수 있는 것이지만 '브레인 서바이벌'이 오락 프로그램에 편성되었기 때문에 코미디언이 진행하게 되었고 코미디언은 시청자를 위한 웃음을 기성세대에게 요구하고 있다. 진행자의 진행방식이기 전에 오락 프로그램의 웃음을 유발하는 방식이 기존 오락 프로그램의 방법을 그대로 따라하고 있다는 말이다.

실제로 웃음은 주로 문제를 풀고 다른 출연자들은 정답을 다 맞추었는데, 1~2명의 기성세대들이 틀렸을 경우에 발생한다. 오답을 한 기성세대를 비춘 화면 아래에 X표가 뜨고, 곧이어 스튜디오 전체가 박장대소한다. 더구나 7전 8기로 도전하여 우승을 하거나, 예선을 꼴찌로 통과했지만 본선까지 진출한 기성세대에게 교훈과 존경을 나타내기는커녕 그것마저도 예상외의 일로 치부해 웃음거리로 만들어버린다. 여기서 웃음거리는 진행자의 "오랜만에 맞추었다", "의외의 선전이다"와 같은 멘트를 보면 알 수 있다. 각계 계층이 모인 자리에서 기성세대는 공경의 대상이 아닌 웃음의 매개체일 뿐이다.

또한 진행자는 새로운 게스트에게 질문에 앞서 외모지상주의를 여전히 하고 있다. 잘생긴 게스트나 사회에서 큰 공헌을 하고 있는 게스트는 칭찬을 해주거나 간접 홍보를 하는 식이지만, 이와 반대에 있는 인물(웃음을 위해 초대한 코미디언 같은 경우)은 사회자의 질문을 통해 웃음거리가 되며, 틀리면 당연히 틀렸다는 식으로 진행하고 있다. 이것은 우리 코미디가 '바보', '모자란다', '못생기면 웃겨야 한다'라는 방식과 폭력으로 웃기려는 것에 길들여진 우리의 사고방식이 이젠 마치 당연하다는 논리로 받아들여지는 착각이 들 정도다. 과거 비정상이 정상이 되어가고 있는 오늘날의 사회처럼 예전에 많은 비판을 받았던 웃음의 요소가 이젠 사회의 정책이 되어 있음을 나타내고 있다.

### 지적 게임이냐 단순게임이냐

분명 '브레인 서바이벌'이 기존의 프로그램과 다르다는 것을 쉽게 알 수 있다. 화면의 구조에서도 볼 수 있듯이 각 출연자의 모습을 여러 가지로 나누어 한꺼번에 보여준다는 형식은 기존 우리나라의 퀴즈 프로그램과 다른 색다른 요소라 할 수 있다. 퀴즈의 종류 또한 영상을 이용한 퀴즈로 구성된 기술적 요소가 보이지만 늘 문제는 비슷하고 반복되는 단편적인 모습이 많다. 시작과 끝의 다양성에서 벗어나지 못하고 있는 실정이다.

- 재치와 순발력 있는 자만이 통과할 수 있는 1라운드
- 틀리면 바로 떨어지는 기억력 형식의 아슬아슬 2라운드
- 고난이도 길을 기억해 도전하는 최종 라운드 '기억의 징검다리'

이 모든 구성이 암기력, 순발력, 눈치, 산수 문제로 이루어져 있고 큰 화면에서 이루어지는 플래시 영상요소로 인하여 비롯되는 기술적 한계를 지니고 있다.

세대를 극복한다는 문제의 편파성은 특정계층의 우선권을 주기에는 충분하며, 여러 가지 문제가 나온다고 하지만 대개 비슷한 문제형식의 정답을 맞추는 식으로 진행되고 색다른 문제의 다양성을 찾아볼 수가 없다. 이는 다양한 출연자의 참여를 제한하는 범위를 가지고 올 수 있기도 하다. 문제를 알고 풀 수 있는 출연자는 웃을 수 있고, 프로그램 진행의 흐름을 읽을 수 있지만 문제를 풀지 못하는 출연자는 웃을 수 없는 입장이 될 수 있다는 이야기다.

마지막 결승전에서도 기존 자리에 앉은 두뇌게임에서 일어나 직접 몸으로 행동하는 '기억의 징검다리'이지만, 이것도 기억이라는 한계가 있으며 이러한 것을 극복하기 위해서는 신체적 능력이나 기성세대의 노련함을 요하는 기존 지식과 벗어나는 문제가 필요할 것이다. 그래서 기억의 징검다리 같은 지식을 요하는 게임이 아닌 지식보다는 신체적 능력과 세밀함, 그리고 창작성 등과 같은 능력을 요구하는 다양한 퀴즈들이 필요하다.

물론 <브레인>이라는 프로그램의 타이틀이 있기는 하지만 오히려 이러한 편파적인 문제들은 시청자로 하여금 지루함과 기성세대의 계속되는 곤란을 야기시킨다. 최소한 결승전이라도 고정화면에서 벗어난 넓은 화면을 제공하여 '기억의 징검다리'가 아닌 '상자 높이 쌓기', '미세한 부분 맞추기' 등과 같은 지식과 신체적 요소를 겸비하고 결승전만큼은 더욱더 긴장감을 형성시키기 위해 2명의 우승후보

가 따로 게임을 펼치는 것이 아니라 동시에 실시하여 먼저 승리하는 쪽이 이기는 게임의 흥미를 높일 필요가 있다.

## 참여의 폭을 넓히자

게스트들이 다양한 계층에서 나온다는 사실은 매우 칭찬할 만하다. 그렇지만 여기에도 아쉬운 부분이 존재하고 있다. 탤런트, 가수, 개그맨, 아나운서, 성우, 체육인, 교수라는 구성비율은 그래도 일반인으로 하여금 멀리 떨어진 존재라 할 수 있다. 거의 모든 인물들의 구성이 방송을 타고 있거나 탈 수 있는 인물이기 때문이다. 그래서 우리가 흔히 TV에서 볼 수 있는 연예인이나 방송인에 국한시키지 말고 우리 주변의 인물들을 등장시켜 일반 시청자들의 참여를 유도할 수 있어야 한다. 그래도 아무도 모르는 일반 시청자들보다는 우리 주변에 사회적 이슈가 되고 있는 사람들로서 매일 반복되는 사람들과는 다른 그들만의 캐릭터를 보여줄 수 있어야 하며 이를 통한 게스트들의 다양화를 좀더 꾀해야 한다.

아직 청소년 혹은 어린이들이 등장한 적이 없는 것도 하나의 지적이다. 어린이들이 등장한다면 젊은 세대와 늙은 세대에서 어린 세대까지 통합할 수 있는 계기를 마련할 수 있을 것이고, 이들에게 평소 상대에 관한 자기생각을 질문하는 진행으로 세대들의 가치관도 이해할 수 있는 계기가 되리라 본다. 이렇게 된다면 단순한 플래시를 이용한 문제의 출제도 기성세대에 맞추는 전통물건이나 요소를 이용할 수 있고, 어린이들에게 현재 학교에서 배우는 성인들에게는 쉬운 문제를 출제할 수 있을 것이다. 자연히 문제를 출제하는 김용만 캐릭터 부분에서도 전통한복을 입고 있는 기성세대 혹은 어린이들이 좋아하는 만화 주인공 캐릭터들이 자연스레 등장할 수 있기 때문이다. 신세대와 구세대가 함께 동감할 수 있는 캐릭터와 게스트들의 출연은 가족구성원이 함께 보다가 신세대는 구세대의 것을 몰라서, 구세대는 신세대의 것을 몰라서 서로에게 "저것이 무엇이냐?"라고 질문을 유도하여 세대와 세대의 생각을 이해하는 시간이 될 것이다.

## 4. 나오며

'지식이 필요 없다'는 혁신적 기획과 함께 참신한 퀴즈와 자연스런 웃음으로 '세대간 통합'을 포함하여, 무한한 잠재력을 가진 프로그램일 것 같았던 '브레인 서바이벌'이 이토록 비판받아야 할 이유는 무엇일까? 그것은 '브레인 서바이벌'을 구성할 때와 실제 진행하는 방식의 차이를 이론과 현실의 차이에서 두고 싶다. 즉, 연출 의도는 퀴즈 프로그램의 혁신적이고 세대의 통합, 계층의 통합, 누구나 하는 가족적 오락요소를 둘 수 있으나, 실제 진행에서는 이러한 방식이 통하지 않을 뿐더러 오히려 역효과가 날 수 있다는 이야기다.

또한 퀴즈의 대상과 웃음의 대상에 대한 주제는 혁신적이지 못하다. 퀴즈의 대상은 여전히 젊은 세대에만 맞추어져 있고 웃음의 대상은 퀴즈 프로그램에서 상대적 약자일 수밖에 없는 기성세대에게 맞추어져 있다. 이렇게 불균형한 프로그램 혁신은 오히려 그 이전의 퀴즈 프로그램보다 심각한 세대간 격차를 조장할 수 있다. 따라서 브레인 서바이벌은 나머지 두 가지 문제에 대한 혁신도 이뤄내야 한다. 위와 같은 문제점들을 극복하기 위한 대안을 살펴보면,

첫째, 세대통합을 위해 만들어진 퀴즈 방식 자체가 오히려 기성세대를 초라하게 만드는 요소로 자리 잡고 있는 문제들 자체를 기성세대가 유리한 순발력, 창의력을 요구하는 문제가 아닌 기성세대도 풀 수 있는 서바이벌 문제가 있어야 한다. 이렇게 할 때 기성세대와 젊은 세대가 진정으로 함께 즐길 수 있는 퀴즈 프로그램이 될 것이다.

둘째, 웃음의 대상을 기성세대든 젊은 세대든 어떤 특정 대상에 두지 말고 자연스런 분위기 속에서 구해야 한다. 비방이나 편파적인 언행을 자제하고 특정 대상에서 웃음을 찾으면 그만큼 웃음도 쉽게 정형화되어 어느 특정 세대에게만 요구될 수 있다. 특히 퀴즈 프로그램은 일정한 순서에 의해 진행되므로 식상해지기 쉽기 때문에 모든 세대가 공감할 수 있는 자연스런 웃음이 더욱 필요하다.

셋째, 게임의 다양성을 들 수 있다. 일반적인 고정된 영상화면은 시청자로 하여금 눈의 피로와 지루함을 느끼게 하고 반복되는 게임들은 시청자를 단순하게 만든다. 플래시에 나오는 캐릭터를 모든 세대가 안을 수 있는 캐릭터로 만들며 정답을 나타내는 숫자적기 입력은 눈이 안 좋은 사람과 순발력이 없는 사람에게는 큰 어려움이기 때문에 이점을 생각해보아야 한다. 그래서 결승전이라도 지식이 아닌 다른 것으로 승부를 가리는 문제가 중요하다.

마지막으로 가족 시청시간에 편성되고 온 가족이 함께 볼 수 있는 가족오락 프로그램이기 때문에 참여자의 폭을 더욱 확대하고 세대의 통합에서 신분의 통합도 함께 이루어져야 한다. 다양성을 존중하고 인정할 줄 아는 사회야말로 이기주의, 집단행동, 외국인에 대한 편입견 등과 같은 사회를 막을 수 있는 방법이기 때문이다. 이러한 공감대의 형성은 단일민족에서 개방화에 따른 다양한 민족의 시대가 되고 있는 한국사회의 건전한 사회통합을 위해 해야 할 중요한 과제이기도 하다.

이런 개선점들을 하나하나 고쳐갈 때 우리는 비로소 좋은 방송을 볼 수 있는 시청자의 요구에 부응하는 것이다. 비록 상업에 치우친 방송이라 할지라도 국민이 필요로 하는 방송이 무엇인지 방송의 기능적 측면이 무엇인지를 신중히 생각한다면 저질 방송은 나오지 않을 것이다. 이러한 점들을 소홀히 하고 퀴즈와 오락 프로그램이란 명목 아래 지금까지의 방송을 그대로 유지한다면 그 프로그램은 결국 오래 사랑받지 못할 것이다. 기성세대와 젊은 세대가 함께 어울려 생산되는 즐거움을 바라본다. 그 어우러진 즐거움은 분명히 '브레인 서바이벌'이 오래도록 사랑받는 데 도움이 될 것이다.

# 주문 거는 재난 보도
### 태풍 '매미' 9시 뉴스 보도(지역방송 포함) 중심으로

노명자(프리랜서)

## 여는 글

우리는 하루에도 수많은 뉴스를 접한다. 뉴스를 통해 현실을 인지하는 데 있어서 특히 텔레비전 뉴스는 시청자들의 현실 인식 과정에 강한 영향력을 미치게 된다. 텔레비전 뉴스가 갖는 현장성, 해독의 용이성 및 빠른 정보 전달과 같은 특성은 여느 매체에 비해 텔레비전이 갖는 영향력을 증가시키는 요인이 되고 있다.

크고 작은 재난 사고가 날 때마다 가장 발빠르게 현장의 모습을 보여주는 것이 바로 방송이다. 이번 태풍 역시, 방송 3사는 특집 방송으로 며칠 동안 태풍 관련 보도를 쏟아냈다.

태풍 매미가 우리나라에 본격적으로 영향을 미치기 시작한 9월11일 밤부터 울릉도를 거쳐 지나간 13일 사이 KBS, MBC, SBS 등 방송 3사는 지난해 태풍 루사 관련 보도에 이어 올해도 TV 뉴스 보도에서 태풍 피해 상황 전달에만 급급했다.

태풍 '매미'가 휘몰아쳤다. 바람에 맥없이 부러진 나무들. 장난감 집처럼 망가진 사람들의 보금자리, 물 속에 휩쓸리고 산사태에 묻혀 죽은 사람들. 자연의 재앙이라고 볼 수밖에 없는 재해 앞에 우리는 모두 할말을 잃었다. 과연 자연만의 잘못일까. 자연을 위반한 우리의 잘못은 없는 것일까.

## 언제나 똑같은 재난 현장 중계 보도

9월 12일 태풍이 제주도를 지나 남해안 특히 경남 사천을 지나갈 것이라고 예고한 시각, 방송 3사는 모두 첫 꼭지로 태풍이 몰아치고 있는 마산 현장을 연결해 보도하였다.

다른 방송사에 비해 한 시간 빠른 시간에 SBS는 '태풍 곧 상륙'에서 1시간 뒤에 통영에 도착한다는 내용을 알리면서 정전 사태와 지역별 강우량, 농경지 피해 현황을 알려주었다. 평소보다 20분 일찍 시작한 MBC 역시 '마산 태풍 상륙'에서 마산에 중계차 연결로 마산항에서 태풍이 지나가는 현장을 보여주었다. 통영, 거제 등 경남의 피해 소식과 귀성객이 발이 묶였다는 내용을 전했다. KBS도 '태풍 상륙'에서 마산 소식을 제일 먼저 전하면서 경남지역의 피해 현황과 해일로 건물이 물에 잠겼다는 소식을 전했다.

방송사들은 마산 연결을 시작으로 지역을 연결해 각 지역의 현황을 알려주었는데 대부분 기자의 시작 멘트가 '비바람에 몸을 가눌 수 없을 정도'라는 것을 강조했다. 보기에도 비바람이 심하게 몰아쳐 기자의 말소리가 잘 들리지 않을 정도였다. 하지만 그 어떤 기자도 그 상황에서 시민들의 안전을 위해서 대피하라는 적극적인 멘트를 하는 기자는 없었다. 대부분이 피해 현황을 중계식 보도로 알려주는 데 그쳤다.

태풍이 마산을 관통하던 시각인 밤 9시. 현장 소식을 가장 먼저 알려주었음에도 불구하고 안전을 위한 구체적인 대피령에 보도가 없었던 것이 더 큰 피해를 가져왔다. 12일 보도에서 MBC와 KBS 모두 '해일을 주의하라'는 것과 '안전한 곳으로 대피가 필요하다'는 내용을 평소와 다르지 않게 간단히 알려주기만 했을 뿐, 위험하니 피해야 한다는 내용을 구체적으로 알려주는 데는 소홀했다. 현장에 있는 기자들이 그 심각성을 알려 안전대책이 필요하다는 내용을 좀더 적극적으로 알려주지 않은 것이 안타깝다.

더욱이 그 시간은 추석을 보내고 시내로 들어오는 사람들이 도로에서 태풍을 오롯이 맞아가면서 시내에 들어와서도 어떤 도로로 가야 안전한지 판단을 할 수가 없었던 순간에도 기자들은 그 상황에 소홀했던 것이다. 특히 마산의 해안도로에 해일로 모든 건물이 잠겨 있는 그 현장의 현황을 자세히 알려주지 않고 피해 현장만을 보도해 아무것도 몰랐던 사람들이 그 시간에 해안도로를 달리고 있을 수도 있었다.

### 근원적인 원인 분석 보도의 부재

태풍이 지나간 후 그 피해는 짐작을 초월할 만큼의 인명 피해와 재산 피해를 가져왔다. 방송사 역시 하나같이 피해 상황을 알리는 특집 보도가 잇따랐다.

태풍이 휩쓸고 간 다음날인 13일, KBS는 헬기로 부산항의 모습과 폐허가 된 울산 앞바다, 김해 평야의 물에 잠긴 모습, 함안 축사가 물에 잠겨 돼지가 떠 있는 모습 등을 전해주었다. MBC 역시 헬기로 컨테이너가 쓰러진 부산항 모습과 배들이 부서지고 뒤엉킨 진해 앞바다, 낙동강 주변의 물에 잠긴 농경지와 비닐하우스 모습, 힘없이 쓰러진 송전탑 모습을 담아 보여주었다. SBS도 '태풍이 할퀸 상처'에서 물에 잠긴 농경지와 경남 창녕, 물속에 잠긴 마을의 모습을 헬기를 타고 바라본 모습을 보여주었다.

이어 사망자와 실종자의 인명 피해와 농경지 피해 면적, 피해액에 대한 통계보도가 이어졌다. 며칠 동안의 특집 보도에도 불구하고 그동안 지켜봐왔던 재난보도에서 크게 벗어나지 못했다. 하루가 다르게 늘어난 피해 인원과 농경지의 면적, 늘어난 피해액이 날마다 달라지는 것 밖에 없었다.

간간이 지난해 수해로 쌓은 제방이 부실 공사로 무너졌다는 내용을 전하기는 했지만 근원적인 분석 취재와 대안 제시에 대한 기획보도는 어느 방송사도 찾아볼 수 없었다.

12일부터 15일까지 지역뉴스 없이 특집 뉴스가 이어졌는데, 피해가 컸던 경남지역(창원KBS, 마산MBC)의 보도 내용을 보면 13일 마산 해운동의 한 상가가 수몰되면서 사망자가 생겼다는 소식이 전해졌는데, 마산MBC는 중계차 연결로 구조 작업중인 현장 전달과 함께 원목이 덮친 현장과 시간이 지남에 따라 사망자 발견이 된 시각에 정확히 내용을 알려주었다. 하지만 원목이 방치되도록 만든 책임자나 마산이 피해를 많이 입을 수밖에 없었던 매립지 문제에 대한 지적은 전혀 없었다.

대피령에 대한 문제점 지적으로는 창원KBS가 13일 '대피령 안 내려'와 14일 '대피령도 없었다'에서 지적을 했다. 마산MBC는 13일과 14일, '원목이 막았다', '흉기로 변한 원목'이라는 내용을 보도했지만 원인과 책임성에 대한 분석보다는 원목 때문에 입은 피해 현장만을 보도했고, 18일 원목 수사 착수가 들어가자 그때 겨우 책임성에 대한 부분을 지적했는데, 조금 더 일찍 이번 피해의 가장 큰 원인으로 작용했던 원목에 대한 지적이 있어야 했다.

재난 보도때마다 모든 자체 지역뉴스는 없어지고, 중앙에 참여하는 방식으로 방송이 이뤄지고 있다. 한 도시에서 일어난 경우, 한정된 지역이기 때문에 그렇다 하더라도 태풍의 경우, 그 경로에 따라

지역 상황이 모두 다르다. 이런 경우는 지역의 현황을 가장 잘 아는 지역방송국 자체의 방송이 이뤄지는 것이 더 효율적이라고 본다. 지역의 현황을 가장 잘 분석한 밀착 취재로 지역민들에게 가장 신속하고 정확하게 알려주는 것이 올바르지 않을까.

태풍 피해 소식 특집 보도 이후 15일 마산MBC가 먼저 지역뉴스를 시작했고 창원KBS는 하루 뒤 16일부터 지역뉴스를 시작했다. 지역뉴스 보도 이후 지역의 자세한 내용을 구체적으로 전달하면서 MBC는 16일과 17일 이틀 연이어 '재난 부른 도시 설계'와 '매립이 해일 키웠다'에서 마산 매립 지역이 해일 피해를 입은 이유를 분석해 보였고, KBS는 복구 손길이 미치지 못하고 있는 학교와 기업체들 등 복구에서 소외받고 있는 지역을 집중보도해주었다.

지역뉴스 역시 마산 소식이 가장 많았는데, 일주일 동안에 마산 MBC는 18건(리포트) 중에 12건이 마산 소식이고, KBS는 15건 중에 반 정도인 6건 정도가 마산 소식으로 MBC는 거의 마산 소식에만 집중해 있다.

12일부터 19일까지의 지역별 보도를 보면 마산MBC는 총 26건 중에 반 이상인 14건이 마산 지역 소식이었고, 나머지는 거제, 의령, 창녕, 밀양, 통영, 진해 지역의 소식을 전했다. KBS는 27건 중 12건이 마산 소식이었고, 김해, 함안을 포함해 비슷한 지역을 다뤘다. 지역방송이 경남 지역을 모두 다뤄야 함에도 양사 모두 집중 피해를 입은 지역 중심으로만 보도를 해 다른 지역의 피해를 전해주지 않아 지역 밀착 취재가 이뤄지지 않은 듯해 아쉬웠다.

지역방송사 보도 역시 피해가 집중된 곳의 보도로 많은 피해를 입고도 보도가 되지 않아 도움의 손길도 받지 못하고 있는 곳이 많을 것이다. 지역을 아우르는 지역의 방송사들이 지역 곳곳에서 고통을 겪고 있는 지역민들에 대한 밀착 취재로 가려운 곳을 긁어주고 있는지 고민해볼 일이다.

방송 3사는 이번 태풍 '매미'가 최고임을 강조하기 시작했다. KBS
는 '사라 기록 능가'에서 사라와 매미를 비교해 보여주면서 '최대'
풍속, '최대' 기록임을 거듭 강조했다. MBC는 '매미가 남긴 기록'에
서 최대 강풍이었다며 1959년의 '사라'보다 강력했다는 내용을 전했
다. SBS도 '사상 최대 풍속'에서 바람의 세기 실험을 통해 강풍의 정
도를 보여주면서 사라의 기록을 깼다고 전했다.

'최고'였다는 것에 초점을 맞춘 나머지 태풍을 속수무책으로 당해
야 했던 안일한 대처 방안에 대한 냉철한 지적은 없었다. 정부도 언
론도 우리 스스로도 왜 이처럼 어리석게 당하고만 있어야 하는지에
대한 질책과 반성은 그 어디에서도 짚어주지 않았다. 스스로 아픈 곳
을 알아야 치료를 할 수 있다는 것을 왜 놓치고 있는 것일까.

## 소 잃고 외양간 고치기, 보여주고 또 보여주고……

집을 잃어 당장 갈 곳이 없는 사람들, 한끼 밥도 챙겨 먹을 엄두도
나지 않는 현장을 보며 처참하다 못해 분노가 생길 지경이다. 누구를
원망할까.

태풍 상황은 시시각각 변하고 있는데 몇 시간이 지나도 같은 내용
을 내보내고, 정확한 정보, 구체적인 자료와 근거 없이 태풍 상황을
전하는 스케치성 보도가 많았다. TV 뉴스는 태풍의 진행 상황에 따
라 해당 지역에 적합한 대처 요령 등을 지속적으로 알려야 한다. 그
러나 울릉도의 경우 태풍의 직접적인 영향권에 들었는데도 KBS는
울릉도가 태풍 이동 경로에 있음을 언급하는 수준에 그쳤고 MBC와
SBS는 태풍이 지나간 후에야 이 소식을 다뤄 울릉도 지역의 피해 예
방에 전혀 도움을 주지 못했다.

태풍이 지나가고 많은 인명 피해가 나자 방송 3사는 앞 다투어 미
국의 허리케인이 몰아쳤지만 평소의 안전대피 훈련과 철저한 준비로

피해가 없다는 소식을 전했다. 일본의 안전 훈련과 재난에 대비해 잘 갖춰져 있는 시스템에 대한 보도를 했다. 뉴스 보도 이외 특집방송을 보여주기도 했지만 대부분의 내용이 뉴스 보도를 이어놓은 듯한 내용이었다. 특별히 분석적인 내용을 보여주지 못했다.

재난은 많은 경험을 통해서 예방할 수 있다. 하지만 언제나 재난을 당하고 나서야 정신을 차리고 주위를 둘러본다. 하지만 그것 역시 아주 잠깐이다. 그 아픔을 느끼고 있을 순간이다. 방송 역시 재난을 당하고 나서야 "이렇게 했어야 했어. 다른 나라는 이렇게 잘하고 있어"라며 소 잃고 외양간 고치기식의 보도를 한다.

피해 입은 지역의 비슷한 내용을 되풀이해서 보여주다 보니, 며칠 동안 같은 장면이 계속 보여줘 그 사람의 얼굴을 정확히 기억할 정도였다. 인터뷰 내용 역시 같은 사람을 몇 번 내보내는 경우가 많았다. 피해를 당한 사람들의 실질적인 보상과 삶의 문제보다 집 잃고 갈 곳 없는 처참한 모습을 동정하는 감상적인 접근이 많았다.

### "괜찮아 괜찮아" 주문 걸고 "도와줘 도와줘" 손 내밀기

자연재해 앞에 집을 잃은 사람들은 지난해에 이어 올해 또다시 방파제가 무너지자 슬픔이 분노로 변했다. 하지만 방송은 여전히 "괜찮아, 괜찮아. 어쩔 수 없었어" 주문을 걸고 있었다. 어쩔 수 없는 자연재해 앞에 도리가 없었다고 이제 다시 일어서야 한다고 국민들에게 호소한다.

태풍이 지나간 14일부터 방송사들은 복구가 시작되었다는 보도를 시작했다. 방송 3사는 '시름 딛고…… 다시', '폐허 딛고 다시', '허탈 딛고 구슬땀' 등의 제목으로 복구 현장과 자원봉사자들이 나서서 복구에 힘을 쏟고 있다는 현장을 보도했다.

큰 재난이 닥쳤을 때의 방송 순서는 정해져 있다. 재난 현장을 헤

집고 다니며 중계식 보도를 한 후, 복구 소식이 전해지고 자원봉사자들의 참여 소식을 알리고, 방송사들은 하나같이 모금을 시작한다. 그리고 국민들을 향해 주문을 걸기 시작한다. "괜찮아, 괜찮아 이 정도쯤이야…… 우리는 함께 이겨낼 수 있어"라고 연일 국민들의 귀에 속삭인다.

삼풍백화점 사고때도, 성수대교 붕괴, 대구 지하철 참사…… 우선 머리 속에 떠오르는 큰 재난사고가 날 때마다 같은 순서였다. 시간이 흐르고 상황이 바뀌어도 방송 순서는 하나도 바뀌지 않았다.

우리는 방송의 주문에 걸려 피해 현장으로 달려가고, 성금을 모으는 데 아무 거리낌없이 앞장서 나선다. 정부는 국민들을 위해 무엇을 했냐고 물을 틈도 없이 모두 방송사들의 매일 매일 귀에 속삭이는 마술에 걸리고 만 것이다.

이런 방송 순서에 시청자들도 어느새 길들여지고 있는 것이 아닐까 하는 생각에 아찔하다. 우리는 왜 그 주문에서 풀려나지 못하고 있는 것일까.

## 예방 차원의 미래 지향적인 과학적인 분석 보도 이뤄져야

피해가 그렇게 컸는데 그 어떤 방송사도 '왜?'라는 질문에는 소홀했다. 시민들은 '왜?'라고 끊임없이 묻는데, 방송사들은 그 물음을 뒤로한 채 여전히 피해 상황 보도가 끝난 후에는 수해 복구 현장 보도에만 집중했다.

방송 3사는 태풍 예상 경로에 맞춰 피해요령, 대처방안을 알려주는 예방적 보도보다 태풍 피해 보도에 집중되었고 예방적 보도는 크게 부족했다.

시민들에게 시급하게 알려야 할 대피의 필요성이나 예방적인 내용보다는 사고 현장을 전하는 중계 형식의 보도가 대부분이었다. 특히 어느 지역이 무슨 피해를 입었고, 피해액이 얼마에 달하고 있다는 내용만 집중되었다. 태풍이 지나가고 많은 피해가 발생한 이후에 다른 나라의 사례를 들어가며 안전한 대피로 인명피해가 없었다는 내용의 소 잃고 외양간 고치기식의 보도를 했다.

현장에서라도 대피령에 대한 보도와 긴급함을 알렸다면 조금의 피해를 줄일 수 있지 않았을까 하는 안타까움이 들었다. 우리의 방송보도 역시 재난에 얼마나 준비가 없는지 다시 한번 확인하는 기회가 되었다. 언론이 각 정부와 공공기관의 재난 예방 시스템에 대한 지적을 하듯이 스스로도 이번 기회를 통해 방송도 새로운 시스템을 갖출 수 있는 계기가 되었으면 좋겠다.

해마다 수해 복구비로 엄청난 비용이 투자되고 있다. 허술한 복구로 1년에 한 번씩 터지는 제방, 개발주의에 도시는 제 기능을 잃어가는데 이에 대한 고민은 없다. 이번 재난 보도에서도 아쉬웠던 것은 재난을 방지할 수 있는 도시의 시설 시스템을 갖출 때 드는 비용과 해마다 복구에 투자해야 하는 비용을 비교분석해서 장기적인 대안을 내놓은 기획보도가 없었다는 것이다. 모두 단발성 기사로 현장 보도에 그쳤다.

크고 작은 재난이 있을 때마다 우리의 방송들은 현장 중계에 앞장선다. 백화점 붕괴때도, 대구 지하철 참사때도 밤낮을 잊고 생중계하느라 바빴다. 하지만 사건이 어느 정도 마무리될 쯤이면 보도 양은 현저히 줄어든다. 그리고 며칠 후 언제 그랬냐는 듯이 그것이 꿈이라고 생각될 만큼 우리 앞에서 모든 것들이 사라진다.

재난 보도 후 사고 났을 당시의 몇 분의 일이라도 시간 투자를 해서 근본적인 원인 분석을 한다면 다음번에 또다시 같은 장면을 봐야 하는 불상사는 없을 것이다.

## 닫는 글

　태풍이 휩쓸고 간 자리는 언제 아물지 모르는 상처로 남았다. 다시 이런 되풀이를 하지 않기 위해 얼마나 노력할 것인가에 대한 문제가 남아 있다. 이번 태풍 피해 보도에서 엄청나게 불어난 피해액만을 알려주었다. 중앙, 지역 방송 모두 정확한 분석으로 재발 예방에 대한 내용이 부족했다. 내년 이맘때쯤 또다시 똑같은 피해 현장을 다시 봐야 할까 봐 벌써 두렵다.

　자연재해에서 발생하는 피해를 줄일 수 있는 방법을 따져보는 것이 미래의 피해를 줄일 수 있는 지혜가 아닐까. 마산의 피해가 컸던 이유는 개발에만 눈이 어두워 인간이 욕심을 부렸기 때문이다. 자연을 거스르지 않는 신중함이 있었다면 이렇게 큰 피해는 없었을 것이다. 이번의 태풍 보도에서 이런 내용들이 좀더 분석적으로 과학적으로 지적되고 대안을 모색해 재난의 아픔이 되풀이되지 않도록 했으면 좋겠다.

　정부나 방송사나 우리 모두 조금 냉철해지는 훈련이 필요할 것 같다. 현실을 정확히 직시하는 현명함으로 재난을 분석하고 대처하는 지혜가 필요하다. 다시는 똑같은 재해 현장을, 똑같은 아픔을, 똑같은 자원봉사를, 똑같은 성금을 내고 싶지 않다.

# 사회와 사회적 욕망의 반영으로서의 드라마
## <대망>과 <다모> 비교를 중심으로

이정흠(대학원생)

## 1. '현재적 텍스트'로서의 드라마

드라마는 종종 '현재적 텍스트'로 불린다. 이는 흔히 두 가지 이유에서 그렇다. 첫째는 드라마상에서 재현되는 인물이나 사회에 대한 묘사들이 현재의 인간상과 사회상에 기반을 두고 있기 때문이다. 두 번째는 드라마에서 재현되는 이야기나 묘사들이 현재를 살아가는 시청자들의 '욕망'을 반영하기 때문이다. 즉, 드라마는 현재를 반영하는 동시에 현재의 '욕망'을 반영하기에 '현재적 텍스트'라 할 수 있다. 이는 단순히 읽기 위한 '텍스트'로서의 드라마가 아니라, 드라마 자체를 규정짓는 요소가 되기도 한다. 예를 들어, 대체로 드라마는 출발 자체가 비현실적이더라도, 그 비현실의 테두리 속에서라도 시청자에게 끊임없이 '그럴듯함'을 보여주고 설득해야 한다. 이는 시청자들의 '욕망'과 관계된 문제이고, 이 '욕망'의 문제는 시청률의 문제 뿐만 아니라 드라마에 대한 평가를 결정짓는 문제와도 연결되기 때문이다.

좀더 구체적으로 설명해보면, 시청자들은 드라마에서 자신들의 일상과 관계없는 맥락하에서의 인물이나 상황이 비현실적인 것은 견디지만, 자신들에게 생길 법한 상황에 대한 세부적인 묘사가 비현실적으로 재현되는 것은 견디지 못한다. 예를 들어, 최근 MBC에서 방영 중인 <좋은 사람>이란 드라마에서 범죄자의 아들과 형사의 아들이 바뀐다는 비현실적인 '상황' 자체에는 크게 문제제기를 하지 않지만, 형사의 아들 얼굴을 동료 형사들이 아무도 모른다는 비현실적인 '디테일'에 대해서는 한마디씩하고 넘어간다. 오히려, 동료의 아들 얼굴을 아무도 모를 수 있는 상황이 형사와 범죄자의 아들이 뒤바뀌는 상황보다 더 현실적일 수 있다. 당신은 당신 직장 동료 아들 얼굴을 알고 있는가? 하지만, 대체로 시청자들은 자신이 동료의 아들 얼굴을 모른다는 것을 받아들이고 싶어하지 않는다.

"형사와 범죄자의 아들이 바뀌는 건 나의 일이 아니다. 하지만, 내가 동료의 아들 얼굴을 모르고, 동료가 내 아들 얼굴을 모르는 것은 나의 일일 수 있다. 그래서, 나는 그것을 받아들이고 싶지 않다."

자신과 관계없는 상황의 비현실성은 견디지만, 자신과 관계가 있는 상황의 비현실성은 받아들이고 싶어하지 않는 것이다.

이것이 바로 시청자의 '욕망'이다. 드라마는 이런 시청자들의 까다로운 '욕망'을 충족시키기 위해 노력한다. 그래서 드라마는 방영 시기의 사회상뿐만 아니라 그 시기 사람들이 바라는 욕망의 단면을 볼 수 있다는 면에서, 훌륭한 '현재적 텍스트'로 읽어낼 수 있다. 이 글에서는 SBS의 <대망>(2002년 10월 12일~2003년 1월 5일)과 MBC의 <다모>(2003년 7월 28일~2003년 9월 9일)를 비교하며 드라마가 사회의 '욕망'을 어떤 식으로 반영·재현하는지에 대해 분석해보려 한다. 이는 드라마를 단순한 유희의 수단이 아닌, 사회를 분석하는 하나의 훌륭한 준거틀로 생각해보려는 시도의 일환이기도 하다.

## 2. 〈대망〉과 〈다모〉 비교: '혁명'에 대한 재현의 차이를 중심으로

<대망>과 <다모>는 약 6개월 정도의 차이를 두고 방영되었기에, 시기적인 차이는 그다지 큰 편이 아니다. 하지만, <대망>과 <다모>가 방영되던 당시의 사회적 상황은 매우 큰 차이를 보인다. <대망>이 방영되던 시기는 대선정국이 절정에 달해 있던 시기였다. 반면에, <다모>가 방영되던 시기는 새롭게 출발한 정권에 대한 대체적인 평가가 나오던 시기이다. 이러한 상황을 염두에 두고 두 드라마를 비교해봤을 때, 흥미롭게 볼 만한 요소가 있다. 가장 주목할 만한 요소는 두 드라마에서 재현되는 '혁명'에 관한 부분이다.

### <대망>에서 재현된 '성공한' 혁명

<대망>에서 묘사되는 혁명은 기존의 드라마에서 재현되어온 혁명과는 다른 독특한 점이 있다. <대망>은 기왕의 드라마에서 묘사되던 혁명과는 다르게 일인영웅 중심의 혁명을 추구하지 않는다. <대망>에 기본적으로 깔린 요소는 '공동체주의'이다. 주인공인 무영(장혁 분)은 노자의 '도덕경'의 이상국에 기반을 둔 모든 사람이 하고 싶은 일을 하며, 서로 평등하게 돕고 사는 사회를 구현하기 위해 노력하지만, 혁명을 혼자서 이끌려고 하지 않는다. 무영에게 물심양면의 도움을 주는 최선재(박영규 분)나 단애(조민수 분)도 무영을 일인영웅으로 키울 생각은 없다. 다만, 이상적인 공동체의 구심점을 형성할 인물 정도로만 보고 있을 뿐이다. 이러한 등장인물들의 태도는 드라마 상에서 그대로 나타난다. 무영이 꿈꾸는 것은 여진(이요원 분)과 함께 살 수 있는 작은 초가집 한 채뿐이고, 결국 드라마는 그러한 무영의 꿈이 이루어졌음을 암시하며 끝난다. 혁명을 이루기 위한 기반

이 되는 공동체의 경우, 지도자가 부재하는 대신 각자가 맡은 역할이 있고 그 역할 중 어느 것도 튀거나 희미하지 않다. 결국, 이 공동체는 민중적인 수단—마당극 등—을 동원해 자신들이 지지하는 세자를 왕에 옹립하며 그들 나름의 '작은' 혁명을 완성한다.

<대망>에서 묘사되는 혁명의 또 다른 특징은 '체제를 뒤엎는' 혁명이 아니라는 점과 결국은 혁명이 '성공'했다는 점이다. 대체로 기존의 드라마 상에서 묘사되어온 혁명은 체제 전복을 시도하다가 실패하는 경우가 대부분이었다. 하지만, <대망>의 경우, 주인공이 속한 공동체가 결국 자신들이 지지하는 왕을 옹립하며 혁명을 성공으로 이끈다. '혁명'이라는 단어를 기존의 체제를 뒤엎고 완전히 새로운 체제를 세우는 뜻으로 인식하고 있는 사람에게 <대망>의 혁명은 지나치게 체제내화적이고 '혁명답지' 못한 것으로 보일 수도 있을 것이다. 하지만, <대망>의 특이한 점은 새로운 왕을 옹립하지만, 주인공과 공동체는 체제 내로 편입되지 않는다는 점이다. 그들은 기존의 체제에서 한 발 떨어져 자신들만의 기준과 체계를 가진 독립된 공동체를 유지해간다. 그렇다면, 이것은 체제를 뒤엎는 혁명보다 가치가 약하다고 볼 수 있을 것인가.

### <다모>에서 재현된 '실패한' 혁명

<대망>과 비교해, <다모>의 경우 혁명에 대한 기존 드라마의 재현 체계를 충실히 따르고 있는 편이다. 다모에서의 혁명은 장성백(김민준 분)이라는 일인영웅을 중심으로 이루어진다. 장성백을 결과적으로 이용한 정필준(정욱 분)은 사람들을 이끌 수 있는 사람을 얻는 게 가장 힘들다고 말하며, 혁명의 성공을 전적으로 장성백에게 의지한다. 장성백이 이끄는 공동체가 있지만, 그곳은 <대망>의 무영이 속한 공동체와는 다르다. 무영이 속한 공동체가 무영에 대한 의존도

가 낮은 것과 비교해, 장성백이 속한 공동체는 장성백에 대한 의존도
가 매우 높다. 이는 무영은 무영이란 이름으로 불리지만, 장성백은
'장두령'으로 불리는 것만 봐도 간단히 비교해볼 수 있다. 또한, 장성
백의 공동체는 기본적으로 매우 무력중심적인 공동체이다. <대망>
의 공동체가 사실상 무력이 부재하고, 결국 무력이 아닌 정서적 힘으
로 혁명을 추구한 것과 비교해, <다모>의 공동체는 무력을 바탕으
로 혁명을 추구한다. 그래서, <대망>에서는 부패한 관리를 골탕 먹
이는 선에서 끝나지만, <다모>에서는 부패한 관리를 죽인다.

<다모>에서 묘사되는 혁명은 체제를 뒤엎는 혁명이고 결국은
'실패'한다는 점에서도 <대망>과 차이를 보인다. 사실, '혁명'이란
일반적 의미에 더 적합한 혁명을 추구한 것은 <다모>이다. 그런 면
에서 <다모>의 혁명이 체제내화적으로 느껴질 요소가 적을 수 있
다. 하지만, <다모>에서의 혁명은 결국 권모술수에 의해 오도된
'잘못된' 혁명이다. 이 혁명의 본질에 깔려 있는 것은 왕이 되기를
원하는 야심 많은 관리와 부를 노리는 상인, 그리고 제주도를 원하는
일본이다.

그런 면에서 <다모>는 혁명 자체에 대한 관점이 <대망>에 비
해 냉소적인 편이다. 장성백이 길이라는 것은 처음부터 존재하는 것
이 아니라, 사람들이 다니면 그것이 곧 길이 된다라는 루쉰에게서 가
져왔을 법한 대사를 읊지만, <다모>는 그 대사만큼의 어떤 '진정성'
을 보여주지는 못한다. 특히, 혁명에 일본이 개입하는 순간, 이 혁명
은 필연적으로 패배해야 하며 애초부터 정당하지 못했다고 손쉽게
규정되어버린다. 그 혁명에 투영된 민중적 노력이나 관점 등은 애초
부터 충실히 묘사되지 못하였고 그럴 의지 또한 느껴지지 않은 편이
다. 공동체 구성원들의 보기 좋은 모습이 자주 묘사되고, 공동체 구
성원들이 죽어나갈 때 슬픈 감정을 전달하기 위해 노력하기는 하지
만, 그것은 매우 감정적인 기호에만 한정되어 전달될 뿐이다. 즉, 개

인적이고 감정적인 측면에 한정될 뿐, 그 공동체와 구성원들이 어떻게 혁명과 연결되는지에 대해서는 적절하게 묘사가 되지 않고 있다.

### 역사물 <대망>과 멜로 드라마 <다모>

이러한 두 드라마에서 묘사되는 혁명의 차이는 <대망>과 <다모>가 추구하는 기본적인 드라마 노선의 차이에서 기인한다. <대망>의 경우 끈질기게 공동체 속에서 살아가는 인간과 그들 사이의 관계에 대해 설파한다. 무영이 속한 공동체에 대한 묘사뿐만 아니라, 단애가 이끄는 여성들의 공동체인 '사우곡'에 대한 묘사 등은 <대망>이 얼마나 이야기의 중심에 공동체를 두고 있는지를 생각해보게 한다. 반면, <다모>의 경우 채옥(하지원 분)과 황보윤(이서진 분), 그리고 장성백 사이의 삼각관계가 드라마의 가장 중심에 위치해 있다. <대망>에서 무영과 여진, 그리고 시영(한재석 분)의 삼각관계가 묘사되기는 하지만, 그것은 등장인물 사이의 관계와 갈등을 부각하는 하나의 요소일 뿐 이야기를 이끌어가는 중심축은 아니다. 그런 측면에서 <대망>이 역사물이라면, <다모>는 멜로 드라마에 가깝다. 이것은 <대망>과 <다모>의 노선 차이를 가장 잘 보여주는 하나의 상징적 측면으로 볼 수 있다. <대망>이 시대적·사회적 흐름 속에서 살아가는 인간 '군상'의 모습을 보여주는 드라마라면, <다모>는 시대적·사회적 배경을 끌어들여 개인적인 운명과 관계에 얽힌 '개별' 인간의 모습을 보여주는 드라마이다. 이러한 차이는 단순히 어느 드라마가 어느 드라마보다 우수하다는 간단명료한 판단기준으로 가를 수 있는 그런 차이는 아니다. 드라마의 컨셉 자체가 틀리고, 결과물로 나온 드라마는 그 컨셉의 차이를 잘 보여주었을 뿐이다. 내가 보기에 이 컨셉의 차이는 당시의 사회적 상황의 차이를 반영하는 것이다. 물론, 시청 타깃의 차이부터 시작하여 기획의도, 시청률에 대한 인식 차이 등 여러 가지 차이가 기획 컨셉의 차이에 영향을 미쳤을 것이다. 하지만, 이 글에서는 사회적 차이를 좀더 특화시켜 분석에 이용해보겠다.

## 3. '현재적 텍스트'로서의 〈대망〉과 〈다모〉

앞서 언급한 것처럼 〈대망〉은 대선정국 한복판의 사회적 상황 하에서 방영되었다. 지금에 와서 당시의 대선을 떠올려보면, 당선이 불가능할 것이라 예상된 후보가 이전까지는 볼 수 없던 형태의 민중적 지지를 바탕으로 대선에서 승리하였다고 특징지을 수 있을 것이다(여기에서 그 대선의 결과가 지금 어떻게 나타나고 있는지에 대해 고려할 필요는 없을 것이다). 〈대망〉이 방영되던 시기는 새로운 체제에 대한 기대와 욕망이 팽배해 있던 시기였고, 사람들은 변화의 바람 앞에 그 것을 지지하든 지지하지 않든 다양한 감정을 느꼈을 것이다. 그런 측면에서 무영이나 여진, 동희(손예진 분) 등 체제의 변화를 갈망하는 인물들에 대한 묘사와, 체제의 변화를 원하지 않는 박휘찬(박상원 분)이나 사회체제 자체에 냉소적인 시영 같은 인물들에 대한 묘사는 동시적으로 진행되는 것이다. 다만, 변화에 대한 욕망이 좀더 강하게 드러났던 사회상황은 〈대망〉에서 '성공한' 혁명을 통한 새로운 체제의 성립을 묘사하는 데 영향을 끼쳤음을 짐작해볼 수 있게 한다. 이는 〈대망〉이 당시의 사회적 '욕망'을 어느 정도 충실히 반영하고 있음을 보여준다.

이와 비교해, 〈다모〉가 방영된 시기의 사회적 상황은 〈대망〉 방영 당시의 사회적 분위기와는 사뭇 다르다. 이라크전 파병 결정, 노조에 대한 보수적 관점 등 새로운 정권의 보수적인 특징들이 드러나고 있는 상황과 '여전히' 혼란한 정국은 사회적으로 어떤 정치적 냉소주의를 팽배하게 하였다. 변화에 대한 강렬한 욕망과 믿음이 하나둘씩 부서져 나가는 상황에서 가장 손쉽게 택할 수 있는 방법은 무관심과 냉소이다. <다모>가 <대망>과 비슷한 역사적 상황과 그 아래에서의 혁명을 기본설정으로 두고도 주인공들간의 멜로 드라마에 집중한 것은 사회적으로 형성된 무관심과 냉소가 반영된 재현이다. 사람들은 더 이상 거창한 의미와 새로운 사회를 보는 것에 관심이 없고 그것을 욕망하지도 않는다. 그저 골치 아픈 것보다는 보기에 즐겁고 단순하게 생각할 수 있는 것을 욕망한다. <다모>가 <대망>의 공동체주의와 비교해 매우 분절화된 개인주의를 전면적으로 드러낸다는 점은 이러한 사회적 욕망을 잘 반영한 것으로 볼 수 있다.

하지만, 욕망과 그 욕망을 재현하는 방식의 차이에도 불구하고, <대망>과 <다모>는 매우 '현재적인' 이야기라는 공통점을 지니고 있다. 그러한 측면에서, 현재를 재현하는 드라마의 '현재적 텍스트'로서의 다른 한 가지 특성을 잘 보여준다. <대망>에서 묘사되는 복잡다양한 인간 군상에 대한 묘사는 그 자체로 지금 현실의 인간 군상과 연결된다. 야심만만한 인간상, 기회주의적 인간상, 현실에서 괴리되어 살아가는 인간상, 희생적인 인간상 등 <대망>에서 보여지는 매우 폭넓은 인간상은 그 자체로 현실의 인간상과 연결되는 것이다. 이들 인간과 그들 사이의 관계를 통해 인간과 그들이 구성한 사회에 대해 이야기하고 있고, 이는 결국 과거를 통해 현재를 이야기하는 것과 다름없다. <다모>의 경우는 세 명의 주인공의 관계에서 역사의 무게만 제한다면, 현대인들의 사랑 이야기에서 크게 벗어나지 않는다. 신분의 차이, 질투, 주체할 수 없는 감정으로서의 사랑 등은 현대를 배경으로 한 멜로 드라마에서도 매우 보편적으로 등장하는 요소이다. 결국, <다모>도 과거를 통해 현재를 살아가는 사람들의 이야기를 하는 것과 다름없는 것이다. 그런 면에서 <대망>과 <다모>가 기본적으로 사극의 틀을 지니고 있다 하더라도 결국은 현재적인 이야기를 하고 있는 것이고, 이는 드라마의 '현재적 텍스트'로서의 특성을 잘 보여준다는 면에서 매우 상징적이다.

사족이긴 하지만, 또 다른 측면에서 재미있게 볼 수 있는 것은 드라마와 방송국 간의 관계이다. 대선 정국 당시 <대망>의 방송사인 SBS는 매우 보수적인 관점을 지니고 있었고, 대선 이후 <다모>의 방송사인 MBC는 대선 정국 당시의 개혁성과 비판성이 어느 정도 희석되어 매우 현실안주적인 관점을 보인다. 거의 무조건적이라고 해도 될 만큼 새로운 체제에 대한 열망을 강렬하게 표현한 <대망>은 사실 SBS란 방송국의 관점과는 상반되는 경향이 있다. 또한, 정치에 대한 냉소주의보다는 현정권에 대한 지지를 바탕에 깔고 있는 MBC와 기본적으로 냉소적인 관점을 바탕에 깐 <다모> 역시 그다지 관점의 일치를 보여주지는 못하고 있다. 이는 방송사 내 드라마국과 보도국의 차이에 기인한 바가 크겠지만, 그럼에도 드라마가 방영 당시의 현재적인 상황과 욕망에 얼마나 영향받는지를 잘 보여준다고 말하면 지나친 비약일까.

## 4. 드라마에 대한 시청자들의 새로운 욕망

<대망>과 <다모>는 이들 드라마가 불러온 화제에 비해 시청률 자체는 그다지 높은 편이 아니었다. <대망>이 김종학과 송지나라는 이름 아래에 있었던 것과 <다모>가 네티즌들 사이에서 상상하기 힘들 정도의 반응을 얻은 것을 생각해보면, 평균 시청률 20% 내외는 그다지 좋은 수치라고 볼 수 없다. 이 예상외의 저조한 시청률은 두 드라마 모두 기존의 드라마 문법에서 어느 정도 비껴 있는 것과 관계가 있을 것이다. <대망>의 경우 복잡한 인물관계와 공동체주의 등의 높은 추상 수준으로 인해 일회성으로 즐기는 경우가 많은 드라마 시청자들을 폭넓게 아우르지 못한 편이다. <다모>의 경우는 애초의 시청 타깃 자체가 젊은층 중심으로 설정되었고, 이러한 혼종적인 장르는 여러 연령대를 아우르기는 힘든 부분이 있다. 두 드라마의

‘태생적’ 한계로 인해 시청률 저조는 어떻게 보면 필연적인 결과라고
볼 수도 있다.

　하지만 지금과 같은 전반적인 드라마 시청률 하락 시기에 마지막
회까지 20% 초중반의 꾸준한 시청률을 기록한 것은 다르게 생각해
야 할 측면도 있음을 보여준다. 개인적으로 최근 3년간 가장 중요하
게 다루어져야 하는 드라마는 <네멋대로 해라>(이하 <네멋>)라고
생각한다. 이 드라마는 시청자들 사이에 새로운 기호와 욕망이 형성
되고 있음을 상징적으로 보여준다는 측면에서 매우 중요하게 다루어
져야 한다. 20대·30대 초반 시청자의 절대적인 지지를 받은 <네멋>
은 드라마 시장에서 이전과는 구분되는 새로운 요구들이 있음을 보
여준다. <거짓말>, <거침없는 사랑> 등 높은 작품성의 드라마가
시청률 한 자리에서 고전한 것과 비교해 <네멋>의 20% 근처의 시
청률은 놀라운 발전으로 볼 수 있다. 이는 점차 새로운 시청층이 고
정적인 비율로 형성되고 있음을 짐작하게 한다. <네멋>과는 조금
다른 맥락에서 <대망>과 <다모>의 꾸준한 시청률과 지지도는 이
러한 틈새의 한 단면을 보여준다. 복잡하고 혼종적인 장르와 좀더 다
양한 소재와 높은 추상 수준을 바라는 시청층이 <대망>과 <다모>
를 꾸준하게 보았고 이는 앞으로 확대되면 되었지 축소될 비율은 아
니다. 최근 <옥탑방 고양이>, <앞집 여자> 등 연달아 성공한
MBC의 드라마들이 이전에는 볼 수 없던 새로운 시도를 했음을 생각
해보면, 드라마에 대한 시청자들의 새로운 욕망의 발생은 좀더 명확
해진다.

　<대망>과 <다모>의 내용상의 명확한 차이에도 불구하고, 이들
두 드라마는 현재의 드라마 시청자들이 드라마에 바라는 것이 무엇
인지를 보여준다는 점에서 중요하게 다루어져야 한다. 한동안 한국
의 드라마들은 ‘불륜’과 ‘액션’이라는 천편일률적인 소재에 <야인시
대>와 같은 왜곡되고 몰역사적이며 선정적인 드라마들이 대세를 이

루어왔다. 사실, 이러한 드라마들이 일시적으로 시청자들의 주목을
끌었고 높은 시청률을 거둔 것을 부인할 수는 없다. 이는 당시에 요
구되었던 시청자들의 욕망을 반영한 것이기도 할 것이다. 하지만, 이
러한 경향의 고착화는 전반적인 드라마 시청률 하락을 가지고 왔다.
시청자들의 다변화하는 욕망을 고착화된 소재와 내용으로 계속해서
충족시키기는 어렵기 때문이다. <대망>과 <다모>는 이러한 고착
화되고 안정지향적인 드라마 제작 현실에서, 시청자들의 좀더 새롭
고 다양한 욕망을 반영하려 시도했다는 것만으로도 높게 평가받을
만하다. 그리고 이들 두 드라마 모두 열광적인 지지자를 만들어냈다
는 것은 <대망>과 <다모> 모두 시청자의 변화하는 욕망을 어느
정도 포착했다는 증거가 되기도 한다.

　드라마는 현재를 반영하고 현재의 욕망을 반영한다는 점에서 단순
히 시청률과 상업성의 영역에서만 판단할 수는 없는 부분이 있다. 드
라마에 반영된 현실과 욕망을 통해 우리는 우리를 돌아보는 성찰의
영역에 도달할 수 있을지도 모른다. 그것은 우리 개인에 대한 성찰인
동시에 시대와 사회에 대한 성찰이기도 하다. <대망>에서 드러났던
낙관적인 미래가 <다모>의 냉소적인 현재로 전이된 현실. 그것은
성찰하지 않고 과거의 악습을 답습하는 보수지향적인 우리 사회의
한 단면이기도 하다. 드라마가 단순한 오락물이 아니라 사회의 현재
모습과 욕망의 반영이라면, 우리는 사회와 욕망에 대한 성찰을 통해
그것을 반영하고 재현하는 것만이 아닌 새로운 사회상과 희망을 구
조화하고 담론화하는 하나의 훌륭한 공적 장으로서 드라마를 이용할
수도 있지 않을까.

# 벽을 허무는 진솔함의 힘
## <이소라의 음악도시>

국정민(강사)

요즈음 TV를 보거나, 라디오를 들으면, 가장 쉽게 느끼게 되는 특징 중 하나가, 대부분의 프로그램이 어느 한 특정 계층만이 이해할 수 있고, 공감할 수 있는 방식으로 제작되고, 진행된다는 점이다. 라디오 프로를 예로 들자면, 저녁 8~12시대 청소년들이 주로 청취하는 프로들은 그 진행자들부터, 10대들에게 인기가 높은 가수들이고, 초대 게스트들도 대부분 10대들 사이에 인기가 높은 가수 중, 말재주가 있는 사람들인 경우가 많다. 이런 프로들은 그 선곡하는 노래에서부터, 모든 사연까지 철저히 10대(20대 초반까지)들을 겨냥한 프로라는 것을 여실히 보여준다. 대부분의 사연이 청소년들 사이에 유행하는 재미있는 이야기이거나, 남녀 사이의 연애상담이고, 프로그램 중간중간 청취자가 직접 참여하는 코너에도, 참여하는 청취자의 90% 이상이 10대 학생인 경우이고, 그들과의 대화 내용도 좋아하는 스타나 이성에게 하는 사랑고백, 연예인 성대모사, 노래 따라 부르기 등이 대부분을 차지한다.

지금 내가 위에서 예로 든 경우는 주로 청소년을 대상으로 하는 프로의 예를 든 것이지만, 다른 시간대의 프로들도 특정 연령층 또는 계층만을 대상으로 하고 있는 인상을 준다는 점은 마찬가지이다. 이런 말을 하면, 많은 사람들은 어차피 요즈음의 한국사회가, 세대간의 갈등이 심하고, 서로 공감할 수 있는 문화적 코드가 없는 상황에 있고, 방송이 세대별·계층별로 진행되는 것은 당연하다고 주장할지 모르겠다. 어쩌면 나 자신도 그렇게 생각하는 많은 사람들과 마찬가지로, 세대와 계층별로 분화된 방송을 시대의 흐름으로 받아들였고, TV프로나 라디오 프로의 채널을 틀고, 맞출 때, 내 나이와 계층을 인식하며 봐주기(?) 어려운 프로는 건너뛰고, 방송사가 나에게 허락한(?) 프로들 중, 내 기호에까지 맞는 프로를 어렵사리 골라가며 시청해왔는지도 모르겠다.

그런 나에게, 방송이 우리의 일상의 모습을 진솔하게 담아낼 때, 연령과 계층을 넘어서, 사람들의 마음을 열 수 있게 해주고, 서로의 하나됨을 느낄 수 있게 할 수도 있다는 사실을 일깨워준 프로가 있다. 아주 우연한 기회에 듣게 된 <이소라의 음악도시>(밤 11시~새벽 1시). 새로운 시간대로 편성되기 전 MBC라디오 FM 91.9에서 자정에서 새벽 2시까지 진행되던 프로였는데, 난 그때 이런 프로가 있다는 사실조차 모르고 있었다. 야근 후 집으로 돌아가는 차 안에서 주파수를 돌리다가, 우연히 듣게 된 한 사연은 대학교 4학년 여대생의 사연이었다.

"언니. 우리집은 너무 가난하고, 돈이 없어서 옷도 제대로 못 사 입어요. 내 친구가 나보고 머리는 그게 뭐냐고…… 꼭 아줌마 같아 보인다고 해요……. 너무 속상하고 더 무서운 건 이런 생활이 계속 반복되지 않을까 하는 거예요."

나로 하여금 그 프로를 끝까지 듣게 한 것은, 그런 내용의 사연을 다른 어떤 프로에서도 이전에 들어본 적이 없었고, 그런 내용이 방송을 타고 나온다는 사실에 일단 너무 충격을 받은 때문인 것 같다.

물론 다른 방송 프로그램에 어려운 이웃이 등장해서, 모금을 하는 프로가 있다. 뉴스에선 청년실업, 대학생 휴학사태 등을 우리 사회의 당면한 문제로 연일 떠들어댄다. 그럼에도 불구하고, 그런 문제를 실재로 겪고 있는 사람들은 방송 프로그램 중 특정 사회문제를 다루기 위해 편성된 프로그램에서만 나오는 것처럼 도식화되어 있다. 그런 문제를 겪고 있는 사람들이, 소년·소녀 가장 또는 무직자라고 불리기 이전에, 청소년이라고 불리는 사람들이기에, 그들의 사연 역시, 청소년 내지 일반 청취자를 대상으로 하는 프로에 얼마든지 소개될 수 있음에도 불구하고, 왜 그런 내용의 사연을 단 한번도 다른 프로에선 들어볼 수 없었던 것일까? 우연히 듣게 된 한 프로그램은 나에게 참으로 많은 것을 생각하게 해주었다.

그 후부터 난 다음날 직장생활에 무리가 됨을 느끼면서도, <이소라의 음악도시>를 아주 피곤한 날이 아니면 꾸준히 듣게 되었다. 이렇게 계속 청취해나가면서, 난 내가 우연히 듣게 된 그런 사연이 어느 날 하루 우연히 소개된 것이 아니었다는 것을 알게 되었다. 이 프로그램에 너무나 다양한 연령층과 직업, 다른 환경의 사람들이 놀라울 정도로 진솔한 자기의 사연들을 보내고 있다는 것을 알게 되었다.

계속 이 프로를 청취하면서, 나는 다른 프로그램과는 차별화되는 이런 청취자의 진솔함을 이끌어낼 수 있는 이 프로그램의 힘이 무엇일까? 생각해보게 되었다. 내가 꾸준히 들으며 발견한 그 힘은, 물론 이 프로그램의 진행자인 이소라라는 사람의 진솔함과 그 사람이 주는 포근함이었다. 진행자 이소라의 형식에 메이지 않는 진솔한 멘트, 진행방식이 프로그램 전체에, 마치 방안의 향기처럼 편안함이 묻어나오게 하고 있었다. 하지만 이런 진행자의 특징 외에도, 이 프로그램은 그 형식면에서도, 다른 프로그램과는 많은 점에서, 다른 점이 있었다. 프로를 듣다 보면, 중간중간, 진행자인 이소라 씨가 방송 피디와 작가에게 말을 직접 건네고, 그 작가들이 직접 대답을 하지는 않지만, 진행자가 그 PD와 작가들의 반응을 청취자에게 자연스럽게 말해준다. 예를 들면, 지금 "PD는 ……를 하고 있고, 작가들은 …… 을 먹고 있구요"라는 식이다. 다른 프로그램과의 작은 차이이지만, 청취자는 단순히 방송이라는 세팅에 놓여 있는 한 진행자와 있는 느낌이 아니라, 방송의 현장감을 느끼고, 피디와 작가들이 함께 만들어 나가는 방송임을 느끼게 해준다.

또한, 방송 내내, 인터넷 사이트 상에 올리는 사연들을 실시간으로 방송하므로, 청취자들이 같이 참여하고 있음을 느끼게 해주고, 한 사람의 문제와 사연을 놓고, 여러 사람들이 같이 고민해주고, 답을 해주는 느낌을 받게 한다. 정말로 누군가의 고민이 받아들여지고 있고, 입에 발린 위로나 예의상의 멘트가 아닌, 함께 고민하는 흔적이 역력하다. 초청된 게스트들도, 자신들의 청소년기의 고민, 백수시절의 아픔, 실연담, 가정이 이혼하며 느꼈던 아픔들을 너무도 솔직히 이야기한다. 먼저 자신을 열어 보이는 이런 진솔한 모습은…… 청취자들 속에, 숨겨져 있던 이야기들을 이끌어낸다.

한 10대 여학생은 "언니 지금…… 우리 아빠랑 새엄마랑 싸워요. 우리 아빠는 지금 세번째 결혼을 한 거예요. 난 새엄마랑 잘 지내보려고 하는데…… 아빠는 뭐든지 잘못되면 그게 다 나 때문이래요"라는 사연을 올렸다. 이 사연을 소개하는 코너에 나온 게스트는 자신도 10대 때 부모의 이혼으로 인해 너무도 고통을 겪었다는 것을 솔직히 이야기한다. 그러면서 그래도 "인생은 자기 몫이고…… 부모가 부모의 역할을 못했다고 해서, 자신이 자기 인생을 마구 포기하고 사는 것은 결국 자기의 선택이라는" 어려운 자기 고백적 충고를 해준다.

누군가의 진솔함은 참으로 큰 힘을 가지고 있다. 설사 모두가 이런 심각한 사연을 보내오는 것은 아닐지라도, 누군가가 자신을 열고,

가장 아픈 부분까지 내어놓는 것은, 많은 사람들에게 자신을 있는 모습 그대로 열어 보이고, 서로가 용납되는 느낌을 줄 수 있다. 그런 느낌은, 사람들로 세대를 넘고, 자신의 독특한 취향을 넘어서, 우리로 서로 하나가 될 수 있게 해준다.

<이소라의 음악도시>에선 청소년들은 꽃돌이, 꽃순이라고 불린다. 20대는 꽃처녀, 꽃총각으로 불리고, 이들이 적극적 프로 참여자이다. 그러나 택시운전자인 30대 노총각, 밤에 액세서리 핀을 만드시면서 음악도시를 듣는다는 40대의 아주머니 애청자, 자신을 5학년 2반이라고 소개하는 50대의 귀여운(?) 독신자 선생님 등…… 수많은 계층과 다양한 삶의 모습의 사람들이 이 프로를 애청하고 자신들의 추억과 삶이 묻어나는 사연들을 보내온다.

누가 그렇게 하라고 한 것은 아닐 텐데, <이소라의 음악도시>의 애청자들도 한결같이 너무도 진솔하고, 다른 세대에 마음이 열려 있는, 그래서 함께 나눌 수 있는 사연들을 자주 보내온다. 한 10대 청소년은 얼마 전 우연히 지하철에서 본 재미있는 할아버지에 대한 사연을 보내왔다. "제가 며칠 전에 지하철을 타고 가는데요, 제 앞에 앉아 계신 나이 많으신 할아버지가 문자를 보내고 계신 거예요. 신기해서 무슨 문자를 보내나 보니까요……. 성인광고 문자메시지에 답을 보내고 계시는 거 있죠. '전 그런 거 안합니다…….' 그 할아버지 너무 재밌죠?" 그 사연을 보내준 꽃돌이는 한 마음 젊은 할아버지를 모든 청취자가 알고, 느끼게 해주었다.

현대 사회를 흔히 사회가 지나치게 분화되고, 사람이 기계 부속과 같이 취급되는 시대라고 말한다. 이런 현대사회의 특징을 대변이나 하듯, 요즈음의 방송 프로그램들은 지나치게 분화되어(section) 있는 것으로 보인다. 한 개인 속에도 여러 문제가 있을 수 있고, 각 세대들간, 계층간에도, 그 공통분모를 찾아내려 한다면, 분명 서로를 하나로 묶을 수 있는 그 무엇인가가 있을 것이다. 그러나 이런 진지한 노력 없이, 방송을 제작하는 사람들이, 최소한의 안정된 시청자를 확보하기 위해, 어느 한 세대나 계층, 그것도 그 특정 계층의 진지한 관심사도 아닌 말초적 감각과 감상에 어필할 수 있는 프로를 쉽게, 쉽게 제작하고 진행하면서, 우리는 서로간에 분명히 존재하는 너무도 많은 공통점들을 찾아낼 수 있는 기회들을 잃어온 것이 아닌가 생각해본다.

요즈음 우리 사회나 정치는 도저히 화합할 수 없는 세대간의 갈등으로, 코드가 달라도 너무나 다르다라는 말이 저절로 나오는 상황을 겪고 있다. 이렇게 세대간의, 계층간의 벽이 높아지게 된 이유에 대해서는 많은 말들이 있을 수 있겠지만, 서로를 열어 보일 수 있는 장이 너무도 없었기 때문이라고 생각한다.

특히 방송에서 제시하는 각 세대와 계층을 이미지화한 고정된 표준은 너무나도 왜곡되어온 것으로 생각된다. 방송 프로를 듣다 보면 10대는 고민하는 것이 대학입시, 친구 사이의 갈등이고, 20대는 연애, 30대부터는 생활의 고민이 전부인 것처럼 보인다. 이런 표준화가 주는 왜곡의 가장 큰 폐해(弊害)는, 사람들이 사회가 제시하는 표준에 맞추어 그 표준처럼 행동하게까지 한다는 데 있다. 나의 직업상 흔히 기성세대가 철없고, 컴퓨터 채팅과 게임에만 열을 올린다고 하는, 10대들과 자주 대화를 나누다 보면, 그들의 자신의 미래를 향한 계획이나 고민이 의외로 구체적이고 진지한 데 놀라게 될 때가 있다. 그러나 그것은 내가 먼저 그렇게 진지하게 그들에게 다가갈 때 그들이 내게 보여주는 모습이다. 대부분의 경우엔 그들은 사회가 그들을 표준화시킨 것처럼 될 수 있는 대로 진지하지 않은(?) 모습을 사람들에게 보이며 살아간다. 자신들도 진지한 고민을 하고 있음을 말할 기회를 잃은 채……

내가 특히 이렇게 10대들의 고민과 모습에 대해 주로 예를 들고 관심을 갖게 되는 것은, 아마도 내 자신이 10대 때 느꼈던 고민과 방

황을 지금도 너무 생생하게 기억하고 있기 때문일 것이다. 지금 돌이
켜보면, 내가 중·고등학교 시절에 가장 고통스러워했던 것은 가정의
불화였다. 그러나 그보다 더 고통스러웠던 것은, 선생님이 상담을 하
겠다면서 반에서 1번부터 60번까지를 한 명씩 불러다 놓고, 너 요즘
에 무슨 과목이 성적이 안 나오는 게 고민이냐고 묻는 상황이었다.
솔직히…… 난 그때 그런 고민이 먼 문제로 느껴질 만큼, 매일 집안
에서 듣게 되는 말들로…… 고민하고 있었다. 그러나 학교도 사회도
내가 느끼는 고민에 관심을 갖지 않았고, 나에게 10대다운(?) 고민을
할 것을 요구하는 것 같았다. 그래서 나도, 내 또래의 나의 친구들이
나 선생님들에겐 공부 열심히 하고, 대학과 전공선택을 고민하는 성
실한 학생 중 한 명으로 기억되는 사람일 것이다. 그렇게 겉으로는
무사히 그 시절을 보낸 것 같지만, 그런 식으로 살아온 결과는 나와
다른 세대·다른 계층의 사람들로 보이는 사람들과 아예 처음부터 벽
을 세우고, 선을 긋고, 해야 할 말만을 하고 살게 되는 것이다.

　방송은 물론 시대의 흐름이나 유행에 따르며 기획되고 제작된다.
한 프로그램이나 방송사에 의해 현 사회의 이런 심각한 세대간 갈등
의 문제가 해결되기를 바란다는 말은 그 논리와 설정 자체가 말이
안 되는 어불성설(語不成說)의 주장일지도 모른다. 하지만 나는 우연
히 한 프로그램을 청취하게 되면서, 진솔함을 바탕으로 하는 진지한
노력은 각기 다른 세대와 장에서 활동하고 있는 사람들의 마음을 열
고, 움직일 수 있고, 그들 사이의 벽을 허물 수도 있다는 것을 깨닫
게 되었다. 그렇게 허물어진 벽을 넘어서, 우리가 서로에게서 발견하
는 모습들이, 의외로 같은 고민, 같은 관심사를 가진 비슷한 사람들
의 모습일지도 모르겠다는 생각을 하게 되었다.

　더 나아가, 나는 방송을 매일 보고 듣는 한 사람의 시청자로서, 우
리 방송이 어려운 상황 속에 있지만, 우리 사회의 다양한 연령층과
계층을 하나되게 하는 노력을 진지하게 시도하고, 이미 그런 결실이

보이는 프로그램은 더욱 진지하게 노력해나가고, 더욱 발전시켜 나
가기를 바라는 작은 바람을 가지게 되었다.

# 드라마 속의 직업에 관하여

권경애(프리랜서)

2003년 9월 현재 지상파 3개(KBS-TV, SBS-TV, MBC-TV) 방송 4개 채널에서 아침부터 시작되는 고정 드라마는 24개나 된다. 어린이 드라마와 재현 드라마를 제외하고 일주일 동안 시청자들은 24개의 드라마를 자의 반, 타의 반으로 시청하게 된다. 드라마 형식을 가지고 각 방송국마다 한두 편 방송하고 있는 시트콤까지 포함한다면 드라마를 싫어하는 사람이라 할지라도 하루에 한두 편의 드라마는 보게 되는 것이다.

특히 일요일에는 특집방송 기간이나 스포츠 중계 시즌을 제외하고는 오후 2시부터 5시까지 방송3사가 드라마 재방송으로 전파를 낭비하곤 했지만, 얼마 전부터는 주중에도 몇 시간 연속 드라마를 방송하는 채널도 늘어나고 있다.

SBS-TV는 월요일부터 목요일까지 일일연속극을 하는 저녁 9시부터(<연인>→<똑바로 살아라>→<야인시대>, <요조숙녀>) 밤 11시까지 시트콤과 월화·스페셜 드라마를 연속적으로 방송한다. KBS2-TV

<2003년 9월 22일 현재 방송중인 드라마>

|  | SBS-TV | KBS2-TV | KBS1-TV | MBC-TV |
|---|---|---|---|---|
| 아침 | 이브의 화원 | 장미울타리 | 분이 | 성녀와 마녀 |
| 월요일 | 연인<br>야인시대 | 상두야 학교가자 | 노란손수건 | 백조의 호수<br>대장금 |
| 화요일 | 연인<br>야인시대 | 상두야 학교가자<br>드라마시티 | 노란손수건 | 백조의 호수<br>대장금 |
| 수요일 | 연인<br>요조숙녀 | 장희빈 | 노란손수건<br>대추나무 사랑 걸렸네. | 백조의 호수<br>좋은 사람 |
| 목요일 | 연인<br>요조숙녀 | 장희빈 | 노란손수건 | 백조의 호수<br>좋은 사람 |
| 금요일 | 연인<br>남과여 | 사랑과 전쟁 | 노란손수건 | 백조의 호수<br>베스트극장 |
| 토요일 | 태양의 남쪽<br>첫사랑 | 진주 목걸이 | 무인시대 | 회전목마 |
| 일요일 | 태양의 남쪽<br>첫사랑 | 진주 목걸이 | 무인시대 | 1%의 어떤 것<br>회전목마 |

는 화요일 저녁 9시 20분 시트콤(<달려라 올 엄마>→<상두야 학교 가자>→<드라마 시티>)을 시작으로 12시까지 드라마를 방송한다.

방송 현실이 이러다 보니 아시아권에서 드라마 왕국이라 불린다는 소문이 거짓이 아님을 알 수 있는 엄청난 물량이 눈앞에 펼쳐진다는 것을 확인할 수 있다.

그러나 드라마를 제대로 시청하는 사람이라면, 아니 드라마를 대충 보는 사람이라 할지라도 특정한 주제도 없이 드라마가 천편일률적으로 뻔한 스토리와 전개방식을 가지고 있음도 알게 된다.

아이디어나 내용면에서 아주 커다란 차이점을 찾아볼 수 없고, 일일 드라마, 스페셜 드라마, 특집드라마, 주말드라마라는 타이틀과, 기껏해야 방송기간이나 방송되는 시간과 방송날짜와 방송하는 채널이 다른 것이 고작이다.

학교에서까지 드라마를 모르면 따돌림을 당하는 시대이지만, 신선하고 참신한 드라마를 만들지 못하는 이유가 궁금하다고, 두 사람만 모이면 외치는 소리를 드라마를 만드는 사람들은 알고 있을까?

때때로 각각 다른 방송국의 다른 출연자와 연출자, 작가의 드라마임에도 비슷한 내용과 중복 출연자로 인해 시청자들이 혼란을 겪는 경우도 있다.

현재 방송되고 있는 <노란 손수건>(KBS1-TV)과 얼마 전 종영한 <그대 아직 꿈꾸고 있는가?>(MBC-TV)와 역시 종영된 <당신 곁으로>(SBS-TV)는 내용면에서 상당한 동일시를 이루었다. 아이를 낳지 못하는 부부가 등장하고, 결혼 이전의 연인에게서 태어난 아이의 호적과 양육권을 두고 설전을 벌이는 것이 그 주요 내용이었다.

심지어 <노란손수건>의 정영준이라는 인물과 <그대 아직 꿈꾸고 있는가?>의 혁주라는 주인공을 동일한 출연자가 극과 극의 캐릭터 연기를 벌이는 진풍경도 연출되었다. 연기자도 방송국도 그런 경우는 극소수라고 하지만, 시청자들이 드라마를 이해하는 데 혼란을 가질 수밖에 없는 상황의 대표적 예라고 할 수 있다.

미리 계획되고 제작되지 못하는 드라마가 대부분이다 보니, 개성을 찾아보기 어렵고, 연기자 한 사람이 몇 편의 드라마에 중복 출연하는 것도 당연한 것처럼 시청자들은 받아들일 수밖에 없다. 한 방송국에서 세 시간 연속 각기 다른 드라마를 방송하는데, 연속해서 같은 배우가 등장하는 경우도 종종 있는 일이며, 각각 다른 방송국의 다른 드라마이지만, 동일한 시간에 방송되는 드라마에 한 사람의 연기자가 지속적으로 출연하는 것도 흔한 일처럼 되어 있다.

또한, 드라마에 등장하는 인물들의 직업 역시 21세기 다직종 시대에 어울리지 않게 한정되고, 미화시킬 수밖에 없는 것이다. 현실과 너무 동떨어진 그런 모습에 자연스레 인물들의 직업에 대한 비판을 가하는 글들이 인터넷 게시판에 등장하는 것도 무리가 아니다.

필자 역시 드라마를 좋아하는 시청자로서 드라마 속의 직업들은 어떤 모습으로 시청자들에게 다가오고 있는지 비교분석해보고자 이 글을 쓰게 되었다.

현재까지 드라마에 등장하는 주요 직업으로는 기자, 의사, 검사, 변호사, 디자이너, 모델, 건축설계사, 기획이사, 교수, 사장들이 비교적 고급직업군으로 나타났다.

드라마 속에서 고급직업군에 속한 사람들은 자신의 직업에 그다지 열과 성을 다하지 않아도, 언제나 성공하거나 돈을 많이 벌게 설정되었다.

반대로 평범한 시청자들이 공감을 느낄 만한 직업이라고 하면 음식점의 종업원, 주유소나 편의점 아르바이트, 교사, 택배 배달원, 승무원, 회사원, 영업사원 정도라고 할 수 있다. 비록 그 분야의 시청자들이 등장하는 직업을 인정하고 받아들이며, 수긍하는 경우가 극소수에 불과하지만.

"저런 직업은 힘들 거야", "힘들지만 보람은 있을 것 같다", "저런 직업도 있었구나!", "멋진 직업이야!"라는 긍정적이고 밝은 면을 드라마를 통해 생각할 수 없는 건 불행이라고 할 수 있다.

비교적 전문 직업군으로 몇 년 전부터 자주 등장하는 방송국 PD, 방송작가, 프로그램 개발자, 강사, 카피라이터, 아나운서가 있지만, 그들이 그 분야의 전문가임을 입증할 만한 방송을 보여준 것은 몇 컷 되지 않는다. 양념처럼 이런 직업은 이런 모습이란 화면만 가득 담을 뿐이었다. 비현실적인 것이 드라마라고 하지만, 현실과 너무 괴리감이 느껴지면 고민해봐야 할 문제점이 많으리라 여겨진다.

외국의 드라마들은 어떨까? 가장 많이 한국의 방송국에서 수입해서 보여주고 있는 미국 드라마 중 대표적인 의학 드라마를 예로 들어 보겠다. KBS2-TV에서 2000년 1월부터 5월까지 시즌 4가 방송된 <ER(Emergency)>. 쿡 카운티 메모리얼 종합병원 의사들의 24시를 생동감 있게 보여주었던 이 드라마는 의사와 병원을 소재로 했다. 과로와 박봉으로 시달리는 의사들을 통해 생명의 소중함과 자신의 삶 사이에서 고민하는 의사란 직업을 다시 한번 돌아보고 생각하게 만들었으며, 시청자들에게 다음 시즌을 기다리게 했다.

반면 그 이전과 이후에 한국의 방송에서 제작된 의학 드라마가 몇 편(2000년 11월~2001년 8월 <SBS-TV 메디컬센터>와 1998년 11월~1999년 12월 MBC-TV에서 방송되었던 <해바라기>, <의가형제>, <종합병원>) 방송되기는 했지만, 의사라는 직업을 <ER>만큼 생생하게 전달해준 드라마는 없었다. 인기를 등에 업고 시즌별로 지속적으로 방송되고 있는 <ER>과 다르게 한번 종료하면 그것으로 끝이어서라는 변명도 할 수 있다. 중요한 것은 종료 후에 그런 드라마가 있었던가? 갸웃거리게 하는 것이 한국의 의학 드라마라는 것이다.

방송 당시에는 시청률이 높고, 그 분야의 전문가들이 앞 다투어 조언을 아끼지 않는 모습을 보여주지만, 한국 의학 드라마의 경우 흉부외과 성형외과 등 시대에 따라 인기가 있고 화제가 되는 의사들의 단면적인 모습만 보여주고, 현재도 그렇기 때문에 사람들의 기억에 남지 못하는 건 아닐는지…….

다음으로 경찰 드라마라고도 할 수 있는 <CSI(Crime Scene Investigation) 과학수사대>를 예로 들 수 있다. MBC-TV를 통해 얼마 전 시즌 세 편이 종영된 이 드라마는 '과학수사'라는 단어를 한번이라도 시청한 사람은 생각하게 만들었다. '과학수사'라는 말에 익숙하지 않았던 시청자들에게 정보를 제공해준 대표적인 드라마라고 말하고 싶다. 한국에서는 어떤 모습으로 어떤 대우를 받고 어떤 일을 하며, 과학수사대가 인정받는 직업일까?라는 궁금증을 갖게도 만들었다. 때문에 확실한 전문직업으로 인정할 수 있게 보여준 드라마였다.

<CSI>를 보고 비슷하게 만들어졌던 KBS2-TV의 <203특별수사

대>가 있다. 내용전개와 수사방식이 <CSI>에 비해 너무도 미미하고 현실성이 없었다. 등장인물들의 캐릭터도 눈에 띄게 어떤 분야의 전문가라고 인정하기 어려운 모습으로 나타났다. <CSI>를 표절했다는 글도 홈페이지에 심심찮게 오를 만큼 시청자들로부터 외면받을 수밖에 없었다. 미국 드라마를 보고 한국 드라마의 현실에 맞추어 제대로 작품을 만들었더라면 하는 아쉬움이 컸던 드라마였다.

시청자들은 <ER> 하면 '의사'를 <CSI> 하면 '과학수사'를 떠올리게 되었다.

단 두 편의 외국 드라마가, 비슷한 수많은 한국 드라마보다 직업에 대해 더 많은 영향과 관심을 가지게 해주었다는 건 드라마 왕국이란 말이 부끄러울 정도이다.

한국에서 방송되는 드라마에서 보이는 직업은 주인공들이 왜 그런 직업을 선택했는지에 대한 설명이 전혀 없다. 당연히 그 직업을 가지게 된 듯해 보이고, 어떤 노력을 하지 않아도 직업을 가질 수 있을 것 같아 보인다. 일을 하지 않아도 생활에 지장 받은 주인공들도 비교적 없는 편이다. 특히 청년실업문제가 극대화되고 있는 요즘에도 <진주목걸이>의 준호라는 인물은 대학생이라고는 하지만, 백수처럼 보인다. 빈둥거리며 놀면서도 쓸 만큼 쓰고 있는 백수의 전형적인 모습이다. 재력가인 아버지와 펀드매니저인 형으로 인해, 생활에 영향을 받지 않는 것처럼 보인다.

이미 종영한 <백수탈출>이라는 드라마의 왕우람 가족 대부분이 백수임에도 생활 전반에 별다른 영향을 받지 않고, 갑자기 나타난 백만장자 여자의 도움으로 사업을 하게 된다는 다소 허무맹랑한 내용이 방송되었다. 백수들에게도 희망을 주고 싶어서라는 변명을 할 수도 있지만, 그런 드라마를 시청하는 청소년들은 막연하고 헛된 희망을 가지게 되고, 직업을 가지기 위한 노력을 포기해버리는 경우도 있다.

시청자는 드라마를 통해 대리만족을 얻고자 하는 욕망이 많아, 항상 등장하는 직업이 자주 나오는 것은 그런 직업을 시청자들이 동경하기 때문이다. 주인공이 일을 하지 않고 성공을 할 수 있어야 보는 즐거움이 있지 않느냐는 생각을 가진 제작진들도 많으리라. 한편으로 그들은 방송 드라마가 이미 우리 생활과 삶 속에 너무 깊이 뿌리박혀 뗄 수 없을 정도라는 것도 잘 알고 있다.

드라마 등급제가 실시되고 있지만, 대다수의 남녀노소를 막론하고 안방에서 시청을 하기 때문에 그 영향력은 누구도 무시할 수 없을 만큼 대단하다. 그런 만큼 드라마를 통해 그 속에 등장하는 직업에 대한 정보를 얻기도, 그 직업을 가지기 위해서는 어떤 자세가 노력이 필요한지도, 무엇을 준비해야 하는지도 반드시 드라마 속에 포함되어야 한다는 것이 필자의 생각이다.

한 주일간 방송되는 드라마 속의 직업들 또한 특별한 차이점을 두지 못한다.

역사·농촌 드라마를 제외하고, 일주일에 열 편이 넘는 드라마에서 보여줄 수 있는 직업은 드라마 편수의 두 배가 될 수도, 오히려 드라마 편수보다 적을 수도 있다.

그렇다면 현재 방송되고 있는 드라마의 직업은 어떨까? 한번 살펴보기로 하자.

아래의 표를 통해 현재 방송되고 있는 드라마에 중복되어 등장하는 직업과 드라마에서 가장 많이 등장하는 직업이 회장, 사장, 교수, 기획실장, 기획이사임을 알 수 있다. 드라마는 드라마일 뿐이라고 하지만, 대부분의 시청자들이 드라마와 현실을 비교하며 시청할 때가 많다. 시청자들이 삶에서 가장 많이 등장하는 직업의 사람들을 만나거나 그런 직업을 가지게 되는 경우는 아마도 열 명 중 한 명이 될까말까이리라. 그럼에도 드라마 속에는 그런 직업들이 난무하고 있다.

<2003년 9월 22일 현재 방송되는 드라마 속의 직업들>

| | 주 요 직 업 |
|---|---|
| 이브의 화원 | 향기마케팅전문가/인테리어작업실운영/사진작가 |
| 장미 울타리 | 사업가/만화가/한의사/카페마담 |
| 성녀와 마녀 | 디자이너/건축설계사/기자/화가 |
| 연인 | 변호사/모델/회장/기획실장/식당총책임자/잡지사 프리랜서 벤처개발담당이사/FD/고시생 |
| 상두야 학교 가자 | 수위/교사/모델/가수 |
| 노란손수건 | 사채업자/디자이너/경영기획/사장/배우/매니저/택배/보험회사원 |
| 백조의 호수 | 상품기획실실장/광고회사AD/상품기획실직원/사장/고시생/수산업자/사장 |
| 요조숙녀 | 마케팅상무/떡 가게 운영/회장/승무원/제품개발팀장 |
| 좋은 사람 | 경찰/학습지 교사/사진작가/형사/악당 |
| 태양의 남쪽 | 사장/매니저/사업가/강사/교도관 |
| 첫사랑 | 교수/강사/학장/화원운영 |
| 진주목걸이 | 공연기획사장·이사/뮤지컬 기획자·연출자·배우/펀드매니저/과일가게주인 |
| 회전목마 | 가수/재벌/호프집 종업원/옷 가게 주인/다방종업원/회장 |
| 1%의 어떤 것 | 교사/호텔 기획실장/재벌/인턴/경영이사/비서/변호사/명예회장 |

현재 방송되고 있는 위의 드라마 속에서 진정한 직업을 가진 인물이 단 한 사람이라도 있을까? 직업은 다양하지만, 그 직업이 어떤 일을 하는지에 대한 구체적인 모습을 보여주는 경우는 없다고 해도 과언이 아니다.

새롭게 시작한 드라마라 더 지켜보아야 알 수 있는 프로그램도 있지만, 종영을 앞두고 있는 <노란 손수건>(KBS1-TV)의 주인공들의 어설픈 직업 표현은 드라마 전체에 찬물을 끼얹을 만큼 실망스럽다. 마찬가지로 종영을 앞두고 있는 <요조숙녀>(SBS-TV)도 승무원이 주인공임에도 그들의 모습을 제대로 보여주지 못하고 있다.

더구나 남자 주인공으로 등장하는 신영호의 경우 유학 가서 천문학을 연구하던 사람이 떡 가게를 운영하고, 게임회사에 입사하더니 게임회사의 오너로 다가가는 듯한 내용이 흐른다. 어떤 사람이든 다양한 직업을 가질 권리가 있지만, 드라마 전개상 불필요한 듯해 보이는 끼워놓은 듯한 모습이 많았다. 직업을 제대로 표현하지 못한 최악의 프로그램이 바로 <요조숙녀>라고 감히 평하고 싶다. 하나의 직업도 공정하고 올바르게 보여주지 못하고 어설픈 사랑 놀음과 질투, 등장 직업군들의 겉모습만 보여주고 늘어놓기 때문이다.

그렇다면 과연 직업을 실감나게 묘사한 한국 드라마가 있기는 했을까?

드라마를 좋아하는 필자의 입장에서 그나마 제대로 직업을 표현했던 드라마로는 종영된 MBC-TV일일 드라마의 <인어아가씨>의 아리영(방송작가), KBS2-TV의 주말드라마 <저 푸른 초원 위에> 차태웅(자동차 세일즈맨) 정도라고 볼 수 있다.

아리영도 초반에는 드라마를 위해 몸소 체험을 하는 등의 열성을 보이지만, 한 편의 작품 성공 이후 오히려 다른 드라마의 작가보다 못한 모습을 보여서 실망스러웠다. 방송 초기의 아리영이 직업에 남다른 애정을 가진 모습이 좋았다는 것이다. 내용을 보면 직업을 위해서가 아니라 복수를 위한 것이기는 했지만……

차태웅의 자동차 세일즈는 서비스 정신이 최고라는 것을 마지막까지 보여주었다. 세일즈맨이 차태웅만큼의 모습을 보여주면, 필요 없는 차라도 구입해주고 싶은 것이 소비자의 입장이다. 과연 그런 세일즈를 하는 사람이 있기는 할까?라는 의구심을 갖게 만들고, 매주 한 편의 광고를 보는 것 같은 착각을 일으키게 했다. 주인공에게 행운이 너무 많이 따르는 것도 너무 많아 현실성이 없어 보이기는 했다.

두 작품에 등장하는 인물은 기존의 다른 드라마 속의 인물들이 가지는 직업관에 비해 자신의 일에 대한 정신이 투철했다고 볼 수 있어 점수를 약간 주고 싶었다.

드라마가 성공하기 위해서는 그 드라마 속의 직업에 대한 정확한 이해가 있어야 하며, 다양한 직업군들 가운데 그 직업을 설정한 이유도 시청자가 알 수 있게 내용 전개에 포함시켜야 하는 것이 필요하다.

특히 많은 직업들 가운데 사회에서 반드시 필요하지만, 제대로 대접을 받지 못하는 전문직업을 가진 등장인물도 한번 정도 출연, 그들의 직업의식과 어떤 대접을 받아야 하는지 함께 고민해볼 수 있고, 인식을 새롭게 가지게 되는 계기가 될 것 같다.

몇 가지 직업군을 예로 들면, 첫째 사회 복지사의 경우 사회의 어두운 곳을 지켜주는 작은 등불 같은 존재이지만, 공무원이 되지 않으면 더한 박봉으로 생활하는 경우가 대부분이다. 그들의 일은 우리 사회의 어떤 분야보다 많으며 고되고, 그 박봉을 그대로 사회에 환원하는 이들도 있다. 둘째, 보육원 생활지도사의 경우 24시간 아이들과 함께 생활하면서 그들의 지킴이가 되고자 자신의 생활은 미처 돌 볼 틈이 전혀 없지만, 역시 박봉을 나누어 지속적인 재교육을 받는 경우가 많다. 셋째, 도서관 사서의 경우 앉아서 책 읽는 가장 편한 직업이라는 인식이 팽배해 있어 드라마 속에 가끔 등장하더라도 대출·반납·서가 정리가 고작이다. 학교 도서관 사서의 경우는 대출·반납·서가 정리·교사들에게 수업자료 제공·정보수업·상담 등 많은 일을 하지만, 그런 모습은 한번도 나타나지 않았다. 드라마 작가들은 도서관 사서를 한번이라도 만나보기는 할까? 넷째, 노인요양시설에서 일하는 직업을 가진 사람들도 한번 정도 드라마에 등장하면 어떨까? 점차 고령화되어가는 사회에서 기업과 드라마 속에서 실버산업에 투자적인 면에서만 관심을 보이고, 그 분야에서 일하는 사람들에 대한 이야기는 없었기 때문에 안타까웠다. 고령으로 하루에 한두 명씩 죽음으로 떠나보내며, ·몸과 마음이 지쳐 있는 그들과 생활하는 모습이 반드시 드라마에 한번 정도 나와야 할 것 같다.

그 외에 다양한 직업들이 많지만, 모두가 정규직으로 월급과 퇴직

금을 받는 경우보다 IMF 이후 비정규 계약직으로 인한 불평등한 대우를 받고 생활하는 사람들이 많다. 어떤 경우에는 급여보다 자신의 명예를 위해서, 보람을 위해서 일하는 직업을 가진 사람들도 많다.

실업자 수가 급격하게 늘어나고 있지만, 일할 수 있는 사람이 없어서 걱정을 하는 다양한 직업군의 오너들의 고민도 만만치 않은 것이 2003년의 우리 사회이다.

직업을 가진 사람들이 드라마 속에서는 그 직업을 위해 제대로 일하는 모습을 찾아보기 어렵다. 의사는 청진기로 환자를 진료하는 모습으로, 수술 장면도 별다른 고민도 걱정도 없이 과감하게 보여준다. 교수의 경우 강의실에서 강의하는 모습으로 혹은 등장인물들의 대화로 교수임을 알게 해준다. 한 분야의 전문가다운 연구와 실적을 가지고 노력하는 모습은 어디에도 찾아보기 어렵다.

최근 2~3년 사이에 가장 많이 등장하고 있는 호텔 종업원은 겉으로 보이는 화려함만 보여주었다. 한국의 호텔 종업원들의 상당수가 비정규직으로 불평등한 대우를 받으며, 고생함에도 마치 외국의 호텔리어들의 모습을 담은 듯했다는 것이 그 분야에서 일하는 사람들의 외침소리였다.

이처럼 대부분의 직업을 방송 드라마가 미화시켜, 그 분야의 학원들이 한 편의 드라마가 끝나면 우후죽순처럼 탄생해서 성업을 누리게 만드는 촉매제 역할을 하는 것이 고작이다.

방송 드라마의 직업을 가지면 어떤 장점이 있고, 단점이 있는지를 보여줄 수 있다면 하는 아쉬움이 항상 가득했다.

특히 아직 자신의 생각이 제대로 정립되지 않은 청소년들의 경우 그 혼란은 더하다고 할 수 있다. 드라마를 시청하며 스스로의 노력과 투자로 성공하지 않고, 부모나 친척으로부터 재력과 인맥이라는 배경을 얻어야 성공할 수 있다는 생각을 가지게 한다. 그런 환경이 되지 않아 쉽게 자신의 삶을 포기하게 만들기도 하는 것이 바로 방송 드라마의 직업이라고 주저하지 않고 쏟아내어 말하는 이들도 있다.

직업에 대한 명확한 이해를 주지 못하게 되는 드라마의 경우 성공하고, 시청률이 높았다 하더라도 실패한 드라마라고 채점해버리고 싶은 것은 지나친 욕심일까?

모든 드라마의 직업이 '사랑'이라는 커다란 주제에 가려져 현실과 동떨어지고, 왜곡되어 제작되지 않기를 바라며, 직업을 드라마의 핵심 포인트로 이끌어 흡수하지 않고, 더 이상 보여주기 위한 배경으로 그려놓는 일은 삼갔으면 한다. 드라마를 통해 직업을 알게 되고, 인물을 이해하고 언제까지 오랫동안 기억에 남아 있을 수 있는 그런 즐거움과 맛을 전해주는 드라마를 한 편이라도 제작될 수 있는 날을 기대해본다.

직업과 삶을 공유할 수 있는 인물들이 더 많이 쏟아져나오는 드라마를 기대해보면서 이 글을 마치고자 한다.

# 스포츠 뉴스를 통해 재구성되는 스포츠 대회
### 지상파 방송 3사의 대구 유니버시아드 대회에 대한 뉴스를 중심으로

유우현(대학생)

## 1. 서론

지난 8월 대구에서는 아마추어 스포츠 축제의 대명사격인 제22회 하계 유니버시아드 대회가 성공적으로 열려 2002년 월드컵과 부산 아시안 게임에 이어 다시 한번 한반도에 세계의 이목이 집중되었다. 비록 유니버시아드 대회가 올림픽이나 월드컵에 비해 국제적 인지도가 떨어진다 할지라도 이번 대회는 부산 아시안 게임에 이어 북한 선수단과 응원단이 대규모로 참가하였다는 점에서 국내외적으로 지대한 관심을 불러모았다. 또한 한때 북한 선수단의 불참 통보로 인해 외신기자들의 절반 가까이가 취재를 포기하고 귀국하려 했을 정도로 북한의 참가 여부는 이번 대회의 성패를 가름할 정도로 중요한 것이었다. 특히 최근 북핵문제로 인해 한반도에 위기가 고조되고 있는 불안한 시기적 요인까지 맞물리면서 대구 유니버시아드 대회는 단순한 스포츠 대회 이상의 의미를 함축하게 되었다.

그러나 이처럼 정치적 의미가 강조되면서 이번 대회는 국제 대학생 스포츠 대회라는 유니버시아드 대회의 본질이나 스포츠 축제로서의 의미가 시작부터 무색하게 되어버렸다. 이러한 사회적 현상에는 여러 가지 요인이 영향을 미칠 수 있으나 무엇보다 현대 사회에서 여론 형성을 담당하고 있는 언론의 영향력이 절대적이라 할 수 있다. 과거 올림픽이나 월드컵과 같은 국제 스포츠 행사에 있어서 우리 언론은 지나치게 승부에 집착한 나머지 스포츠 대회의 본질적인 의미는 간과하는 경우가 많았다. 대구 유니버시아드 대회는 이러한 언론의 스포츠 보도 경향에 남북관계라는 정치적 요인까지 가미되면서 보도 방향에 있어서 많은 의미가 왜곡될 것으로 예상되었다.

따라서 여기서는 대구 유니버시아드 대회에 대한 KBS, MBC, SBS 방송 3사의 헤드라인 뉴스를 중점적으로 살펴보고자 한다. 관련 뉴스는 대회에 대한 본격적인 보도가 시작된 2003년 8월 1일부터 대회가 종료된 시점인 2003년 9월 2일까지의 뉴스로 선정하였다. 텔레비전 뉴스를 중점적으로 살펴본 것은 광범위한 네트워크와 접근의 용이함을 갖춘 텔레비전 뉴스의 사회적 파급력이 타 매체에 비해 높다는 점에서 우리 언론의 보도 경향을 대표할 수 있을 것이라 생각하였기 때문이다.

## 2. 본론

대구 하계 유니버시아드 대회에 대해 KBS, MBC, SBS 지상파 방송 3사는 총 208건의 뉴스를 보도하였다. 방송사별로는 KBS 9시 뉴스와 MBC 뉴스데스크가 각각 82, 84건을 보도한 반면 SBS 8시 뉴스는 42건으로 상대적으로 그 비중이 크지 않았다. 주제별로 보면 북한의 대회 불참·번복 선언, 북한 응원단, 남북관계와 같이 북한과 관련된 사항이 가장 많았는데 이는 이번 대회를 국제 아마추어 스포츠 축제보다는 남북간의 정치적 화합의 장으로 규정하려는 우리 언론의 시각이 반영되었기 때문이다. 이러한 대구 유니버시아드 대회에 대한 지상파 방송 3사의 뉴스 기사 분포는 다음 표와 같다.

<대구 유니버시아드 관련 뉴스 분포>

| 분류 / 방송 | 대회관련 | 경기전적 관련 | | | 선수단 및 선수 관련 | | | 북한 관련 | | 남북관계 | 기타 | 총계 |
|---|---|---|---|---|---|---|---|---|---|---|---|---|
| | | 한국 | 북한 | 기타 | 한국 | 북한 | 기타 | 응원단 | 대회불참 번복선언 | | | |
| KBS | 20 | 13 | 1 | - | 3 | 6 | 8 | 6 | 14 | 9 | 2 | 82 |
| MBC | 15 | 11 | 3 | 2 | 4 | 6 | 1 | 10 | 21 | 11 | - | 84 |
| SBS | 5 | 2 | 1 | - | - | 1 | 2 | 6 | 20 | 4 | 1 | 42 |
| 총계 | 40 | 26 | 5 | 2 | 7 | 13 | 11 | 22 | 55 | 24 | 3 | 208 |

## 대구 유니버시아드 대회는 남북 통일 스포츠 축제이다

우리 언론은 대구 유니버시아드 대회가 개최되기 전부터 끊임없이 북한의 참가에 보도 초점을 둠으로써 국제 대학생 스포츠 대회라는 유니버시아드 대회의 의미를 왜곡시키고 있었다. 먼저 방송 3사는 북한의 참가로 인해 이번 대회는 다른 대회에 비해 더욱 가치가 있으며 결과적으로 최근 북핵 문제로 어색해진 남북관계에도 긍정적인 영향을 줄 것이라는 여론을 형성하였다. 즉, '대구 유니버시아드 대회는 북한의 참가로 남북 화합의 제전이 될 전망입니다.'(2003. 8. 1., KBS 9시 뉴스, '대구 U대회, 화합의 한마당'), '지금 대구는 작년 부산 아시안게임에서 활짝 핀 남북화합의 숨결이 되살아나고 있습니다'(2003. 8. 20., MBC 뉴스데스크, '북한 선수단, 반갑습니다'), '북한의 최종 참가 발표로 대구 U대회는 이제 사상 최대의 '젊음과 지성'의 축제가 될 것으로 기대됩니다'(2003. 8. 19., SBS 8시 뉴스, '대구, 北참가소식에 활기 되찾아')와 같은 뉴스 보도 형태를 보인 것이다.

이러한 경향은 대회가 시작된 이후에 더욱 강화되었는데, 특히 개막식 남북 동시 입장, 남북 공동 응원, 남북 대결과 같은 남북 관계 사안에 있어 두드러졌다. 그리고 그 과정에서 지나치게 민족의식이나 동포애를 유발하는 감정적 표현을 사용하고 있었다. 남북 동시 입장에 대해 KBS와 MBC는 '남과 북은 손에 손을 잡고 다시 하나가 됐습니다', '한마음 한목소리로 통일을 기원했고 함성은 통일조국에 메아리로 울려', '반세기 넘게 한민족을 가로막았던 벽은 이렇게 허물어졌습니다'(이상 2003. 8. 21., KBS 9시 뉴스, '우리는 하나 남북 함께 입장 응원'), '하나된 선수단은 언제나 진한 여운을 남깁니다', '작은 통일의 순간을 지켜보는 6만 관중', '분단의 벽을 뛰어 넘어 화해의 무대로…… 통일은 현재 진행형'(이상 2003. 8. 21., MBC 뉴스데스크, '"코리아"…… 남북 공동입장')과 같이 우리 민족의 통일성을 강조하는 뉴스를 감정적 어조로 전달하였다. 반면에 SBS는 이에 대해 상대적으로 객관적인 보도 형태를 취하고 있었다.

남북 공동 응원에 대해서도 역시 민족의 하나됨을 강조하는 뉴스들이 많이 보도되었다. 경기 내용보다는 공동 응원을 통해 남북이 한 핏줄, 한민족이 되었다는 민족 정체성을 강조하는 것이 뉴스의 핵심이었다. KBS는 '남북한의 응원단은 서로 하나된 모습을 보였습니다'(2003. 8. 21., KBS 9시 뉴스, '남북 함께한 응원, 엇갈린 명암'), '남과 북 응원단의 자리는 떨어져 있었지만 우리 민족이 하나임을 느끼기에는 아무런 문제가 없었습니다'(2003. 8. 28., KBS 9시 뉴스, 'U대회, 남북 응원 재개')와 같은 뉴스를 전달하고 있었으며 MBC 역시 큰 차이가 없었다. 즉, MBC는 '뜨거운 동포애가 느껴지는 감동의 무대', '남과 북이 어우러진 응원전, 진한 동포애로 신명나는 한마당'(이상 2003. 8. 21., MBC 뉴스데스크, '우리는 하나…… 함께 응원')과 같은 민족의식을 고취시키는 표현을 사용하고 있었다. 그러나 SBS는 '민족의 하나된 마음을 확인'(2003. 8. 21., SBS 8시 뉴스, '남북한, 한마음 응원') 과 같이 여전히 표현이나 보도 양에 있어 KBS나 MBC에 비해 적극적인 태도를 보이지 않았다.

마지막으로 우리 방송 뉴스는 남북 대결에 대해서는 경기 결과보다는 남북이 선의의 경쟁을 벌임으로써 하나된 민족성을 확인하였다는 데 의미를 두었으며, 남북 공동 우승이나 승리에 관한 뉴스에서는 우리 민족의 우수성을 극찬하기에 여념이 없었다. KBS는 '승부를 떠나 한 핏줄이라는 마음만은 여전', '뜻깊은 만남'이란 표현을 통해 남북 대결은 스포츠 대결의 장이라기보다는 남북 선수가 동포애를 확인하는 만남의 장이라는 의미를 구성하고 있었다. 또한 남북 공동 우승이나 승리에 대해서는 '남남북녀의 저력…… 남남북녀의 동반 금메달'(2003. 8. 26., KBS 9시 뉴스, '유도코트 남남북녀')과 같이 남남북녀라는 고정관념을 이용하여 시청자의 관심을 이끌어내고자 하였다. MBC 역시 '우정을 나눈 일전', '승패를 떠나 남북 선수들이 한 경기장에서 서로를 확인한 뜻깊은 자리'(이상 2003. 8. 24., MBC 뉴스데스크, '첫 남북 대결')처럼 경기 내용이나 결과보다는 남북 대결 그 자체에 의미를 부여하였다. 또한 '남북의 누이가 사각의 매트 위에서 만났습니다', '한 핏줄이라 해도 승패를 가리지 않을 수 없는 법'(이상 2003. 8. 27., MBC 뉴스데스크, '북한 첫 금메달')과 같이 한 민족임을 강조함으로써 숙명의 대결이지만 승패는 그다지 중요하지 않다는 점을 강조하였다. 끝으로 SBS는 남북 관련 뉴스에 있어서 KBS나 MBC와 마찬가지로 동포애를 강조하고 있었다. 특히 SBS는 남북대결 이후나 경기 외적인 장소에서 볼 수 있었던 남북 선수간의 교류에 대해 '선수들의 표정은 더 밝아 다정한 오누이, 형제와 다름이 없습니다', '남과 북의 형제애마저 상처가 생긴 것은 아니었습니다'(2003. 8. 25., SBS 8시 뉴스, '남북선수 여전히 한마음')와 같은 뉴스를 보도하고 있었다.

이와 같이 지상파 방송 3사의 메인 뉴스는 이번 대구 하계 유니버

시아드 대회가 국제 대학생 스포츠 축제임에도 불구하고 지나치게
남북 스포츠 교류의 장으로 의미를 한정, 왜곡시키고 있었다. 또한
과도하게 민족성이나 동포애를 부추기는 감정적 표현을 사용하여 뉴
스의 연성화를 불러일으켰다. 물론 이번 대회가 스포츠를 통해 남북
이 화합할 수 있는 좋은 기회인 만큼 이러한 분위기를 이어가려는
언론의 의도는 충분히 공감한다. 그러나 감성적 뉴스를 전달하는 휴
먼 다큐나 기타 시사 정보 프로그램이 난무하는 현실에서 메인 뉴스
만은 최소한의 객관적인 보도 태도가 필요하지 않았나 생각된다.

## 대구 유니버시아드 대회의 주인공은 북한이다

대구 하계 유니버시아드 대회는 북한의 참가로 개막 이전부터 언
론의 뜨거운 관심 대상이었다. 아직까지 2002년 부산 아시안 게임에
서 북한 선수단과 응원단이 보여준 인상적인 모습이 뇌리에 남아 있
은 우리 국민들로서는 어쩌면 대회 자체보다 더 큰 관심사였을지도
모른다. 특히 미녀 응원단이라 불리는 북한의 대규모 응원단은 대회
기간 내내 언론의 주요 표적이 되었다. 게다가 이번 대회는 시작부터
북한이 남한의 8·15 집회를 문제삼아 갑작스럽게 대회 불참을 선언
하였다가 노무현 대통령의 유감 표시로 인해 어렵사리 대회 참가가
성사되었다. 또한 대회 기간 중에도 북한 기자단과 국내 보수단체의
충돌, 응원단의 환영 현수막 철거 소동과 같은 크고 작은 문제가 끊
임없이 발생하였다.

그러나 이 과정에서 우리 방송 뉴스는 지나치게 북한의 대회 참가
에 중요성을 부여하고 있었다. 북한의 대회 참가 여부가 대구 유니버
시아드 대회의 성공여부를 가름하는 절대적인 요인이라 규정하고 있
을 뿐만 아니라 그것이 향후 남북관계에 있어서도 중대한 영향을 미
칠 것이라는 다소 과장된 전망을 하였던 것이다. 즉, '대회 운영에

차질을 빚게 하는 것은 물론 앞으로 있을 남북한 체육교류에도 좋지
않은 영향'(2003. 8. 18., KBS 9시 뉴스, 'U대회 운영 큰 차질'), '경기 운
영에 차질…… 크게 우려…… 전면적인 재조정 불가피'(2003. 8. 18.,
MBC 뉴스데스크, '북한 불참 대회운영 차질'), '남북관계 전반에 먹구름
이 몰려올 조짐'(2003. 8. 18., SBS 8시 뉴스, '북, U 대회 불참할 듯')과
같은 뉴스가 보도되었던 것이다.

　하지만 더욱 문제가 되는 것은 북한의 대회 불참 선언과 번복에
따른 대회 관계자, 한국 선수들, 국민들의 반응을 지나치게 편향적으
로 그리고 있다는 점이다. 이에 대한 방송 3사의 뉴스를 보면 마치
우리 국민들은 북한의 참가 여부와 생사고락을 함께하는 것처럼 나
타나 있다. '한시름 놓고 다시 활기를 찾아'(2003. 8. 19., KBS 9시 뉴
스, '다시 활기찾은 U 대회'), '침울했던 우리 선수단은 환한 웃음을 되
찾아'(2003. 8. 19., KBS 9시 뉴스, '북한 참가 환영'), '조직위원회와 대
구 시민들은 실망감을 감추지 못해', '대회의 위상이 축소될까 전전
긍긍'(2003. 8. 18., MBC 뉴스데스크, '맥빠진 대회'), '차질없는 준비에
활기가 넘쳐, 손님맞이 준비에 분주한 모습'(2003. 8. 19., MBC 뉴스데
스크, '대구, 다시 활기 찾았다'), '실망의 빛이 가득', '대구시 전체가 낙
담한 분위기'(2003. 8. 18., SBS 8시 뉴스, 'U 조직위, 시민들 당혹…… 허
탈'), '잃어버렸던 축제를 되찾은 분위기', '표정도 밝아졌습니다'
(2003. 8. 19., SBS 8시 뉴스, '대구, 북 참가소식에 활기 되찾아')와 같은
뉴스들이 이러한 경향을 뒷받침하고 있는 것이다.

　이와 같은 북한의 참가 여부에 대한 언론의 지대한 관심은 대회가
개막된 이후 북한 선수단과 응원단으로 자연스럽게 넘어가게 된다.
북한 선수단에 대한 뉴스는 주로 개막 전 공동기수였던 펜싱 선수
김혜영과 막강한 전력을 보여준 여자 축구팀을 주요 화제로 삼고 있
었다. 그러나 이들에 대한 보도는 경기력뿐만 아니라 외모나, 인기
등과 같은 경기 외적인 요인에도 초점을 둠으로써 북한 선수단을 모

든 부분에서 뛰어난 팔방미인으로 규정하려 하였다. KBS는 '김혜영 선수의 신드롬…… 서구적인 외모와 활달한 성격으로 눈길'(2003. 8. 22., KBS 9시 뉴스, '시선 끄는 북한 스타')이란 보도를 통해 경기력보다 외적인 부분에 더욱 관심을 보였으며, MBC 역시 '미모와 화려한 매너로 남녘 동포들의 인기를 독차지해'(2003. 8. 25., MBC 뉴스데스크, '개막식 공동기수 김혜영 펜싱 출전')와 같이 김 선수의 외향적인 부분을 강조한 뉴스를 전달하고 있었다.

북한 여자 축구팀에 대한 방송 뉴스는 주로 '우승후보다운 전력'(2003. 8. 22., KBS 9시 뉴스, '북 여자축구 쾌조의 출발'), '막강한 공격력'(2003. 8. 26., KBS 9시 뉴스, '북 여자축구, 실력도 인기도 최고'), '북녘 누이들의 시원스런 플레이'(2003. 8. 26., MBC 뉴스데스크, '골 폭풍 결승행'), '북한 여자 축구의 강한 투지'(2003. 8. 30., SBS 8시 뉴스, '북한 여자 축구 무실점 우승')와 같이 북한 여자 축구의 높은 수준을 계속해서 보도하였다. 물론 북한 여자 축구가 이번 유니버시아드 대회에서 뛰어난 실력을 보여준 것은 한 민족으로서 같이 기뻐할 일임에 틀림없다. 그러나 특정 팀의 경기 전적과 내용을 예선전부터 결승전까지 지속적으로 보도한 경우는 북한 여자 축구가 유일하였다는 점은 분명히 다시 한번 생각해보아야 할 부분이다.

한편 북한 미녀 응원단에 대한 보도에 있어서 우리 언론은 마치 밀착취재를 하듯 그들의 일거수 일투족을 뉴스화하였다. 그러나 응원 모습이나 외모에 과도하게 뉴스 초점을 맞춤으로써 북한 응원단을 흥미로운 제재 혹은 무조건적인 찬양의 대상으로 한정짓고 말았다. 특히 '생기발랄한 모습', '앳된 모습', '화장기 없는 청순한 모습'(이상 2003. 8. 21., KBS 9시 뉴스, '달라진 북한 응원단'), '단아한 키에 서글서글한 눈'(2003. 8. 24., SBS 8시 뉴스, '북한 트로이카 응원단장 볼거리')과 같이 여성미를 강조한 표현을 주로 사용하고 있었다. 또한 우리 방송 뉴스는 미녀 응원단의 외모뿐만 아니라 그들의 통일적인 응원 모습에 대해서도 감탄을 금치 못하고 있었다. 즉 '자로 잰 듯한 움직임에 화려한 몸동작'(2003. 8. 21., KBS 9시 뉴스, '달라진 북한 응원단'), '특유의 일사불란한 동작…… 응원의 진수'(2003. 8. 22., MBC 뉴스데스크, '폭염 속 응원'), '이색적인 도구와 다채로운 응원…… 최고 명물'(2003. 8. 22., SBS 8시 뉴스, '북 응원단, 찜통더위 속 구슬땀 응원')과 같은 뉴스들이 이러한 시각을 반영하고 있었던 것이다.

북한은 대구 유니버시아드 대회를 통해 우리에게 많은 것을 남기고 돌아갔다. 그 가운데에는 따뜻한 동포애와 되살아난 민족의식이 일차적으로 손꼽히겠지만 대회 기간 내내 대회운영을 불안하게 했던 원인제공자였다는 점도 무시할 수 없을 것이다. 그러나 대부분의 우리 방송 뉴스는 북한을 대회의 주인공으로만 중요하게 의미화함으로써 국제 스포츠 대회로서 이번 대회가 지니는 위상을 무색하게 하였을 뿐만 아니라 지나치게 찬양 일변도의 뉴스를 보도하였다. 북한의 정치적 중요성을 아무리 감안한다 하더라도 그것은 우리에게만 해당하는 것일 뿐 다른 참가국에게는 북한 역시 172개 참가국 중 하나임에 불과하다는 것을 인식해야 할 것이다.

### 스포츠 뉴스에는 금메달, 승리, 결과만이 존재한다

우리나라 스포츠 보도의 고질적인 폐해는 1등만 있고 나머지는 없다는 것이다. 또한 언론이 목표를 설정해놓고 그 목표의 성취 여부만에 관심을 기울이기 때문에 그 과정이나 노력은 뉴스에서 간과되어 버리기 쉬웠다. 그나마 뉴스로 보도되는 내용은 1등이나 목표를 달성한 선수에게만 한정되는 것이었다. 특히 올림픽이나 아시안 게임과 같은 국제대회에 대한 보도에서는 이러한 경향이 더욱 두드러졌다. 과거에 비해 많이 나아지기는 하였으나 이번 대구 하계 유니버시아드 대회 역시 이러한 관점에서 바라본다면 전반적으로 과거의 보도 경향에서 크게 벗어나지 못하였다.

방송 3사는 대회 개막 전부터 우리 선수단의 목표인 종합 2위를 강조하기 시작하여 대회가 폐막되는 시점까지 그것을 달성하기 위한 금메달 퍼레이드를 집중적으로 보도하였다. 따라서 'U대회, 종합 2위 노린다'(2003. 8. 18., KBS 9시 뉴스 헤드라인), '종합 2위 출사표'(2003. 8. 19., MBC 뉴스데스크 헤드라인)와 같은 뉴스를 통해 목표를 재차 강조하고 금메달 획득이나 승전보를 연일 경쟁적으로 전달하였다. 즉 '태권도서 첫 금메달'(2003. 8. 22.)→ '대구 U대회, 한국 금메달 4개 추가'(2003. 8. 23.)→ '한국 금3개 추가, 합계 11개'(2003. 8. 25.)→ '한국 금 14개 종합 2위 순항'(2003. 8. 26)→ 'U대회 남자배구, 금빛 피날레'(이상 2003. 8. 31., KBS 9시 뉴스 헤드라인), '한국 첫 금메달'(2003. 8. 22.)→ '금 4개 추가'(2003. 8. 23.)→ '한국 종합 1위 질주'(2003. 8. 24.)→ '오늘도 금 3'(2003. 8. 26.)→ '양궁·유도서 금'(이상 2003. 8. 27., MBC 뉴스데스크 헤드라인), '한국 태권도에서 첫 금메달'(2003. 8. 22.)→ '한국, U대회 금메달 8개로 종합선두'(이상 2003. 8. 24. SBS 8시 뉴스 헤드라인)와 같이 금메달을 획득한 날을 중심으로 경기 전적을 보도하고 있었던 것이다. 그러나 SBS는 KBS나 MBC에 비해 이러한 경향이 조금 덜한 것으로 나타났다.

물론 모든 방송 뉴스는 짧게나마 금메달 소식 이외에 다른 메달 획득이나, 패배 소식 등을 전하고 있었다. 그러나 사건의 전반적인 내용을 함축하고 있는 헤드라인이 금메달 일색인 뉴스에서 그 이외의 소식들은 부각되기 어려우며, 오히려 같은 기사 내에서 구분지어질 수 있다. 스포츠도 경쟁인 만큼 승자와 패자가 공존하고 스포트라이트가 승자에게 쏟아지는 것은 어찌 보면 당연한 삶의 이치일지도 모른다. 그러나 언론의 보도를 통해 두 번씩이나 승자와 패자를 구분지을 필요가 있는 것인지는 의문스럽다. 최소한 헤드라인만은 기사 내용 전반을 포함할 수 있게 광범위하게 구성되었으면 어땠을까 하는 아쉬움이 남는다.

## 스포츠로 세계를 지배한다

국제사회에서 스포츠는 또 다른 국력의 상징이 되어가고 있다. 우리나라는 1980년대 후반부터 올림픽이나 아시안 게임에서 우수한 성적을 올리기 시작해서 현재는 어떤 스포츠 강대국들과 견주어도 손색이 없을 정도로 실력면에서는 스포츠 선진국이 되었다. 여기에는 세계 어느 민족 못지않은 승부근성과 엘리트 선수 위주의 스포츠 육성안이 주요 밑거름이 되었다고 볼 수 있다. 그러나 이러한 외적인 이유 안에는 스포츠를 통해 선진국들과 어깨를 나란히 하거나, 때로는 그들보다 높은 위치를 선점하였다는 자긍심이 내포되어 있다. 그리고 이런 민족적 자부심을 형성, 유포, 존속시키는 것이 바로 우리 스포츠 뉴스의 오랜 관습이자 의무였다 해도 과언이 아닐 것이다.

따라서 대구 유니버시아드 대회에 대한 뉴스에서도 우리 민족의 우수성을 강조하는 내용들이 어김없이 나타나고 있었다. '양궁강국 한국의 위상을 마음껏 과시', '환상적인 묘기를 당해낼 적수는 없었습니다'(이상 2003. 8. 28., KBS 9시 뉴스 '한국 남녀 양국 동반 금메달'), '역대 최고의 성과'(2003. 8. 31., KBS 9시 뉴스, 'U대회 남자배구, 금빛 피날레'), '최강의 명성을 이어갔습니다'(2003. 8. 29., MBC 뉴스데스크, '양궁·체조·유도 나란히 2관왕'), '역대 최고의 성적······ 종주국의 자존심'(2003. 8. 31., MBC 뉴스데스크, '달구벌의 별들')과 같이 세계 최고의 실력과 성과를 강조하는 뉴스들이 보도되었던 것이다. 이러한 뉴스들은 비단 스포츠 분야에서뿐만 아니라 모든 영역에서 우리 국민의 우수성을 인정하려는 의도까지 내포한 것이다.

이외에도 KBS와 SBS는 교포나 입양아 출신 선수에 대한 보도를 통해 비록 그들이 국적은 다르지만 한국인의 정신을 이어받아 경기력 측면에서 우수한 능력을 발휘하고 있다는 의미를 구성하고 있었다. 즉, '가슴에는 한국인의 피가 흐르고 있습니다', '한국에 깊은 애정'(이상 2003. 8. 23., KBS 9시 뉴스, '대구 U대회, 우리는 한 핏줄'), '다시 찾은 고국땅에서 다시 귀중한 금메달을 목에 걸었습니다'(2003. 8. 29., KBS 9시 뉴스, '입양의 설움 딛고 금메달'), '모국에 대한 막연한 그리움만은 가슴 깊은 곳에 간직'(2003. 8. 29., SBS 8시 뉴스, '모국에서 금메달')과 같이 동포애와 민족적 우수성을 동시에 강조하고 있었던 것이다. 한편 MBC는 '한국인 출신의 외국팀 지도자들의 활약이 두드러져', '태권 한국의 자긍심', '유능한 국내 지도자를 만나게 된 것은 크나큰 행운'(이상 2003. 8. 24. MBC 뉴스데스크, '한국인 외국팀 지도자 최고 비법 전수')과 같이 한국 지도자들의 뛰어난 지도력을 보도함으로써 다시 한번 우리 민족의 우수성을 강조하였다.

스포츠 뉴스는 언제나 자국민의 입장과 시각에서 보도된다. 그러다 보니 미처 우리만의 생각에 빠져 주위를 돌아보지 못할 때가 많다. 특히 우리 언론은 승부에만 집착한 나머지 스포츠 대회가 지닌 또 다른 의미들을 묵과해왔다. 그러나 이번 대회가 아마추어 선수들의 축제적 성격이 강하다는 점을 감안한다면 우리 방송 뉴스는 지나친 경쟁의식보다는 개최국으로서 보다 관대한 시각을 갖추었어야 했다.

## 3. 결론

제22회 대구 하계 유니버시아드 대회는 그동안 우리나라가 개최한 여러 국제 스포츠 경기 중 다양한 화제를 불러모은 잊지 못할 대회중 하나이다. 물론 그 중심에는 북한이 위치하고 있었으며, 그들을 중심으로 우리 방송 뉴스는 대구 유니버시아드 대회를 재구성하고 있었다.

우선, 이번 대회는 남북간의 화합에 뉴스 보도 초점이 맞춰짐에 따라 국제 대학생 스포츠 대회라는 대회 본연의 의미가 사라지고 남북 통일 스포츠 축제의 성격으로 변모되었다. 또한 북한에 대해 과도하게 의미를 부여함으로써 개최국으로서 공정하지 못한 보도 태도를 나타내었다. 우리가 대회 참가국이 아니라 개최국이라는 사실을 좀 더 중요하게 고려했다면 이런 편향적인 보도는 미연에 방지할 수 있었을 것이다.

한편 우리 방송 뉴스는 북한의 대회 참가에 대한 왜곡된 의미 구성을 통해 유니버시아드 대회의 의미를 퇴색시킨 가운데 고질적인 스포츠 뉴스의 문제점까지 드러내었다. 즉, 엘리트, 승리, 결과 지상주의에 기반하여 뉴스를 전달함으로써 그 이면의 것들은 뉴스에 거의 반영하지 않았던 것이다. 또한 그 과정에서 과도하게 우리 민족의 우수성을 강조하는 자국민 우월주의나 스포츠를 통해 세계를 제패하려는 패권의식을 나타내기도 하였다.

그러나 이러한 문제점들은 지상파 방송 3사 뉴스의 공통된 특징이면서도 방송사별로 약간의 차이를 보이고 있었다. 즉, KBS가 이러한 경향이 가장 두드러졌으며, 다음으로 MBC, SBS 순이었다. 이것은 방송 뉴스의 질적인 차이보다는 이념적 성격이 많이 반영된 결과라 할 수 있다. 공영방송인 KBS나 MBC의 입장에서는 이번 대회에 가능하면 국민들의 여론을 긍정적인 방향으로 이끌어내야 했기 때문이다. 따라서 국민들의 이목을 집중시키기 쉬운 북한 응원단이나 동포애, 경기 결과 등에 주목하였던 것이라 평가할 수 있다.

이처럼 이번 대구 하계 유니버시아드 대회에 대한 우리 방송 뉴스는 실제 대회의 의미와는 무관하게 재해석된 제2, 제3의 유니버시아드 대회를 만들어내었다. 현대인에게 뉴스는 세상을 바라보는 제2의 눈이라는 진리를 상기해본다면 우리는 그동안 왜곡된 세상을 마치 그것이 진실인 양 바라보고 있었던 것이다.

# 좋은 나라 운동본부
## 누구를 위한 공익인가

김소영(대학생)

공익성을 표방하고 있는 프로그램들이 있다. 이러한 프로그램은 TV의 기능을 단순히 오락성에만 국한시키는 것을 지양하며 적극적으로 우리 사회의 문제를 고민하려 애쓴다. 그러나 이러한 좋은 취지에도 불구하고, 그들이 제대로 된 공익을 실현하고 있는가, 하는 점에 대해서는 의구심을 떨칠 수가 없다. 그러한 프로그램들은 공익이라는 명분을 앞세워 시청자 앞에 군림하려 들 때가 많다. 시청자 앞에 군림하려 드는 그들의 모습은 마치 또 하나의 국가권력을 연상케한다. 시청자라는 뛰어난 파트너와 함께 국가권력의 최고 감시자가 되어야 할 TV가 오히려 국가권력과 합세하여 시민들 앞에 군림하려 드는 모습을 볼 때 우리는 안타까움을 떨칠 수가 없다.

### 합법적 몰카(?)

<좋은 나라 운동본부>는 세계 속의 한국, 세계적인 한국인이 되

기 위해 한 단계 성숙한 시민의식이 필요함을 역설하고 있다. 그렇다면 이 성숙한 시민의식은 어떻게 가능한 것일까. <좋은 나라 운동본부>(이하 <본부>)의 경우, 성숙한 시민의식은 시민 개개인의 양심이 바로 설 때에만 가능하다고 말한다.

여태껏 <본부>는 최재원의 양심 추적을 통해 비양심이 횡행하고 있는 현장을 고발했다. 프로그램을 시작할 당시에는 112로 장난전화를 거는 사람들이 그들의 표적이었다. 112 신고가 접수되는 곳에 최재원이 있다. 장난 전화가 걸려오면 최재원은 전화가 걸려온 곳의 위치를 추적해낸다. 그리고 나서 최재원은 카메라와 함께 기습적으로 추적된 위치로 달려가 장난전화를 건 사람을 인터뷰한다. 그 이후 <본부>는 똑같은 방식으로 쓰레기를 불법으로 투기하는 사람들에게 기습적으로 카메라를 들이댔으며 그 이후 음주운전의 현장이나 탈세의 현장 등 그 소재만 달라졌을 뿐 기본적인 프로그램의 형식 자체는 변함이 없었다. <본부>는 촬영의 거의 전 부분을 몰래카메라라는 촬영방식에 의지하고 있다. 양심을 추적한다는 명분으로 그들은 카메라를 들고 시민들이 보이지 않는 곳에 잠복해 있을 때가 많다. 그러나 과연 <본부>의 이러한 촬영방식은 정당한 것인가.

카메라와 피사체 사이에서 피사체는 언제나 약자일 수밖에 없다. 피사체가 그 스스로 모니터를 해가며 카메라 앞에 서지 않는 이상 피사체는 그 스스로가 어떻게 비추어질 것인가를 알 수 없으며, 더군다나 스스로가 찍히고 있다는 사실조차 알지 못할 때 카메라는 그것 하나로 엄청난 권력이 된다. 그렇기 때문에 요즈음은 보도 프로그램조차도 불가피한 취재를 제외하고는 피사체의 인권보호를 위해 몰래카메라라는 촬영방식을 되도록 자제하고 있다. 그러나 <본부>는 양심을 추적한다는 명분으로 꼭 필요한 촬영이 아님에도 불구하고 버젓이 몰래카메라라는 촬영방식을 남발하고 있다. 이미 TV는 카메라라는 무기를 들고서 시민을 감시하는 하나의 권력이 되어가고 있는 것이다.

양심추적뿐만이 아니라 친절시민도 마찬가지이다. 친절시민에 대한 제보가 들어오면 친절시민은 곧바로 상을 받는 것이 아니라 <본부>에 의해 하나의 검증이라는 절차를 거치게 된다. 그 사람이 과연 진짜 친절시민이냐 아니냐가 이 검증을 통해 밝혀진다. 검증의 과정에서도 예외 없이 몰래카메라라는 형식이 사용된다. 몇몇 연기자들이 친절시민에게 불쾌하고 무리한 요구를 하게 하는 황당한 상황 속에서 친절시민은 얼마만큼 그 연기자에게 친절하게 구느냐, 하는 것이 친절시민의 검증 절차다. 바로 이 검증에서 통과하게 되면 이 친절시민은 상을 받게 된다. 친절시민을 발굴해서 상을 주겠다는 취지는 좋다. 그러나 이 역시 몰래카메라라는 방식이 사용되는 것에 문제가 있다. 개인적 미덕인 친절이라는 좌표마저도 TV가 감시하고 평가하고 있다는 혐의는 부인할 수가 없다. 숨어서 감시하고자 하는 그들의 욕망은, 흡사 옛날 옛적 탐관오리들을 혼쭐내주기 위해 누더기를 걸치고 나타난 암행어사의 그것과 비슷하다.

### "왜 나만 갖고 그래요"

그러나 <본부>를 통해 필자가 비판하고자 하는 것의 핵심은 몰래카메라라는 촬영방식이 아니다. 필자가 가장 강도 높게 비판하고자 하는 것은 바로 <본부>의 시선에 관한 것이다. 세계화의 선진국민이 되기 위한 기본을 바로 세우는 일. 기본을 바로 세우기 위해서 <본부>는 개인의 양심을 바로잡아야 한다고 말한다. 그리고 그러한 양심을 바로잡기 위해 TV가 시민들의 동의 없는 몰래카메라를 설치해놓은 일도 불사한다. 그러나 과연 우리나라가 그들이 말하는 '좋은 나라'가 되지 못하는 이유가 시민 개인 한 사람 한 사람의 양심이 바로 서지 못해서란 말인가.

　<본부>가 주 공격대상으로 하고 있는 이 땅의 비양심이라는 사람들은 주로 서민에 집중되어 있다. 처음 <본부>가 탄생할 당시 양심추적의 대상은 112로 장난전화를 거는 이들이었다. 그리고 그러한 대상은 자연스럽게 쓰레기 불법투기자나 음주운전자들로 바뀌어져 갔다. 이 땅의 비양심들을 찾아낸다는 명목으로 잡아낸 사람들의 죄목은, 안타깝게도 고위층들에 의한 불법보다는 주로 서민들에 의한 것일 때가 많다. 한번 생각해보라. 119로 장난전화를 걸거나 500원짜리 쓰레기 봉투 살 돈이 아까워 밤에 몰래 그것을 갖다 버리는 이들이 저 고위층에 가까울지, 서민에 가까울지를. 그들의 모습은 하나같이 모자이크 화면으로 처리되고, 그들의 목소리는 음성변조라는 필터를 통해서만 들려온다. 변조된 목소리와 모자이크 처리된 얼굴은 보는 사람으로 하여금 마치 그들을 대단한 죄인인 냥 느끼게끔 만든다. 물론 그들에게 전혀 잘못이 없다는 말은 아니다. 그러나 이런 화면들을 반복해서 보고 있자면 한국 사회의 모든 부조리가 그들로부터 파생되는 것이 아닐까, 하는 착각을 일으키게 한다는 것이다.

　우리나라가 좋은 나라가 되지 않고 있는 모든 책임이 오로지 그들의 비양심에 있다고 할 수 있는가. 음주운전이나 쓰레기 불법투기를 하지는 않지만 그보다 훨씬 큰 강도의 부정부패를 일삼는 고위층들의 비양심에 대해서 <본부>는 아무런 문제제기를 하지 않는다. 최근에 최재원의 양심추적은 추적의 대상을 탈세자들로 잡았는데 이는 서민들의 상대적 박탈감들을 해소시켜줄 수 있다는 차원에서는 어느 정도 진일보한 변화라고 볼 수 있다.

　우리 사회는 지도층 인사들이 좋은 평가를 받지 못하는 사회다. 지도층 인사들 중에는 땅 투기로 돈을 벌고 그들의 자녀를 군대에 보내지 않으며 탈세와 부정부패를 일삼는 이들이 상당수이기 때문이다. 선진국의 지도층 인사들이 '노블리스 오블리제'를 행하며 일반 시민들에게 존경을 받는 것과는 완벽히 대비된다. 한국사회의 경우 일반 시민들은 그러한 사회 지도층 인사들을 바라보며 우리 사회에 환멸을 느끼게 되고, 양심적으로 사는 길보다 적당히 기회주의적으로 사는 방식을 택하게 된다. 그렇다면 TV는 그러한 지도층 인사들의 부정부패와 그것을 보며 일반 시민들이 느낄 괴리감 사이에서 어떤 시선을 택할 것인가.

물론 기본과 상식이 바로 서는 나라를 만들기 위해서는 시민 개개인 한 사람의 양심도 중요하다. 그러나 비양심적인 사람이 나타날 때마다 두더지 잡기 하듯 그들을 잡아내는 방식은 사회구조 자체를 근본적으로 변화시킬 만한 힘을 가지고 있지 못하다. 최재원의 양심추적에 걸린 사람들은 하나같이 "다들 그러는데 왜 나만 갖고 그러느냐?"고 호소한다. <본부>가 진정으로 고민해야 할 지점은 여기에 있다. 그들의 품성이 남들에 비해 특별히 나빠서 불법을 저지르는 것이 아니라, 이미 우리는 그러한 비양심이 아무렇지도 않게 용인되는 사회에 살고 있는 것이다. <본부>는 이미 법과 질서라는 상식을 거부하고 있는 시민들의 비양심이 어디에서부터 시작되었는지를 찾아나가야 한다. 비양심적인 삶의 방식이 버젓이 횡행하게 된 사회 구조적 모순 자체에는 아랑곳하지 않은 채 개인의 양심에만 호소하는 것은 너무나 편협하고 소모적인 일이다. 사람들이 그러한 프로그램을 보며 울분을 터뜨리고 그들을 단죄하고 있다는 대리만족을 느낄 수 있을지는 모르지만 그것뿐이다. 그 이상도 그 이하도 될 수 없는 것이다.

이제 더욱 생산적인, 시민적 어젠더가 필요하다. 몰래카메라를 설치해놓고 비양심 시민이 걸려들기만을 기다리는 것으로, 또 그들을 단죄하는 것만으로 <본부>가 말하는 '좋은 나라'가 오기를 기다리는 일이란 너무나 지루하고 소모적이다. <본부>가 기본적으로 프로그램을 만들어가는 시선 자체를 조금 더 깊이 있게 사고하지 못한다면 아무리 그 소재가 변한다 해도 더 이상의 생명력을 가질 수 없을 것이다.

## 국가에 '의한' 권력과 국가를 '향한' 권력

또한 <본부>는 이렇듯 법을 지키지 않는 사람들을 찾아내서 그들을 단죄하는 방식으로만 프로그램을 이끌어나가고 있는데 이러한 방식 속에서 우리는 국가주의적 사고를 엿볼 수가 있다.

사실상 우리에게는 그다지 익숙지 않은 개념이 있다. 국민이라는 개념보다, 신민이라는 개념보다 더 익숙지 않은 개념, 바로 '시민'이다. 중세의 절대왕정 시대에서 근대 시민사회로 전환되는 과정에서 프랑스 혁명을 주도했던 이들에 의해 파생된 시민이라는 개념은 그 당시로서는 매우 급진적인 의미를 내포하고 있었다. 어찌하여 인간이 신민으로 존재하는 것이 아니라 자유와 평등이라는 권리를 지닌 시민으로 설 수 있다는 말인가. 시민이라는 개념의 등장은 세계 역사의 획을 긋는 사건이었고, 프랑스 혁명이 일어난 지 200년이 넘은 지금까지도 민주주의 주체로서의 시민의 연구는 현재 진행형에 있다. 특히 자주적으로 근대화를 이룩할 만한 역사적 계기들을 박탈당한 채 민주주의 사회로 편입되어온 한국사회에 있어 시민이라는 개념이, 그들 스스로 왕의 목을 쳤던 짜릿한 경험을 지닌 서구 사회에 비해 훨씬 모호한 상태로 놓여 있는 것은 어쩌면 필연적이라 할 수 있다.

민주주의의 핵심은 수없이 다양한 이해관계를 지닌 사람들이 어떻게 의사를 결정하고 최선의 합의점을 도출해내는가에 있다. 또한 그 합리적 소통을 통해 논쟁의 룰을 익혀 나가는 일은 민주주의라는 내용을 채워나갈 만한 시민의 역량에 달려 있다. 그러나 한국사회의 경우 민주주의의 꽃이라 할 수 있는 선거에서조차 돈 봉투가 오고가고 지연과 학연이라는 족쇄에 얽매여 제대로 된 선택을 하지 못하고 있는 것이 현실이다. 아직도 한국사회는 상호 소통을 해나감에 있어 공

정한 게임의 룰보다는 힘의 논리에 의지할 때가 많으며 패거리주의
나 집단의식에 기대고 있는 것이다. 이 서글픈 현실은 일제시대와 분
단을 차례로 겪으면서 정치적 탄압을 숱하게 겪어온 한국사회 '시민'
들이 그들 스스로 왜곡된 민주주의의 형태에 맞서 싸우느라, 정작 민
주주의의 내용을 알뜰하게 채워나가는 일에 실패한 데서 오는 것인
지도 모른다. 그렇다면 이 시점에서 한국사회의 '시민'들에게 가장
요구되는 덕목이 무엇인가에 대한 해답은 명확해진다. 보다 자율적
인 배경에서 합리적인 소통의 방식들을 체화시키는 것이다.

그러나 <본부>가 이상적으로 설정하고 있는 시민이란, 사실상
'시민'보다는 '국민'에 가깝다. <본부>는 무엇보다 법과 질서를 강
조하는데, 그러한 법과 질서는 시민사회를 만들어가는 과정에서 무
질서를 막아내기 위해 편의적으로 설정해놓은 약속에 불과하다. 그
리고 그러한 법과 질서는 국가라는 제도화된 형태로 나타난다. 그러
므로 <본부>가 법과 질서를 강조하면 강조할수록, 몰래카메라라는
권력적 장치를 이용해 국가권력이 담당해야 할 법의 집행에 눈독을
들이면 들일수록, 그것이 국가주의적 사고를 조장할 수 있는 것이다.

또한 <본부>에게 있어 친절시민이라는 것조차도 그들이 늘상
말하는 것처럼 선진국의 이미지를 세계에 과시하기 위한 캠페인의
일환이다. 친절함은 분명 개인적 미덕이다. 분명히 해야 할 점은 그
들의 친절함은, 우리나라의 이미지를 좋게 하기 위해서 행하는 의식
적 행위에서 비롯되는 것이 아니라 그들의 품성 그 자체에서 나오는
것이라는 점이다. 그러나 <본부>는 계속해서 시민들의 친절함과 선
진국의 이미지를 연관시키며 마치 그들의 친절함이 국가에 보탬이
되기 때문에 유의미하다는 식의 평가를 내리고 있다. 이러한 평가 역
시도 명백히 국가주의적 사고에서 기인한다.

TV는 또 하나의 권력이다. 그러나 TV가 나서서 굳이 법과 질서를
강조하는 것은 국가권력에 힘을 보태주는 것 이상이 될 수 없다. 오

히려 TV는 민주주의가 요구하는 시민적 역량을 성숙시키는 일을 해야 한다. 시민 한 사람 한 사람을 감시하는 일을 이미 국가라는 체계화된 권력이 행하고 있다면 TV는 그 반대편에 서서 시민 한 사람 한 사람이 행하는 국가를 향한 비판에 힘을 실어야 한다. 시민과 국가라는 대립되는 두 주체 사이에서 상호 소통을 하는 것이 언론이며, 동시에 TV라면, TV는 '국가에 의한 권력'이 아니라 '국가를 향한 권력'이 되어야만 하는 것이다.

# 토론 공화국의 기치를 걸고

## KBS <100인 토론>을 중심으로

도현규(대학생)

이른바 토론 잘하는 사람이 존경받는 시대가 왔다. 토론을 국정 운영의 원리로 주창하고 나선 대통령부터 시작해서, 아직 토론에 대한 이해가 부족한 초등학생들에게까지 토론을 잘하는 사람이 훌륭한 사람으로 우대받는 시대이다. 최근 사회의 민주화와 다원주의의 확대에 따라 여러 가지 갈등요소에 대한 다양한 논의들이 첨예하게 대립하고 있어 토론에 의한 합의 도출이 더욱 절실하게 여겨지게 된 점이 토론 문화의 확대를 가능케 한 주요한 원인으로 꼽혀지고 있다. 이에 토론 공화국의 기치를 건 정부의 운영방침에 보조를 맞추고 사회문제에 대해 성숙해진 시청자들의 욕구를 충족시키고자, 각 방송사에서도 경쟁적으로 토론 프로그램을 내놓으면서 시사토론 프로그램의 한계였던 시청률 5%도 훌쩍 뛰어넘을 만큼 성공적이라는 평가를 받은 바 있다. 하지만, 과연 그 거창한 취지만큼이나 각 방송사들의 토론 프로그램이 제 역할을 수행하고 있는가에 대한 의문에 대해서는 아직도 회의적이라는 것이 중론이다. 즉, 여전히 우리 사회에서는 논리적인 설득력보다는 '목소리 큰 것'이 더 훌륭한 갈등해결 방법이라는 속설이 여전히 유효하다는 것이 토론 프로그램을 통해서도 증명되고 있다는 얘기다. 이러한 문제는 토론 프로그램을 만드는 특정 방송사에 국한된 문제가 아니라 토론을 중요하게 생각하는 사회 구성원 모두의 문제로서, 토론 프로그램 참여 주체들의 철저한 반성과 바람직한 방향설정이 있어야만 문제해결이 가능하리라 본다. 따라서, 여기에서는 현재의 토론 프로그램이 갖는 문제점을 구체적인 사례를 통해서 짚어보고, 이를 바탕으로 바람직한 방향을 설정하기 위해서 필요한 요소가 무엇인지를 모색해볼 수 있을 것이다.

#1 취업 준비중인 선배의 이야기

어렵게 취업을 준비하고 있는 한 선배는 피곤한 몸을 누일 새도 없이 귀가하자마자 TV부터 켠다. 채널을 돌려 그가 자세까지 바로 하고 앉아서 열성적으로 시청해야 하는 프로그램은 바로 토론프로그램. 딱딱하고 무거운 주제가 고단한 일상을 끝내고 휴식을 필요로 하는 밤 시간대의 시청으로는 부적절한 듯 보이나, 매주 그는 열심히 모 방송의 토론프로그램을 자정을 넘겨서까지 시청하곤 한다. 이유는 간단하다. 그가 사회문제에 대해 굉장한 관심을 가진 것은 아니며, 또 장차 토론 전문가가 되기 위한 것도 아니다. 단지, 치열한 입사 시험과 면접에서 좋은 점수를 받기 위해서 매일 매일 신문을 정독해야 할 정도로 최근의 시사문제에 대한 이해가 절대적으로 필요하기 때문에, 토론 프로그램만큼 사회적으로 쟁점이 되는 사안에 대해서 짧은 시간 안에 압축적으로 이해하는 데 도움이 되는 것은 없다는 것이다. 더군다나 상반된 관점에서의 주장과 근거를 모두 동시에 들을 수 있다는 점에서 제 3자의 입장에서 객관적으로 사안에 대해 분석할 수 있으며, 심도 있는 논의가 진행되는 경우 매우 구체적으로 문제에 대해 이해할 수 있다는 점에서 토론 프로그램은 훌륭한 학습도구라는 것이다.

분명히 위의 사례에서처럼 지상파 토론 프로그램이 나름대로 시청자들에게 정보제공이라는 측면에서 편익을 제공해주고 있다는 것은 부인할 수 없다. 하지만, 문제는 각 방송사에서 경쟁적으로 만들고 있는 토론 프로그램이 정말로 시청자들이 중요한 사회문제로 인식하고 있는 것인가, 또 방송 토론 프로그램에서 구체적이고 심도 있는 논의가 과연 가능한가 하는 점은 사실 분명하지 않다.

## 1. 제작과정에서의 문제점과 바람직한 방향 모색

### 생방송의 한계

현재의 지상파 방송의 토론 프로그램들은 모두 생방송으로 진행되고 있다. 따라서, 생방송의 특성상 편집의 기회가 없기 때문에, 토론 참여자들의 실수나 지나친 행동들이 여과 없이 방송을 통해 시청자들에게 전달될 수밖에 없다. 이러한 생방송의 특성을 보여주는 구체적인 실례 중 대표적인 것이 지난 7월 28일 '대북 송금, 정상회담 대가인가 통일비용인가' 주제로 열린 <KBS 심야토론>에서 패널들간에 벌어진 볼썽사나운 설전을 들 수 있다. 이날의 설전은 패널로 참석한 김동길 씨가 "아니 당신은……" 하며 삿대질을 하자, "당신 당신 하지 마세요"라고 정균환 민주당 총무가 언성을 높이며 서로 막말을 주고받는 장면이 그대로 방송되었고, 이로 인해, 이 프로그램의 게시판에는 패널들의 언행에 대한 시청자들의 혹독한 비판이 쏟아졌었다. 제작진의 입장에서는 생방송을 통해 패널들간에 격렬한 토론이 벌어지면 시청자들이 싸움 구경을 하듯 좋아할 것이라는 계산이 있었겠지만, 논리적인 설득과정을 통한 문제해결의 기미는 보이지 않고, 상대방을 무시하며 막말을 해대는 패널을 보면서 시청자들은 그들은 우롱하는 듯한 내용일 뿐이라면 차라리 생방송이 아니라 녹화방송을 통해 적절히 편집해서 구성을 하는 편이 나을 것이라는 생각을 하게 된다. 물론, 패널들간의 자연스러운 토론 분위기를 유도하고 이러한 분위기를 생생하게 전달하는 것으로써 토론 프로그램이 더욱 빛난다면 모르겠지만, 이미 한계로 지적받고 있듯이 시간의 제약이라는 토론 프로그램의 약점을 안은 채, 생방송이라는 특성의 약점까지 덧씌워진다면 더 이상 시청자들이 수용할 만한 합리적인 수준의 논의는 불가능할 것으로 보인다.

### 주제 및 패널 설정에서의 문제점

한편, 매주 다루고 있는 주제가 과연 토론 프로그램에서 꼭 조명해야 할 중요한 사회문제이며, 다른 토론 프로그램과 차별성을 두어 시청자의 욕구를 제대로 충족시키고 있는가 하는 문제점 또한 제작에서 시급히 개선되어야 할 부분이다. 즉, 토론 프로그램의 빅3로 불리는 <100분 토론>, <100인 토론>, <생방송 심야토론>의 경우, 지난 3월 이후 검찰 개혁, 교단 갈등, 언론 개혁 등의 주제를 시기적으로도 거의 차이가 없는 때에 별반 다를 것 없는 내용으로 계속해서 다룸으로써, 사회 내 거대 담론에만 치중하고 있다는 비판을 면치 못했다. 이로 인해, 시청자들은 다양한 사회 분야에 대한 관심을 충족시키지 못했고, 토론 프로그램은 다양한 사회 내의 갈등을 공론화시킬 기회를 제공하지 못했다는 점에서 목적에 부합하지 못했다. 같은 방송사인 <100인 토론>과 <생방송 심야토론>의 경우, 하루의 간격을 두고 똑같은 주제를 다루는 일이 몇 차례나 발생해 관련 프로그램간의 조율도 없이 제작에만 급급한 방송사의 실정을 고스란히 시청자들의 인내에 의존했다는 뼈아픈 지적도 나오고 있는 현실이다. 반대로 그토록 심각하게 비춰지던 물류대란의 경우, 어느 토론 프로그램에서도 제때에 적절하게 다루지 못했다는 점에서 사회 갈등을 유발하는 민감한 쟁점에 대해 합리적인 논의과정을 거쳐 바람직한 해결책을 모색하지 못해 토론 프로그램이 제 역할을 하지 못했다는 점 또한 의제 설정에 있어서의 개선의 필요성을 역설하는 것이라 할 수 있다.

하지만, 문제는 주제 설정의 중복에만 그치지 않는다. 각 토론 프로그램마다 특정 인물들이 지나치게 자주 출연하는 등 참석하는 패널들의 중복에도 심각한 문제가 아닐 수 없다. 매주 다른 주제를 다루어야 하는 프로그램의 속성에도 불구하고 해당 분야의 전문가인 양 섭외가 쉽고, 방송에 적합한 인물들만 계속해서 출연하게 하는 것은 토론 자체가 공정하고, 객관적이어야 한다는 사실을 제작 이전부터 이미 망각하고 있다는 것에 다름 아니다.

## 개선 방향의 모색

이상에서 언급한 제작상의 문제점은 방송매체의 기본적인 특성에서부터 미리 예측이 가능한 부분들이다. 따라서, 이 같은 제작 측면에서의 문제점들은 충분히 제작진의 노력으로 개선을 할 수 있다는 것이다. 즉, 제작진이 생방송을 감행할 때에는 미리 생방송의 특성에 따른 패널들의 우발적인 언행의 가능성을 염두에 두고, 사전에 의제에 대한 토론의 취지를 충분히 패널들에게 설명하고 공감을 얻어낸 다음 패널들간의 기본적인 입장을 서로 공유할 수 있도록 해야 할 것이다. 또한, 기본적으로 프로그램의 본질이 시청자들에게 삿대질을 하며 언성을 높이는 저명인사들의 싸움 구경을 위한 오락 프로그램으로서의 기능에 있는 것이 아니라, 사회 내의 중요한 문제점에 대한 분석과 바람직한 해결책의 모색이라는 공익적인 목적이 그 취지라는 점을 감안하면, 패널들이 자신의 입장을 해명하는 장으로 전락하는 것을 막아 토론이 좀더 깊이 있고, 구체적인 논의가 되도록 해야 할 것이다. 이러한 문제점 때문에 사회자의 역할이 보다 더 중요해지는 것이다.

## 바람직한 사회자의 역할 모색

흔히들 <100분 토론>과 <100인 토론>을 많이 비교하곤 한다. 100이라는 숫자를 공유하고 있는 프로그램명의 유사성에 기인하기도 하겠지만, MBC와 KBS라는 경쟁 방송사에서 각각 간판으로 내걸고 있는 토론 프로그램이기 때문이다. 하지만, 대다수의 대학생들이 손쉽게 <100분 토론>에 더 높은 점수를 주고 있는 것에는 단순 명쾌한 이유가 있다. 바로 사회자의 역량 때문이다. <100분 토론>을 진행하고 있는 손석희 아나운서가 상반된 입장 사이에서 방황하지 않고, 하나씩 소주제에 초점을 맞추어 매끄럽게 전체적인 결론에 도달할 수 있도록 하는 반면, 상대방의 의견에 대한 논박이라기보다는 일방적인 자기 주장을 반복하는 패널들을 효과적으로 통제하지 못하고, 애써 정리해서 설명한다는 것이 패널들의 주장을 왜곡시키는 발언이 되는 등의 문제를 보이는 <100분 토론>의 김주환 교수의 차이가 바로 그것이다. 열심히 패널들의 발언을 경청하면서 필요한 메모를 통해 활발한 논의의 진행을 위해 시의적절하게 질문을 하는 손석희 사회자와 메모는 고사하고 정해진 대본대로 토론을 진행시키기 위해서 앞서 열심히 주장을 피력한 패널들의 발언을 애써 무시하는 것처럼 억지로 다음 소주제에 관한 질문을 돌출적으로 하는 김주환 사회자의 차이로 인해 토론 프로그램에 대한 일반 시청자의 평가가 분명하게 엇갈리고 있다는 점은 중요한 시사점이라 할 수 있다.

물론, 토론 프로그램이 한 사람의 훌륭한 사회자에 의해서 모두 만들어지는 것은 아니지만, 생방송으로 진행되고 사회적으로 민감하게 입장 차이를 보이고 있는 패널들간의 토론을 진행해야 하는 사회

자의 역할은 무엇보다도 중요한 요소 중의 하나임에는 틀림없다. 의
제에 대한 깊이 있는 논의가 가능하려면 사회자가 무엇보다도 객관
적인 입장에서 각각의 관점에서의 구체적인 논거를 이끌어낼 수 있
어야 한다. 이는 중립적 위치를 고수하기 위해서 상대방은 아랑곳하
지 않고 자신의 주장만 나열하는 패널들의 모습을 방관하면서 대본
외의 어떤 개인적인 질문도 하지 말아야 한다는 말이 아니다. 오히려
찬성측의 패널에게는 반대측의 입장에서 질문을 던지고, 반대측의
입장에서는 찬성측의 입장에서 질문을 던질 수도 있어야 하며, 이러
한 역할을 수행함으로써 방송을 시청하는 찬, 반의 다양한 시청자들
이 품을 수 있는 구체적인 사안에 대해서까지 각각의 입장에서 고려
해볼 수 있는 기회가 생기는 것이다. 즉, 어느 한쪽의 논지를 일방적
으로 지지하거나 반대하지 않는 균형을 유지하면서도, 분명히 짚고
넘어가야 할 구체적인 사항에 있어서는 각 패널들에게 반대쪽 패널
보다도 날카롭게 질문을 던질 수 있을 때, 사회자가 훌륭히 역할을
수행했다고 할 수 있으며, 토론의 질적 수준이 충분히 향상될 수 있
다고 볼 수 있을 것이다.

   #2 P군의 <100인 토론> 참관기
   가까운 친구의 권유로 P군은 KBS의 토론 프로그램인 <100인 토론>
에 참여할 수 있는 기회를 얻게 되었다. 약간의 출연료를 준다는 것에
이끌려 인터넷으로 간단한 신상과 토론에서 다룰 주제에 대한 자신의
생각을 서술하는 것으로 제작진으로부터 배심원으로 출연제의를 받은
것이다. 출연료도 출연료이지만, 지난 주 생방송에서 '국민의 힘'의 시
민운동과 관련해서 일종의 해프닝을 보여주었던 프로그램이라 P군 사
뭇 흥미를 가지고 기대를 한 참이었다. 그러나 지난 주 충분히 논의되
지 못한 부분인 낙선운동의 여부와 바람직한 유권자 운동의 방향 등은
제작진의 준비에도 불구하고, 제대로 논의되지 못한 채 토론 시간은 종
료되고 말았다. 오히려 정작 도출되어야 할 결론인 '바람직한 유권자

운동의 방향'에 대한 논의는 지극히 피상적으로 언급될 뿐이었고, 서로 상대방의 이야기를 잘 듣고 있는 것처럼 보이지만 결국 각자 자신의 입장을 열심히 나열하는 등 해명의 수준에서 프로그램이 끝나고 만 것이었다. 한술 더 떠서 찬, 반의 표결을 위한 버튼 중 찬성의 버튼이 고장난 까닭에 자신의 의도와는 상반되는 반대의 버튼밖에 선택할 수 없었던 P군은 표결을 포기할 수밖에 없었다. 물론, 처음의 테스트가 있었지만, 그때는 찬성 쪽을 선택했기 때문에 반대쪽의 버튼 이상 유무를 알수가 없었다. 마음이 바뀌어 반대 버튼을 누르고 싶었지만 누를 수 없는 상황에서 표결을 어떻게 하란 말인가? 도대체가 누구를 위한, 또 무엇을 위한 토론인지 알 수 없다는 것이 방청을 끝내고 돌아오면서 P군이 내린 결론이었고, 얄팍한 출연료는 이튿날 TV에서 자신을 알아 본 친구들과 함께 나눈 술자리에서 프로그램에 대한 냉소와 질책으로 사라지고 말았다.

## 2. 〈100인 토론〉의 진행상의 문제점

### 배심원 표결의 문제

〈100인 토론〉이 〈100분 토론〉과 다른 가장 두드러진 특색은 100명의 배심원을 선정해 사전 표결과 토론 후 사후 표결의 결과를 보여줌으로써 의제에 대한 객관적인 지표를 시청자에게 제공한다는 것이다. 제작진의 의도야 물론, 사전 사후의 표결을 통해 의제에 대한 배심원들의 인식 변화 및 해당 의제에 대해 간략히 여론의 동향을 보여주자는 것이겠지만, 여기에는 심각한 오류가 있다. 우선, 전문 여론조사기관의 표집에 의한 배심원의 선정이라고는 하나 배심원들이 자주 중복 출현하는 점과 관련지어 본다면, 각기 다른 주제에 대해 동일한 배심원이 계속 출현해서 자신의 의견을 표결에 반영할 경우 결과에 대한 객관성은 확보되기 어렵다고 보인다.

또한, 위의 사례에서처럼 사전에 정확한 표결을 위해 기기의 오작동이 없도록 철저한 검증을 하고, 배심원들이 문제의 본질에 대해서 자신의 의견을 정확히 반영할 수 있도록 표결을 요구하는 질문 자체를 간결하고 정확하게 해야만 오해를 줄여 결과의 정확성을 기할 수 있음에도 불구하고 그렇지 못했다는 점에서 문제가 있다. 지난 교단 갈등에 대한 토론의 경우, 표결에 대한 결과가 조작되었다는 시비로 몸살을 앓은 적이 있는 <100인 토론>으로서는 시급히 개선되었어야 할 문제임에도 불구하고 같은 문제점을 반복해서 드러냈다는 점에서 제작진의 프로그램에 대한 인식에 심각한 회의가 드는 부분이다. 건전한 토론 문화의 창달을 향한 하루하루의 발전 노력이 아닌, 단순히 한 회, 한 회 끝내는 것으로 만족해야 하는 프로그램이라면 더 이상의 <100인 토론>은 무의미한 것이 아닐 수 없다.

세번째는 이러한 과정을 통해서 나온 표결 결과가 얼마나 정확하게 배심원들의 인식변화를 이끌어낼 수 있으며, 전반적인 사회 내 여론의 추이를 보여줄 수 있는가 하는 것이다. 사전 표결과 사후 표결의 차이는 시청자로 하여금 토론을 통해 배심원들의 생각이 어떻게 바뀌었는지를 알아보는 것이지만, 실제로 표결에 참여하는 배심원들은 각각의 입장에서의 논거가 얼마나 합리적이냐의 문제를 떠나서, 토론에 참여한 각 패널들이 얼마나 상대방을 효과적으로 공격하고 자신의 주장을 매력적으로 보이게 했는가의 여부에 따라 사후 표결이 이뤄지고 있는 경우가 허다하다. 즉, 이러한 경우 사후 표결은 의제에 대한 찬, 반의 의견이 얼마나 합리적이었으며 배심원들이 이러한 각 주장의 합리성과 논거의 적절성을 얼마나 잘 평가했는가의 문제가 아니라, 그날 <100인 토론>에서 누가 더 토론을 잘했는가의 패널들의 토론 기술에 대한 평가일 뿐이라는 것이다. 다시 말해서 표결의 결과는 '목소리 큰 사람이 이긴다'는 속설을 객관적인 수치로 정확히 반영한 것에 지나지 않는다는 쓰디쓴 비판을 받아야 할 만큼,

시청자들에게 객관적인 평가로 전달될 수 없음을 의미한다고 할 수
있다.

### 시청자에게 미치는 영향의 심각성

이 같은 문제점을 안고 있는 표결의 결과를 시청자들이 별 생각
없이 받아들일 경우의 문제점을 생각해보면 매우 심각하게 여겨진다.
앞서 언급한 취업 준비생의 경우에서처럼, 정보 습득의 창구로 이용
하는 사람들에게는 정보의 왜곡을 초래할 수 있고, 사회의 공익을 위
해 다양한 의견들을 객관적으로 표명할 수 있는 공론장으로서의 프
로그램의 역할이 객관성과 정확성을 잃게 되어 심하게 훼손된다는
문제점이 있을 수 있다. 토론 프로그램의 본래의 취지대로라면 사회
의 발전을 위해 갈등의 폭이 깊은 사회 내의 다양한 문제점을 합리
적인 논의를 통해 바람직한 해결책을 모색해볼 수 있는 기회를 제공
해야 하지만, 사실은 그렇지 못하고 정보의 왜곡으로 인한 오해의 여
지까지 덧붙여져 갈등의 해결은커녕 갈등을 더욱 뿌리깊게 하고 있
는 것은 아닌가 하는 심각한 자기 반성이 필요해지는 것이다.
또한, 사례에서처럼 '국민의 힘'이라는 단체처럼 대다수의 국민이
제대로 알고 있지도 못한 단체를 <100분 토론>에 이어, <100인
토론>에서 2주 연속으로 다루는 등 가뜩이나 정치적인 주제 일색으
로 토론 프로그램의 다양성이 훼손되는 가운데, 일부 정치적인 이해
관계를 가진 사람들이 자신의 입장을 홍보하려는 수단으로 토론 프
로그램을 이용한다는 문제점은 토론 프로그램의 존재의 이유에 대한
근본적인 질문을 되새기게 한다. 또한, 패널로 참석한 사람들도 토론
프로그램에서 주요한 사회 문제인 의제의 한 축을 대변하는 것일 뿐
인데도, 자신들이 사회 내에서 굉장히 중요한 위치를 점하고 있는 것
으로 착각하는 듯한 언행은 삼가야 할 것이라는 점도 분명히 인식할

필요가 있다. 이에 시청자들도 토론 프로그램에 패널로 참가하는 것만으로 그 패널의 영향력을 평가하려 해서는 안 되고, 주장의 합리성과 태도 등을 객관적으로 평가할 수 있어야 할 것이다.

## 3. 진정한 토론 공화국으로의 발전을 위하여

토론 프로그램을 구성하는 참여 주체들은 프로그램의 취지와 방송의 역할에 비추어 다시 한번 각자의 역할에 대해 진지하게 반성해볼 시점에 이르렀다고 보인다. 방송은, 특히 사회 내의 민감한 쟁점을 합리적인 논의 과정을 통해 해결책을 찾아야 함을 그 목적으로 하는 토론 프로그램은 공익성이 우선이라는 기본적인 전제가 필요하다. 밤샘토론이나 연예인의 출연과 같은 흥미를 자극하고, 새로운 형식을 시도하려는 노력도 좋지만, 기본적인 전제에 있어서는 변함이 없어야 그 프로그램의 효용성이 가치를 지닐 수 있을 것이다. 그런 다음에 공론장으로서의 토론 프로그램의 활성화를 위한 다양한 시도와 각계각층의 의견 수렴이 절실할 것이다.

제작진은 사전 기획 단계에서부터 사회 내의 다양한 쟁점들 가운데 공익 향상을 위한 노력의 일환으로서 의제를 적절히 선정해야 할 것이며, 의제와 관련한 핵심적인 인물들을 패널로 선정해서 토론의 질적 수준을 보장할 수 있도록 해야 한다. 또한, 패널들은 사회 내의 저명인사라는 자신의 위치에 걸맞게 상대방의 의견을 경청하고, 존중할 줄 알며, 인신공격이 아니라 상대의 논리적인 결함을 지적하면서 자신의 주장을 설득적으로 전개할 수 있어야 할 것이다. 이러한 노력을 실제 토론 과정에서 효과적으로 이루어질 수 있도록 사회자가 균형 있는 관점을 유지하면서 매끄럽게 진행시킬 수 있어야 함은 물론이다. 그리고 무엇보다 시청자들이 토론 프로그램을 유명인사의 강의처럼 받아들일 것이 아니라, 프로그램 자체가 정확성과 객관성을 갖는지 또 패널들의 의견이 합리적이고 논리적인지를 꼼꼼히 따져보면서 자신의 생각을 가다듬는 계기로 토론 프로그램을 적극 활용할 수 있어야 할 것이다.

약술해놓고 보면 너무나도 당연한 얘기들일 뿐이지만, 토론 문화의 정착을 통한 합리적인 사회 운영과 발전 방향의 모색은 너무나도 요원한 일처럼 느껴진다. 하지만, 토론 프로그램이 제 역할을 찾아 바람직한 토론 문화의 정착을 위해 기여하고, 시청자들이 오늘날의 토론 프로그램의 약진에 건전한 비판과 격려를 아끼지 않는다면 우리는 토론 공화국의 발전을 좀더 효과적이고 빠른 방법으로 앞당길 수 있을 것이다.

# 다양성을 저해하는 음악 프로그램의 시청자 참여

최은경(일반)

## 머리말

우리는 급격한 변화의 시대를 살고 있으며 이러한 변화를 통해서 사회의 제도는 물론 구성원의 의식도 다양해지고 있다. 이러한 사회 분위기를 반영하듯 우리의 대중문화에서도 다양성이 중요시되고 있다. 대중문화의 균형적인 발전을 위해서 다양한 문화의 공존이 필요하기에 다양성은 존중되어야 한다. 물론 대중음악에서도 다양한 음악 장르의 공존은 대중의 다양한 음악적 요구를 충족시킬 수 있으며 대중음악의 발전에도 중요한 역할을 하기에 다양성의 존중은 의미가 있다 하겠다.

다양성에 대한 존중과 더불어 나타나기 시작한 중요한 변화의 흐름 가운데 하나가 사회 전반에 걸친 적극적인 참여이다. 붉은 악마의 거리 응원, 네티즌(netizen)의 선거 운동, 촛불 시위 등 사회 전반에 걸친 참여는 대중문화에서도 활발히 이루어지고 있다. 우선 우리가 일상에서 매일 접하는 텔레비전 프로그램만 보더라도 옴부즈맨(ombuds-man) 프로그램, 시청자가 직접 제작하는 시청자 참여 프로그램의 등장, 인터넷을 통한 시청자의 프로그램에 대한 다양한 의견 제시 등 형태를 달리하고 참여의 정도도 다르지만 중요한 사실은 다양한 형태로 시청자 참여가 이루어지고 있다는 것이다.

프로그램의 수용자로 시청자의 참여는 상당히 중요하지만 이들의 참여가 반드시 긍정적인 기능만 하는 것은 아니다. 예를 들어 인터넷을 통한 시청자의 의견 제시만 보더라도 프로그램에 대한 다양한 의견을 접할 수 있는 반면, 참여의 정도가 지나쳐 프로그램의 기획 의도를 좌우하는 등 참여를 통해 시청자의 막강한 힘을 자랑하기도 한다. 참여에 있어서 또 다른 문제는 참여가 일부층에 국한되어 있어 활동적인 소수의 의견이 마치 일반화된 여론처럼 형성되고 있다는 것도 문제점이다.

이상에서 제시한 다양성(diversity)과 참여(participation)*의 관점에서 우리의 음악 프로그램을 살펴보자. 음악 프로그램에서 이루어지는 시청자의 참여는 다양한 시청자의 참여가 아니다. 활동적이고 적극적인 소수에 의해서 이루어지는 편중된 참여이다. 이러한 소수의 참여는 장르의 편중과 인기가수 중심의 프로그램 편성으로 이어져 대중음악의 다양성은 물론 전문성까지도 위협하고 있다. 음악 프로그램에 대한 시청자 참여가 오히려 대중음악을 획일화하고 있는 측면

---

* 방송법에서 말하는 시청자 참여의 의미는 시청자 개인이나 시청자 단체가 프로그램을 직접 제작하거나 기획하는 것을 의미한다. 하지만 사람들이 방송에 출연하거나 패널로 참여하는 것이나 그 외의 다른 형태에 대해서도 "참여"라는 용어를 사용하고 있으므로 일반적으로는 방송법에서 말하는 참여의 범위보다 "참여"라는 용어를 폭넓게 사용하고 있다. 따라서 이 글에서 사용하는 "참여"라는 용어도 방송법에서 말하는 참여의 의미보다 포괄적이다. 음악 프로그램에서 주로 사용하는 인터넷, ARS 투표와 같은 시청자 참여 형태도 엄밀한 의미에서는 시청자 피드백(feedback)이지만 넓은 의미에서 일종의 시청자 참여로 해석하였다.

도 있다고 하겠다. 따라서 이 글에서는 음악 프로그램에 대한 시청자의 참여 형태를 분석하고 이를 통해서 발견되는 문제점을 살펴보고자 한다. 그리고 앞으로 대중음악의 다양한 발전을 위해 음악 프로그램의 나아가야 할 방향까지도 모색하고자 한다.

## 음악 프로그램 분석

음악 프로그램에 대한 시청자 참여가 어떤 형태로 이루어지고 있으며 이는 프로그램에 어떠한 영향을 주고 있는지 파악하기 위해서 우선 음악 프로그램을 자세히 분석할 필요가 있다. 이를 위해서 방송 3사의 대표적인 음악 프로그램을 선정하고 이들 프로그램에 대한 분석을 통해서 시청자가 프로그램에 어떤 형태로 참여하고 있으며 어떤 특징을 가지고 있는지 살펴보자.

먼저 MBC의 <음악캠프>는 가요순위 프로그램이다. 순위 선정 방법은 음반 판매량과 선호도 조사, 방송횟수를 통해서 집계하고 있다. 순위를 구성하는 각각의 요소를 살펴보면 음반 판매의 경우 대중은 음반 구입의 주체로 순위에 대해 참여하고 있다. 선호도 조사의 경우도 조사의 대상으로 참여가 이뤄지고 있고, 텔레비전이나 라디오 프로그램을 통한 방송횟수의 경우도 참여의 범위가 광범위하지만 중요한 사실은 프로그램에 대한 참여가 반영되고 있다는 점이다. 그리고 프로그램의 홈페이지를 통해서 시청자들이 프로그램에 대한 의견을 제시하고 있으므로 인터넷을 통해서도 참여가 이루어지고 있다.

KBS2의 <뮤직뱅크>는 신청곡 위주로 진행되는 음악 프로그램이다. 프로그램에서 중심이 되는 리퀘스트 "HOT 5"는 인터넷 투표와 ARS 투표를 통해서 선정된다. 시청자는 인터넷 투표를 통해서 신청곡 선정에 참여하고 ARS 투표를 통해서도 참여할 수 있다.

SBS의 <인기가요>는 신청곡 형식에 순위요소가 가미된 음악 프로그램이다. 매주 가장 많은 신청곡을 받은 7명의 가수를 "TAKE 7"
으로 선정하므로 신청곡으로 진행되는 성격을 가지고 있고 그 중에
서 최고의 인기를 얻은 가수의 곡을 "뮤티즌 송(mutizen song)"으로
선정하기 때문에 순위 프로그램의 성격도 가지고 있다. 이러한 프로
그램의 구성에서 시청자는 출연진 선정과 시청자의 의견수렴을 위해
실시하는 인터넷 투표를 통해서 프로그램에 참여하고 있다. 이상의
음악 프로그램에 대한 분석을 바탕으로 프로그램별 시청자의 참여
형태를 정리하면 아래 표와 같다.

<음악 프로그램별 시청자 참여 형태>

| 방송사 | 프로그램명 | 프로그램 성격 | 참여도구 | 시청자 참여 형태 |
|---|---|---|---|---|
| MBC | 음악캠프 | 순위 프로그램 | 인터넷 | - 선호도 조사의 대상, 음반구입의 주체 등 광범위한 참여<br>- 인터넷을 통한 프로그램에 대한 의견제시 |
| KBS2 | 뮤직뱅크 | 신청곡 리퀘스트 | 인터넷 ARS | - 인터넷 투표와 ARS 투표<br>- 인터넷을 통한 프로그램에 대한 의견제시 |
| SBS | 인기가요 | 신청곡 형식에 순위요소 가미 | 인터넷 | - 인터넷 투표<br>- 인터넷을 통한 프로그램에 대한 의견제시 |

이상의 음악 프로그램에 대한 분석을 통해서 다음과 같은 특징을
발견할 수 있다. 첫째, 참여의 주요 매체가 인터넷이라는 것과 이러
한 인터넷은 수동적이고 소극적인 참여의 도구로 사용되고 있다는
점이다. 인터넷이라는 매체가 다양한 대중의 프로그램에 대한 참여
를 반영하기보다는 단지 인기곡을 투표하는 도구로 쓰이고 있는 것
이다. 둘째, 프로그램에 참여하는 사람들은 활동적인 소수이고 이들
에 의해서 음악 프로그램이 운영된다는 점이다. 일반화된 다수의 의
견보다는 소수의 의견이라 하더라도 이들이 프로그램에 적극적으로

참여하면 마치 다수의 의견인 것처럼 공식화되어버린다. 따라서 활동적인 소수에 의해서 프로그램이 좌우되기 때문에 현행 음악 프로그램의 시청자 참여 형태로는 다양성이 보장된 음악 프로그램은 기대할 수 없다.

## 다양성을 저해하는 참여형태와 이를 둘러싼 문제점

음악 프로그램에 대한 분석을 통해서 시청자의 참여가 어떤 형태로 이루어지고 있는지 살펴보았다. 현행 음악 프로그램은 장르의 편중과 인기가수 중심의 프로그램 운영, 활동적인 소수에 의한 참여가 음악 프로그램의 문제점을 발생시키고 있으며 이러한 문제점이 대중음악을 획일화하고 있다. 대중음악은 물론 음악 프로그램까지도 획일화시키고 있는 참여 형태와 이를 둘러싼 문제점들에 대해서 자세히 살펴보자.

### 활동적인 소수의 참여로 이루어지는 또 다른 순위 창출

우리가 살펴본 음악 프로그램을 보면 기존의 가요순위 프로그램을 모태로 하고 있다. 기존의 가요순위 프로그램에 대해서는 순위의 선정방식에 대한 문제부터 시작해 이러한 순위가 대중음악의 다양성을 저해하고 청소년의 음악 취향을 편중되게 한다는 등 많은 문제점이 지적되어왔다. 이에 일부 방송사들은 순위 형식을 탈피하고 시청자의 참여를 강조하여 신청곡 형식으로 진행되도록 프로그램의 기본 방향을 바꾸었다. 프로그램에 대한 시청자의 참여를 강조하고 있지만 예전 가요순위 프로그램과 비교해 과연 무엇이 달라졌는가? 순위가 아닌 시청자의 참여를 표방하지만 그 참여가 젊은 세대, 그 중에서도 특히 청소년이라는 특정 계층의 참여가 중심을 이루고 있기 때문에 신청곡이라기보다는 여전히 인기곡이 프로그램을 차지하고 있다. 이는 또 다른 순위로 자리 잡고 있기에 기존의 가요순위 프로그램의 한계를 벗어나지 못하고 있다. 다시 말하면 이는 프로그램의 신청곡 선정에 참여하는 활동적인 소수에 의해서 또 다른 순위를 만들고 있는 것이다.

### 청소년 참여 형태의 특성

프로그램에 대한 시청자의 참여는 프로그램의 주체로 누구보다 중요하다. 그러면 음악 프로그램에서 시청자의 참여가 왜 문제가 되는 것일까? 그것은 주요 참여자가 청소년이며 청소년들의 참여 형태에 또 다른 특성이 있기 때문이다. 음악 프로그램에서 이들의 참여를 살펴보면 좋아하는 음악에 대한 자연스러운 참여가 아니라 스타 자체에 집중하고 있음을 알 수 있다. 우리의 대중음악도 다양해지고 있지만 청소년들은 다양한 음악을 접하고 비판적으로 수용하기보다는 단지 자신이 선호하는 스타에게만 집중하기 때문에 그들의 음악에 대해서 무조건적인 수용을 하고 이러한 경향이 청소년의 참여를 지배하고 있다. 그리고 청소년들은 음악 자체에 대한 관심보다는 그들이 선호하는 스타의 출연에만 관심이 있다. 그렇기 때문에 음악 프로그램은 음악을 접하는 곳이 아니라 단지 그들이 선호하는 스타를 볼수 있는 장소이다. 때로는 스타들의 출연에 청소년이 민감해져 팬클럽들간의 대결구도를 유발하기도 한다. 이러한 현상들이 청소년들의 음악적 취향도 획일화하고 있는 것이다. 이러한 청소년들의 참여는 대중음악의 다양성을 저해한다는 측면에서 음악 프로그램에 대한 시청자의 참여에 대해서 다시 한번 신중한 검토가 필요하다.

## 다양성에 역행하는 프로그램 제도

청소년의 참여에만 문제가 있는 것이 아니라 이를 반영하고 있는 프로그램 제도에도 다소 문제가 있다. KBS2의 <뮤직뱅크>와 SBS의 <인기가요>를 보면 신청곡을 선정하기 위한 시청자의 참여를 반영하고 있다. 시청자들은 각각의 프로그램의 정해진 틀 안에서 인터넷이나 ARS를 통해서 참여하고 있다. 시청자는 이러한 참여 도구를 통해서 프로그램에 참여하고 있지만 이는 진정한 의미의 참여로 보기는 힘들다. 시청자는 이미 프로그램에서 정해준 범위 안에서 신청곡을 선택하는 수동적인 참여에 그치고 있기 때문이다. 과연 이러한 참여가 무슨 의미가 있을까? 대부분 인기곡으로 구성된 정해진 곡에 대해서는 어떠한 기준으로 선정되었는지 전혀 설명도 없이 시청자가 수동적으로 신청곡이 아닌 인기곡을 선정하도록 하고 있다. 이러한 프로그램 제도에서 참여는 스타의 출연에만 관심이 있는 청소년들에게 진정한 프로그램에 대한 참여가 아닌 스타를 출연시키기 위한 참여로 또 다른 문제점을 발생시킨다. 이러한 제도는 우리 대중음악 프로그램을 획일화하고 있으며 대중음악의 다양화를 어렵게 만들고 있다.

## 소극적인 참여 도구 인터넷

시간과 공간에 거의 제약이 없는 인터넷은 각종 프로그램과 시청자를 이어주는 중요한 역할을 담당하고 있다. 인터넷을 통해서 프로그램에 대한 시청자의 의견을 프로그램의 반영과 동시에 들을 수 있으며 이는 프로그램에 대한 다양한 시각을 제시하는 기능을 하고 있다. 하지만 음악 프로그램에서의 인터넷은 어떻게 사용되고 있는가? 방송사별로 음악 프로그램의 홈페이지를 살펴보면 우리는 쉽게 문제점을 찾을 수가 있다. 각각의 프로그램은 인터넷을 음악 자체에 대한 것보다는 그 외적인 부분에 대해서만 활용하고 있다. 출연가수에 대한 소개와 같은 프로그램에 대한 단순한 사전 정보와 다시보기 서비스와 같은 지나친 보여주기에 치중하고 있고 음악에 대한 정보를 제공하는 프로그램은 찾아볼 수가 없다. 음악 프로그램 홈페이지의 게시판을 살펴보더라도 음악 자체에 대한 관심보다는 특정가수의 출연을 요청하는 의견이 대부분이다. 인터넷을 통해서 음악에 대한 다양한 정보를 제공하고 청소년들에게도 이에 대한 정보를 제공할 수 있게 인터넷이라는 도구를 제대로 활용해야 하지만 지금 음악 프로그램에서 인터넷은 소극적인 참여 도구로만 쓰이고 있는 것이 현실이다.

## 다양한 음악 프로그램을 위해 개선되어야 할 과제

대중문화의 전반적인 부분에서 다양성이 인정되고 이를 통해서 많은 발전을 하고 있지만 우리의 대중음악은 여전히 많은 문제점을 가지고 있다. 그 중에서도 시급히 개선되어야 할 과제는 다양한 대중의 음악적 요구를 채워줄 수 있게 음악 프로그램이 우선 다양해져야 할 것이다. 다양한 음악장르의 공존과 이를 보여줄 수 있는 음악 프로그램을 만들기 위해서 앞으로 개선되어야 할 과제에 대해서 살펴보자.

### 참여형태의 다원화

우리의 음악 프로그램은 참여하는 시청자나 참여하는 방법도 일정하게 정해져 있다. 이는 우리의 음악 프로그램의 두드러진 특징이다. 프로그램에 대한 참여도 주로 젊은 세대에서 이루어지고 있기 때문에 프로그램에 대한 세대별 구분이 뚜렷하며 참여하는 방법도 인터

넷에 대부분 의존하고 있다. 물론 인터넷을 통한 참여는 시간과 공간
의 제약이 거의 없다는 점에서 장점도 있지만, 인터넷을 통한 참여가
젊은 세대에게 유리하기 때문에 이러한 방법을 통한 참여가 프로그
램의 중요한 비중을 차지하는 것은 바람직한 방법이 아니다. 일부 음
악 프로그램에서 사용하고 있는 ARS 투표 방법도 마찬가지다. 이러
한 참여 형태에 의존한다면 장르의 편중이나 인기가수 중심의 운영
등 음악 프로그램의 고질적인 문제를 해결할 수 없다.

　이를 해결하기 위해서는 시청자의 프로그램에 대한 참여의 형태를
다양화해서 다양한 시청자의 참여가 이루어질 수 있게 개선되어야
할 것이다. 그러기 위해서는 시청자가 참여할 수 있는 방법도 다양하
게 개발하여 다양한 시청자의 음악적 요구가 프로그램에 반영되어야
할 것이다. 다양한 시청자의 음악적 요구를 반영할 수 있는 통로가
마련되고 이러한 요구가 프로그램을 통해서 반영될 수 있다면 음악
프로그램도 다양해질 수 있을 것이다.

## 음악 프로그램의 개선 필요

　방송사만 달리할 뿐 우리의 음악 프로그램은 출연진, 진행자, 진행
방식에서 별다른 차이점을 발견할 수 없다. 단지 방송사와 시간대를
달리할 뿐 비슷비슷한 프로그램이 반복되고 있는 것이다. 다양한 음
악을 소개하거나 방송사별로 차별화된 프로그램은 기대할 수 없다.
이러한 프로그램이 말해주듯이 대중들의 음악에 대한 취향이 획일적
인 것은 아닐 것이다. 그러나 이렇게 음악 프로그램이 획일화되고 있
는 것은 프로그램 제작자나 프로그램에 적극적으로 참여하는 소수가
음악 프로그램을 획일적으로 이끌어가고 있기 때문이다. 사회의 다
원화 속에서 대중음악도 다양해지고 대중의 취향도 다양해지고 있지
만 문제는 이를 반영할 수 있는 프로그램이 없다는 것도 음악 프로

그램이 획일화되고 있는 이유 중의 하나이다. 모험을 무서워한다면 아무런 변화도 기대할 수 없듯이 기존의 음악 프로그램의 운영방식을 고집한다면 변화는 없을 것이다.

기존 음악 프로그램의 운영방식에서 벗어나 대중의 다양한 음악적 요구를 충족시킬 수 있게 음악 프로그램 운영의 기본구조에 대해서 대대적인 개편이 필요하다. 시청률을 의식해 인기가수의 출연에 집착하기보다는 다양한 음악을 시청자가 접할 수 있도록 프로그램의 기획단계에서부터 이에 대한 노력이 필요할 것이다. 그러기 위해선 음악 프로그램의 새로운 모델도 개발되어야 할 것이다.

### 음악…… 그 자체를 다루는 음악 프로그램

우리의 음악 프로그램은 지나친 보여주기에 치중하고 있다. 따라서 음악을 접하는 음악 프로그램이 아니라 인기곡이 나열되고 그저 스타가 출연하는 음악 프로그램이 되고 있다. 과연 이것이 진정한 음악 프로그램인지 의심스럽다. 그러다 보니 음악 프로그램은 그 정체성까지도 상실하고 있는 것이 현실이다. 특히, 음악 프로그램에서 인터넷 투표나 ARS 투표가 출연진 선정이나 순위의 기준으로 사용되고 있는데 이는 바람직하지 않다. 음악은 음악 자체로 평가받아야 하며 그러기 위해서 출연의 기준은 음반 판매량이나 아니면 순수한 신청곡이 기준이 되어야 할 것이다. 하지만 우리의 음악 프로그램에서는 음반 판매량이 차지하는 비중은 매우 낮다. 이는 현재 우리의 음악 프로그램이 음악 그 자체를 다루는 것에 소홀하다는 것을 말해주고 있다.

음악은 보여주는 것이 아니라 들려주는 것이다. 하지만 우리는 음악을 듣기보다는 보는 것에 익숙하며 이러한 기이한 현상은 음악 프로그램이 음악을 보는 것에 익숙하도록 만들었다고 할 수 있다. 물론 현대 대중음악에서는 보여주기도 음악을 전달할 수 있는 수단으로 무시할 수 없는 부분이다. 문제는 보여주기가 음악의 기준이 되고 있다는 점이다. 음악 프로그램에서 중심은 음악이 되어야 할 것이다. 음악 프로그램이 인기가수나 인기곡, 스타를 다루는 것이 아니라 음악, 그 자체를 다룰 수 있을 때 음악 프로그램의 정체성을 찾을 수 있을 것이다.

## 맺음말

대중문화의 다양한 변화의 흐름 속에서 우리의 음악 프로그램도 변화를 거듭하려고 노력하고 있다. 하지만 많은 문화의 다양한 발전에서도 불구하고 우리의 대중음악 프로그램은 기존의 고질적인 문제를 그대로 가지고 발전하지 못하고 있다. 어쩌면 기존의 프로그램의 구조에서는 당연한 이야기일지도 모르겠다. 다양한 대중음악이 공존함에도 불구하고 우리의 음악 프로그램은 시청률을 의식해 인기가수의 출연에만 급급하기 때문에 진정한 음악 프로그램을 찾아볼 수가 없는 것이 현실이다. 음악 프로그램이 일정한 장르에 편중해 운영하고 있는 것은 대중의 취향까지도 획일화할 우려가 있고 이러한 문제점을 예전이나 지금이나 여전히 해결하지 못하고 계속 문제로 논의하고 있다는 것 또한 안타까운 일이 아닐 수 없다.

현재 음악 프로그램의 문제점은 활동적인 소수의 프로그램 참여가 음악 프로그램의 다양성을 저해하고 있다는 것이다. 그리고 프로그램에 참여하는 시청자의 참여방법도 일정하게 정해져 참여형태에서도 다양성을 찾을 수 없다. 따라서 방송사별 음악 프로그램은 운영방식이나 출연가수까지도 비슷하다.

음악 프로그램에 대해서 지적되어왔던 여러 가지 문제점을 해결하고 음악 프로그램이 다양해지기 위해서는 대중의 다양한 음악적 요

구를 반영할 수 있게 프로그램의 기본적인 제도나 운영방식에 개선
이 필요할 것이다. 그러기 위해서는 프로그램 제작자나 시청자의 노
력이 필요하다. 우선 제작자는 음악 프로그램에 대한 다양한 시청자
의 참여를 반영할 수 있도록 음악 프로그램의 다양한 모델을 개발해
야 할 것이다. 이뿐만 아니라 시청자도 우선 스타가 아닌 음악에 대
한 관심을 가지는 것이 필요하고 음악 프로그램을 수동적으로 시청
만 할 것이 아니라 프로그램에서 다양한 음악을 다룰 수 있게 음악
에 대한 관심을 가지고 의견을 제시할 수 있어야 할 것이다. 이러한
노력의 결과로 앞으로 정말 음악 프로그램다운 음악 프로그램을 볼
수 있는 날이 오기를 기대해본다.

!느낌표
공공성과 즐거움이 만나는 곳은?

이증호(대학생)

## 들어가는 말

방송은 여러 가지 기능을 가지고 있다. 그 중에서 시청자에게 재미와 즐거움을 주는 예능적 측면과 기능과 정보를 주는 공적인 측면은 서로 상충되는 부분이 많아서 이 두 가지를 한번에 충족시키는 것은 방송이 지닌 큰 과제 중에 하나이다. 특히 공공의 재산이라고 불리는 전파, 즉 공중파를 이용해서 방송을 하고 있는 기간 방송 사업자들에게 공적인 기능은 늘 짊어지고 가야 하는 무거운 짐—예수의 십자가와 비교할 수 있는—과 같은 것이다. 공적 프로그램의 간판을 달고 있는 프로그램은 물론이고 예능 프로그램의 간판을 달고 있다고 해도 그 십자가를 벗어 던지는 것은 불가하다. 어떤 방법을 이용해서라도 시청자를 즐겁게 하면 예능 프로그램의 목적을 달성한 것이라고 이야기할 수 없는 것이 현재 지상파(혹은 공중파)를 사용하는 방송 사업자의 업보인 것이다. 문제는 현재 방송 현실에서 나타난다. 앞서 이야기한 공적인 기능들이 무참하게 깨지고 있다는 것을 다시 이야기할 필요조차 없을 정도로 현재의 방송 현실은 공공의 기능이 무시되고 있는 측면이 강하다. 다수의 방송주체(방송국)가 난립하고 있는 상황이 아님에도 불구하고 각 방송주체(방송국)간의 경쟁은 날이 갈수록 더욱 치열해지고 있다. 특히 광고라는 칼자루를 쥐고 있는 광고주의 물적 압력에 처해 있는 상황의 방송국에서는 프로그램의 성공 여부를 많은 광고를 유치할 수 있는 시청률의 증가에 두고 있는 것이다. 이런 부정할 수 없는 사회환경 속에서도 방송사들은 새로운 방송 프로그램의 등장 시마다 자신들의 프로그램이 가진 공공성 강화의 측면을 전면에 내세우면서 '눈 가리고 아웅' 하는 모습을 빼먹지 않고 보여주고 있다. 특히 공적 기업에 해당하는 한국방송공사와 문화방송의 경우에는 자기 기만성을 지니고 있는 표면적 공공성의 프로그램을 구성하면서 방송국 스스로 자신들의 발목을 옭아매는 일만을 반복적으로 수행하고 있는 현실인 것이다. 결국 공적인 정보 프로그램의 양의 거죽을 뒤집어 쓴 수많은 예능 프로그램의 늑대가 탄생하고 만 것이다.

이런 현실 속에서 다른 프로그램과는 분명히 다른 내용과 모습을 보여주고 있는 <!느낌표>라는 프로그램이 있다. 소위 말하는 '프라임 타임'이라는 토요일 오후 10시부터 한 시간을 차지하고 있으면서 시청률과 평단이라는 양립할 수 없을 것 같은 두 평가 잣대 모두에게 환영을 받고 있는 독보적인 프로그램이다. 현재 이 프로그램은 시청자에게 재미를 줄 뿐만 아니라 사회에 직접적인 영향을 끼치고 있는 영향력이 강한 프로그램의 성격을 지니게 되었다. 프로그램 내부의 구조를 구체적으로 살펴보자. '책을 읽자'라는 꼭지(앞으로 이 글 안에서 코너를 대신해 꼭지라는 표현을 사용하겠다)를 통해서 우리나라의 출판 문화와 도서관 문화 자체에 변화를 주고 있다. '하자!하자!'라는 꼭지를 통해서는 고등학교의 파행적인 '0교시 수업'을 폐지하는 초석이 되었고 현재는 '청소년 할인'이라는 그동안에 수없이 주장되어 왔지만 폐지되지 않은 '학교 중심적' 계층 구분을 깨고 있다. '아시아! 아시아!'라는 꼭지에서는 관심은 가지고 있었지만 늘 소외계층이었던 이주 노동자(혹은 외국인 노동자)들의 가족에 대한 그리움을 감동적으로 표현하면서 분명히 존재하지만 잊고 있었던 존재에 대한 새로운 자각의 계기를 사회에 전달하고 있다. 다시 살펴보자면 '하자하자'의 경우에는 청소년에 대한 관심을 드러내고 '책을 읽자'에서는 책 읽는 것에 대한 관심을 보여준다. 즉 현재의 대한민국 사회에서 여러 가지 이유로 천대받았던 계층(청소년, 이주 노동자) 또는 상황(독서)에 대한 관심을 보여주며 이전의 공공프로그램에서도 하지 못했던 연속적 기획, 제작, 방영의 성과를 거두고 있는 것이다. 그렇다고 이 프로그램이 절대 공적인 프로그램은 아니다. 진행자들은 모두 개그맨들의 예능 전문 MC들이다. 그들의 현란한 말솜씨와 순발력 있는 재치는 보는 사람들에게 즐거움을 불러일으킨다. 뿐만 아니라 늘 새로운 시도를 통해서 시청자들에게 재미와 감동을 주고 있다. 서두에서 양립하기 힘들 것이라고 이야기했던 공적인 기능과 예능적인 기능을 훌륭하게 아우르고 있다고 평단과 시청자 모두에게 인정받고 있는 〈!느낌표〉라는 프로그램이 진정으로 두 기능의 양립을 가능하게 한 새로운 지평의 프로그램인지 살펴보도록 하자.

## 1. 하자하자

'하자하자'라는 꼭지에서 담당하는 목표층은 분명하다. 소위 '1318'이라고 불리는, 어린이라는 기준에서 벗어나 청소년이라는 기준으로 불리게 되는 13세에서 18세 사이의, 성인이 되기 이전의 사람을 대상으로 하고 있다. 앞서도 기술했지만 청소년은 아카데미 위주로 운영되는 대한민국 사회에서 용어적으로 사전 안에서 존재했을

지 모르지만 실재하지는 못한 존재였다. 해마다 연말이 되면 대학 입시를 준비하는 학생들에 대한 소식을 수많은 보도 프로그램과 정보 프로그램에서 담아 쏟아내고 있지만 고등학교 졸업 이후에 대학 입학 이외의 길을 찾고 있는 청소년에 대한(혹은 이미 이전에 학업 이외의 길을 가고 있는 청소년에 대한) 프로그램은 찾아보기 힘든 것이 이전의 미디어의 행태였다. 하지만 '하자하자'를 통해서 비정상적인 학업 생활을 하게 하는 '0교시'를 폐지하게 하고 오토바이를 운전하는 청소년을 위해 '헬멧을 쓰자'라고 홍보하고 학생 할인이 아닌 '청소년 할인'을 시행하자고 하는 이 모든 행동들은 결국 아카데미 위주의 대한민국 사회에서 소외된 청소년에 대한 미디어의 관심을 보여주는 긍정적인 역할을 하고 있는 것이다.

하지만 이 꼭지의 문제는 자신들이 보여준 한 장면에서 극명하게 드러난다. 가치판단을 하기 힘들 것 같은 8세 정도의 어린이에게 '하자하자'의 청소년 할인이 좋은 것이냐고 물어보는 인터뷰 장면에서 이 꼭지가 가진 가장 큰 문제를 보여준다. 제작진이 보여주고자 하는 것은 청소년에 대한 진정한 관심이 아니라 자신들의 프로그램에 대한 관심뿐이다. 또한 이 꼭지에서는 청소년 할인을 실행하는 각종 상업기관을 초청의 형식으로 방송에 출연시키고 있다. 이것은 간접 광고의 문제점을 나타내는 눈에 보이는 단순한 문제뿐만 아니라 목적이 아닌 수단만을 강조하는 선후가 바뀌게 되는 가치 전복의 눈에 보이지 않지만 보다 근본적인 문제점을 가지고 있는 것이다. 즉, 대한민국 최초로 어느 어떤 곳에서 청소년 할인이 시행된다는 선전 이전에 살펴보아야 했던 왜 그곳에서 청소년 할인을 해야 하는지에 대한 '왜'가 빠져 있는 것이다. 이 꼭지를 통해 '청소년'에 대한 관심을 보이고 있다는 곁눈질을 하고 있지만 단지 예전에 못 보았던 것을 멀리서 보게 되었음을, 지금 관망하고 있다는 것을 나타내고 있을 뿐이다. '왜 청소년은 할인받아야 하는가?' 단순히 청소년이기 때문에 할인을 받아야 한다면 대한민국에 존재하는 모든 상품과 서비스들은 청소년을 대상으로 할인을 실시해야 할 것이다. 물론 이전의 학생 할인을 청소년 할인으로 바꾸는 행동은 단순히 용어를 바꾸는 것 이상의 효과를 불러일으킬 것이다. 언어란 사회를 구성하는 힘이 있기 때문이다. 하지만 용어를 바꾸기 이전에 왜 청소년이 할인을 받아야 하는가에 대한 전 국민적인 합의, 혹은 제작진의 확실한 목표의식 표명이 있어야 하는 것이다. 결국 '청소년 할인'이라는 소재에 대한 '학생 할인'의 대체 성격으로서의 접근방식은 문제 자체에 대한 접근보다는 단순히 예능 프로그램임에도 불구하고 공적인 문제에 대해서 관심을 가지고 있다는 것을 강조하는, 좋은 프로그램이라는 감투를 쓰기 위한 것에 불과하다.

## 2. 아시아! 아시아!

<!느낌표>의 다른 어떤 꼭지보다 소외계층에 대한 지속적인 관심을 보여주고 있는 것이 '아시아! 아시아!'이다. 분명히 사회에 필요한 존재이고 실재로 존재하고 있지만 모두가 부정하고 있는 존재가 있다. 우리가 필요로 하지 않았다면 그들은 대한민국에서 살아갈 수 없었을 것이다. 아무도 그들에게 임금을 지불하지 않았을 것이기 때문이다. 이주 노동자가 바로 그들이다. 우리의 교육방식 또는 사회문화적 억압에 의해서 '단일 민족'에 대한 환상이 계속되어오고 있었다. 그런 가운데에서 우리는 우리와는 다른 사람들, 특히 우리보다 경제적 수준이 낮아서 우리의 노동력을 대신하기 위해 우리와 함께하고 있는 사람들, 즉 '이주 노동자'에 대해서 직접적으로 차별하지 않더라도 은연중에 무시 혹은 방관하고 있었던 것이다. 물론 이 전의 많은 시사·고발 프로그램에서 '이주 노동자'의 문제에 대해 보도를 한 적은 많았다. 하지만 이전의 프로그램에서 제기한 지적은 단발성

에 그치고 말았으며 단발적 지적은 결국 '잠깐 흘겨보기와 다시 방관하기'를 반복하게 해서 결국 '이주 노동자'는 분명히 존재하지만 인정되지 않는 존재로 남게 하는 역효과를 가져왔다.

'아시아! 아시아!'에서는 이런 단발성의 관심이 아니라 지속적인 관심을 보여주는, 다른 어떤 미디어에서 못했던 큰일을 하고 있는 것이다. 게다가 이전의 프로그램들이 가지고 있던 임금체불 등의 경제적인 문제에 대해서만 크게 다뤘던 틀을 벗어나, 진정으로 '이주 노동자'가 우리와 같은 사람으로서 '정'을 가지고 있다는 것을 보여주기 위해 '가족 상봉'을 통한 우리와의 이질감 제거 작업을 벌이고 있는 것이다. 이전 프로그램과 근본적으로 다른 접근방식이 이 꼭지의 성공요인이며 분명한 장점으로 짚고 넘어가야 하는 부분이다.

하지만 결국 이런 '작은 지속적인 관심'이 '지속적인 감동을 위한 연출'로 변해가는 것이 이 꼭지의 한계라고 지적할 수밖에 없는 것이 너무나 아쉽다. 한 명의 이주 노동자가 가족을 상봉하는 장면을 보기 위해서는 2주의 시간이 필요하다. 첫 주에는 이주 노동자의 사연이 방영되면서 그들이 우리와 같은 피가 흐르는 인간이라는 것을 강조하고 두 진행자 중 한 명이 이주 노동자의 가족을 찾기 위해 이국으로 떠난다. 그리고 진행자는 이주 노동자 가족의 비자, 여권 발급 문제와 불안정한 그 나라의 사정들에 가로막히게 되고 다음주로 넘어가게 된다. 다음주에는 이국에서 이주 노동자의 가족을 찾게 되고 함께 눈물을 흘리고 가족이 대한민국에 도착하기 힘든 상황이 보여진다. 시간이 흘러 상봉의 시간이 되면 늘 초조하게 가족의 감동적인 상봉 순간을 기다리게 되고 결국은 100% 가까운 가슴 찡한 상봉을 보게 된다. 예능 프로그램의 궁금증을 불러일으키는 구성을 위해 2주가 나뉘는 것, 그것을 통해 극적 긴장감을 고조시키고 많은 상황들을 통해서 감동을 증폭시키는 것을 문제삼는 것이 아니다. 이것은 예능 프로그램으로서의 당연한 방식이며 오히려 이것을 통해서 시사 프로그램이 보여주지 못했던 시청의 즐거움을 가져다주는 것이다. 꼭 필요한 부분이라고도 할 수 있다.

문제는 극적 긴장감을 주기 위해서 사용되는, 이주 노동자의 본국 내의 불안한 상황을 이용한 불필요한 극적 긴장감 조성이다. 이것은 제작진의 준비 시간 결여에서 비롯한다. 제작진이 진정으로 이주 노동자에 대한 우리 사회의 인간적인 관심을 바란다면 충분한 준비 기간을 갖춰서 사전 준비를 하고 가족 상봉을 성사시키기 위해서 만전을 기해야 한다. 현재의 '아시아! 아시아!' 꼭지는 단 며칠간의 시간을 통해서 이 모든 것을 해결하고자 한다. 이국에서 발생하는 거의 모든 문제는 바로 이 '시간의 촉박함'에서 벌어진다. 이 꼭지는 몇 주만 하고 끝내는 프로그램이 아니다. 이미 오랜 시간을 지속해왔고 많은 사람들이 관심을 가지고 있다. 이런 상황에서 계속적으로 이국의 불안정한 상황을 이용해서 가족 성사 가능성을 놓고 극적 게임의 상황을 연출하고 이를 이용해서 재미를 찾으려 한다면, 이는 오히려 시청자의 '지속적인 관심' 또한 이주 노동자의 '가족에 대한 그리움'을 이용한 기만일 것이다. 이 꼭지의 재미는 진행자의 맛깔스러운 진행으로 찾을 수 있다. 이주 노동자의 삶, 그리고 그들에 대한 미디어의 지속적인 관심을 보여주는 것만으로도 감동은 충분하다. '시간의 촉박함'을 이용한 긴장감 조성은 '이주 노동자'의 상황을 단순히 눈요깃거리로 만들어버리는 이전의 프로그램의 전철을 밟는 것이다.

### 3. 책을 읽자

세 꼭지 중에 가장 직접적으로 사회에 영향을 끼치고 있는 프로그램이다. 신문과 방송 등에 서적에 대한 많은 리뷰 프로그램이 존재한다. 그 리뷰 프로그램들은 많은 책들을 선정하고 발표한다. 그 중 가장 판매량에 큰 영향을 끼치는 것이 바로 '책을 읽자'에서 선정한 도서이다. 선정 도서를 위해서 책의 제본을 새로 하는 경우가 생길 정도로 이 꼭지의 출판계에 대한 영향력은 매우 크다. 그만큼 큰 문제를 안고 있는 것도 사실이다.

<!느낌표>의 다른 꼭지와 마찬가지로 소외받은 그 무엇인가에 대한 관심으로 이 꼭지는 출발한다. 하지만 큰 차이점을 가지고 있다. 다른 꼭지와 달리 '책을 읽자'는 사람이 아닌 '상황', 다시 말해 문화에 대해 관심을 보인다. 통계적으로 다른 선진국에 비해서 독서량이 현저히 떨어지는 상황, 즉 책 안 읽는 문화에 대한 관심을 보이는 것이다. 그런데 책이라는 문화는 결국 출판이라는 산업과 직접적으로 연관이 되어 있다. 따라서 영향력을 가진 미디어는 그만큼 조심스러울 수밖에 없는 것이다. 의도했든 의도하지 않았든 간에 이미 '책을 읽자'는 출판계에 엄청난 영향을 미치게 된 것이다. 이런 '상업성'을 희석하기 위해서 출판을 통한 수익금을 도서관이라는 '공공성'에 투입한다. 단순히 책 몇 권을 추천하는 것이 아니라 책을 안 읽는 문화에 대한 보다 근본적인 접근의 노력을 보이고 있는 것이다. 문화적으로 소외받은 지역을 선정하고 그곳에 도서관 건립 계획을 세우고 추진한다. 아마 그동안 <!느낌표>가 보여줬던 실천능력, 지속성을 고려해본다면 도서관은 지어질 것으로 믿는다. 그리고 도서관이 지어진다면 분명히 지역사회에 좋은 영향을 끼칠 것으로 믿는다.

문제는 이 모든 선택의 일방향성이다. 추천 도서의 선정도 일방적이다. 도서관 선정 지역도 일방적으로 이루어진다. 이런 일방성의 극단이 바로 현재 진행되고 있는 '평양기적 도서관'이다. 평양의 상황, 평양의 도서관 상황, 평양의 출판 문화 상황에 대한 자세한 언급도 없이 시청자의 의견을 듣고 싶다고 한다. 진행자들은 계속적으로 이야기한다. "시청자 여러분의 의견을 물어 진행을 하겠다"고 이야기한다. "거리 조사, 인터넷 조사, 전문 기관을 통한 설문 조사를 이용한 다각적인 의견 확인을 하겠다"고 이야기한다. 그러면서 계속 이런

말을 내뱉는다. 예측불허의 상황이 이뤄지고 있습니다. 대체 뭘 예측하고 있었단 말인가? 이 판단에는 크게 두 가지 선택의 방법만이 존재할 뿐이다. 찬성과 반대가 바로 그것이다. 그럼 제작진은 무엇을 예상하고 있었기에 '예측불허'라고 주장하는 것인가? 결국 결과물은 근소한 차이로 반대쪽의 의견이 우세했다. 그렇다면 결국 제작진은 '평양기적 도서관'이 여론의 찬성을 받을 것이라고 예상하고 이를 진행했다는 이야기가 아닐까? 결국 모든 결과물을 생각해놓고 단지 포장만을 위한 의견 수렴 행동을 기획한 것은 아닐까? 결국 추천 도서도 강요되고 도서관 건립도 강요되고 북한과의 일련의 문화교류에 편승한 '평양기적 도서관' 만들기 운동의 강요를 통해 이 프로그램의 격을 스스로 높여야 한다고 생각한 것은 아닐까?

결국 이 꼭지 역시 '왜 우리 국민은 책을 읽지 않는 것일까?', '왜 도서관이 필요할까?', '왜 평양에 도서관을 지어야 하는 것일까?'라는 '왜'에 대한 깊은 통찰이 없다. 단순히 '영향력'만을 믿고 일부 전문가의 양념치기와 선진국의 사례 맛보기를 이용해 제작진의 생각을 일방적으로 강요하고 있는 것이다. 진행자들이 과연 책을 추천해줄 수 있는 전문인인가의 문제는 중요하지 않다. 그들은 연예인이다. 그들은 진행의 즐거움을 주는 사람들이다. 만약 자신들이 책을 읽지 않는다고 해서 다른 사람에게 책을 읽으라는 충고를 할 수 없는 것은 아니다. 문제의 본질은 이 모든 것이 일방적인 방식에 의해서 이루어지고 있다는 것이다. 오히려 제작진은 출판 문화에 대한 새로운 지향점을 지적해야 한다. 예를 들어 출판 문화가 내용보다 겉치장에 중시하면서 책의 가격이 높아지고, 그에 따라서 소득 수준이 낮은 사람들은 책의 구매 기회를 잃고 출판 문화에서 소외되는 상황에 대한 근본적인 접근이 필요하다. 이를 통해서 양장본과 페이퍼백(paperback)의 공존의 가능성 등을 살펴보았어야 한다. 과연 단지 추천 도서가 없어서 책을 못 읽었는가에 대한 고민이 필요하다. 재미와 감동은 진행자의 진행 솜씨로 충분하다는 것이 시청률로 증명되었다. 이를 연출하는 제작진의 능력도 이미 여러 시상과 시청률을 통해 증명이 되었다. 이제는 틀어진 길을 바로잡아 시청자와 진정으로 대화를 해야할 시간이다.

## 나가는 말

결국 이런 분석들을 종합해보면 이 프로그램의 순기능과 역기능은 분명하다. 복잡한 사회를 너무 단순하게 보여주기만을 반복한다. 쌍방향 텔레비전에 대한 한 연예인의 독특한 카피의 광고가 인기를 끌고 있지만 아직 쌍방향 텔레비전은 그 쌍방향적 기능을 다하고 있지 못하는 상태이다. 즉, 텔레비전은 가장 일방적인 매체 중에 하나인 것이다. 일방적인 것은 사람의 상상력을 제한하며 사람의 개성을 무시한다. 시청자 모두를 대상으로 하지만 그 시청자가 생각을 할 필요성을 느끼지 못하게 하는 것이다. 이미 모든 결론은 세워져 있는 것이고 시청자는 그에 정확히 따라주기만 아니 그저 채널을 돌리는 행위를 반복하면 되는 것이다. 이런 상상력을 막는 일방적인 의사소통은 또 다른 방식으로 프로그램 전반을 지배한다. 바로 극단적 자막의 사용이라는 웃지 못할 새로운 예능 프로그램의 유행을 낳게 한 것이다. 자막이 음성으로 불충분한 상황에 대한 보조적인 표현이 아니라 제작진의 '전지적 작가 시점'을 통한 자신들의 생각을 시청자에게 주입하는 환경을 만들고 있다. 출연자의 강조하고 싶은 부분만을 부각시키는 것뿐만 아니라 드러나지 않는 출연자의 생각까지도 '친절하게' 자막으로 재현하며 쏟아낸다.

물론 사회가 어떤 한 프로그램 때문에 바뀌는 것은 아니다. 또한 시청자가 아무리 일방적인 주입을 받고 있는다고 해서 전혀 아무런 자신의 기준 없이 그 프로그램에서 보여주는 것만을 따르지는 않을 것이다. 여기서 중요한 것은 이런 일방향성의 증가이다. 인터넷이라는 이전과는 속도와 양, 그리고 방향성에서 전혀 다른 양상을 보이는 정말 새로운 매체가 지금의 대한민국을 휩쓸고 있는 현실 속에서도 기존 방송은 인터넷의 표상만을 취해 자신에게 유리한 면만을 보여주고 있을 뿐이지 진정으로 시청자의 의견은 포함되고 있지 못하다. 위에서 이미 지적했지만 많은 공중파 프로그램에서 인터넷 여론조사라는 방식을 사용하고 있지만 이것은 결국 프로그램을 만드는 자신들이 이런 여론을 몰아갈 수 있다는 것을 보여주는 것에 불과한 것이다.

결국 서두에서 이야기한 처음의 질문에 돌아가게 되었다. '공적인 기능과 예능적인 기능은 양립할 수 있는 것인가?' <!느낌표>의 시도는 분명히 신선하고 이전의 예능 프로그램과는 차이를 보이는 부분이 많다. 우리 사회의 숨겨져 있던 혹은 가려져 있던 안타까운 부분을 들춰내고, 그저 보여주는 것에서 끝나는 것이 아니라 실제로 행동을 통해서 새로운 사회의 모습을 보여주려고 노력하고 있다. 하지만 이는 위에서 살펴본 것과 같이 연예인의 일상에서 식상해진 시청자들을 위해서 수많이 양산된 '소시민의 일상'을 재현과 증언을 통해 보여준 프로그램들의 성공의 맥락에서 크게 벗어나 있지 않다. 새로운 소재에 대한 시청자들의 신선한 충격이 큰 효과를 보았다는 것이다. 게다가 언제부터인가 시작된 '자막의 홍수'를 통해서 시청자의 생각을 막고 그 자리에 웃음을 우겨넣으려는 예능 프로그램들의 작태와 <!느낌표>는 많이 벗어나 있지 못하다. 그렇다고 지금까지 살펴본 모든 것이 헛되이 끝난 것은 아니다. <!느낌표>는 분명히 이전의 예능 프로그램과는 다르고 그 점에서 시청자와 평단의 환영을 받고 있는 것이다. 결국 새로운 시도를 통해서 그리고 시도만이 아니라 행동을 함께하면서 더욱 빛을 발하고 있는 것이다. 이런 참신한 시도가 지금 이 시점에서 다시 한번 새로운 전환점을 맞게 된다면 단순히 공적인 기능을 뒤집어쓴 예능 프로그램이 아니라 정말 누구나 환영할 수 있는 즐거움과 감동과 공적인 기능을 함께할 수 있는 프로그램이 될 것이다.

# 〈TV유치원 하나둘셋!〉 아이들은 포로가 된다

서명순(주부)

아침시간에 아이들이 볼 수 있는 프로그램은 거의 없다. 이불 속에서 바둥거리는 아이들의 욕구를 채워줘야 할 텔레비전이 아이들보다 어른들을 더 유혹하기에 바쁘기 때문이다.

그래서인지 7시 50분이면 어김없이 '떠들썩떠들썩' 앞으로 아이들이 모인다. 15분 동안 엄마도 아이가 되고, 아이의 친구가 된다. 어쩌면 MBC의 〈뽀뽀뽀〉가 방영시간을 오후 4시 이후로 옮기면서 〈TV유치원〉이 더 많은 아이들의 눈을 사로잡고 있는지도 모른다. 〈TV유치원 하나둘셋〉은 의도하지 않아도 대한민국의 대표적인 유아 프로그램으로 자리 잡은 것이다.

아이들은 '트니트니 체조'를 따라하기도 하고 '파파파파 나는 파파'를 외치기도 한다. 하지만 반복되는 〈TV유치원〉을 보다 보면 하고 싶은 말들이 생긴다.

"어휴 아이들 프로에 뭐 저런 걸 하냐?"라고 나올 때도 있고, "참 저 아이디어는 빛이 나네. 나도 몰랐는걸" 하고 생각할 때도 있다.

그래서 하고픈 말들이 꼬리를 문다.

아이들이 보는 프로인데 뭐 그렇게 까탈스럽게 굴 필요가 있냐고, 기껏 해봐야 15분짜리인데 뭐 그렇게 따질 것 있냐고 비아냥댈지 모르겠지만 보면 볼수록 욕심이 생기고 할말이 더 많아진다.

아마 아이엄마라서 그럴 게다. 맞다. 어린이 시절의 교육은 스펀지 교육이라고 일컫는다. <TV유치원>의 영향력은 그래서 무시할 수 없다. 엄마의 말 한 마디보다 하나 언니의 상냥한 말이 아이들에게 진실로 다가가고 깔깔마녀의 웃음이 더 기억되기 때문이다. <TV유치원>에 예민하게 반응하는 것은 다치기 쉬운 아이들의 눈이 모여 있기 때문이다.

## wake up wake up의 인기는 어른들의 눈이다

웨이크 업은 생활영어를 가르치고 있는 코너이다. 리치는 가수인 오빠이고 두리는 아홉 살 가량의 여자아이다. 두 사람은 노래와 율동을 섞어가며 생활영어를 가리킨다.

"이건 노란색이에요"

"난 피아노를 연주할 수 있어요."

"뽀뽀해주세요."

간단한 생활영어들이 반복적으로 율동과 노래에 맞춰 아이들의 입을 자극시킨다. 웨이크 업의 생활영어는 그야말로 아이들뿐만 아니라 초등학생까지도 인기 짱의 수준에 올라 있다.

그리고 <TV유치원>의 게시판에는 웨이크 업의 학습내용이 게시되어 있고 어려운 영어를 쉽게 배울 수 있어 좋다는 내용들이 올라와 있다. 상업적으로 성공한 사례이다. 게시판의 조회 횟수가 만만치 않을 걸 보면 분명한 사실이다.

허나, 아이들이 정말 웨이크 업의 두리와 리치를 깔깔마녀보다 더 좋아하는지 한번 고민해볼 일이다. 영어 배우기를 즐겨하는지 관찰해볼 일이다.

웨이크업의 생활영어가 배우기 쉽다고 이야기하는 것은 영어를 배워야 하는 초등학생이나 중·고등학생 혹은 일반인들이기 때문이다. 그래서인지 웨이크 업의 틀린 영어는 바로잡히기도 한다.

두리의 영어 발음이 좋다고, 두리가 귀엽다고 이야기하는 것도 조금은 성숙한 아이들의 시각이다. 세 살이나 일곱 살의 어린이들이 "두리 짱이야! 리치 오빠 멋있어!"를 외치기에는 아직 너무 이른 탓이다.

웨이크 업은 아이들의 프로에 삽입되어 있지만 효과는 오히려 어른들에게서 더 변화무쌍하게 나타나고 있는 것이다.

어른들에게 더 인기는 있는 코너 웨이크 업!

그동안 어렵게만 알았던 생활영어가 아이들의 시각으로 쉽게 입이 착착 붙으니 영어를 공부하는 어른의 입장에서는 아주 좋은 코너인 셈이다.

그리고 아이들까지 돈 안 들이고 영어를 배우게 할 수 있으니 어른의 입장에서는 만족할 만한 것이다. 어른의 입장에서 그런 셈이다. 어른의 시각에서 성공한 셈이다.

## 영어에 사냥당하는 우리 것

웨이크 업의 또 다른 문제는 '반복성'에서 나온다. 일상적으로 반복되는 '영어의 자연스러움'은 한글에 대한 대접과 연관지어 생각해보면 쉽게 떠오른다.

나라의 고유한 말을 가지고 있다는 것은 자랑스러운 일이다. 자랑스러운 일임에도 불구하고, 우리나라 말이 생긴 이래 우리는 한자와 한글을 같이 섞어 사용해왔고 지금도 사실은 떼어내기 힘들 만큼 한자와 동고동락해온 것은 누구나 아는 사실이다.

그런데 이제는 영어에 점점 사냥당하고 있다. TV광고에 등장하는 영어단어들, 랩에 사용되는 영어단어들, 자막 처리로 훨씬 더 쉬워진 영어들, 이제는 영어가 빠지고서는 방송이 불가능할 정도다. 세계화, 국제화 시대에 그게 뭐 어떠냐고 되물을 수도 있겠지만 우리는 또 한편으론 이렇게 이야기한다.

"가장 한국적인 것이 세계적인 것이다."

영어의 자연스러움이 걱정된다. 영어의 자연스러움 속에 우리의 말과 글이 사라지고 있다는 것을 심각하게 생각하는 것이다.

이런 현상이 상업적으로 악용되어 아이들의 프로그램에서도 자연스럽게 반복된다는 것은 심각한 문제이다.

<TV유치원 하나둘셋>은 총 15분 방송되는데 영어로 아이들에게 익숙해지는 시간은 5분 가량이다. 두리와 리치가 생활영어를 끝내고 나면 영어발음의 노래가 영어자막과 함께 흘러나온다. 무슨 말인지 도저히 알아들을 수가 없다. 단지 아이들은 화면을 채우는 애니메이션과 영어자막에 넋을 놓고 있을 뿐이다. 그리고 매일 반복된다는 것이다.

'반복'이란 것은 자연스러움을 가져온다. 아이들은 영어를 접하는 시간에 그 스펠링과 영어 발음에 자연스러워진다. 여기에 우리의 말과 글의 중요성이 받침되지 않은 상황에서 자칫 잘못하면 이런 형태들이 나타나게 된다.

'우리말과 글은 촌스러움, 영어는 스페셜하고 퍼펙트한 것.' 우리말과 글을 다 배우기도 전에 영어에 자연스러워진 아이들은 영어로 된 모든 것에 자연스러워진다.

우리 문화보다 미국의 문화에 더 친근감을 가지게 된다. 초·중등생들이 랩 문화, 히피 문화, 햄버거 문화에 빠져 있듯이 언어의 자연스러움이 이것을 더 자연스럽게 만든다는 것이다. 아이시절부터 좋고 나쁘고를 떠나 무조건적으로, 동경하고 그렇게 되고 싶어한다는 것이다. 확대해석일까? 먼저 가르쳐야 하는 것은 한글의 자연스러움이지 영어가 아님은 분명하다.

이제, 방송매체를 타고 아이들에게 영어의 자연스러움을 강요하는 것이 누구를 위한 것인지 고민해봐야 할 것 같다.

### 덩어리 가족의 사라짐! 씁쓰레한 기분

<TV유치원 하나둘셋>에는 덩어리 가족이 가끔 얼굴을 내민다. 고정적으로 출연하는 시간은 없다. 잊을 만하면 아니 방송시간상 필요하면 튀어나온다. 속된말로 '땜방'식이다.

파파와 노노가 등장하기 이전에는 매일매일 등장했는데 어느 순간 가끔씩만 얼굴을 내밀 뿐이니 땜방으로 밀려났다고 생각할 수밖에 없게 된다.

서글픔이 밀려온다. 덩어리 가족에 애착이 많이 가는 것은 우리 정서를 너무도 솔직하게 표현하고 있기 때문이다. 웃음덩어리, 재주덩어리, 먹보덩어리, 심술덩어리가 살고 있다.

모나지 않으면서 고정되어 있지 않은 캐릭터, 웃음, 재주, 먹보, 심술 이름들도 재치가 번뜩인다. 아이들의 얼굴표정을 그대로 빼닮은 것 같아 흡족스럽다.

우리 한글을 덩어리 가족들이 요상한 재주를 부리며 만들어낸다. 웃고 있다고 생각하면 어느새 울고 있고 화를 내기도 하고……. 덩어리 가족이 감쪽같이 만들어낸 글자 재주에 아이들은 '놀면서 자연스럽게 한글'을 배우고 익힌다.

불과 1, 2분을 감쪽같이 먹어 치우며 글자를 뱉어내는 것이다. 스펀지처럼 빨려들 수밖에 없다. 놀면서 배우는 교육의 첫 자리에 우리 한글이 있으니 더 뿌듯해보였다.

그런데 이 덩어리 가족이 반복성을 잃고 자리를 빼앗겼다. 한글을 이렇게 매력적으로 가르치는 코너는 아이들 프로그램의 어디를 봐도 찾기 힘든 상황인데 역시나 푸대접을 받은 것이다.

영어는 자꾸 시간대가 늘어나고 한글을 가르치는 덩어리 가족은 설자리를 잃어가니 꼭 한글을 푸대접하는 것 같아 기분이 씁쓰레하다. 한글은 이러다가 생명력을 잃어버릴 것 같다.

말과 글은 자꾸 쓰고 갈고 닦아야 생명력을 가진다. 한글이 지금 이런 대접을 공중파에서 당하고 있는데 아이들이 어떻게 우리말의 소중함을 알겠는가?

자꾸 속으로 되뇌게 된다. 웨이크 업은 월요일에서 목요일까지 방송되는데…… 덩어리 가족은 단 1분이라도 반복되어나왔으면……. 차라리 영어 노래시간을 줄이더라도 덩어리 가족은 일주일 내내 살리고 싶은 욕심이다.

<TV유치원 하나둘셋>에 영원히 덩어리 가족이 살아 있었으면 한다. 너무 빠르게 지나가서 조금은 아쉬웠는데 이제 덩어리 가족을 보고 싶은 맘에 그 아쉬움도 그리움이 되고 만다.


## '보여주고 싶어요'는 보여주지 마세요

<TV유치원 하나둘셋>에서 하나 더 눈살을 찌푸리게 하는 대목이 '보여주고 싶어요'이다. 유치원을 방문해 게임을 하면서 1등을 가려내는 코너인데 참가한 아이들은 열심히도 게임에 응하고 있다.

풍선을 누가 가장 많이 터뜨리는가, 팔씨름은 누가 힘이 센가, 수영장에서는 누가 잠수를 오래 하는가? 깜박이형이 친구들을 모아놓고 게임의 1등을 가려낸다. 그리고 깜박이형은 1등 한 친구를 안으며 칭찬을 한다.

게임을 하는 방식이든 그것이 어떤 게임이든 상관없이 1등만 최고라는 것이다. 팔씨름을 하는데 아이 하나가 규칙을 어기고 양손으로 무조건 친구의 팔을 넘기려는 모습을 보면서 눈살이 찌푸려졌다.

최선은 다했지만 풍선을 많이 못 터뜨린 친구의 뒷모습이 안쓰러워진다. 숨을 못 참고 물 속에서 얼굴을 드는 아이의 고통스러운 얼굴이 가슴에 걸린다. '보여주고 싶어요'가 아니라 보기 싫은 장면들이었다.

아이들은 경쟁을 경험하고 텔레비전으로 대리 경험하는 아이들은 1등 한 아이를 은근히 존경의 눈초리로 보게 된다. 정당한 경쟁이면 무슨 상관 있냐고? 어릴 때부터 경쟁심을 길러야 살아남는다구?

그렇게 미리 어른들의 눈으로 감싼다면 할말은 없겠지만 하필이면 어른들의 논리를 적나라하게 드러내는 '1등 가리기'를 왜 아이들 프로에 넣었을까 하는 것이다.

아이들은 같이 있는 옆의 짝을 친구이기 이전에 게임에서 이겨야 하는 대상으로 생각할 수도 있다. 과정보다는 1등이라는 결과를 더 중요히 여기는 사고가 자리할 수도 있다. 주목받는 1등이 되기 위해 수단과 방법을 가리지 않는 난폭함을 키울 수도 있다.

힘이 없거나 요령이 없어 뒷전으로 밀려난 아이들은 또 다른 소외감을 가질 수밖에 없다. 마치 우리 사회에서 힘없는 사람들이 소외되고 힘있고 돈 있는 사람들이 최고가 되듯이, 어른들의 논리를 아이들에게 미리 선수 쳐서 가르치는 것 같아 유쾌한 대목이 아니다.

약육강식의 논리를 그대로 적용한 발상이 어디에서 시작됐는지 또 그 의도가 무엇인지 따져 묻고 싶어진다. '보여주고 싶어요'가 이런 경쟁의 도구로 쓰인다면 차라리 안 보여주었으면 한다.

사실, 꼭 이런 경쟁을 통한 게임방식이 아니래도 아이들이 자랑하고 싶은 건 너무도 많다. 멋있는 곳을 여행하고 와서 친구들에게 보여주고 싶어한다.

유치원에서 친구들과 훌륭한 작품을 만들어 다른 친구들에게 자랑하고 싶어진다. 감명 깊게 읽었던 동화책을 그림을 그려서 자랑하고 싶어진다.

'보여주고 싶어요' 코너는 경쟁보다 아이들이 직접 경험하고 손으로 만들고 가슴으로 느낀 체험들이 다양하게 나타났으면 하는 바람이다.

그러기 위해서는 제작자들의 발로 뛰는 바지런함, 시청자들의 참여가 적극적으로 유도되어야 한다. 시청자들이 참여할 수 있다는 것, 그것은 아이들 스스로 아이들의 방송을 만들어간다는 것이고 그 과정을 통해 아이들의 무한한 창의력과 상상력이 빛나게 되는 것이다.

아이들이 마음껏 상상력을 가지게 하는 것, 제작자들의 몫이고 어른들의 몫이다. 아이들의 무한한 상상력과 동심을 방송 안에서 표현해내는 것은, 그래서 유아 프로그램에 더 많은 발걸음, 고민, 노력이 필요한 이유이다.

## 소리의 공간을 비운 '사랑해요 앤디팬디'

사랑해요 앤디팬디는 이미 끝이 났다. 아이들은 앤디팬디를 보면서 느끼는 것은 "아 예쁘다"였다. 어른의 눈으로 봐도 앤디팬디의 동영상은 엄마의 품처럼 따스해 보였다. 거기에다 부드러운 아저씨의 설명은 예쁜 동영상과 잘 어울린다. 앤디팬디 목소리를 아이들은 아저씨 설명을 듣고 상상한다. 착해 보이는 루비나의 목소리도 되어본다.

말썽꾸러기 테디의 흉내도 내어본다. 모든 것이 완벽해야 아이들이 좋아하는 것은 아니다. 여유 있게 아이들의 상상력을 동원하기 위해 소리의 공간을 비워놓은 것, 그것이 앤디팬디를 흥미있어 하는 이유이다.

또 다른 앤디팬디의 좋은 점은 강요하지 않는 것이다. 어떤 사물을 아이들에게 접근하면서 이것은 '이렇다'라고 강요하지 않는다. 대신 앤디팬디와 루비나, 그 외 동물친구들이 먹고 만지고 가지고 놀면서 인식하게 된다.

빌보 아저씨는 앤디팬디에게 아이들이 모르는 지식을 얹어줄 뿐이다. 엉뚱한 경험, 좌충우돌, 혼자하지 않고 동물과 친구가 되면서 상상력을 키워가는 방식이 눈에 띄는 부분이었다.

오랜만에 참으로 좋은 동영상을 만났다 싶어 뒷자막을 확인해보니 제작사 BBC가 떠오른다. 우리 손으로 따뜻한 동영상이 나올 법도 한데 아직은 이른가 못내 아쉬워진다.

우리 정서에 맞는 따뜻한 동영상이 나온다면 아이들이 더 행복해할 것 같다. 아마도 <TV유치원> 시청자 중에서 앤디팬디를 통해 꿈의 싹을 틔우는 친구가 있을 것이다. 그리고 그것을 가능하게 해낼지도 모른다

### 〈뽀뽀뽀〉와 비교되는 〈TV유치원 하나둘셋〉의 매력은?

KBS에 <TV유치원>이 있다면 MBC에는 <뽀뽀뽀>가 있다. 대표적인 유아교육 프로그램을 감히 비교해보면 구성이나 줄거리, 등장인물, 캐릭터 등에서 <TV유치원>에 많은 점수를 주고 싶다. 그 이유는 TV유치원은 끊임없이 연구하고 변화하고 있다는 것이다.

아이들은 작은 노래말, 신나는 음율 속에 반응한다.

<뽀뽀뽀>는 예나 지금이나 '아빠가 출근할 때 뽀뽀뽀/ 엄마가 안아줘도 뽀뽀뽀'이다. 누군가는 "엄마도 출근을 하는데 왜 항상 아빠만 출근하냐"고 우스갯소리를 한 적이 있다. 방송시간대가 오후 4시가 조금 지난 시간대로 빠졌지만 시작하는 노래는 '아빠가 출근할 때 뽀뽀뽀'이다.

다 늦은 시간에 퍼져나오는 '뽀뽀뽀' 노래는 조금 어울리지 않는 느낌인데 조건과 상황, 아이들이 변하고 있는데 <뽀뽀뽀>는 여전히

'뽀뽀뽀' 노래만을 들려주니 지겨워한다.

<뽀뽀뽀>에는 아이들의 듣는 귀를 몸놀림으로까지 이끌어내는 노래가 없다. 개발되고 연구되지 않으니 당연한 결과이다. 아이들의 본능을 보살피고 되살리려고 노력하지 않았으니 그런 것이다.

아마도 MBC는 유아 프로그램이 상업성이 떨어진다고 판단해서 그만큼 시간대와 제작에 대한 투자를 하지 않는 모양이다. 그렇지 않고서야 빠르게 변화는 세상에 아이들을 대상화시키고만 있겠는가?

그런 반면 <TV유치원>이 이른 아침에 아이들을 텔레비전 앞으로 끌어 앉히는 이유는 '떠들썩떠들썩'거리며 어서 와서 같이 즐기자고 부르는 신나는 음악 때문이다.

굳이 보지 않더라도 잠결에 들어도, <TV유치원>을 하는구나! 신나겠네! 나도 저렇게 몸을 흔들며 뛰어봐야지! 그리고 아이들은 같이 엉덩이를 흔들어대는 것이다. 아이들도 신나고 그런 아이를 보며 어른은 더 신이 난다.

'트니트니 체조'나 '점프점프 체조' 또한 그런 점에서 <TV유치원>을 살찌우는 보약인 셈이다. 한 가지의 노래에 얽매이지 않고 아이들의 감성을 자극할수 있는 노래와 박자들이 자꾸 생겨나는 것, 이것이 <TV유치원>을 오래 유지하게 하는 비결이 아닌가 한다.

한 가지 더, <뽀뽀뽀>에는 '뽀미 언니'가 있고 <TV유치원>에는 '하나 언니'가 있다. 뽀미 언니는 이전이나 지금이나 공주의 모습 그대로 <뽀뽀뽀>에 존재한다.

머리에 레이스 달린 이쁜 머리띠를 하고 머리카락은 어깨로 길게 내리고 알록달록한 공주 옷을 입고 얌전히 아이들에게 속삭인다. 굳이 설명하지 않더라도 백설공주나 신데렐라쯤 되는 공주 모습이다.

반면 하나 언니는 청바지에 모자를 눌러쓴 개구쟁이처럼 느껴진다. 어느 장면에서는 멍청한 엄마로, 어눌한 공주로, 잠꾸러기로 나오기도 한다.

지혜로운 엄마로 딸로 나오기도 한다. 하나 언니는 &lt;TV유치원&gt;에 매일 등장하지만 고정되어 있지 않다. 항상 공주스럽지만도 않다. 누가 아이들에게 더 이쁘게 비쳐지겠냐의 문제가 아니다.

뽀미 언니와 하나 언니는 아이들에게 여성을 대표하는 캐릭터이다. 어떤 여성의 모습이 아이들에게 더 자유로운 사고의 폭을 줄 수 있겠는가?

10여 년이 지나도록 공주로 기억되는 뽀미 언니! 이미, 공주로 표현되는 여성의 모습은 구시대적이다. 자기표현에 솔직하고 얽매여 있지 않은 하나 언니! 엉덩이를 흔들며 깡충깡충 체조를 같이하는 하나 언니! 그래서 아이들은 하나 언니에게 더 많은 애정을 갖게 되는가 보다.

그러나 &lt;뽀뽀뽀&gt;와 &lt;TV유치원&gt;의 아쉬운 공통점은 존재한다. 빠지지 않는 영어교육이다. &lt;뽀뽀뽀&gt;에는 '스토리 버스'에서 로버트 할리가 나와 이야기 식으로 생활영어를 가리킨다.

좋은 공통점이 아닌데도 역시 생활영어 배우기의 열풍은 뜨겁다는 것을 실감하게 된다. &lt;뽀뽀뽀&gt;에서도 &lt;TV유치원&gt;에서도 쏙 빼고 싶은 대목이니 로버트 할리와 두리 리치를 비교하고 싶지 않다. 그리고 역시나 &lt;뽀뽀뽀&gt;에서도 한글 코너는 없다.

### 〈TV유치원〉에 바라는 마음

아이들이 눈을 떠서 처음으로 만나는 &lt;TV유치원 하나둘셋!&gt;. 소중하게 이어지기를 바라는 마음이 간절하다. &lt;TV유치원&gt;에서 우리의 말과 글이 아름답게 빛나 그 소중함을 아이들 가슴에 심어주었으면 한다.

공동체적 집단적 놀이를 통해 친구의 귀중함을 알고 사랑의 힘을 느끼게 했으면 한다. 더 많은 표정의 인형들이, 캐릭터가 개발되어

꿈의 안내자가 되었으면 한다. 15분이라는 시간이 아이들에게 행복과 환한 웃음을 선사했으면 한다.

<TV유치원>의 제작진이 외치는, 아이들에게 창의력, 상상력, 사고의 확장력을 높이는 방송으로 자리매김하기를 원한다면 프로그램을 만들고 제작하는 어른들의 눈은 좀더 순수해져야 할 것 같다. 아이들의 눈으로 바라보는 연습을 많이 해야 할 것 같다.

똘망똘망한 눈망울이 메여 있기에 미래의 주인공들을 키운다는 자부심과 사명감을 가졌으면 한다. 상업성에 방패막이가 되어주고 시청률에 의연한 어른이 되어주기를 기대해본다.

## 아이들이 보는 텔레비전에도 철학적 사고가 배어 있기를

아이들의 프로그램이라고 해서 유치해서는 안 된다. 아이들이 보는 프로그램이라고 해서 재미 위주로만 되어서도 안 된다. 표면적인 재미와 흥미만 유발시키는 프로그램은 아이들에게 감동을 줄 수가 없다. 감동이 없으면 정서적으로 메마르고, 정서적으로 메마른 사람은 꿈을 가질 수가 없다.

꿈이 없는 사람은 변화하거나 발전하지 않는다. 그러한 이유로 아이들의 프로그램에는 감동을 주는 무언가가 깔려 있어야 한다.

감동을 주기 위해서는 아이들의 정서와 눈높이를 알아야 하며 올바른 가치관이 확고해야 한다. "우리아이에게 최고의 가치로 무엇을 심을 것인가?"라는 철학적 사고가 배어 있어야 한다.

아이들의 방송에 욕심을 부리고 기대를 거는 건 절실하기 때문이기도 하다. 워낙에 아이들을 위한 좋은 프로그램이 없기 때문에 절실하기도 하고 지금의 시대적 상황 때문에 절실하기도 하다. 아이들이 정서적으로 위로받을 수 있는 공간은 찾기 힘들다.

방송에서 배려하고 공익에서 아이들의 정서를 돌봐야 한다. 최소한 아이들의 눈을 대상으로 돈벌이를 해서는 안 된다는 생각이다. 예민하게 비판의 눈을 세우고 텔레비전 앞에 같이 앉는 정성이 필요한 시간이다.

15분, 아이들의 프로그램을 자로 잰 듯이 평가해낸다는 것은 또 다른 고정관념일 수 있다. 하지만 아이들에 대한 사랑과 애정이 있기에 비판의 칼날을 더 세웠는지 모르는 일이다.

# 콘텐츠로 바라보는 방송 진행자와 게스트

이희수(프리랜서)

최근 각 방송사의 오락 프로그램이나 토론 프로그램 등의 시청자 게시판을 보면 진행자나 게스트, 또는 패널들의 자질 문제가 수시로 거론되고 있다.

물론 진행자의 자질 거론 문제가 어제오늘의 일이 아니며 방송 프로그램이 존재하는 한 영원히 지속될 화두이긴 하지만 어딘가 모르게 그 초점이 빗나가고 있다는 인상을 지울 수가 없다. 비단 진행자 개인의 문제가 아닌 부분조차 시청자나 언론의 관심이 해당 진행자에게만 집중적으로 쏟아진다던가, 방송의 내용을 구성하는 게스트에게 에너지를 집중해야 할 것 같은 프로그램이 엉뚱하게 진행자의 인기 여부에만 신경을 쓰는데도 프로그램 전체를 보지 않고 해당 진행자의 요란한 옷차림에서만 진단을 내리려 한다는 점 등이다.

이 글에서는 방송 프로그램의 가장 중요하면서도 표면적이라고 할 수 있는 '진행자와 게스트'라는 구성요소에 대한 판단기준을 방송 콘텐츠 기획이라는 의미로 접근해보고자 한다.

## 1. 방송 진행자와 게스트의 역할 구분

방송 프로그램의 장르마다 차이는 있겠지만 드라마와 같은 장르를 제외한 대부분의 경우 어떤 방식으로든 그 프로그램을 대표하는 진행자가 있게 마련이다.

'진행자'의 직접적인 의미로는 방송 MC나 아나운서 등을 들 수 있겠으며 보다 넓은 의미로는 하나의 방송 프로그램을 이끌어나가는 모든 역할을 하는 방송인을 들 수 있을 것이다.

하나의 프로그램에서 진행자의 중요성은 새삼 강조할 필요조차 없다.

특히 각종 오락 프로그램은 물론 장르를 넘나드는 교양 프로그램이 우후죽순 생겨나는 요즘 방송 진행자의 중요성은 더욱 부각되고 있다. 또한 그만큼 상대적인 개념인 게스트의 중요성에도 진행자 못지않게, 장르에 따라 그 이상으로 시청자들의 시선이 집중되고 있다.

게스트 역시 방송을 구성하는 대표적인 요소라는 점에서 폭 넓은 의미의 진행자라고 할 수도 있겠으나 여기서는 말 그대로의 의미, 즉 고정적으로 출연하여 직접 방송을 이끌어나가며 마무리까지 짓는 사람을 진행자라고 하고 해당 방송의 주요 내용을 제공하는 사람을 게스트라고 한다는 전제를 바탕으로 이야기를 진행하고자 한다.

진행자와 게스트가 공존하며 방송을 구성하는 대표적인 장르는 다음과 같이 분류할 수 있다.

-오락 프로그램 : 진행자와 게스트
-가요 프로그램 : 진행자와 가수
-교양 프로그램 : 진행자와 패널
-보도 프로그램 : 앵커와 기자
-토론 프로그램 : 진행자와 토론자

사실 표면상으로는 방송 진행자와 게스트의 역할 구분은 매우 분명하다.

진행자는 기획된 순서에 따라 PD의 지시에 맞추어 게스트의 모든 언행을 주도하며 그들에게 소위 '발언권' 내지는 '행동권'을 줄 수 있다. 반면 게스트는 표면적으로나마 진행자의 '지시'에 따라 행동함으로써 프로그램의 목적에 적합한 내용물을 구성하게 된다. 그러니 당연히 방송진행자가 얼마나 진행을 잘하느냐, 게스트가 얼마나 진행자의 의도를 잘 따라주느냐에 따라 방송의 질은 달라질 수밖에 없다.

특히 비교적 전형적인 틀을 갖추고 있는 보도 프로그램이나 교양 프로그램과 달리 오락 및 가요 프로그램, 토론 프로그램의 경우 진행자와 게스트의 상호작용은 매우 중요하다. 이들 장르의 프로그램에 있어서의 진행자와 게스트 구성은 단순한 방송의 질이 문제가 아니라 방송사고의 발생까지도 염두에 두어야 하는 부분이다. 그만큼 게스트 의존도 또한 높으며 진행자의 자질 역시 중요하다는 의미이기도 하다. 이와 같이 방송 진행자와 게스트의 상호작용이 훌륭하게 이루어졌을 때, 우리는 그 프로그램을 잘 만들어진 프로그램이라고 부르며 해당 진행자가, 또는 게스트가 매우 훌륭하다고 이야기한다.


## 2. 콘텐츠 구성요소로서의 진행자와 게스트

현재 방송되고 있는 지상파 오락 및 가요 프로그램은 각 방송사별로 수십 개에 이르며 이 모든 프로그램들은 대부분 진행자와 게스트로 구성된다.

그러나 이 두 가지 구성요소의 비중은 프로그램 종류에 따라 조금씩 다르다.

### 게스트 의존형 프로그램

MBC의 <생방송 음악캠프>와 같은 가요 프로그램인 경우에는 MC보다는 해당 프로그램에 출연한 가수들이, KBS의 <행복채널>과 같은 토크쇼인 경우 진행자보다는 초대손님의 활약이 방송 내용의 대부분을 구성하고 있다. 따라서 그만큼 게스트 의존도가 높기 때문에 프로그램의 성패, 더 직접적으로 프로그램의 시청률은 게스트의 편성에 달려 있다.

실제로 10대 대상의 음악 프로그램에는 현재 최고의 화제가 되고 있는 가수의 출연을 얼마나 자주 배정하느냐, 휴식기를 가진 가수의 컴백 무대를 어느 방송사에서 가장 먼저 마련하느냐 등이 10대 팬들의 채널 선택권을 좌우한다고 할 수 있다.

### 진행자 의존형 프로그램

반면 MBC의 <일요일 일요일 밤에>나 SBS의 <뷰티풀 선데이>와 같은 오락 프로그램은 재치와 유머를 겸비한 진행자의 캐릭터가 그 몇 배나 되는 숫자의 게스트들보다도 훨씬 더 두드러지게 부각된다. 게스트 한두 명 정도의 잘못된 캐스팅이나 실수 정도야 눈에 띄지도 않지만 진행자 한 명의 실수는 이러한 버라이어티 형식의 쇼에서 매우 치명적이다. 따라서 이러한 장르의 오락 프로그램에서는 프로그램의 구성만큼이나 최대한 다재다능한 진행자를 확보하는 것이 중요한 숙제일 것이다.

### 상호 의존형 프로그램

반면 MBC <100분 토론>과 같은 토론 프로그램이나 <시사매거

진 2580>과 같은 보도 프로그램은 진행자와 게스트가 상호조화를 이루지 않으면 완성될 수 없는 프로그램에 속한다. 토론 프로그램인 경우 토론 진행자의 융통성을 겸비한 카리스마와 함께 토론에 참여한 패널들의 냉철한 분석이 요구되며, 보도 프로그램인 경우 전체적인 진행을 담당한 진행자와 해당 꼭지를 취재한 기자의 자질이 비슷한 비중으로 조화를 이루지 않으면 하나의 프로그램으로 완성될 수가 없는 프로그램에 속한다.

언뜻 귀에 걸면 귀걸이, 코에 걸면 코걸이 식으로 비쳐지는 이러한 분류가 어째서 필요한 것일까? 바로 진행자와 게스트를 한 사람의 방송인 혹은 연예인으로 바라볼 것이 아니라 방송 구성요소인 하나의 '콘텐츠'로 접근해야 한다는 것이다.

진행자나 게스트의 자질 문제를 모든 프로그램마다 똑같은 잣대로 판단하고 천편일률적인 기준으로 바라보는 것, 단순한 '인간'으로 진행자와 게스트를 바라보는 시각이야말로 이제는 가장 먼저 배제되어야 할 방송 프로그램의 판단기준이 아닌가 한다. A라는 프로그램에서의 진행자의 지나친 오버 액션이 B라는 프로그램에서라면 정말 멋진 구성요소가 될 수도 있는 법이다. 그렇다면 A라는 프로그램의 문제점은 표면적인 요소인 진행자의 자질 문제에서 거론할 것이 아니라 왜 그 진행자를 B에 배치하지 않았는가, 내지는 왜 그 진행자의 오버 액션을 편집에서 제외하지 않았는가,라는 '기획'의 단계에서 찾아야 한다는 것이다. 이미 대부분의 프로그램 비평에 있어서 너무나도 잘 인식하고 있는 기획 문제가 왜 방송 진행자나 게스트에게 있어서만큼은 열외로 취급되는가 하는 점이다.

## 3. 방송 콘텐츠 기획의 문제

이렇듯 방송 진행자나 게스트를 콘텐츠 구성요소로서 바라봐야 한다는 것은 모호하면서도 분명한 시각의 차이를 나타내고 있다.

한 사람의 방송인으로서 그들을 평가할 때는 그저 자막으로 나타나는 그들의 말실수, 표현 방법, 또는 과장되게 느껴지는 그들의 몸짓에 집중할 수밖에 없다. 그러나 이들을 콘텐츠로 인식하는 순간 방송 콘텐츠를 좀더 치밀하게 기획하지 못하고 좀더 멋지게 디자인하지 못한 기획 단계에 대해서 한 번 더 생각해볼 여지가 생긴다.

최근 거론된 방송 진행자와 게스트의 자질에 대한 몇 가지 사례를 예로 들어보자.

MBC의 <생방송 음악캠프>에 출연한 한 가수는 리허설 때와는 달리 지상파 방송에 적합하지 않은 의상과 안무로 눈살을 찌푸리게 한 적이 있었다. SBS의 <야심만만>에서는 메인 진행자가 게스트 중 한 명과 지나치게 신경전을 벌인 탓에 시청자들을 신경 쓰이게 한 경우도 있다. 이와 같은 사례에서 나타나는 표면적인 문제는 해당 가수의 도덕성이 의심스럽다, MC와 게스트가 방송을 장난으로 안다, 는 것이 대부분이다.

하지만 이러한 시각의 평가는 어떤가.

"그 가수가 리허설과 다른 의상을 준비하고 무대에 오르는 동안 스태프들은 왜 아무 조치도 취하지 못했는가, 진행자들이 방송을 사적인 술자리 분위기로 만들고 있는데 해당 프로듀서는 왜 이를 적절히 조정하지 않았으며 제작 과정에서도 적절한 편집은커녕 자막까지 곁들이며 이들의 신경전을 부추겼는가."

### 그들이 있어야 할 자리를 규정하기

하나의 콘텐츠로 방송을 평가할 때, 진행자와 게스트라는 부분에서 나타나는 첫번째 문제는 비교적 전형적인 구성을 따르게 되어 있은 프로그램들이 각각의 비중을 엉뚱한 곳에 맞춘다는 데에 있다.

　예를 들어 게스트 의존형 프로그램이 지나치게 진행자에게 에너지를 쏟는 경우를 들 수 있다. 대표적인 게스트 의존형 프로그램인 토크쇼 중 소위 '잘 나가는' 토크쇼의 가장 큰 공통점은 진행자가 쉽게 바뀌지 않는다는 것이다. 이는 매우 역설적인 부분이기도 한데, 그만큼 탄탄한 진행자를 배치하여 진행자에게 쏟을 에너지를 방송의 핵심인 게스트에게 집중함으로써 방송 콘텐츠의 질적 향상을 꾀할 여지가 있다는 뜻이기도 하다.

　반면 프로그램의 인기와는 상관없이 매번 어딘가 삐걱거리고 지적을 받는 프로그램은 진행자가 수시로 바뀐다. 예를 들어 10대를 대상으로 한 각 방송사들의 생방송 가요 프로그램들은 분명한 게스트 의존형 프로그램이다. 어느 부분보다도 출연할 가수들이나 음악적인 구성에 신경을 써야 할 프로그램인데, 10대를 대상으로 한다는 이유만으로 진행자에 대한 무게가 지나치게 무겁다. 단순한 인기도에 따라 진행자로서의 자질은 검증조차 하지 않고 거의 6개월을 수명으로 바꾸는 것은 기본이고 농담 한 마디마저 짜여진 대본에 따라 국어책 읽듯 진행하는 부분은 시정할 생각조차 하지 않은 채 수명 짧은 진행자들의 의상에만 신경을 쓴다. 장수 프로그램인 KBS의 <윤도현의 러브레터>나 <열린 음악회>가 어지간해서는 진행자를 잘 갈아치우지 않는다는 점에서 비교되는 부분이다. 대본조차 필요 없을 정도로 노련한 진행자였다면 위에서 언급했던 그 가수가 대기실에서 꿈꾸고 있던 그 일탈까지도 미리 감지하거나 적절히 대처할 수 있었을지도 모르는 일이다.

　진행자 의존형 프로그램 역시 마찬가지다. SBS의 <뷰티풀 선데이>를 보면 두드러지게 나타나는 현상이 바로 진행자의 비중이 얼마나 큰가 하는 것이다. 단 두세 명의 진행자가 열 명 정도나 되는 게스트들을 이끌며 방송을 구성하게 되는데 아무리 게스트가 많아도 이 두세 명의 진행자를 화면에 잡아내는 시간보다는 적다. 또한 단순한 진행만 하는 MC 개념이 아니라 게스트의 방송 내용에 적극적으로 참여해야 하는 입장이기 때문에 누구보다도 그 자질 문제가 도마위에 자주 오르곤 한다. 그러나 사실상 문제는 엉뚱하게도 게스트 구성에서 비롯되는 경우가 허다하다('게스트'가 아닌 '게스트 구성'이다). 물론 말실수나 부적절한 행동 등으로 자질 문제가 거론되는 진행자도 많았지만 잘못된 게스트의 구성으로 인해 진행자에게 불똥이 튀기도 한다는 것이다. 아무리 소위 잘 나가는 게스트들을 열 명이나 불러놓았다고 해도 제한된 시간내에 이 모든 게스트들을 전부 활용한다는 것은 누가 봐도 무리다. 따라서 어쩔 수 없이 방송의 흐름에 따라 시청자들에게 보다 많은 웃음과 재미를 주는 게스트에게로 진행자의 시선이 집중될 수밖에 없다. 진행자 의존형 프로그램에서 단지 인기가 있다는 이유만으로 마치 백화점 나열식으로 이 사람 저사람 게스트의 숫자에만 에너지를 쏟는다면 아무리 진행자가 훌륭하다 한들 매끄러운 진행을 기대하기는 힘들 것이다.

### 진행자와 게스트는 하나의 콘텐츠일 뿐이다

두번째 문제는, 이러한 방송 진행자와 게스트의 부조화 문제를 방송 콘텐츠 기획이 아닌 단순한 '진행자'와 '게스트'라는 출연진 자체에서 찾는다는 데에 있다.

위에서 언급한 SBS <야심만만>에서 나타난 진행자와 게스트의 문제도 그렇다. 다음날 게시판에는 방송이 장난이냐는 등 진행자의 선후배 문제까지 거론되며 진행자들의 자질을 탓하는 글들이 도배되다시피 했다. 하지만 그 화살들이 어째서 출연진들에게만 돌려져야 한다는 말인가. 그 프로그램을 기획, 연출하고 편집함으로써 방송 전파를 타도록 결정한 사람은 해당 프로그램의 프로듀서가 아닌가. 결국 해당 스태프에 대해 거론되어야 할 자질 문제가 진행자라는 표면적인 기표(significant, 시니피앙)를 통해 드러난 것뿐이며, 방송 콘텐츠 기획의 부실함이 바로 해당 진행자를 통해 읽을 수 있는 방송의 내용 즉 기의(signifie, 시니피에)의 부실함으로 이어진다는 점이다.

미디어 콘텐츠라는 의미로서의 방송 프로그램에 대한 고찰은 이미 오래 전부터 이루어져 왔다. 하지만 여전히 하나의 프로그램을 판단하거나 비평할 때는 콘텐츠로서의 의미는 온데 간데 없고 단지 고전적인 방송의 가치, 표면적인 현상만으로 결론지어버리는 방식은 하나의 미디어를 콘텐츠로 인식하고 확대, 발전시키는 데 있어서 장애물로 작용하고 있다. 결국 표현하기에 애매한 다른 구성요소들은 제외하고 대표적인 구성요소에 속하는 '진행자'와 '게스트'의 행동 하나, 말 한 마디에 방송의 성패가 달렸다는 듯이 시청자들은 그곳에만 시선을 집중시키고 제작진들 역시 지나치게 표면적인 구성에 에너지를 쏟는 경향이 종종 발견되곤 한다.

## 4. 맺음말

누구나 알고 있듯이 방송 진행자는 기획자가 아니다.

즉, 방송 콘텐츠를 기획하는 주체는 진행자가 아니며 진행자 역시 하나의 콘텐츠일 뿐이다. 많은 진행자들이 기획에 참여한다는 의미에서 기획자가 아니라는 말은 잘못되었다고 할 수도 있겠지만 엄밀한 의미로 기획을 책임지고 있는 사람은 해당 프로그램의 프로듀서라고 할 수 있다. 물론 방송을 하나의 콘텐츠로 인식한다고 해서 없던 개념이 생겨나고 있던 가치가 사라지는 것은 분명 아니다. 그러나 우리는 여전히 콘텐츠 기획자를 탓하기 전에 콘텐츠만 탓하고 있다.

방송 콘텐츠, 뉴미디어 콘텐츠, 양방향 콘텐츠라는 말이 거론되면서 보다 과학적이고 새로운 방송제작 환경이 도래한 것 같지만 여전히 방송 환경이 변화되지 않은 것처럼 느껴지는 것은, 제작자나 시청자 모두 이러한 콘텐츠 기획 단계를 인식하지 못하는 데서 비롯된 것이 아닌가 한다. 뉴미디어 콘텐츠는 환상적인 기술적인 혁신이나 인터페이스적인 성공으로 완성되는 것이 아니라 방송 프로그램을 바라보는 판단기준, 방송을 접하는 의식의 변화에서 비로소 완성되는 것인지도 모른다.

# 다모 채옥이가 이룬 것과 남긴 것
## MBC HD 특별기획드라마 <조선 여형사 다모>

김연화(주부)

## 1. 묘한 드라마의 탄생

'대중들이 좋아하는 영화에는 그럴 만한 뭔가가 있다'고 말한 것은 배우 안성기지만, 비단 그의 말이 아니더라도 대중들이 총애하는 예술작품에는 그럴 만한 이유가 분명히 들어 있게 마련이다. 그 대중이 소수든 다수든 간에, 그리고 그 작품이 통속적이건 고도로 예술적이건 간에 거기에는 대중들의 요구에 부합하는 무엇인가가 각기 나름의 방식으로 담겨 있는 것이다. 그것을 비판하는 것은 각자의 몫이지만 영화 <타이타닉 호>가 대중들을 광범위하게 사로잡을 수 있었던 힘, 카프카의 소설이 불멸의 카프카 마니아들을 양산하는 힘까지 부인하기는 힘들다.

인터넷상에서 이른바 '폐인' 문화를 만개시키며 열렬한 호응을 얻은 MBC HD 특별기획 드라마 <조선 여형사 다모(茶母)>도 예외는 아니다. 현실적인 시청률 수치는 최고일 때도 25퍼센트를 넘기지 못했지만 인터넷에서의 반응은 가히 상상을 초월했던 이 드라마는, 몸 곳곳에 그럴 만한 요소들을 잔뜩 숨기고 있다. 그리고 그것은 지극히 '폐인적'이라고 일컬을 수밖에 없는 것이다. 컬트적이지만 컬트라고 하기 힘들고 숱한 마니아를 양산시켰지만 마니아 드라마라고 하기도 떨떠름한 이 드라마를 위해 '폐인적'이라는 수식어보다 더 잘 어울리는 것은 없는 성싶다.

그것은 스스로를 '폐인'이라 칭하면서 인터넷에서 이 드라마에 대한 뜨거운 애정을 요란할 정도로 표현한 특정한 집단 때문이 아니다. 그 이유는 한 마디로 이 드라마가 지니고 있는 묘한 특징들 때문이다. '조선 여형사'라는 부제를 달고 있는 드라마 <다모>는 낡으면서 새롭고 상투적이면서 실험적이고 보수적이면서 진보적이다. 그 상반되는 것들이 충돌을 일으키면서 빚어내는 효과는 적어도 TV 드라마에서 접하기 힘든 것이었다.

그런 까닭에 그것을 두고 컬트적이라고 평가하기에는 그 특성이 너무 대중적이고 마니아표라고 얼버무리기에는 그 특성의 빛깔이 너무 평범해지고 마는 느낌이 있다. 그리하여 이 묘한 드라마는 자신을 지지하는 집단의 호칭대로 '폐인'적인 드라마가 되고 만 것이다.

## 2. 틀에 구애받지 않는 과감함

물론 <다모>가 인기를 끌게 된 데에는 여러 가지 이유가 있을 것이다. 무엇보다 이 드라마는 신선하다. 사극과 세련된 무협물, 주인공들의 절절한 사랑이 중심이 되는 스토리의 성공적인 결합은 '퓨전 사극'이라는 단순한 틀만으로 이 드라마를 설명하기 벅차게 만든다. 거기다 HD방식으로 제작된 화질은 배우들의 숨소리까지 눈에 잡힐 것처럼 선명하고, 최첨단 카메라가 동원되어 촬영된 화면은 이런저런 기법을 자유자재로 구사하면서 드라마의 신선함을 배가시킨다. '이것은 영화가 아니다. 드라마다!'라는 광고문구가 무색하지 않을 정도로, <다모>는 보다 보면 웬만한 영화보다 낫다는 찬탄을 저절로 불러일으킨다.

하지만 아무리 화질이 선명하고 와이어 액션을 비롯한 무술 장면이 현란하다 할지라도 스토리라인이 탄탄하지 않다면 대중들로부터 열광적인 애정을 이끌어내기는 힘들다. 비주얼이나 기법은 그런 대로 괜찮지만 드라마 구조가 허약하여 대중들로부터 싸늘하게 외면받은 블록버스터 영화나 드라마들이 얼마나 많은가.

<다모>는 이런 면에서도 대중들의 요구를 십분 충족시킨다. 줄거리는 탄탄하고 밀도가 높을 뿐만 아니라 모처럼 흥미로운 드라마를 보게 되었다는 흥분까지 전해준다.

그러나 또한 줄거리가 아무리 탄탄하다 할지라도 거기에 뭔가 혁신적인 게 없다면 그것은 그저 '재미있는 드라마'로 자리 잡을 뿐, 인터넷 홈페이지 게시판에 백만 개가 훌쩍 넘는 게시물이 올라오기는 힘들다(참고로 말하자면, 상반기 최대 히트작이면서 젊은층에게도 폭발적인 인기를 끌었던 드라마 <올인>과 <옥탑방 고양이>의 게시물 수는 10만 개를 넘기지 못했다).

물론 인터넷에서는 유사한 성향을 지닌 집단이 몰려다니길 좋아하는 특성을 보이고, 드라마 제작진이 게시판에 적극적으로 참여함으로써 시청자들의 반응을 더욱 적극적으로 이끌어냈다는 점 등을 무시할 수는 없겠지만, 그런 사항들만 가지고 게시물 수 100만 개를 가볍게 넘겨버린 사연을 충분히 설명할 수는 없다.

거기에는 그들, 그 중에서도 인터넷을 자유자재로 사용하는 젊은층을 열광시킬 만한 무엇이 있었다. 그것을 나는 '틀에 구애받지 않은 과감함'이라고 표현하고 싶다. 이 드라마는 진정 어떤 틀에도 구애받지 않는다. 사극이지만 사극의 옷만 빌려왔을 뿐 사극이라고 볼 수 없고 무협물이지만 무협의 외양을 빌어 인간사의 허무함을 즐겨

드러내곤 하는 무협물과도 다르다. '내 심장을 뚫어버린 사랑!'이라는 이 드라마의 수식어가 보여주듯이 주인공들의 사랑에 초점을 맞추고 있지만 평면적인 멜로 드라마만도 아니다.

장르적 경계를 무너뜨렸다기보다는, 특정한 장르가 요구하는 틀에 구애받지 않는 과감함으로 이 드라마는 온갖 상충되는 요소들을 패기 있게 그 안에서 충돌시킨다. 그리하여 결과적으로 '묘하게 세련된, 그리고 묘하게 젊고 진지한' 드라마 한 편이 탄생한 것이다. 그 '묘함'에 10에서부터 30대를 아우르는 인터넷 키드들은 진정으로 열광하였다. 날이면 날마다 현대판 신데렐라들이 등장하고 갓 결혼한 새댁이 시집살이를 하느냐 마느냐를 놓고 고민하기만 하는, 그것이 아니라면 궁중 안에서의 암투와 수상쩍은 영웅호걸들의 피비린내 나는 싸움만이 전부이기 일쑤인 TV드라마에 진저리를 내던 그들에게 <다모>는 진정 새로운 것이었다.

그리고 그 중심에 TV 드라마나 영화에서 좀처럼 보기 힘든 혁명적인 여성캐릭터 채옥이가 있다.

## 3. 식모와 다모 사이

사실 전체적인 줄거리만 놓고 본다면 드라마 <다모>는 새로울 것이 없다. 역모에 연루되어 집안이 풍비박산이 나면서 어린 시절에 헤어지게 된 오누이가 있고, 서자라는 이유로 온갖 멸시 속에서 자라야 했던 관아 수령의 서자아이가 있다. 헤어진 오누이 중에서 관군에게 붙잡힌 누이동생은 관례대로 관비가 되고 가까스로 도망친 오빠는 화적의 손에서 자라게 된다. 관비가 된 누이동생은 자신이 속한 관아에서 설움덩어리인 서자아이와 운명적으로 만나 함께 자라고 종국에는 좌포청 다모와 종사관으로 함께 일하게 된다. 그리고 오빠는 예정대로 화적의 두령이 되어 역모를 꾀하게 되면서 세 사람은 드디어 얽히고설킨 운명의 실타래에 포획당한다. 그들의 그 얽히고설킨 사랑과 비극적 운명이 드라마 <다모>의 커다란 줄기인 것이다.

이렇듯 줄거리만을 놓고 본다면 <다모>는 김혜린의 만화 <북해의 별>이나 <불의 검>, <비천무> 등을 두루 연상시킨다. 설령 김혜린의 만화가 아니더라도 역사의 물줄기에 휩쓸리어 운명이 엇갈리고 그리하여 결국에는 서로에 대한 사랑도 엇갈리면서 비극적으로 생을 마감해야 했던 개인들의 이야기는 친숙한 것이다.

하지만 이 친숙한 스토리라인을 가지고 드라마 <다모>는 패기 있게 새로운 감동을 추구한다. 상반된 것들의 충돌은 바로 이 지점에서부터 출발하는 것이다.

그렇다면, 더 멀리 갈 것도 없이 그간 TV 사극을 통해서도 꽤나 등장했었던 듯싶은 이 스토리라인을 가지고 <다모>는 어떻게 새로움을 추구했을까. 물론 거기에는 두말할 것도 없이 스토리를 밀도 있게 이끌어간 작가적 역량과 그것을 참신하게 화면에 담은 연출자의 패기, 그리고 주·조연을 할 것 없이 뛰어난 연기를 보여준 연기자들의 진지함 등이 두루 뭉뚱그려져 있다. 하지만 결정적인 역할을 담당한 것은 앞서도 언급했던 것처럼 그 전체가 뭉뚱그려져서 빛나게 발휘된 어떤 과감함이다.

가령, 관군과 화적패와의 싸움이 벌어진다면 우리는 나름대로의 상상을 하게 될 것이다. 화살과 칼질이 서로 오가고 누군가가 죽고 피를 쏟으며 쓰러지고 그리하여 한쪽은 이기고 한쪽은 지는, 지극히 사극다운 싸움을 말이다. 그런데 <다모>는 이것을 멋지게 배반한다. 조총을 쏘는 것은 물론이거니와 화약다발을 몸에 지니고 자폭하는 장면도 아무렇지 않게 등장한다. 그러면서 <삼국지>에 나올 법한 지략으로 화적패는 관군을 몰살시킨다. 물 속에서 갑자기 죽창 울타리가 올라오면서 관군 무리를 가두는 장면이 나오리라고 누가 예상했을까. 자기 패를 구하려고 문을 열었는데, 갑자기 불화살 다발이 난무하리라고는 어떤 시청자가 예상했겠는가. 화적패와 관군이 싸워 화적패가 이겼는데, 그걸 <다모>는 어떤 면에서는 황당하다고 여겨질 만큼의 과감함으로 시청자의 뒤통수를 후려쳤던 것이다. 시청자는, 특히 젊은 시청자들은 이제껏 TV드라마에서 이런 장면을 본 적이 없다. 그것이 이 드라마를 '이제껏 TV드라마에서 볼 수 없었던 스타일의 이야기'로 받아들이게 만든 결정적인 요인인 것이다.

그런데 그 과감한 상상력이 응집되어 핵심적으로 드러나는 것은 정작 따로 있다. 바로 여주인공의 직업인 '다모'가 그것이다. 그것은 또한 이 드라마를 볼 때 묘하게 사실을 배반하여 인식되는 것이기도 한데, 사실 '다모(茶母)'는 식모(食母)나 유모(乳母) 혹은 침모(針母) 같은 낱말과 자매격인 낱말이다. 그러나 신기하게도 다모는 그것들과 전혀 친연성이 전혀 없는 말로 느껴지는 것이다. 후자들이 봉건적 냄새를 강하게 풍기며 여성의 성역할에 대한 고착된 시각을 전형적으로 드러내는 반면 이 드라마의 제목인 전자는, 상대적으로 귀에 설고 앞에 '조선 여형사'라는 부제가 붙어서인지 몰라도 뭔가 적극적이고 역동적이며 다부진 느낌으로 다가온다.

그 차이는 우리 귀에 가장 익은 식모라는 단어와 비교만 해봐도 금방 알 수 있다. 식모는 단어 자체가 봉건성, 산업근대화의 뒤안길, 촌스러움, 억압 등 전근대의 짙은 음영을 드리우고 있지만 다모는 어딘가 모르게 현대적인 당돌함을 거느리고 있다. '묘하게' 말이다.

그러나 사실을 따지자면야 다모는 오늘날 우리가 식모라는 단어를 들을 때 연상되는 것보다 더 봉건적이고 성차별적이며 억압적인 의미를 내포하고 있는 단어다. 포청에 소속되어 차를 따르는 임무를 수행하는 관비로서 규방과 관련된 사건 해결에 관여하기도 하는 게 바로 다모인데, 차를 따르고 술을 따르는 것보다 여성의 역할에 대해 더 후진적인 인식이 어디 있을까. '차를 따르는 노비'라는 개념에서부터 다모는 유구하게 이어져오는 여성의 역할에 대한 고정된 편견과 여성에게 가해지는 차별을 상징적으로 보여준다.

그런데 이 드라마는, 그런 다모의 개념을 '전복시켜버린' 것이다. 포청에 소속되어 차를 따르는 관비는 사대부들을 상대하여 술을 파는 기생만큼이나 세상 돌아가는 사정을 잘 주워들을 수 있고, 똑같이 천한 신분이지만 철저히 숨죽여 지내야 하는 백정의 딸들과는 달리 수사를 위해 공식적으로 '나돌아다닐 수도' 있는 처지다.

거기에 착안하여 이 드라마의 원작인 방학기의 만화는 조선판 커리어우먼이라고 할 수 있는 '조선 여형사' 캐릭터를 탄생시켰다. 어떤 면에서 가장 낡은 관념을 대표하는 다모를 자아가 강하다는 오늘날의 여성도 울고 갈 만큼 혁신적인 캐릭터로 승화시킨 것. 드라마 <다모>는 원작만화의 내용을 전폭적으로 수정하여 자기만의 새로운 내용으로 만들었지만 이 설정만큼은 고스란히 수용했고 그것을 더욱 성공적으로 발전시켰다고 할 수 있다.

그런 면에서 낡은 관념을 대표하는 다모라는 신분은 역설적으로 새로운, 혁명적인 여주인공상을 탄생시키는 데 결정적인 역할을 하게 된다. 만일 여주인공 채옥이가 여염집 규수였거나 적어도 중인 계급이었다면 마지막 금기의 선까지 넘지는 못했을 것이다. 일례로, 이 드라마에 등장하는 포장 영감의 딸 난희 아씨만 해도 그런 한계를 여지없이 보여준다. 겉으로 그녀는, 당시로서는 파격적이다 싶을 정도로 자아가 강한 여성인 듯싶게 보이지만 실상은 아버지의 세계가 요구하는 미덕을 고루 갖추고 있는 여성일 뿐이다. 단아하고 현명하며 주관이 뚜렷한 난희 아씨는 현숙한 부인이 될 수는 있을지언정 채옥이처럼 '자신도 모르는 사이에 정말로 혁명적인 인물'이 되지는 못한다. 그녀는 진취적인 여성처럼 그려진, 아버지의 세계가 구축한 법도와 품위 따위를 옹골지게 지켜나갈 전통적인 여성상일 뿐인 것이다.

그런데 채옥이는 다모이기 때문에 그와는 본질적으로 다르다. 그

것은 마치 고대 그리스에서 오늘날의 고급 콜걸과 같은 계층의 여성
들이, 신분이 그랬기 때문에 당시의 쟁쟁한 철학자들과도 논쟁을 벌
일 수 있었던 사정과 흡사하다고 할 수 있을 것이다. 여성이 노예와
함께 시민 취급을 받지 못했던 고대 그리스에서 여성은 고귀한 신분
이면 신분일수록 무지해야 했다. 그것이 고귀한 신분의 여성들이 갖
춰야 하는 미덕이었다. 그러나 일종의 매춘부 계층의 여성들은 어차
피 천한 신분이었기에 천하게 글도 깨우칠 수 있었고 자신들을 찾아
오는 귀족 계급의 남성들과도 노닥거릴 수 있었다. 그 과정에서 그녀
들은 소크라테스도 비웃을 수 있었고 플라톤도 공격할 수 있었던 것
이다.

그처럼 채옥이도 수사를 계기로 하여 세상의 이모저모를 엿볼 수
있는 포청 소속의 관비였기 때문에 아버지의 질서 바깥을 알 수 있
었고 회의할 수 있었고 흔들릴 수 있었다. 그리하여 마침내 채옥이는
소크라테스를 비웃는 것에서도 한 단계 더 나아가 자신에게는 아버
지요 오라비면서 동시에 연인이기도 한 종사관 나으리를 배반할 수
있었다.

이것이 앞서 말한, 드라마 <다모>가 보여준 과감함의 절정인 것
이다.


## 4. 칼과 칼 사이

그런데 이것은 뜻밖의 결과라 하지 않을 수 없다. <다모>는 여주
인공을 전면에 내세운 드라마이기는 하지만, 애초에 그리고자 한 것
은 남성들의 세계였기 때문이다. 자세히 살펴보면 <다모>에서 중심
이 되는 축은 황보윤 종사관을 중심으로 하는 기존질서의 수호자와
그것을 뒤엎으려고 하는 장성백, 바로 화적패 일당이다. 주인공들을
비극적 운명에 처하게 만드는 것도 바로 그 두 세계의 대립이다. 하

지만 <다모>는 그 두 세계를 제대로 그려내는 데는 실패함으로써 채옥이의 존재를 더욱 빛나게 하는 뜻밖의 결과를 초래한다.

먼저 채옥이와 함께 자란 황보윤 종사관은 기성의 질서로부터 철저히 배척당한 서자 신분이다. 드라마에서 그가 노비인 채옥이에게 연연하는 이유도 거기서부터 비롯된다고 할 수 있다. 세상으로부터 멸시당하는 설움을 공통적으로 겪고 있다는 것, 그래서 세상으로부터 기대할 것이 더 이상 없다는 것, 그렇기 때문에 신분은 다르지만 처지는 같은 서로가 서로에게 삶의 이유가 된다는 것이다.

그러나 이런 황보윤 종사관은 이상하게도 사직에 대해 회의나 냉소가 없다. 서자 신분인 자신을 전격적으로 발탁해준 포장 영감에 대한 충심 때문인지는 몰라도, 그 포장 영감이 목숨 걸고 지키려고 하는 사직을 자신 또한 목숨 걸고 지키려고 한다. 사직의 말단에서 사직의 질서를 지키려는 자신의 임무에 대해서도 그는 만족하는 것처럼 보인다. 채옥이만 옆에 있으면 그는 아무리 썩어빠진 사직일지라도 그것에 대한 충성을 다하는 것이다.

그래서 그는 소설 『칼의 노래』에서 그려진 이순신과 같은 느낌을 얼핏 풍기면서도 그와는 판이하게 다르다. 거기에서 이순신이 맞서 싸운 것은 허무였다. 그는 사직에 대해 회의하고 죽음의 개별성에 대해 번민하고 그 개별적인 죽음들을 '적'이라는 집단성으로 귀착시키는 전쟁에 대해 고민하면서 실존적인 번뇌에 휩싸인다. 그래서 그가 허무와 싸우다 죽음이라는 형식을 빌어 스스로 허무 속으로 들어간 것은 설득력이 있다. 하지만 『칼의 노래』속 이순신 같은 인물로 형상화될 수 있었던 황보윤은 오직 사랑 앞에서만 번뇌한다.

그래서 황보윤은 채옥에게는 자상하면서도 헌신적이고 애틋한 연인이지만, 실상은 아버지이자 오빠이고 선생님이었을 뿐이다. 사직이라는 질서에 대해서는 요지부동. 하여 채옥이가 그의 사랑을 배반할 때 아버지의 질서를 배반한다는 해석이 가능한 것이다.

그와 대비되는 화적패의 형상화 또한 애매하게 끝난 것은 마찬가지다. 엄밀히 말하자면 <다모>에서 가장 실패한 것이 화적패의 형상화라고 할 수 있다. 드라마만 보면 도무지 화적패가 민심을 등에 엎고 반역을 꾀한 것이 이해가 되지 않는다. 임금은 온화하고 백성을 걱정하는 근심으로 가득 찬 인물로 그려지고 그 밑에서 도탄에 빠진 백성의 삶은 드러나지 않는다. 화적패의 두령인 장성백을 두고 자기들은 "장두령은 조선의 민심이다"라고 얘기하지만 그가 어째서 조선의 민심인지는 드러나지 않는 것이다. 오히려 혁명을 일으키려고 하는 화적패가, 그야말로 시시껄렁한 도적질이나 일삼는 화적패처럼 보일 뿐이다. 게다가 자신이 『정감록』에 나오는 정도령이라고 굳게 믿는 병조판서 밑에서 '뛰는' 반역패라니.

그러다 보니 체 게바라와 장길산을 염두에 두고 만들었다는 화적패의 두령 장성백도 혁명세력을 이끄는 수장이라기보다는 사랑 앞에서 번민하는 그저 그런 화적 두목으로만 보인다. 그가 진정 자기 옷을 입었다고 느껴질 때는 '자, 이제 새세상을 열어야 할 때다!'고 사자후를 토할 때가 아니라 사랑해서는 안 되지만 사랑하게 된 여자 앞에서 흔들리는 모습을 드러낼 때다.

그래서 장성백에 대해서도 황보윤 종사관이라는 인물에게서 느꼈던 것과 비슷한 아쉬움이 남게 된다. 황보윤을 사직의 수호라는 외형을 빌어 실존적 허무와 싸우는 인물로 그리고, 장성백도 차라리 실존적 허무와 싸우기 위해 혁명을 선택한 인물로 그렸더라면, 그랬다면 어땠을까. 그랬더라면 두 남성 주인공이 서로 대립된 듯 보이지만 실상은 아버지와 또 다른 아버지의 질서를 집행하는 평면적인 대리인으로만 보이지는 않았을 것이다.

## 5. 다모의 칼

그와는 반대로 여주인공인 채옥은 오히려 애초에는 없었던 자신의 세계를 스스로의 힘으로 구축해나간다. 원래 채옥이가 맡은 임무는 두 남성 주인공을 차례로 만나 사랑에 빠지면서 삼각관계의 괴로움을 야기하는 것이었다. 그것을 위해 채옥이는 황보윤 종사관 곁에서 출발하여 장성백의 근거지인 산채로 잠입하게 되고 다시 황보윤 종사관 곁으로 돌아왔다가 또다시 장성백에게로 떠나게 되는 여정을 계속 되풀이하게 된다.

하지만 그 과정을 채옥은 스스로 결정하고 스스로 실행한다. 반대하는 종사관 나으리께도 또박또박 그래야 하는 이유를 설명하여 (타당한 것이기 때문에) 자신의 의견에 동의하도록 만든다. 자신을 이용하여 관군을 소탕한 장성백에게도 채옥은 그와 맞먹는 지략을 써서 똑같이 위험에 처하게 만든다.

뿐만 아니라 평소에도 채옥은 자신의 존엄성을 스스로 확보해나간다. 비록 종사관 나으리의 비호가 버티고 있다 하지만, 스승격인 종사관 나으리의 지략을 뛰어넘는 지략으로 수사의 맥을 먼저 짚어내며 누구보다 앞장서고 누구보다 뛰어난 실력을 발휘함으로써 관비의 신분이지만 누구도 함부로 자신을 대하지 못하도록 만들어나가는 것이다.

그러면서 자신의 섹슈얼리티를 이용하거나 신데렐라들처럼 아버지, 오빠들에게서도 도움을 받지 않는다. 오히려 포장 영감의 이름을 이용하여 군사를 동원함으로써 그들에게 멋지게 한 방을 날려버리기까지 한다. 그렇다고 여성이 주인공인 블록버스터 영화에서처럼 남성을 대신할 뿐인 남성영웅과 같은 근육질인 것도 아니다. 동서양의 미녀 세 명이 등장하여 남성에 맞서 싸운다면서 스크린을 정신없이 오가지만 기실은 화면 가득 '쭉쭉빵빵' 몸매나 실컷 보여주는, 그야말로 교묘한 포르노 속 인물이 되어 있을 때 우리의 다모는 예쁜 옷 한번 입지 않고 잘 빠진 몸매 한번 보여주지 않으면서도 어떤 드라마나 영화 속 여주인공보다 더 아름답고 당당한 모습을 창조해버린다.

그런 채옥이를 보고 있다 보면 종사관 나으리나 장성백이 채옥이를 좋아하는 건 바로 그런 모습, 즉 현대여성들도 무릎 꿇을 정도로 자아가 강하고 자신의 일에 적극적인 면모 때문이 아닐까 하는 생각마저 들 정도다.

과연 이런 여주인공을 우리는 언제, 어디서 만날 수 있었을까. 황보윤 종사관이 설득력 없이 사직의 수호에 매달리고 장성백 두령이 '조선의 민심'이라는 면모를 획득하지 못한 채 서로 힘겨루기를 하고 있을 때 우리의 다모 채옥이는 그 틈바구니에서 부지런히, 온몸으로 자신의 세계를 확보해나갔던 것이다. 그리고는 마침내, 종사관 나으리로 상징되는 아버지의 질서를 훌쩍 뛰어넘어버린다.

그것은 채옥이가 사용하는 칼을 통해서도 여실히 드러난다. 긴 칼을 주로 사용하는 남성 주인공들과는 달리 짧은 환도에 능한 채옥이는 장검의 세계를 결코 동경하지 않는다. 오히려 자신의 칼로 두 남성 주인공을 결정적인 위기에서 구해내기도 하는 채옥이는 종사관 나으리께도 당당히 말했던 것이다. 그것(장검)은 내 것이 아니라고. 내 것은 이 칼, 짧은 환도라고.

그런 선언을 하는 채옥이는 진정 불온하다. 그리고 그 불온함 때문에 채옥이는 혁명적이 되고, 드라마 <다모>는 진일보한 걸음을 내딛게 된다.


## 6. 채옥이가 이룬 것과 남긴 것

<다모>를 한번이라도 본 사람은 동의하겠지만, 드라마 <다모>는 패기와 의욕에 가득 찬 드라마다. 그것은 사전제작제라는 시스템

을 거치면서 더욱 단단하게 다져졌고, 그래서 기법은 기법대로 스토리는 스토리대로 그 패기와 의욕만큼 한 발자국씩 앞서 나갔다. 하지만 밀도 높은 스토리는 사주전과 정도령 이야기 등을 다소 장황하게 늘어놓으면서 패기와 의욕만큼 뒷수습을 제대로 하지 못한 느낌도 전해준다.

그럼에도 불구하고 드라마 <다모>는 새롭고 진보적이다. 그것을 가능하게 했던 것은 틀에 구애받지 않는 과감함이었고, 그것은 여주인공인 채옥이를 통해 결정적으로 드러났다.

다모 채옥이는 우리에게 명백히 한 발 앞서 나간 여성상을 보여주었다. 그것을 기억하는 것은 시청자의 몫일 터이고, 그것을 계승하는 것은 드라마를 만드는 이들의 몫일 것이다. 채옥이는 우리에게 두루 무거운 임무를 맡긴 채 홀연히 떠나간 것이다.

# 뉴스야, 동메달은 똥메달이 아니란다!

일등주의, 금메달 강권하는 방송:
2003 대구 하계 유니버시아드 대회 방송 3사 메인 뉴스를 중심으로

김연송(대학생)

## 시작하며

뉴스야! 안녕? 유난히 높고 푸른 하늘이 기분 좋은 요즘 어떻게 지내는지 궁금하구나. 지금도 넌 사람들에게 국내외 소식을 하나라도 더 알려주기 위해 이곳저곳을 바쁘게 뛰어다니고 있겠지. 네가 전해주는 소식들 덕분에 나뿐만 아니라 사람들은 참 편하게 세상을 읽고 보고 공부하고 있단다. 내가 펜을 든 이유는 꼭 너에게 하고 싶은 말이 있어서야. 더 이상은 안 되겠다는 생각에 바쁜 네가 꼭 내 편지를 읽어주기를 바라며 최근 계속되는 너의 잘못된 각종 스포츠 관련 뉴스 보도에 관해 얘기해주고 싶어 편지를 쓴다. 먼저, 이야기 하나 해줄게.

미국의 가난한 농부의 딸 '윌마'는 네 살 때 소아마비에 걸렸습니다. 어머니는 끼니를 얻기 위해 이른 새벽에 일어나 이웃 농장에 품을 팔

왔습니다. 저녁에 돌아온 어머니는 윌마를 안고 80킬로미터 밖에 있는 병원에 가서 치료를 받아야 했습니다. 버스로 왕복 4시간이 걸리는 그 먼 길을 비가 오나 눈이 오나 하루도 쉬지 않고 다니면서 치료받기를 3년 만에 윌마는 겨우 일어설 수 있었습니다.

"윌마야, 한 발짝만 내디뎌 보렴."

"엄마, 난 걸을 수 없어."

"안 된다고 하지 마라. 넌 꼭 걸을 수 있어."

힘든 훈련은 하루도 빠짐없이 계속되었습니다. 윌마가 일곱 살이 되었을 때 절뚝거리면서 초등학교를 다닐 수 있게 되었습니다. '이젠 걸을 수 있으니 뛰어봐야지.' 자신을 얻은 윌마는 중학교에 들어가면서 계속 땀 흘려 연습했습니다. 연습에 연습을 거듭한 결과 고등학교에서 가장 빠른 달리기 선수가 되었습니다. 정말로 피와 땀과 눈물이 얼룩진 노력의 결과였습니다. 그리고 마침내 1960년 9월 로마 올림픽에 미국의 여자 육상 선수로 출전하였습니다.

"11초 0!"

그 당시 상상조차 할 수 없는 세계 신기록이었습니다. 100미터에서도, 400미터 계주에서도 우승하였습니다. 소아마비 소녀 윌마는 세계신기록을 세우고 금메달을 셋씩이나 목에 거는 영광을 얻었습니다.

어때? 넌 이 이야기를 듣고 무엇을 느꼈니? 응? 한 대회에서, 그것도 올림픽이라는 큰 대회에서 금메달을 세 개씩이나 땄으니 톱 뉴스감이라고? 글쎄, 난 결코 그걸 이야기하고 싶었던 게 아닌데. 뉴스야! 내가 얘기하고 싶다던 네 잘못된 문제가 바로 그거야.

왜 '윌마'라는 소녀의 눈물겨운 피와 땀과 노력을 단순히 금메달 세 개로 바꾸어 그 결과만을 사람들에게 보도해주니? 너에겐 그토록 눈에 보이는 금메달 몇 개라는 결과만이 중요한 취재가치가 있고 소위 말하는 '거리'가 되는 거니? 왜 은메달이나 동메달은 철저하게 무시하니? 1등이 아니니까? 그럼 은메달·동메달은 뭐 하러 만들어놨니?

미안하다. 내가 너무 흥분한 것 같구나. 그렇지만 스포츠 대회에서 보여지는 금메달만을 따기 위해 전 인생을 걸고 있는 많은 선수들과 상업주의·물신주의가 극에 달한 갖가지 추태를 접하면서, 과연 내가 밤잠을 설치면서까지 환호하고 응원해야 할 필요가 있는지도 반문해 보게 된단다. 더욱이 연일 방송을 통해 전해지는 금메달 선수들의 화려한 모습과 집중 조명되는 그 선수에 대한 아낌없는 찬사는 이토록 1등에만 집착하는 우리가 금메달병이라도 걸린 게 아닌가 하는 느낌마저 들고. 은메달과 동메달만 따도 세계 2등 3등이건만 정작 그 선수들은 눈물을 흘리고, 가족들은 초상집 분위기라는 보도를 접하면서 서글퍼지기까지 한다.

게다가 더 웃지 못할 일은 국민의 기대를 한몸에 받고 경기에 출전했다가 메달권에도 진입하지 못한 선수의 모습은 아예 TV 화면에서조차 찾아볼 수 없단다. 그럼 그 선수는 어디 가서 그 패배와 금메달을 따지 못한 꾸지람을 감당해내고 있는 거니? 물론 이 모든 문제들이 너만의 잘못은 아닐 거라고 생각해.

그러고 보니 우리는 그동안 올림픽이나 아시안게임, 유니버시아드 대회 등 스포츠 경기뿐만 아니라 사회에서도 모든 면에서 꼭 순위에 의해서만 평가된다는 생각이 드는구나. 기업도 일등기업, 학교도 일류 이류 삼류, 성적도 일등 이등, 남편도 일등 신랑감, 공사 기간도 안전은 나중으로 몰아넣고 최단기간 내에 마치는 신속성에서의 일등.

이렇게 따지니 정말 일등주의와 함께 성적순으로 평가되지 않는 것이 없는 것 같구나. 그러나 뉴스야, 사회가 일등주의라고 해서 너도 꼭 그렇게 해야 하니? 자신의 피땀 흘린 노력에 만족하는 꽃다발을 들고 환하게 웃고 있는 동메달리스트를 사람들에게 보여줄 순 없는 거니? 사회가 그러니까 너도 어쩔 수 없었다고?

아니야. 내가 보기엔 뉴스인 너도 이런 사회를 만드는 데 분명 많은 역할을 담당했어. 믿을 수 없다고? 그럼 지금부터 내가 생각해본 너의 보도 문제점 몇 가지와 최근 끝난 2003 대구 하계 유니버시아드 대회의 KBS, MBC, SBS 메인뉴스를 중심으로 이야기를 해줄 테니까 잘 들어봐.

## 현대 스포츠와 텔레비전

오늘날 현대 스포츠는 텔레비전과 매우 밀접한 관계를 가지고 있단다. 텔레비전이 특정 스포츠를 발전시킬 수도 있고 역사의 뒤안길로 사라지게 만들 수도 있지. 또 텔레비전은 아예 경기 규칙을 바꾸기도 한단다. 예를 들어볼까? 농구의 쿼터제나 양궁의 일 대 일 대결식 구도 또 씨름 경기의 규칙이 바뀐 것도 모두 텔레비전 중계를 위한 조치들이었단다.

이와 같이 이제는 경기력을 향상시키는 것 못지않게 텔레비전 중계일정을 잡는 게 더 중요해진 시대지. 너도 이 부분은 인정하지? 과거 연예인들이 독점했던 텔레비전 스타의 반열에 많은 스포츠 스타들이 차지하게 된 것도 모두 텔레비전과 스포츠의 밀접한 관계를 설명해주는 현상이지.

## 텔레비전 스포츠의 일등지상주의

그래서 난 텔레비전 속에서 스포츠가 어떻게 그려지고 있는가에 대해 생각해볼 필요성을 여기서 느끼게 되었어. 앞서 이야기했듯이 지나치게 일등만을 강조하는 일등지상주의, 승리제일주의, 금메달지상주의 경향을 지적할 수 있지. 너도 모르게 "무조건 이겨야 한다. 2등은 없다. 지면 죽는다"식의 보도를 강조하는 태도 때문이야. 해외에서 활약하고 있는 선수들의 소식을 전할 때도 항상 일등의 여부에만 초점을 맞추잖아.

참, 말이 나와서 말인데 요새 왜 박찬호 소식은 손톱의 때만큼도 없니? 못하니까? 10승, 15승을 못하니까? 그렇게 잘나갈 땐 영웅으로 만들더니 이젠 박찬호를 아예 사람들로 하여금 기억 속에서 잊어버리게 하는구나 아주. 진정한 그의 문제가 무엇이고 그에게 새겨져 있을 마음속 깊은 상처는 보듬어줄 수 없는 거야?

서재응 보도도 그래. 경기내용이 좋았음에도 넌 패전투수가 되었다는 이유로 해외 스포츠 뉴스 끝부분에 10초 정도만 보도하더라. 아름다운 2등이나 최선을 다한 3등, 그리고 선전한 그들의 땀과 노력은 너로 인해 그렇게 매장되는 거야. 이런 텔레비전 속 스포츠의 일등지상주의는 우리 사회 전반의 문제로 크게 확산될 수 있다는 점에서 뉴스야, 정말 신중해야 한단다.

## 빗나간 애국적 방송

네가 보도하면서 간과하는 아주 중요한 문제야. 내가 들어도 낯뜨거운 국수적 애국심에 가득 찬 중계방송이나 보도 태도 때문이지. 2003년 9월 17일에 벌어진 한일전 승리 후 넌 한국이 일본을 영원히 이겼다는 듯한 대리만족성 기사를 보도하고, 한국선수들은 기쁨에 환호하고 일본선수들은 마치 법정에서 큰 실형 선고를 받은 사람들처럼 고개 숙이고 경기장 밖으로 나가는 모습을 많이 보여줬어.

최근 미국 프로야구 보스턴 레드삭스에서 활약하고 있는 김병현 선수의 보도에 있어서도 구원승과 세이브 포인트를 올릴 때마다 마치 한국과 한국인의 우수성을 김병현 선수가 대신 전 세계에 알려주고, 국위를 선양한 것처럼 호들갑을 떠는 것도 문제야. 스페인에서 세계적 축구선수로 유명한 호나우도 선수가 정말 잘한다고 해서 스페인 국민들이 그의 모국인 브라질이 위대하고 국민도 호나우도 선수처럼 우수하다고 생각하느냐 하면, 실제로는 그렇게 생각하고 있는 사람들은 거의 없다는 것을 조금만 둘러보면 알 수가 있는데 말야. 이런 지나친 방송의 애국주의적 보도에 스스로 발을 묶어놓고 우물 안 개구리처럼 행동하고 있다는 느낌이야.

## 전투적 방송용어 난무와 냄비 뚜껑 보도

스포츠 중계에 있어서 지나치게 전투적인 용어와 갈등 유발적인 시각에서 다루고 있다는 점도 문제가 될 수 있겠지. 2003년 9월 17일 한일 올림픽 대표 축구 경기중계에서도 한 아나운서가 "김○○ 선수는 빨리 적진으로 들어가 수비진을 흔들고 빠른 시간에 초토화시켜야 합니다"라고 말하는 등 섬뜩한 군사용어가 난무한 것 같아.

그리고 전반적으로 스포츠 관련보도는 일시에 달아올랐다가 갑자기 사그라지는 전형적인 냄비 뚜껑 보도 형태를 보인다는 점도 난지적하고 싶어. 경기 전에는 마음껏 부풀려놓고 막상 경기 후에는 분석이나 정리 없이 졌다는 것에만 아쉬워하는 현재 미국에서 열리고 있는 여자월드컵 같은 중계 말야. 텔레비전이 먼저 흥분하고 뒷마무리를 못하는 것 같은 느낌. 가장 과학적이어야 할 현대 스포츠 보도가 원시적이고 즉흥적인 감정 보도에 머무르고 있는 셈이지.

어때? 최근 스포츠 관련 방송보도에 있어서 너의 모습을 좀 정리해봤어. 지금부턴 2003년 8월 21일부터 시작해 31일까지 대구에서 펼쳐졌던 10일간의 유니버시아드 대회에서의 네 문제점을 방송 3사 메인 뉴스를 중심으로 이야기해줄게.

## 2003 대구 하계 U대회 보도 관련 방송 3사 메인 뉴스 분석(스포츠뉴스 포함)

### 1) KBS 9시 뉴스(단위 : 건)

| 주요 보도기사 \ 날짜 | 8.21 | 22 | 23 | 24 | 25 | 26 | 27 | 28 | 29 | 30 | 31 | 계 |
|---|---|---|---|---|---|---|---|---|---|---|---|---|
| 금메달 관련보도(성적위주) | | 1 | 1 | 1 | 2 | 1 | 2 | 1 | 2 | 1 | 1 | 13 |
| 은·동메달 관련보도 | | | | 1 | 1 | 1 | 1 | 1 | | 1 | | 6 |
| 북한 및 북한응원단 관련보도 | 2 | 1 | | 2 | | 3 | 1 | 2 | 2 | | | 14 |
| 타국 및 선수 관련보도 | | 1 | | | | 1 | 1 | | | | | 3 |
| 기타 보도 | 2 | 2 | 2 | | 2 | | 2 | 3 | 1 | 1 | 1 | 16 |

### 2) MBC 뉴스데스크

| 주요 보도기사 \ 날짜 | 8.21 | 22 | 23 | 24 | 25 | 26 | 27 | 28 | 29 | 30 | 31 | 계 |
|---|---|---|---|---|---|---|---|---|---|---|---|---|
| 금메달 관련보도(성적위주) | 1 | 1 | 1 | 1 | 2 | 1 | 2 | 1 | 2 | 1 | | 14 |
| 은·동메달 관련보도 | | 1 | | 1 | 1 | 1 | | 1 | | 1 | | 6 |
| 북한 및 북한 응원단 관련보도 | 5 | 3 | 4 | 5 | | 4 | 2 | 3 | 2 | 2 | | 32 |
| 타국 및 선수 관련보도 | | | | | 1 | | | | | | | 1 |
| 기타 보도 | 3 | 1 | 1 | 1 | 1 | | | | 1 | 1 | 2 | 11 |

### 3) SBS 8시 뉴스

| 주요 보도기사 \ 날짜 | 8.21 | 22 | 23 | 24 | 25 | 26 | 27 | 28 | 29 | 30 | 31 | 계 |
|---|---|---|---|---|---|---|---|---|---|---|---|---|
| 금메달 관련보도(성적위주) | | 1 | 1 | 1 | 1 | 1 | 1 | 1 | 1 | 1 | 1 | 11 |
| 은·동메달 관련보도 | | | 1 | 1 | | 1 | | 1 | | | | 4 |
| 북한 및 북한 응원단 관련보도 | 2 | 1 | 1 | 2 | 2 | 1 | 1 | 2 | | 1 | 1 | 14 |
| 타국 및 선수 관련보도 | | | 1 | 1 | | | | | | | | 2 |
| 기타 보도 | 1 | | | | 1 | | 2 | | | | 1 | 5 |

자 봐, 위 표에서 알 수 있듯이 대구 유니버시아드 대회가 평화와 화합, 그리고 'Dream for Unity'라는 슬로건을 내거는 세계축제의 장임에도 불구하고 금메달 관련보도와 종합순위 성적이 총 몇 위라는 식의 방송이 주류를 이루고 있잖니? 상대적으로 은메달과 동메달은 그에 비해 몇 건이나 되니? 타국 선수들의 한국 방문 느낌이라던가 기타 훈훈한 감동 같은 보도는 해변에서 모래알 찾기구나. 북한 응원단 관련 기사도 비정상적으로 많은 것 같고. 가장 이상적인 보도는 5가지 항목 통계건수가 균등하게 나와야 할 것 같은데 말야. 그리고 언뜻 보면 금메달과 은·동메달 관련보도 건수가 하루에 1건 정도로 비슷한 것 같지만 절대 아니란다. 금메달 관련보도는 한 번에 여러 가지 종목들을 한꺼번에 소개했고, 은·동메달은 그에 반해 5초 정도 자막만 나갔을 뿐이야. 단 한번도 은·동메달리스트들에 관한 인터뷰나 시상식의 장면이 먼저 나오거나 크게 보도된 적은 없었어. 금메달이 몇 개여서 우리나라가 종합순위 몇 위를 지키고 있다는 식의 보도는 매일 나오더라. 폐막식 때의 방송은 종합순위를 화면 가득 보여주면서 3위 성적을 거둔 한국을 우리 방송 스스로가 자랑스러워하기도 했어. 그러면서 기자는 덧붙였지. 스포츠 강국의 위상을 온 세계에 떨치는 기회였다고. 그럼 우리나라보다 못한 나라들은 스포츠 약국일까?

## 2003 대구 하계 유니버시아드 대회 보도 관련 앵커 보도 태도

앵커의 보도에서 문제가 있었어. 몇 가지 자료를 보여줄게. 근데 정말 이런 식의 보도는 지양해야 할 것 같다.

·2003. 8. 26. KBS 9 뉴스
 - 앵커 : 대회 엿새째를 맞은 대구 하계 유니버시아드 대회에서 오

늘도 우리나라의 금메달 행진이 이어졌습니다

- 기자 : 기대를 모았던 여자 포환던지기의 이명선은 은메달에 머물렀습니다.

·2003. 8. 25. KBS 9 뉴스

- 앵커 : 대구 하계 유니버시아드가 오늘로 닷새째를 맞았습니다. 현지 취재팀 연결합니다. 배재성 기자!

- 기자 : 네.

- 앵커 : 오늘도 우리 선수단의 금메달 소식이 들어와 있어요.

- 기자 : 그렇습니다. 우리나라의 금메달 행진이 거침이 없습니다. 오늘은 유도와 펜싱, 태권도에서 금메달 3개를 우리나라가 추가했습니다. 정충희 기자가 취재했습니다.

·2003. 8. 27. KBS 9 뉴스

- 앵커 : 대회 7일째를 치른 대구 하계 유니버시아드에서 우리나라는 오늘도 금메달 2개를 따내며 금행진을 계속했습니다.

·2003. 8. 30. KBS 9 뉴스

-앵커 : 대구 하계 유니버시아드 대회 개막 여드레째인 오늘은 양궁이 우리나라의 금메달 행진을 이끌었습니다.

·2003. 8. 31. KBS 9 뉴스

- 앵커 : 대구 유니버시아드 대회 마지막 날 남자배구가 숙적 일본을 꺾고 금메달을 따냈습니다. 북한의 참가로 더욱 빛난 이번 대회는 역대 최대 규모로 성공리에 막을 내렸습니다.

- 기자 : 배구까지 금메달 26개를 따낸 우리나라는 종합 3위라는 역대 최고의 성과를 거두었습니다.

·2003. 8. 23. MBC 뉴스데스크

- 앵커 : 대구 유니버시아드 사흘째인 오늘 우리나라는 펜싱과 태권도에서 모두 4개의 금메달을 추가하며 종합순위 선두에 나섰습니다.

·2003. 8. 24. MBC 뉴스데스크

- 앵커 : 대구 유니버시아드 대회 개막 나흘째 우리나라는 태권도에서 금메달 세 개를 추가하며 독주를 계속했지만 홈 텃세 판정시비로 옥의 티를 남기기도 했습니다.

·2003. 8. 25. MBC 뉴스데스크

- 앵커 : 대구 유니버시아드 닷새째인 오늘 우리나라는 조수희가 유도 첫 금메달을 따냈고 태권도와 펜싱에서도 금을 보탰습니다. 박충희 기자입니다.

- 기자 : 여자 태권도의 김순기가 72kg 이상급에 우승했고 남자 84kg 이상급에 나선 이덕휘는 아쉬운 은메달을 추가했습니다.

·2003. 8. 28. MBC 뉴스데스크

- 앵커 : 개막 8일째를 맞은 대구 하계 유니버시아드 오늘 양궁에서 우리나라 선수단이 금메달 두 개를 독식했습니다.

이 기사들은 전부 뉴스나 스포츠 뉴스에서 시작할 때 첫 기사로 나왔던 것들이야. 시작부터 오늘은 어떤 종목에서 어떤 선수가 참가했느냐가 아니라 무조건 금메달 소식부터야. 오늘 추가한 금메달 수 몇 개, 지금까지 금메달 종합 몇 개로 순위 몇 위 등. 아니 무슨 선수들이 금메달을 따기 위한 기계냐? 위의 기사들에서도 보면 알 수 있듯이 대부분 다 금메달 위주의 기사들이고 은메달과 동메달은 끝 부분에 나올까 말까야. 고작 나와 봤자 누구누구 선수는 은메달에 그쳤다는 등의 기사. 난 정말 이해할 수 없어. 왜 은메달은 그쳐야 하는 거야. 반면에 금메달 개수와 상관없는 이런 기사도 있어서 사람들의 마음을 훈훈하게 해주기도 했단다.

·2003. 8. 23. SBS 8시 뉴스

- 앵커 : 오늘 테마기획에서는 이번 유니버시아드 대회에 출전한 한 젊은이를 만나봅니다. 먼 아프리카 오지에서 갈아입을 옷 한 벌 없이 혈혈단신으로 달려왔지만 누구보다 열심히 메달의 꿈을 다지고 있는 그를 남달구 기자가 소개합니다.

- 기자 : 경기가 아직 이틀 남았지만 메달박스여서 선수들로 북적거리는 육상 연습장. 다른 유럽 선수들과는 달리 초라한 운동복을 입고

훈련에 비지땀을 쏟는 한 외국 젊은이가 있습니다. 육상 800미터에 출전하는 스물세 살의 지봉 테구이. 그는 먼 아프리카 중앙에 위치한 가난한 나라 차드에서 혈혈단신 60시간을 달려왔습니다.

옷이라고는 1960~1970년대에나 볼 수 있음직한 나일론으로 된 체육복 한 벌뿐. 온몸이 비오듯 땀에 젖어도 갈아입을 속옷조차 없습니다. 스파이크도 닳고 닳아 끈이 다 해지는 바람에 경기 때까지 아끼느라 신을 수가 없습니다. 하지만 메달을 향한 그의 집념은 남다릅니다. 처녀 출전했던 지난 베이징 대회에서는 아쉽게도 4위. 이번 대회에서는 꼭 그 뜻을 이루겠다는 각오로 폭염 속에서도 오전과 오후 하루 4시간씩 맹훈련을 하고 있습니다. 감독도 코치도 혼자입니다(지봉 테구이 : 조국의 가족과 친구, 대회 관계자들에게 실망시켜드릴 수 없습니다). 감동한 통역요원은 자신의 해병대 체육복을 빌려줬습니다. 코리아의 따뜻한 정을 영원히 잊지 못할 것이라는 지봉 테구이. 어려움을 박차고 그는 메달을 향한 소중한 꿈을 다져가고 있습니다.

정말 가슴 뭉클한 기사 아닐까? 온통 금메달 개수와 북한응원단에만 관심이 쏠려 있는 가운데 이런 보도는 진정한 대회의 의미를 새겨볼 수 있는 좋은 기사였던 것 같다. 이번 유니버시아드 참가국이 총 174개국이었어. 이쯤에서 같은 대회기간 우리나라와 비교해 영국과 미국의 방송 보도를 잠깐 살펴볼 필요가 있을 것 같아.

## 2003 대구 하계 유니버시아드 대회 관련 영국 및 미국의 보도 태도

이번 유니버시아드 대회 기간 영국에서는 경기가 열리는 시간 아예 방송국 채널 하나(BBC1)를 완전히 떼내어서 중계를 했어. 지난 시드니 올림픽에 이어 두번째지. 유니버시아드 대회 기간인 10일 동안 매일 아침에는 BBC1의 아침 뉴스 대신 대구 현지로부터 유니버시아드 대회를 생중계하였고 이에 따라 아침뉴스마저도 BBC2로 채널까지 바꿔 편성하는 과감한 진행을 보인 거야. 그런데 이 기간 한 가지 재미있는 사실은 뉴스 시간마다 유니버시아드 대회 소식은 전해지는데 어느 나라가 금메달이 몇 개고, 그래서 순위는 몇 위고 하는 기사를 손에 꼽을 정도로밖에 볼 수 없었어. 물론 중간중간 메달 집계 현황을 발표하긴 했지만. 그런데 그럴 때에도 금메달이 많은 국가부터 나열하긴 하되 국가 앞에 순위를 매겨 1등이나 2등이나 하는 표현은 없었던 거야. 즉 영국에서는 메달 숫자로 국가의 순위를 매기지 않는다는 거지. 또 한 가지 재미있는 사실은 경기를 끝낸 선수와 인터뷰하는 장면에서 너무 기뻐하는 모습을 방송에 내보내곤 했는데 금메달을 딴 선수가 아니라 동메달을 딴 선수 인터뷰를 많이 내보낸 거야. 동메달을 땄다고 해서 분해하거나 시무룩하고, 눈물까지 흘리는 사람이 없었던 건 당연하겠지. 지난 일이지만 1996년 애틀랜타 올림픽 폐막식이 생각난다. 당시 마라톤 우승자에게 월계관이 막 씌워지려는데 스타디움 저쪽 끝에서 비틀거리며 죽을힘을 다해 달려오고 있는 선수가 있었어. 그때 관중들은 일제히 월계관을 보지 않고 그 선수에게 "Never give up!"을 외쳤던 거야. 그때 나도 주먹 꽉 쥐면서 눈물 핑 돌던 생각이 아직도 머릿속에 지워지지 않는구나. 3년 전에 시드니 올림픽이 있었지? 그때 우리나라는 종합 12위였어. 근데 미국 CNN 방송에서는 우리나라를 9위로 발표했었다. 우리나라는 금메달 수로 순위를 따진 것에 반해 미국 CNN에서는 올림픽에 참가한 선수들이 딴 메달은 금메달이든 동메달이든 다 같이 소중하다고 보고 전체가 획득한 메달 수를 합쳐서 통계를 낸 거야. 이와 같은 사례들을 보고 넌 뭐 느끼는 거 없니? 난 말이야, 이 사례들을 보면서 결국 우리는 우리만의 순위를 정해놓고 우리끼리 종합적으로 잘했느니 못했느니 하면서 온 국민이 들뜨고 난리법석을 떨지 않았나 하는 생각이야. 참 어리석은 일이지.

## 나오며

이 사회의 눈과 귀와 입의 역할을 하는 뉴스야!

이젠 "기대를 모았지만 은메달에 그쳤습니다"와 같은 말은 고만하자. 아니 때려치우자. 동메달은 울며 겨자 먹기식으로 받는, 밟으면 재수 없는 그런 똥메달이 아니란다. 뉴스 너만의 스포츠 저널리즘을 만들어줘라. 네가 보여주는 무한경쟁의 이데올로기, 금메달 강권하는 방송에 이제 모두 지쳤어. 모든 언론사가 억대 연봉 스타, 최우수 선수, 신기록 등 1등과 승자제일주의를 다룰 때 뉴스 너라도 최선을 다한 은메달과 동메달에 손을 내밀어줘야 하지 않겠니? 다른 언론사가 메이저리거들의 승리 소식을 다룰 때 넌 메이저리그에서 뛰는 선수들에게 수고했단 말 한마디 건네주고 왜 이들의 역할이 중요한지 성찰해볼 수 있는 말을 해줘야 하고, 타 언론사가 금메달리스트를 따라다닐 때 뉴스 넌 최선을 다한 아름다운 패배자들을 찾아나서야 하지 않을까. 뉴스야, 네 힘이 절대적으로 필요하다. 궁극적으로 스타 몇 명만 박수를 받는 엘리트주의 체육을 전 국민이 참여하는 국민참여형 체육으로 바꾸기 위해 네 힘이 필요하다. 스포츠를 통해 남을 짓밟아서라도 아님 약물을 복용해서까지 반드시 이기겠다는 승리이데올로기를 깨고, 쓰러진 상대를 함께 안고 가며 더불어 사는 공동체의 모습을 그려내겠다는 것을 뉴스 너만의 스포츠 저널리즘으로 새기면 안 될까? 너한테 부탁할 게 있다. 조금 있으면 프로야구 삼성 라이온즈의 이승엽 선수가 아시아 신기록 홈런포를 쏘아 올릴 것 같다. 그때, 그때 말야 이승엽의 두 손 높이 드는 장면과 함께 이 장면을 꼭 같이 보여줬으면 해. 각 팀의 투수들이 이승엽과의 승부를 기피할 때 당당히 이승엽에게 공을 던져줬을 그 투수를 아시아 신기록의 희생양으로, 패자로 보여주지 말고 신기록을 함께 달성한 동반자로 보여줘. 마운드에 무릎 꿇고 있는 모습 말고 이승엽과 웃으면서

악수하는 그 아름다운 모습을 너로 인해 보고 싶다. 정정당당한 승부가 있었기에 신기록이 있을 수 있었다는 것을 사람들에게 보여달란 말야. 해줄 수 있지? 그치?

"That's one small step for man, one giant leap for mankind"라고 한 닐 암스트롱의 말처럼 최선을 다하는 스포츠 문화를 위해, 땀흘려 노력하는 아름다운 사회를 위해 네가 먼저 발을 내디뎌 줬으면 좋겠다. 언젠가 승자 패자 없이 다 같이 손잡고 뛰는 그런 사회의 중심에 네가 있기를 바라면서 장문의 편지를 마칠까 한다. 끝까지 읽어줘서 고맙고 더욱 발전된 네 모습 기대할게. 안녕.

2003년 파란 하늘이 아름다운 가을
너의 친구로부터

# TV 드라마의 눈높이

MBC 수목 드라마 <앞집 여자>의 차별성과 그 한계의 분석

김완신(주부)

## 들어가는 글

우리는 살아가면서 다른 사람은 어떻게 살고 있는지, 문제가 생겼을 때 어떤 방식으로 고민하고 어떻게 풀어나가는지 알고 싶어하며 때로는 타인의 삶에서 해결의 모티브를 찾기도 한다. 그런 점에서 드라마는 가장 합법적으로 손쉽게 타인의 삶과 사고를 들여다볼 수 있는 대중매체라 할 수 있다. 특히, 요즘처럼 사고와 존재 양식이 빠르게 변화하고, '결혼'이 더 이상 삶의 필요충분조건이 되지 못하는 시대에, 이미 결혼을 해서 살고 있는 이들의 삶을 구체적이고도 현실적으로 엿볼 수 있다면, 이는 결혼을 생각하고 있는 많은 이들에게 또는 이미 결혼을 해서 이러저리 부딪히며 적잖은 갈등을 껴안고 살아가는 이들에게 매우 흥미로운 일임에 틀림없다.

MBC 수목 드라마 <앞집 여자>는 중산층 아파트촌의 평범한 30대 부부 세 쌍의 결혼과 외도의 좌충우돌하는 일상을 통해 결혼의

의미와 가정의 소중함을 다루겠다는 제작진의 의도가 배우들의 자연스러운 코믹 연기와 감각적이고 직설적인 대사, 장황하지 않은 다이내믹한 전개에 힘을 얻어 지나치게 화려하고 허구적인 드라마들에 식상해 있던 젊은 시청자들에게 강하게 어필하면서 많은 인기를 얻었다. 또한, '외도', '이혼', '불륜'이라는 다소 버겁고 반사회적인 주제를 코믹하고 경쾌한 터치로 다루면서 그동안 드러내놓고 공론화되지 못했던 문제들이 많은 주부와 삼십 대 기혼 남성들 사이에서 화제가 되기도 하였다.

일종의 센세이션을 일으켰다는 사실, 높은 시청률을 기록하며 화제 속에 막을 내렸다는 것은 분명 드라마의 성공을 가늠하는 잣대가 될 수 있다. 그러나, TV 드라마는 잠정적인 시청자층을 전제로 나름의 메시지와 의도를 갖고 제작되며, 이는 시청자들과 함께 생각하고 공감할 수 있는 나눔의 장이 되어야 할 사명을 갖는 것이기도 하다. 현실을 그럴듯하게 포장만 해서도, 극적 재미를 위해 지나치게 과장하거나 극단적 상황으로 왜곡해서도 호응을 얻을 수 없는 것이다. 이런 점에서 드라마 <앞집 여자>는 무거운 주제를 코믹하고 경쾌하게 그려냈다는 성공 이면에, 보다 근본적인 문제에 대한 기본적 접근 방식이나 갈등 해결에 대한 적극적인 모색이 결여된 채, 유쾌한 불륜이라는 자극적인 문제제기로 막을 내렸다는 한계를 지니고 있다. 타인의 일상을 엿본 것 같은 짜릿한 재미 뒤에 심한 갈증을 느끼게 된 원인도 여기에 있을 것이다. 불안한 가족 관계에 대한 예방 주사라는 일각의 견해가 설득력을 얻으려면 인물들에 대한 보다 세심한 설정과 갈등 해결 방법에 대한 대안적인 구조가 필요했던 것으로 생각된다. 드라마 속 주인공들처럼 21세기 대한민국에서 삼십 대를 살아가고 있는 아줌마의 정서와 가장의 가슴으로 그 코믹함, 더없는 가벼움의 이면에 드리운 문제들을 살펴보고자 한다.

## 본글

### <앞집 여자>의 차별성

결혼보다는 '이혼'이 새로운 화두가 되어가고 있는 요즘 <앞집 여자>는 그 나이 때의 젊은 주부들에게 가히 폭발적 인기를 얻기에 충분한 조건들을 갖추고 있었다. 부부 문제나 가정사를 다루었던 많은 드라마들이 극단적 파국을 맞을 위기를 여러 번 겪으면서도 종국엔 부모 세대의 적절한 개입과 자녀의 중재 등을 통해 외관상 해피엔딩을 표방하였던 것과 달리, <앞집 여자>엔 친정 어머니의 애절한 눈빛이나 고압적인 시어머니의 권위가 끼어들 자리가 없다. 부부 문제를 그 둘만의, 다른 세대가 아닌 동시대 동년배의 시각과 가슴으로 다루었다는 점에서 기존의 드라마와는 확연히 구분된다. 그들의 삶을 관찰하는 이도, 필요한 시점에 개입하고 조언을 구하는 이도 동년배의 이웃이다. '가족'이라는 때론 버거운 틀을 과감히 삭제시킴으로써 결혼을 가족 중심주의적 시각이 아닌 '남자'와 '여자'의 관계로, 본질적인 부부 문제로 새로이 조명했다는 점에 많은 점수를 주고 싶다. 한 가정의 가장이나, 아이의 양육자로서가 아니라 같은 시대를 호흡하며 살고 있는 또 다른 '나'를 보며, 시청자는 일방적으로 방송을 수용하던 피동적인 입장에서 보다 적극적이고 참여적인 '공범자'가 됨으로써, '문제'라는 것에 대한 공감대를 형성하고, 함께 고민하며 토론할 수 있게 되었다. '불륜', '외도'의 공론화라는 찬반이 뚜렷하게 엇갈리는 평가를 받을 수 있는 것도 이런 이유로부터 해석할 수 있을 것이다.

'불륜'이나 '외도'는 결코 경쾌할 수 없는, 부부 문제에 있어 절대 가볍게 풀어갈 수 없는 문제들이다. 그럼에도 <앞집 여자>가 진부하거나 지겹다고 느껴지지 않는 건, 명쾌하고 친숙한 언어로 짧게 끊어가는 작가의 순발력과 연기자들의 자연스러운 호흡, 그리고 다이내믹한 연출력으로 무거운 소재를 새롭게 구성했기 때문이다. 또한, 무겁고 심각한 것보다는 가볍고 경쾌한 것을 선호하는 시대적 코드와 적절하게 맞물렸기 때문이기도 하다. 남편이나 부인의 외도가 시종일관 다투고 싸우며 가정을 아수라장으로 만들어버리는, 그래서 지저분한 파탄의 과정으로 그려졌던 기존의 드라마들과 달리 코믹이라는 장치를 십분 활용하여 주제의 무거움을 털어버리고 재미있는 에피소드들을 적소에 배치시킨 작가의 역량이 돋보였다. 지지부진한 감정의 소모를 최대한 생략하고 다른 장면으로의 전환을 빠르게 조절하여 시청자가 함께 생각하고 고민할 수 있는 여백이 가능해졌다. 배우자가 아닌 다른 이성을 향한 외도가, 젊은 애인과 인라인 스케이트를 타느라 쩔쩔매는 샐러리맨의 눈물겨운 안간힘으로, 정성껏 수놓은 손수건에 감동받는 전업 주부 남편의 떨림으로 그려짐으로써 외도라는 암울함을 털어버리고 '유쾌한 불륜'을 공론화할 수 있는 계기가 되었다고 본다.

수년간 두 집 살림을 하며 아내를 감쪽같이 속이는 능력 있는 남자들의 외도를 다룬 드라마에 시청자들은 익숙해져 있다. 그에 비해 아내들은 작은 사랑에 목말라 하고 순수한 열정에 갈등한다. 그러나 이러한 공식은 <앞집 여자>에선 반드시 일치하지 않는다. 데이트를 할 때마다 유리병에 조약돌을 하나씩 넣고 스무 개가 되면 다른 남자로 바꾼다는 극중 애경의 당당함에 시청자는 당혹스러우면서도 TV 앞에 다시 와 앉게 된다. 할인 마트의 채소값을 줄줄이 꿰고 있는 전업 주부 남편 봉섭의 나른한 일상과 잔소리는 TV 채널 주도권을 쥐고 있는 남편들에게서 리모콘을 빼앗기에 충분하다. 불륜을 생활의 비타민이라며 적당히 즐기고 살라는 아내가 드라마를 이끄는 또다른 축이 된다. 아내의 외도와 불륜이라는 파격의 과감함에 진부한 소재를 변화된 시대의 전혀 새로운 시각으로 조명하고 해석하려

했던 시도의 참신성이 돋보이는 부분이다.

이러한 차별성에도 불구하고, 그 이면에 남아 있는 <앞집 여자>의 문제점을 제기하지 않을 수 없는 건 재미가 컸던 만큼 갈등의 해결 방법에 대한 기대와 관심이 지대했기 때문이다. 시청자가 개입할 수 있는 여백이 많았던 만큼 신중한 선택과 세심한 배려가 부족했음을 지적할 필요도 그런 바탕에 근거한다. 이제 드라마 기저에 흐르고 있는 가치관의 부재, 성역할에 대한 편협된 선입견, 동화적 엔딩의 허술함 같은 한계를 살펴보고자 한다.

## <앞집 여자>의 한계

### 하나. '전업 주부'의 위태함

<앞집 여자>에는 각기 다른 세 쌍의 부부가 등장한다. 전업 주부인 미연과 평범한 샐러리맨 상태의 나영이네, 커리어 우먼이면서 가정까지 완벽하게 돌보는 애경과 능력 있는 남편 동규의 태윤이네, 그리고 미용실을 운영하는 수미와 실업자로 전업 주부가 된 봉섭의 쌍둥이네. 전업 주부인 미연은 능력 있고 자신감 있는 애경과 여러 면에서 비교되는 자신이 초라하게 느껴지고 남편인 상태 또한 미연을 심리적인 공황 상태로 몰아간다. 이에 비해 애경은 카페를 운영하면서 현란한 요리 솜씨와 센스 있는 인테리어, 세심한 육아까지, 그야말로 완벽한 수퍼 우먼이다. 아이 하나 키우면서 집에서 살림만 하는 미연의 소박한 도시락은 돈까지 벌면서 요리책의 한 페이지를 오려낸 듯한 애경의 그림 같은 도시락에 완전한 패배를 인정할 수밖에 없다. 이에 비해 쌍둥이네는 일하는 엄마와 살림하는 아빠가 축이다. 미용실을 운영하느라 지치고 들어온 수미에게 가장 봉섭은 제발 스타킹 좀 돌돌 말아 내놓지 말라며 잔소리를 한다. 어질러진 집 안을 정리하라 소리치는 수미와 집에서 할 일이 얼마나 많은지 알기나 하

나며 투정하는 봉섭은 밤만 되면 달려드는 수미와 잠자리 문제로 한바탕 소동이다.

단정적으로 말하면 주부, 특히 전업 주부는 집에서 살림이나 하고, 끊임없이 잔소릴 해대며 밤마다 남편에게 말없이 봉사하며 자신을 연민하는 한심한 존재이다. 수미와 봉섭의 관계에서 보듯이 남자와 여자여서가 아니라, 주부이기 때문에, 단지 전업 주부라는 위치에 놓여 있음으로 인해 경제권을 갖고 있는 가장으로부터 일방적인 박대와 면박을 당하게 되는 것이다. 21세기의 초현대화된 사회를 살아가면서도, 끊임없이 남녀 평등, 동등 부부를 외치는 오늘날에도 주부란, 특히 드라마 속 전업주부의 입지는 17, 18세기 그 어디쯤에 머물러 있는 듯하다. 아니 어쩌면 모성이라는 큰 가슴을 가진 옛날 어머니의 범주에도 편입되지 못하고, 여유 있으나 쓸모없는, 지극히 소모적이고 단순한 '아줌마'로서만 존재하고 있는 것이다. 그럼으로써 은연중에 주부란 적어도 극중 애경처럼 집안일을 완벽하게 소화해내고 경제력까지 갖춰야 비로소 경쟁력을 가질 수 있음을 은근히 강요하고 있는 것이다.

정우 회사에 취직을 하게 된 미연. 주부 사원의 위치를 가늠하듯 할 줄 아는 일도 없어 난감한데 오만방자한 커리어 우먼이 사사건건 미연을 괴롭힌다. 궁리 끝에 주부 미연이 선택한 일이란 건 남자 사원들의 아침 대용 간식을 준비하고, 책상마다 꽃을 꽂아주고, 반질반질 윤이 나게 사무실 '살림'을 맡는 것이다. 회사도 동료들도 미연에게 그 이상의 기대를 하지 않는다. 고작해야 동료 여직원을 화장실에 가둬두고 복수하며 대한민국 아줌마임을 당당하게 외치는 것이 전부이다. 한심하다 못해 차라리 처절하기까지 하다. 그것이 수년차의 전업 주부가 가지는 현실적인 지위임을 인정하고 확인시키고 있는 것이다.

드라마는, 더 크게 보면 대중 매체는, 그 시대의 흐름을 가장 먼저 받아들이고 반영하고, 지향해야 할 미래의 모습을 함께 고민할 수 있어야 한다. 주부의 입지를 좀더 사회적으로 인정받게 하기 위해 언젠가부터 '전업 주부'라는 표현을 사용하고 있다. 전업 샐러리맨, 전업 의사란 말은 없으면서도 유독 주부 자리에 '전업'을 강조한 것이 오히려 더욱 서글픈 현실이지만, 대부분의 주부들은 특히 전업 주부들은 변화하는 시대에 자신들을 적응시키기 위해, 아이와 남편의 든든한 보루가 되기 위해 바쁘게 생각하며 치열하게 하루하루를 살아가고 있다. 그럼에도 드라마는 항상 이도 저도 아닌 평범한 주부의 일상을 권태로움과 도태의 과정으로만 묘사하고, 현실적이지 못한 수퍼 우먼을 극단적으로 비교시킴으로써 전업 주부의 역할을 과소평가하기에 급급해 보인다. 모두들 가정을 박차고 뛰어나가 돈을 벌며 남편과 당당하게 맞서고 그럴 때에만 비로소 여자로서의 인생이 의미를 갖는다고 외치는 듯하다. 가정은 사회를 이루는 최소 단위이기도 하지만, 또한 사회를 변혁시키고 움직여나갈 최대 단위이기도 하다. 그런 가정을 이루기 위해, 경쟁력 있는 가정으로 가꾸기 위해 누군가는 주부의 역할을, 전업 주부의 자리를 온전히, 건강하게 지킬 의무가 있는 것이며, 그러기에 그 위치는 진정으로 고귀한 것이다. 우리는 먼저 생각하고 배려해야 한다. 사회 구성원 각자의 위치와 역할의 의미가 진정으로 인정받아야 하며 이러한 현실은 드라마에도 예외 없이 반영되어야 할 것이다.

### 둘. 안심 스테이크와 족발

지루함과 권태의 일상을 보내던 미연에게 돌연 첫사랑 정우가 나타난다. 기대 이상으로 멋지게 성공한 정우는 미연을 상대적으로 초라해 보이게도 하지만 무료함을 떨치고 삶의 긴장을 느낄 수 있는 신선함을 선사한다. 직업을 가져보겠다는 미연에게 건성으로 면박을 주던 남편 상태와 적극적으로 일자리를 찾아 나서는 애인 정우는 여

러 면에서 비교된다. 미연의 생일날, 뒤늦게 미연의 생일임을 안 상
태는 미연을 끌고 돼지구이 집으로 향한다. 풀풀 나는 연탄 연기를
맡으며 마땅찮아 하는 미연에게 다음 날, 애인 정우는 근사한 레스토
랑에서 화려한 파티를 준비한다. 남편의 외도를 알고 시름에 잠긴 미
연에게 상태는 족발을 사들고 들어와 눈치를 보는데, 애인 정우는 안
심 스테이크를 배달시키고 도우미 아주머니를 신청해 보내준다.
 우습게도 이 드라마는 곳곳에 이와 같은 장치를 배치함으로써 부
부의 관계를, 더 나아가 여성의 기대 수준을 한참이나 유치하고 저속
한 것으로 끌어내린다. 안락한 집과 근사한 선물, 세련된 매너와 경
제적 능력. 사랑과 결혼을 결정짓고 유지시키는 코드는 이런 것들뿐
이다. 남편과는 모든 면에서 상반되는, 자신만을 공주처럼 아끼고 보
살펴주는, 그래서 비로소 사랑받고 있음을 확인시켜주고 그걸로 만
족해하는 아줌마를 전제로 한다. 주부들이 남편, 아니 사랑하는 사람
에게서 받고 싶은 것들이 고작 이러한 스테이크의 부드러움과 꽃다
발의 화려함뿐인가 심각하게 생각하고 고민해보지 않을 수 없다. 정
우와 미연의 관계에서 정우는 일방적으로 미연에게 뭔가를 베풀고
받아주는 존재이다. 이에 비해 미연은 늘 받고 상처받으면 달려가 위
로받고 사랑받기 원한다. 결혼한 현대판 신데렐라이다. 자신의 고민
을 함께 나누며 진정으로 상대해줄 동반자의 따뜻한 마음과 자신의
역할을 인정해줄 수 있는 친구의 어깨가 필요한 곳에 드라마는 공격
적으로 선물과 허영을 불어넣고 있는 셈이다. 여자가 남편으로부터
받고 싶은 건 그런 자상한 배려임을 보여주려 했다지만, 실상은 마음
보다는 물질을, 내용보다는 형식을 은연중에 강조하고 있는 것이다.
 시대가 변하고 있다. 드라마를 쓰는 작가에게도, 이를 연출하고 기
획하는 제작진에게도 현재 사회 구성원들이 바라고 있는 것이 무엇
인지, 이들이 진정으로 원하는 것이 무엇이며 그들의 눈높이가 어디
에 있는지 객관적이고도 치열하게 탐구해야 할 몫이 있을 것이다. 구

시대의 전형을 틀로 그 위에 윤색하고 화려한 화면 연출과 코믹한 상황 설정으로 포장하는 것으로는 더 이상 고급화된 시청자의 눈높이를 겨냥할 수 없을 것이다. <앞집 여자>의 자극적이면서도 경박한 인물 설정과 극단적인 대립 구도는 일각의 주장처럼 현대의 가정에 예방 주사를 놓은 효과를 기대한다기보다는 건강한 가정을 조금씩 잠식시킬 병균을 부지불식간에 사회로 퍼뜨린 부작용이 더 클 것으로 생각된다. 대한민국 아줌마를 뭘로 보느냐고 극중 미연은 외친다. 이 땅의 많은 아줌마들은 더 이상 달콤한 유혹과 경박한 허영을 꿈꾸는 비현실적이고 한심한 소비주체가 아니다. 현실을 따라가지 못하는 후진적 드라마의 절망적 구도가 이젠 구태의 틀을 과감히 벗고 보다 현실적이고 능동적인 자세로 환골탈태하기를 기대한다.

### 셋. 마주 보지 않는 가족: 내재된 갈등

<앞집 여자>에 나오는 세 쌍의 부부들은 살아가는 모습이 판이하게 다름에도 불구하고 하나의 공통된 점이 있다. 가족임에도 절대 서로 마주 보지 않는다는 것이다. 외도와 불륜이라는 거대한 파고를 넘나들면서도 이들은 한 번도 서로에게 '왜'냐고 묻지 않는다. 이해와 분노의 또다른 해법이 될 수도 있을 '왜'냐는 물음을 던지지도 받지도 않는다. 다만, 벌어지는 일들에 분개할 뿐이다. 잠자리를 거부하며 액자 속 그림 같은 남편 동규에게 애경은 한 번도 그 이유를 묻지 않는다. 대신 소리나지 않게 들키지 않으며 다른 남자를 찾아 끊임없는 모험을 일삼는다. 하늘이 무너질 것 같은 배신에 몸을 떨면서 미연은 상태에게 무엇이 불륜을 저지르게 하였는지 물어보지 않는다. 아내를 사랑한다면서도 숨겨둔 애인 곁으로 달려갈 수밖에 없는 상태의 심리 저변엔 무엇이 있는지, 단란한 가정 속에서 행복을 찾지 못하고 방황해야만 하는 절박한 이유에 대해 아무런 설명이 없다.

구질구질하게 변명하고 처절하게 매달리는 서사 구조가 아니어서, 극적 전개가 꽤나 다이내믹하고 흥미로운 반면, 인물들 내면의 갈등에 관한 보다 근본적인 분석이나 설명이 생략된 데서 오는 혼돈 또한 간과해서는 안 될 것이다. 서로 다른 사람들의 만남으로 이루어진 '가족'은 그들만의 '가정'을 이루면서부터 그 속에서 녹아나고 다듬어진다. 그렇기 때문에 문제가 생겼을 때 서로 보듬고 어루만져야 하지만 또 한편으론, 그러기에 갈등 상황을 덮어만 두고 모른 체로 유지하기는 힘든 것이다. 겉으로 보이는 행복을 위장하기엔 너무 솔직할 수밖에 없는 관계이기 때문에. 더군다나 파국으로 치달을 상황들을 겪어내면서 철저히 서로를 외면한다는 것은 거의 불가능한데도 드라마상의 부부들은 한결같이 자신을, 배우자를 철저하게 속이는 것으로 일관한다. '외도'가 아니었어도, '불륜'의 유혹이 없더라도 스스로 붕괴될 수밖에 없는 부실함이 내재하고 있는 것이다. 그렇기 때문에 이들의 문제는 철저하게 외부적인 상황에 의해 전개되고 해결된다.

정우의 마음을 받아들이지도 거절하지도 못하는 미연과 애인인 유정을 정리하지 못하는 상태는, <앞집 여자>에서 유일하게 자기 주장이 강하고 명료하게 행동하는 상태 애인, 유정의 하룻밤 자작극에 의해 이혼을 받아들인다. 느닷없이 나타난 애경의 옛 애인이 가게에 나타나면서 동규의 처절한 고백과 애경의 방황이 서로를 껴안게 된다. 자신의 마음을 잘 알아주는 은숙에 대한 봉섭의 흔들림은 은숙의 사기 파트너가 등장하면서 갈피를 잡는다. 끝까지 아내인 수미는 이러한 사건의 전말을 전혀 모른 채 말이다. 지저분하고 구질구질한 변명을 늘어놓거나 상대에게 매달리지 않는 산뜻한 사건 해결 방식을 논하기 이전에, 남편에 대한, 아내에 대한, 가정에 대한 기본적인 예의가 지나치게 생략, 상실되었음을 지적해야 한다. 무엇 때문에 갈등하고 있는지, 어떤 식으로 함께 풀어나가야 할지 최소한의 노력도 보이질 않는다. 애경은 동규에게, 상태는 미연에게 자신의 속내를 보여주지 않고 또한 들으려고도 하지 않는다. 그렇다면 이들은 무엇으로 함께 살고 있는가.

드라마가 현실적이기를 기대한다면 시청자의 지나친 욕심일까. 드라마가 보여주는 장치들의 화려함 이면에 상업적 계산이 숨어 있다는 것쯤이야 더 이상 비판거리도 되지 못하지만, 그것이 기초하고 있는 다양한 인간 군상(群像)이 시청자의 앞집, 옆집 사람과는 너무나 동떨어진, 그래서 평범하고 건전한 인간 관계에 경계 신호를 보내게 되다면 드라마는 더 이상 흥미나 감동을 줄 수 없을 것이다.

### 넷. 사다리타기: 가벼움의 극치

미연과 정우는 이혼을 결심하고 재산 분할을 논의하다 결국엔 사다리타기로 집안 가재들을 정리한다. 갈등의 정점에서 준비된 이 장면은 <앞집 여자>라는 드라마를 한마디로 요약하고 있다. 드라마는 처음부터 여러 갈등 요인들을 내포하고 있었다. 그러한 위험 요소들이 표면으로 분출되기까지 매우 박진감 있게 전개되다가 갈등의 정점에선 모든 호흡이 정지된다. 다시 말하면, 치열하게 생각하고 해결해야 할 자리에 인물들은 없고, 흐르는 시간만이 개입된다. 상태는 유정과 미연 사이에서 끊임없이 방황하는 듯 보이지만, 어느 한쪽으로도 확실한 의지를 갖지 못한다. 상태와 정우 사이에서 저울질하는 미연도 어느 하나를 포기하지 못한다. 아이로니컬하게도 상태의 애인인 유정만이 가장 의지적이고 주체적이다. 미연을 찾아와 이혼해 달라며 무릎 꿇고 사정하는 유정이 결정적인 극의 흐름을 이어가고 있는 것이다.

모두의 삶이 사다리를 타는 듯하다. 굳이 노력하지 않아도 자연스레 시간과 함께 미끄러져 내려가는 식의 해결. 배우자가 아닌 다른 이성에게 마음을 뺏기고, 서로를 속이면서도 판단하거나 고민하는 모습을 볼 수가 없다. 시간이 해결할 동안, 그저 마음 끌리는 대로, 몸이 시키는 대로 끌려갈 뿐이다. 모든 판단은 유보되면서도 표면적으로는 갈등이 해결된 듯한 착각을 불러일으킨다. 일종의 눈가림이라고 할 수 있다.

드라마는 이제 허공에 사다리를 걸치고 위험한 줄타기를 하고 있다. 외도와 불륜이라는 장치로 결혼이라는 화두를 점검하고자 했던 의도는 진한 화장을 한 광대의 숨겨진 노안처럼 코믹과 자극이라는 장치에 가려 맥없이 무너지고 만다. 남편과 이혼해달라고 울며 조르는 유정에게 미연은 묻는다. 이 남자가 그렇게도 좋으냐고. 주저 없이 대답하는 유정에게 미연은 단 몇 초의 머뭇거림도 없이 내뱉는다. '그럼, 너 가져!' 비슷한 문제로 갈등을 겪었을 많은 여성들의 가슴에 후련함을 남겼을지는 모르겠으나, 이 한마디는 애써 쌓아놓은 부부라는, 가족이라는 관계마저 단번에 끊어버리는 비수가 될 수도 있는 것이다.

시청자들이 알고 싶은 것은, 이 시대 이 땅에서 살아가고 있는 수많은 부부들이 공감하며 들여다보고 싶은 것은 서로에 대한 '이해'일 것이다. 앞집 여자는, 옆집 남자는 어떻게 생각하는지, 어떤 식으로 해결하는지, 남편을 아내를 어떻게 이해해야 하는지, 왜 그럴 수 있는지 이해하고 함께 이야기하며 공감하고 싶은 것이다. 드라마가 궁극적으로 지향하는 것 또한 그럴 것이다. 이해와 공감의 끝엔 분명 감동과 여운이 남게 마련이기 때문이다.

**다섯. 폭풍이 지나간 자리에 준비된 행복**

상태와 미연은 서로의 외도에 대한 충분한 이해 없이 결국 이혼하고 만다. 불륜을 들켜버린 애경과 동규는 한적한 시골로 내려가 전원생활을 즐기고, 순수한 사랑을 꿈꾸었던 봉섭은 아무 미련 없이 수미 곁으로 돌아온다. 갈등의 정점에서 이들이 어떻게 서로를 품어나갈

지, 이런 식의 외도와 불륜이 어떤 결말을 준비하고 있는지 설레었던 기대는 잘 차려진 밥상처럼 깔끔한 마무리 앞에서 맥없이 무너지고 만다. 불륜이, 외도가 갈등의 원인이었음에도 불구하고 그로 인해 더없이 행복하고 안정적인 스위트홈(sweet home)으로 귀향하고 있다. 전업 주부의 경제적 무능력을 뼈저리게 경험한 미연은 이혼이 닥치자 애경이 넘기고 간 카페를 순조롭게 이어받아 당당한 커리어우먼으로 부상하며 새 삶을 시작한다. 능력 있는 벤처사업가였던 동규는 아내의 불륜을 목도하고 나서 그림 같은 전원으로 돌아가 갑작스레 자연인이 되고, 화려했던 애경은 영락없는 시골 아낙이 된다. 밤마다 잠자리로 힘들었던 봉섭은 수미 곁으로 돌아와 새로이 쌍둥이를 갖게된다. 모든 갈등은 순식간에 사라지고 행복과 사랑만이 넘쳐난다.

호박을 마차로, 누더기를 황금빛 찬란한 드레스로 만들었던 요정의 마법 지팡이가 여기서도 그 능력을 발휘한다. 이러한 소음 없는 뒤처리는 극 전체를 통해 결혼의 의미와 가정의 소중함을 함께 고민하고자 했던 모두를 매우 허탈하게 만들어버렸다. 이쯤 되면 불륜이나 외도는 결혼한 남자나 여자가 개인적으로 행복해지기 위한, 건강한 가정을 유지하기 위한 일상적인 통과 의례가 되는 듯하다. 작가는, 제작진은 끝나야 할 시점과 산뜻한 엔딩을 위해 가장 손쉬운 선택을 했을 뿐, 그 나머지는 모두 시청자의 몫으로 떠넘기고 말았다. 함께 생각하고 고민해보는 대신, 제시한 대안이란 것이 오히려 현실을 기만하고 건강한 이들을 상대적으로 기운 빠지게 하는 것이 되었다. 이혼율이 세계 수위를 차지하는 시대라 해도 이혼이란 결혼만큼이나 힘겹고 중대한 결정이다. 그로 인해 감수하고 책임져야 할 인생의 무게 또한 그리 만만치 않다. 그럼에도 외도와 이혼으로 인한 무게는 상태의 구멍 난 양말이나 위태하게 매달린 셔츠의 단추 그 이상도 이하도 아니다.

드라마가 위험할 수 있다는 것을 지적하지 아니할 수 없는 시점이다.

## 맺음말

제작진은 시청자들이 드라마를 보면서 교훈과 정답을 얻으려 하지 말라고 한다. 또한, 시청자와 제작진이 함께 공감하면서 우리 시대의 결혼 문제를 되짚어보는 드라마가 되길 바란다고도 했다. 어느 누구도 드라마가 도덕 교과서가 되어주길 기대하진 않는다. 또한, 드라마를 본보기로 행동하거나 사고하지는 않을 것이다.

그러나, 드라마이기에 시청자가 기대하는 부분이 분명히 존재한다. 드라마는 드라마일 뿐이라는 외면이 아니라, 우리의 앞집에서도, 옆집에서도 충분히 일어날 수 있는, 만날 수 있는 인물들이 삶의 파고를 넘나들면서도 서로를 끊임없이 격려하며 가슴으로 안아주는 감동을 만나고 싶은 것이다. 금기시되어왔던 소재를 선택할 수 있는 과감함과 역동적인 시대의 파격적 양태 수용이라는 환영할 만한 변화가 좀더 진지한 고민과 배려로 그 가치를 더해가길 바란다.

많은 장르의 드라마들이 다양한 소재를 가지고 만들어지고 결과의 명암이 서로 엇갈린다. 시대가 변하고 있다. 시청자의 기대는 빠른 속도로 그 눈높이를 키우고 있는데 TV 속의 우리는 같은 자리에서 맴돌고 있다. 단순히 보고 즐기는 일회적 소모작으로서의 드라마가 아니라 우리의 문제를, 우리의 시대를 함께 되짚어보고 공감할 수 있는 진정한 TV극을 기대해본다.

# 2003년 양육권 갈등구조 드라마 리메이크 열풍의 의미

### <그대 아직도 꿈꾸고 있는가>(MBC), <노란 손수건>(KBS1), <아내>(KBS2)를 중심으로

민혜영(모니터 요원)

## 1. 유사 소재의 리메이크 드라마 동시 출현

축복받지 못한 채 낳은 아이, 그 아이가 아들이었을 때 양육문제를 둘러싸고 벌어지는 치열한 대립. 이제 우리에겐 드라마·영화의 소재로 너무 익숙한 나머지 진부하기까지 하다.

그러나, 이 새로울 것 없는 소재는 시대를 초월해 질기게 존재해 왔다. 이는 사람들의 관심을 끌어당기는 매력적 요소가 아직도 강함을 의미한다. 서로 다른 환경의 남녀가 만나 온전한 가정을 일구기까지 정도의 차이는 있겠지만 누구나 주위 가족들로부터 오는 시련에 부딪히게 마련이다. 바로 이런 시련이 드라마에서 극대화될 때, 시청자들은 자신의 일인 양 감정이입을 더욱 쉽게 하는 경향이 있는 것 같다.

현재 우리 드라마의 시청률을 좌우하는 연령층은 10~20대 초반까지로 볼 수 있다. 이에 부응하듯 방송사들은 위의 연령층에 인기 있는 스타들을 캐스팅해 현실과는 동떨어진 내용에 예쁜 이미지로 포장하고 속도감 있는 편집을 내세운 드라마들을 양산해내고 있다.

그런데, 2003년 벽두부터 이를 정면으로 뒤집는 소재의 드라마들이 거의 동시다발적으로 출현했다. MBC 소설극장 <그대 아직도 꿈꾸고 있는가>, KBS1 일일드라마 <노란 손수건>, KBS2 월화드라마 <아내>가 그것이다.

세 드라마는 양육권 문제를 둘러싼 남녀 및 그들 가족간의 갈등을 중심축으로 다루고 있다는 점에서 매우 유사하다. 또한, 이미 제작된 바 있는 리메이크작인 것도 공통점이다. <그대 아직도 꿈꾸고 있는가>는 박완서 씨의 동명소설이 원작이며, 1990년에 KBS2의 8부작 미니시리즈로 방영된 바 있다. 당시는 소설이 출간된 지 1년 만에 드라마화된 관계로 서로 내용상의 차이는 거의 없었다. <노란 손수건>은 작가 박정란 씨가 1988년 자신이 MBC 주말극으로 선보였던 <내일 잊으리>의 인물과 구도를 그대로 차용한 경우다. <아내>도 역시 1982년 KBS2에서 동명의 타이틀로 방송된 것을 동일 작가가 다시 쓴 것이다.

이들 드라마의 리메이크는 30대 이상 연령층에게 과거에 대한 향수를 불러일으키며 그들을 다시 수상기 앞에 앉히는 데 성공했다. 과거 시청자들의 뜨거운 인기를 검증받았던 소재를 다시 기획한 방송사들의 전략은 적확했음이 판명된 셈이다.

그런데, 왜 방송사들이 유독 올해 십 수년도 더 된 드라마들을 끄집어내면서까지 양육권 갈등이란 소재에 집착했던 것일까?

## 2. 호주제 폐해를 인정하는 사회상의 반영

1968년 정소영 감독의 영화 <미워도 다시 한번>이 개봉됐을 때, 소위 고무신 부대라 불리는 주부관객들의 호응은 가히 폭발적이었다.

여주인공이 유부남과의 사랑으로 미혼모가 된다는 설정을 내세운 것
부터가 자극적이었고, 세월이 흘러서도 아버지 없는 아이에 대한 세
상의 선입관, 아들의 교육문제로 인해 질긴 인연을 이어갈 수밖에 없
는 안타까운 상황이 대다수 관객들의 동정을 불러일으킨 것 같다.

　이후 속편이 만들어지고 수많은 아류작들이 영화와 TV 드라마로
제작되었지만, 1990년대까지도 삶의 모든 고통을 끌어안은 채 가녏게
살아가는 여성상을 보여주는 현상이 지속되어왔다. 시대가 변하면서
성(性)에 대한 인식도 많이 개방되었고 고학력 여성들의 증가로 자기
권리를 찾는 데 익숙한 현실에서 여전히 그대로인 이런 유의 드라마
를 보며 시청자들은 대부분 무시당한다는 기분을 느꼈을 것이다.

　1997년 말 IMF 구조조정 체제에 들어간 이후, 우리 사회는 기존
의 가치관이 뿌리부터 흔들리는 경험을 하고 있다. 결혼 성사의 최대
조건은 경제력이 되었고, 성격 차이 등의 이유로 이혼율 증가속도는
세계 최고를 기록하고 있다. 또한, 혼전 순결에 대한 관념이 희박해
지면서 미혼모들이 속출하고 있다. 이제 우리도 좋든 싫든 다양한 가
족유형을 인정해야 하는 시대가 온 것이다.

　그렇지만, 아이를 누가 양육하느냐의 문제는 점점 복잡한 양상으
로 치닫고 있다. 법적으로 여전히 아버지의 우선권을 보장하는 가운
데, 능력을 갖춘 여성들의 양육권 주장이 거세지고 있는 상황이다.
2～3년 전부터 남성 중심의 현 호주제 폐해에 대한 여론이 본격적으
로 조성되기 시작하더니, 드디어 올해 여성부와 일부 국회의원들이
중심이 돼 호주제 폐지 법안을 정식으로 발의하기에 이르렀다.

　2003년이 시작되자마자 양육권 갈등을 그린 드라마가 여러 편 등
장한 것은 이런 시대적 변화를 감지한 필연적 산물이라 하겠다. 소재
는 과거에도 이미 다뤄진 것이지만, 새롭게 해석될 여지가 얼마든지
있는 것이다. 대부분의 시청자들도 바로 이 점을 기대하며 과거의 드
라마와 어떤 식으로 차별화시켜 전개해나가는지 예의 주시했으리라

생각된다.

## 3. 스스로의 노력으로 자아와 권리를 찾는 여성상 제시, 〈그대 아직도 꿈꾸고 있는가〉

지난 3월부터 방영을 시작해 9월19일 대단원의 막을 내린 MBC의 〈그대 아직도 꿈꾸고 있는가〉는 소설극장이란 수식어가 붙은 아침드라마이다. 통속, 불륜, 삼각관계 등이 아침드라마 하면 통상적으로 연상되는 것이다 보니, 소설극장이란 안전판을 붙여 시청자들의 눈을 현혹시킨 것은 아닌지 의심되기도 했다.

그러나 원작이 리얼리즘 계열 소설의 대가 박완서 씨의 작품이라는 점이 내용의 차별성에서 믿음을 갖게 한 것도 사실이다. 다만 14년전의 상황을 얼마나 지금의 현실에 맞게 윤색했느냐가 문제였다. 소설이 나올 당시는 지금처럼 미혼모나 양육권 문제의 심각성이 본격적으로 다뤄지기 전이었음에도 미혼모를 바라보는 사회의 냉대, 차문경이 양육권을 찾기 위해 소송까지 불사하는 과정을 매우 현실적으로 그려낸 것이 많은 독자들의 공감을 얻었다. 하지만 김혁주가 돌연 양육권 소송을 포기함으로써 문제가 해결되는 절반의 성공이어서 여성에 대한 두터운 법적 제약을 실감하게 했다.

2003년의 드라마 역시 기본적인 골조는 같다. 그러나 더욱더 많은 시련을 드라마에 장치하고, 포기하지 않는 집념으로 끝내 승소판결을 받아낸다는 점이 다르다. 일일드라마 형식으로 6개월 이상 장기 방영된 관계로 비교적 재판과정을 상세히 묘사하는데, 아무리 미혼모가 갖은 수모를 당하며 아이를 길렀다 해도 남성측의 인지신고 하나면 얼마나 간단히 아버지 자식으로 인정받는지를 통렬히 고발한다. 그리고 양육권을 되찾으려면 아직은 여성이 갖추어야 될 조건에 비해 남성의 여건이 얼마나 많이 악화되어야 가능한지를 보여주어, 막

연히 알고 있는 호주제 폐해의 심각성을 구체적으로 알리는 계기가
됐다고 본다.

그리고, 부정한 교사 취급을 받으며 자부심을 갖는 직업을 떠난
차문경(배종옥 분)이 원작에서처럼 반찬가게 운영이 아닌 학원강사의
길을 걷게 된다는 설정은 자신의 천직을 쉽게 포기하지 않는 요즘
여성들을 잘 대변하고 있다.

무엇보다 이 드라마가 빛나는 것은 여성드라마가 흔히 범하기 쉬
운 감상주의를 배제하고 이분법적 인물구도에 빠지지 않은 점이다.
어머니와 사랑하는 여자 사이에서 중심을 못 잡고 끌려가는 김혁주
(조민기 분)의 실체를 안 이후부터 문경은 더 이상 매달리지 않으며,
헤어진 허전함을 달래줄 새로운 애인의 출현 따위는 더더욱 없다. 험
난하지만 가족들의 격려를 받으며 꿋꿋하게 앞날을 헤쳐나가는 강인
한 여성으로 거듭난다. 그리고 가해자인 혁주 가족을 묘사할 때, 혁
주의 인간성이 본래 나빠서라기보다는 자기 아들밖에 모르는 어머니
(나문희 분)의 이기주의에서 비롯됐음을 공감하게 한다. 실제로 많은
한국의 어머니들이 겪어온 딜레마이고, 이 점을 혁주 엄마 역의 나문
희 씨가 뛰어난 연기로 매우 설득력 있게 포착했다고 생각한다. 문경
역시 치열한 양육권 싸움을 거치면서 점점 아들의 마음을 자기 뜻대
로 조종하려는 행동을 보이면서 그녀가 그토록 증오한 혁주 어머니
와 비슷한 경로를 갈 수도 있음을 암시한다.

반면 최종회에 몰아서 결론을 내리려고 하다 보니 작위적으로 처
리된 부분도 없지 않다. 치매기운이 도는 혁주 어머니가 문경에게 사
과하고 그 모습에 충격받은 문경이 이를 수용하고 흔들리는 모습이
라든지 혁주의 전처이자 소유욕의 화신이었던 정애숙(설수진 분)이 교
통사고 후 고아원을 운영하며 불구가 된 애인 문희수(김철기 분)를 헌
신적으로 돌보는 결말은 급작스럽고 낯설기까지 하다. 뱃속의 아이
를 지우라고 해놓고 대가 끊기게 생기자 안면을 바꿔 아이를 요구한

사람들인데, 미안하다는 말 한마디로 용서가 되는가. 그러기엔 세월
이 너무 많이 흘렀고, 문경이 당한 고통은 끔찍했다고 생각한다.

## 4. 정작 아직도 꿈꾸고 있는 드라마, 〈노란 손수건〉

KBS1 일일드라마 <노란 손수건>은 2월 첫 방영부터 과거에 나
온 여러 편의 유사 구조 드라마와 비교되면서 화제를 모은 작품이다.
20대 이하 연령층은 주인공들의 캐릭터가 1999년 SBS에서 방송된
<청춘의 덫>을 많이 연상시킨다고 한다.

한편 30대 이상이라면 이 작품을 집필한 박정란 작가가 15년 전
발표한 MBC 주말극 <내일 잊으리>를 기억할 것이다. 혼전 아이까
지 임신한 서인애(김희애 분)가 애인의 배신으로 유산을 하고 그 후
독지가 할머니의 후원으로 가구 디자이너로 성공하는 내용이었다.

작가는 <내일 잊으리>의 인물 캐릭터와 갈등구도를 거의 그대로
<노란 손수건>에 옮겨왔다. 남자가 출세와 돈을 쫓아 자신이 근무
하는 회사의 여사장과 결혼하는 것도 그렇고, 후에 과거를 알게 된
부인과 이혼하게 되는 것까지 똑같다.

그러나 <내일 잊으리>가 남자를 파멸로 몰아넣는 여성의 복수에
초점을 맞추었다면, <노란 손수건>은 미혼모로서 새로운 가정을 이
루기까지 겪는 난관, 뒤늦게 아들이 있음을 안 옛 애인이 양육권을
요구하면서 벌어지는 갈등을 묘사하고 있다. 이전 작품은 인과응보
라는 점에서 통쾌감을 주었는지는 몰라도 실제 상황이라면 거의 일
어나기 힘든 독지가 할머니와의 만남, 서인애를 한없이 사랑하는 재
력 있는 남자의 도움이 설정되어, 타인의 경제력에 의존하는 여성상
을 드러냈다. 이에 비해 <노란 손수건>은 미혼모가 된 후에도 자기
분야에서 열심히 일하며 정서적 안정을 되찾아가는 과정을 제시하여,
경제적으로 독립되고 현실에 당당한 여성상을 반영하려 한 점에 의

의를 둘 수 있다.

<노란 손수건>은 한 달 간격을 두고 방영된 MBC의 <그대 아직도 꿈꾸고 있는가>와 더불어 남성 중심 호주제가 얼마나 여성에게 고통이 되고 있는지 법적 분쟁을 통해 주의를 환기시킨다. MBC 드라마처럼 법정 장면을 구체적으로 묘사하지는 않지만, 여성의 관점에서 인지신고의 부당함을 전면에 부각시킨 점은 역시 시청자들에게 큰 반향을 일으키기에 충분하다.

그러나, 여주인공 윤자영(이태란 분)의 캐릭터는 여전히 감상적 온정주의에 머물러 있다. 그렇게 매몰차게 버림받았건만 삶의 위안을 또다시 새로운 남자 정영준(조민기 분)에게 찾는 등 여전히 정서적으로는 독립되지 못한 자아를 드러낸다. 결혼 후 아들의 양육권 문제를 실질적으로 나서서 해결하는 것도 영준의 몫이다. 가장 어처구니없는 것은 전 애인 이상민(김호진 분)의 아버지(주현 분)에 대한 호칭이다. 말끝마다 '아버님'이라고 부르며 과거를 털지 못한다.

결말로 치달을수록 상민에 대한 동정을 유발시키는 전개는 더욱 실망을 자아내게 한다. 난데없이 간암판정이 떨어지고 시한부인생을 부여한 것은 과거 다른 드라마에서 악인(惡人)에게 면죄부를 주기 위해 쓰던 흔하디흔한 설정 아닌가. 결국 죽음으로써 용서받겠다는 것인데, 문제제기를 해놓고 현실적인 대안 제시가 어려우니까 슬그머니 회피한 꼴이다. 애당초 <노란 손수건>이란 타이틀 자체가 멜로적 분위기를 암시하지만, 용서와 화해로 마무리짓기엔 그 문제가 매우 현실적이라는 점이 참을 수 없게 만든다.

## 5. 연민을 가장한 가부장적 욕망과 순응, 〈아내〉

<아내>는 평소 20대 이하 연령층이 주도한다는 밤 10시대에 중장년층 여성을 겨냥해 편성된 멜로 드라마이다. 그동안 화려한 액션

내지 참을 수 없는 가벼움에 고개를 돌렸던 시청자들은 모처럼 훌륭한 연기진의 앙상블과 애잔한 배경음악에 금새 빨려 들어갔다.

특히 <아내>는 아예 제작발표회 때부터 1982년 인기리에 방영된 <아내>의 작가 정하연 씨가 다시 집필하며 동일 채널에서 방송된다는 점을 전면적으로 홍보하였다. 즉 방송사 측에서 먼저 21년 전과 비교해 전개과정에 어떤 변화가 일어날지에 대해 흥미를 유발시킨 예라 하겠다.

제일 먼저 눈에 띈 것은 과거에 비해 주인공들의 연령대, 사회적 지위, 경제 기반 등이 올라간 것이다. 예를 들어 딸의 돌잔치 비용을 마련하기 위해 지방 삼류악단의 트럼펫 주자로 나섰던 남자 주인공이 2003년판에는 일곱 살 된 딸을 둔 대학교수로 변신한다. 그리고 교통사고 후 자신을 구해준 간호사 출신 여성과 가정을 꾸리게 되는데, 이때 그의 일터는 목재소에서 스키장으로 바뀌었다.

이렇듯 외형적으로는 시대상에 맞게 세련되게 변모시키나, 가장 중요한 인물간의 갈등이 빚어내는 전개과정은 21년 전의 시각을 거의 못 벗어나고 있다. 이 드라마는 <아내>라는 타이틀에서 보듯 남주인공 한상진(유동근 분)의 관점에 많은 비중을 두고 있다. 앞서 언급한 두 드라마는 남자의 직접적인 배신으로 인한 문제의 촉발이므로, 아무래도 이에 대한 여성의 입장을 쉽게 수용하게 된다. 반면 <아내>는 교통사고로 인해 기억상실증에 걸린 남자라는 설정이 두 아내를 두었다는 사실로 매도할 수만은 없게 만든다. 어찌 보면 이 과정에서 남자가 겪는 정신적 갈등에 주목한 점이 앞서 언급한 두 드라마들의 관점과 차별화된 이 드라마만의 매력이라고도 할 수 있겠다.

상진은 기억이 돌아온 후 본처인 김나영(김희애 분)과 살게 되지만, 7년이란 간극은 두 아내를 모두 외롭고 불안하게 만든다. 그는 어느 한쪽을 선택해야 하는 입장임에도 양쪽과 관계를 계속 이어나간다.

의류업계에서 인정받는 경영인이 된 나영은 더 이상 자신이 사랑하던 예전의 남편이 아니라는 사실에 가슴 아프지만 이혼을 제의한다. 하지만, 상진은 일신상의 건강문제를 들먹이며 도와줄 것을 요청하며 이혼을 거부한다. 여기에는 나영의 대학동창 남현필(정보석 분)에 대한 질투심 내지 자존심이 복잡하게 얽혀 있다. 동정을 구하면서까지 나영을 놔주지 않는 상진의 모습은 아직도 가부장적 권위를 유지하고 싶은 현대 남성의 심리가 그대로 투사된 것으로 보인다.

또다른 아내 서현자(엄정화 분)와 관계가 지속되는 데는 7년간 함께 산 정도 무시 못하겠지만 아들 은표에 대한 절절한 그리움도 한 축을 이루고 있다. 상진 엄마(김용림 분)는 틈만 나면 은표를 자기 집으로 데려와 호적등록을 할 기세다. 현자는 목숨 같은 아들을 내놓지 않으려 하지만, 법정싸움까지 이르지는 않는다. 상진의 관심사는 아들의 양육권 취득보다는 이들 모자와 함께 사는 것이다. 다시 말해 상진이 두 아내 중 누구의 손을 들 것인가에 초점을 두며, 양육권 문제는 갈등이 심화되는 과정에서 생기는 구색 맞추기 정도에 그친다.

아내들 역시 스스로 헤어지려고 마음먹다가도 자식 때문에 혹은 현자 아버지(신구 분)와 상진의 건강악화에 도로 주저앉는 미련함을 보인다. 특히 고학력에 남부러울 것 없는 사회적 위치에 있는 본처 나영은 집안 대소사를 혼자 떠맡으면서도 은표 양육에 대한 시어머니의 끈질긴 압력에 시달리는 가혹한 상황을 겪는다. 마음이 답답할 때마다 자신만을 바라보며 여태 미혼인 현필에게 속내를 털어놓지만, 성인군자 같은 한없는 너그러움을 지닌 현필의 캐릭터는 너무나 비현실적이어서 마치 허공에 토해내는 처절한 독백처럼 외롭게 다가온다. 현자는 또 어떤가. 그녀는 홀로 인생을 헤쳐나가는 데 자신이 없으며 계속 상진을 갈망한다. 합법적으로 부부가 될 수 없다는 걸 잘 알지만, 아들을 내세워서라도 상진과의 인연을 이어가려는 이중성은 나영의 심경을 내내 불편하게 만든다. 후에 두 아내는 서로의 행복을 위해 자신의 길을 가기로 결심하지만, 교통사고 후유증으로 의식불명이 된 상진의 설정은 다시 그녀들을 붙들고야 만다. 또한, 살 가망이 없어 보인 그가 수술실로 들어서는 순간 미세하게 손가락을 움직이자 두 아내의 눈이 갑자기 반짝거리는 묘사는 정말 허탈감을 자아낸다. 이는 21년 전 7년간의 동거생활로 자신을 잘 이해하고 심정적으로 편한 두번째 아내를 선택한 결단보다도 오히려 퇴보한 마무리라 생각된다. 작가는 시청자의 자유로운 판단에 맡긴다는 차원에서 그랬는지 모르나, 파생되는 문제만 무성히 늘어놓았을 뿐이고, 결국 우유부단의 극치에 빠진 주인공들에 대해 공감은커녕 분노만 일게 만든다.

## 6. 동 세대가 공감할 새로운 해석의 드라마를 기대하며……

2003년 양육권 갈등 소재를 다룬 드라마들이 동시에 리메이크된 것은 우리에게 동전의 양면을 시사한다고 생각한다. 하나는 현 시대의 가족개념 변화를 그만큼 민감하게 받아들였다는 의미이고, 예측 가능한 여러 가지 문제들을 드라마화하여 많은 시청자들에게 그 대안에 대해 진지하게 생각해볼 수 있는 기회를 제공했다는 점이다. 그러나, 다른 한편으로는 시청률 지상주의로 인한 선정이라는 비난도 피할 수 없는 것이 사실이다.

물론 드라마 제작의 가장 바람직한 방향은 여태껏 시도된 적 없는 참신한 소재에 탄탄한 줄거리를 갖춘 드라마를 발굴하는 일일 것이다. 그러나 그것이 여의치 않아 기존 소재를 차용할 경우, 동 세대가 공감할 수 있는 생명력을 불어넣는 작업이야말로 반드시 수반되어야 한다고 본다.

그런 점에서 <노란 손수건>과 <아내>는 작가 자신의 원작을 오랜만에 직접 리메이크한 것이 오히려 제한된 시야에 갇힌 결과를 초래했다. 전문직의 엘리트 여성들조차 남성의 굴레에서 벗어나지 못하는 시대착오적인 묘사에서 연륜만큼이나 작가의식도 낡아버린 인상을 준다. 반면, <그대 아직도 꿈꾸고 있는가>는 원작소설의 통찰력이 워낙 뛰어난 덕이 있겠지만 긴 호흡을 갖고 문제를 정면으로 차근차근 접근했다는 점에서 드라마 작가 박지현 씨의 역량도 높이 평가해야 한다고 본다. 세 작품 중 유일하게 오늘날의 여성들이 말하고 싶은 것을 가장 솔직하게 대변한 만큼 여운도 크다.

한편, 세 드라마가 인물설정에서 지닌 공통된 문제점들도 있다. 남녀주인공들의 부모가 한결같이 편부모 아니면 모두 없는 설정으로 돼 있어 이런 경우 통상적으로 자식의 인생이 순탄치 않고 아들만 집착한다는 편견을 줄 위험이 높다. 또한, 미혼모 혹은 사실혼 관계의 여자들만을 내세움으로써, 호주제 문제가 마치 혼전 임신한 여자들에게만 해당되는 문제인 양 몰아간 면이 있다.

드라마는 가상의 이야기인 동시에 그 시대를 반영한다고 생각한다. 양육권 갈등이 아니더라도 가족 관련 소재는 가장 보편성을 지니며 앞으로도 계속 제작될 것이다. 변화의 흐름에 부합된 시대의 가치관·사고방식 등을 적극 포용할 줄 알며 다양한 상황의 인물설정을 통해 설득력 있고 참신한 해석을 전개해나갈 수 있는 작가들이 많이 나와, 우리 안방극장을 질적으로 더욱 풍요롭게 해주기를 기대해본다.

# '단일민족' 신화의 폭력성

## 방송 3사의 혼혈인 관련 프로그램 분석

고유미(대학원생)

## 들어가며: '다수자'의 의미틀로 '소수자'를 해석하다

방송을 유심히 들여다보면 우리는 그 사회의 권력 지형을 쉽게 읽을 수 있다. 방송은 흔히 부와 지식 등 사회적 자원을 많이 가진 집단의 가치관을 반영하고, 그래서 일부 프로그램을 제외하고는 전체적으로 사회적 현실에 비해 다소 보수적인 특성을 가진 매체라고 여겨진다. 이러한 특성은 방송이 여러 형태의 사회적 소수자를 다루는 방식에서 보다 뚜렷이 드러난다.

방송이 사회적인 '소수자'를 다룰 때, 방송은 그들의 존재적 특성을 있는 그대로 전달하거나 '다름' 혹은 '다양성'을 인정하는 계기로 삼기보다는, 항상 상대적인 '다수자'의 의미틀로 '소수자'를 해석해 왔다. 따라서 소수자가 방송에 노출되어 자신들의 목소리를 낼 수 있는 흔치 않은 기회에서조차도 방송은 그들의 실체와 본의를 왜곡하기 일쑤였고, 여전히 사회적 소수자의 문제를 방송의 흥미를 위한 특이한 '소재'로만 여기고 있다. 그래서 장애인, 외국인 노동자, 동성애자, 혼혈인 등이 시사프로그램에 심심찮게 등장하지만, 흥미를 끌기 위한 선정적인 문제제기만 있을 뿐, 그들을 백안시하는 우리 사회의 배타성과 이를 깨뜨릴 수 있는 대안을 모색하고자 하는 진지한 고민은 찾아보기 힘들었다.

따라서 이 글에서는 한국에서 태어나 한국에서 살아가는 한국인이면서도 한 번도 온전한 한국인으로 인정받지 못했던 혼혈인 관련 방송 프로그램들을 분석함으로써, 소수자 문제가 방송에서 어떻게 다루어지고 있는지 살펴보고자 한다.

## 투명인간의 비애

우선 혼혈인이 방송에서 다루어지는 비중을 보면, 혼혈인은 우리 사회에 없는 존재나 마찬가지다. 방송 3사의 수십 편 되는 드라마에 혼혈인은 한 명도 등장하지 않으며, 연예인을 비롯해 아나운서, 기자, 심지어 길을 가는 시민 인터뷰 등 방송에 출연하는 모든 사람들 중에 혼혈인은 거의 찾아볼 수 없다. 그나마 올해는 유명 여자 연예인이 스스로 혼혈인임을 밝힌 것을 전후하여 몇몇 프로그램에서 혼혈인 문제가 다루어졌다. 물론 전체 인구 중 혼혈인이 차지하는 비중은 미미한 것이 사실이다. 우리나라의 혼혈인이 전체 몇 명인지 정확하게 파악된 바가 없지만, 혼혈인 관련 단체나 방송 보도에 따르면, 현재 한국에 거주하는 혼혈인은 2만여 명 정도인 것으로 파악되고 있다. 전쟁 이후, 한때 혼혈인은 6만여 명에 이르렀으나, 단일민족 신화에 기초한 정부의 혼혈인 일소 정책에 따라 대부분의 미군관련 혼혈 아동이 미국으로 입양되거나 이주했기 때문에 혼혈인 수가 많이 줄어들었다가, 최근에 동남아시아 외국인 노동자들의 대거 유입으로 인한 동남아계 혼혈 아동들이 늘고 있는 추세다.

그러나 혼혈인 문제의 무게는 단지 숫자에 기대서 생각할 수 있는 것이 아니다. 우리나라의 혼혈인은 대부분이 한국전쟁으로 인한 미군주둔 이후, 미군과 한국인 여성 사이에서 태어난 사람들이다. 이들은 대부분 미군 주둔 지역에서 태어났으며, 이는 한국 내 미군 주둔과 그들에 대한 국가적 차원의 서비스 제공이라는 국가 정책과 떼어 생각할 수 없다. 그럼에도 불구하고 그들은 출생의 비도덕성과 확연하게 구별되는 외모로 인한 사회의 냉대와 멸시, 교육기회 박탈과 그에 따른 빈곤이라는 악순환을 개인이 온전하게 짊어지고 살아간다.

소수자가 그 사회 구성원의 일부로 인정되고 받아들여지는 것은, 그들의 존재론적 특성에 기반한 실체가 사람들에게 인식되는 것으로부터 출발한다. 이때, 방송의 역할은 매우 중요하다. 사람들은 방송을 통해 보이는 것을 현실세계의 축소판으로 받아들이기 때문에, 방송을 통해서 보지 못한 것은 우리 사회에서 존재감을 갖기가 힘들고, 일상생활이나 방송을 통해서 접하지 못한 낯선 대상에 대해서는 계속해서 두려움과 경계심을 갖게 된다. 방송에서 소수자들을 지속적으로 다뤄야 하는 이유가 바로 여기에 있다.

MBC의 옴부즈맨 프로그램인 <TV 속의 TV>는 6월 7일 방영분에서 'TV 속에 비친 혼혈인'을 다뤘다. 이 프로그램은 정부가 혼혈인이 우리 사회에 뿌리내릴 수 있도록 돕지 않고 입양·이민 등으로 해결하려 한다는 점을 비교적 정확하게 지적하고 있지만, 정작 그동안 혼혈인을 다룬 프로그램으로 기껏해야 1989년 베스트셀러극장 한 편 정도만 소개할 수밖에 없는, 방송의 혼혈인에 대한 철저한 외면에 대해서는 아무런 반성도 하고 있지 않다.

이는 방송비평 프로그램이 방송에 비친 혼혈인의 모습을 방송하는 의미를 전혀 살리지 못한 것이다. 혼혈인에 대한 정부정책은 비난하면서, 혼혈인이 우리 사회에 뿌리내릴 수 있도록 마땅히 했어야 할 자신의 책임 방기는 은근슬쩍 넘어가버리고 있다.

## 혼혈인을 다룬 프로그램 장르의 편중성

지난 1년간 혼혈인을 다룬 프로그램의 장르는 크게 시사고발 프로그램과 휴먼 다큐로 나눌 수 있다. 구체적으로는 SBS의 <뉴스추적> 4월 9일 방영분(혼혈인 실태보고—우리도 한국인이에요), KBS의 <추적 60분> 6월 28일 방영분(미군의 산물, 혼혈—그들은 버려진 한국인인가?), KBS의 <이것이 인생이다> 3월 25일 방영분(나는 대한민국사람이오), MBC의 <시사매거진 2580> 6월 8일 방영분(나는 한국사람이다), MBC의 <토크쇼, 임성훈과 함께> 4월 9일 방영분(혼혈인 강필국 씨 부부) 등이 있다.

이러한 장르의 편중은 방송이 혼혈인을 다룰 때, 사회적인 '문제'나 개인의 불행한 삶의 측면에만 초점을 맞춘다는 것을 의미한다. 혼혈인들은 드라마나 오락, 교양 프로그램 등 사람들의 일상을 다루면서도 지속적으로 방영되는 프로그램이 아니라, 유별난 인생역정을 그리는 프로그램이나 일회적이고 딱딱한 시사고발 프로그램에만 등장한다. 이들 프로그램에서 그들의 삶은 무언가 특별한 것으로 부각되고, 그럼으로써 그들이 방송을 보는 사람들의 이웃으로 스며들기보다는 분석과 동정의 대상으로 점점 더 분리되는 결과를 가져온다.

## 국가의 무책임과 사회의 차별을 개인의 불행으로 치환하는 의미틀

이 중에서 혼혈인 '강필국' 씨 부부를 게스트로 출연시킨 MBC의 <토크쇼, 임성훈과 함께>와 역시 '강필국' 씨의 삶을 재연 드라마로 꾸민 KBS의 <이것이 인생이다>는, 혼혈인이 인생에서 겪게 되는 차별과 불이익을 온전히 개인의 불행으로만 해석하고 있다. 토크쇼나 재연 드라마라는 장르의 속성상 혼혈인을 둘러싼 사회적 맥락을 다 보여주기 힘들다는 한계를 인정하더라도, 그 프로그램들 속에

서 혼혈인을 냉대하고 멸시했던 '다수'의 시청자들이 잠깐이나마 자
신을 돌아보게 하는 최소한의 장치조차 찾아볼 수 없었다.

그렇다면 도대체 그 프로그램들이 혼혈인의 삶을 다룬 제작의도가
무엇인지 궁금해진다. 토크쇼의 사회자나 드라마의 시청자는 단지
한 사람의 기구한 인생역정에 혀를 끌끌 찰 뿐이다. 이들 방송의 주
인공인 '강필국' 씨는 오랫동안 혼혈인의 자구조직인 '혼혈인협회'의
회장을 맡고 있음에도 불구하고, 이 조직의 결성 취지와 활동 내용에
대한 소개는 거의 없었다. 이들 방송은 시청자들의 심기를 불편하게
하지 않기 위해서 혼혈인을 둘러싼 국가의 무책임과 사람들의 냉대
라는 반성의 지점을 장르의 속성에 기대어 너무나 가볍게 넘겨버리
고 있다.

## 심층 분석과 대안 모색의 부재

혼혈인을 다룬 프로그램 중에서 시사고발 프로그램들은 나름대로
혼혈인들의 현재적 삶을 충실하게 전달하려고 노력한 흔적이 보인다.
우선 SBS의 <뉴스추적>은 방송 3사 중에서 가장 먼저 혼혈인이 겪
는 문제들을 제기했으며, 혼혈인의 교육, 취업, 결혼, 양육 등 다양한
문제와 미국계 혼혈인뿐만 아니라, 라이따이한, 코시안 등 보다 복잡
해지는 혼혈인 문제를 광범하게 다뤘다는 점에서 긍정적으로 평가할
만하다.

그러나 어떤 문제에 관해서도 뚜렷한 쟁점이나 해결의 단초를 제
시하지 못해서, 혼혈인들의 삶이 부조리한 사회적 맥락 속에 위치해
있다는 문제의 제기는 좋았으나 문제를 단순히 열거했다는 인상을
지울 수 없다. 특히 일반학교에서 놀림과 따돌림을 견디다 못해 학교
를 그만두는 혼혈 청소년들을 위해 동두천에 만들어진 무허가 혼혈
인 학교를 취재하면서, 혼혈 청소년들의 교육에 대해서 어떠한 대안

도 제시하지 못한 채, 몰래카메라를 동원한 무리한 취재와 무허가이
기 때문에 졸업 후 진로가 막막하다는 부정적인 이미지만 심어주는
보도 태도는 무책임하게까지 보인다.

다음으로 MBC의 <시사매거진 2580>은 혼혈인 몇 사람을 인터
뷰한 것으로 끝나서 방송의 문제의식이 무엇인지조차 제대로 드러나
지 않았다. 유명 연예인의 혼혈인 고백 이후, 별다른 문제의식 없이
시사성에만 기대어 급조된 방송이라는 생각마저 들게 한다.

마지막으로 6월 28일 방영된 KBS의 <추적60분>은 6·25에 즈음
해서 미군과 혼혈인의 관계를 집중 조명함으로써 주제의식이 비교적
잘 드러난 방송이었다. 전쟁과 그로 인한 미군 주둔의 산물인 혼혈인
이 아버지인 미군과 한국 사람들로부터 버림받고, 출생에 대한 멍에
를 짊어진 채, 가부장적이고 단일민족 신화에 사로잡힌 사회에 홀로
맞서 2중 3중의 고통을 겪고 있는 현실을 드러내고 있다. 또한 혼혈
인의 취업시도 실험과 혼혈 아동의 유치원 실험을 통해서 우리 사회
가 혼혈인들이 살아가기에 얼마나 힘겨운 곳인지 좀더 구체적으로
인식할 수 있게 해주었다.

그러나 역시 쟁점을 정리하고 그에 대한 대안을 모색하려는 노력
은 매우 부족했다. 예를 들어 일본과 독일에 주둔한 미군과 주둔국가
가 혼혈인을 각각 어떻게 지원하고 있는지에 대해서 프로그램 말미
에 잠깐 언급하는 것으로 그치지 않고, 우리와 비슷한 타국의 예를
좀더 구체적으로 소개함으로써 우리에게 맞는 방안을 고민해볼 수도
있었을 것이다.

## 방송시기의 편중성과 방송 소재의 중복

혼혈인을 다룬 프로그램의 또 다른 문제는 방송시기가 특정 기간
에 편중되어 있으며, 방송 소재가 매우 중복되었다는 점이다. 2003년

3월 25일에 KBS의 <이것이 인생이다>에서 '강필국' 씨의 삶을 1
시간에 걸쳐 재연 드라마로 방송한 이후, 2003년 4월 9일에 MBC의
<토크쇼, 임성훈과 함께>에서 '강필국' 씨 부부를 출연시켜 비슷한
얘기를 본인의 설명과 재연을 통해 방송했다.

2주를 간격으로 똑같은 내용을 서로 다른 방송사의 프로그램에서
비슷한 형식으로 반복한 것이다. 이는 전형적인 소재와 형식의 복제
이다. 또한 SBS의 <뉴스추적>은 우연히도 MBC의 <토크쇼, 임성
훈과 함께>와 같은 날 방영되었다. MBC의 <시사매거진 2580>과
KBS의 <추적60분>은 모두 2003년 6월에 방송되었다. 혼혈인 관련
프로그램이 한 달 안에 몇 번씩 방영되는 것은 물론 반가운 일이다.

그러나 한 소재가 방송에서 지속적으로 다루어지지 못하고 어느
한 시기에만 집중적으로 방송된다는 것은 단지 시사성만을 좇아 소
재의 의미를 소모해버리는 결과를 낳을 수도 있다. 더욱 문제가 되는
것은 이들 프로그램의 취재 대상과 내용이 거의 천편일률적이라는
것이다. 이들 프로그램의 취재 대상은 여러 사람이 겹친다. 이는 이
미 타 언론 매체에 많이 소개되어서 접근이 쉬운 사람들만 취재하는
제작진의 불성실한 취재 태도를 반영하는 것이다.

또한 이들 프로그램의 제목도 한결같다. '나는 대한민국사람이
오'(<이것이 인생이다>), '혼혈인 실태보고: 우리도 한국인이에요'(<뉴
스추적>), '나는 한국사람이다'(<시사매거진 2580>), '미군의 산물, 혼
혈: 그들은 버려진 한국인인가?'(<추적60분>). 물론 한국의 혼혈인들
에게 있어서 한국인이면서도 온전하게 한국인으로 받아들여지지 못
하는 혼란스러운 정체성과 한국 사람들의 배타적인 인식이 가장 큰
문제이기 때문에 이렇게 한결같은 제목을 붙였겠지만, 한 가지 소재
를 서로 다른 프로그램들이 다루면서 좀더 다양한 문제의식과 대안
을 제시할 수 있었을 것이라는 아쉬움을 지울 수 없으며, 이러한 천
편일률적인 접근은 고민의 부족이라는 비판을 면하기는 힘들 것이다.

## 마치며: '단일민족' 신화의 폭력성

혼혈인들은 한국 사람들이 '단일민족' 운운하며 배타적인 울타리를 칠 때면, 거대한 벽 앞에 서 있는 것 같은 막막함과 절망감을 느낀다고 한다. 그들은 우리 역사 속에 존재하는 수많은 외세의 침략과 교류 속에서 이미 순혈주의가 깨진 지 오래인데도 불구하고 외모가 비슷하다는 이유만으로 그들과 우리를 구분할 뿐이라며 '단일민족' 신화의 허구성을 꼬집기도 한다.

'우리'는 한국인이 특히 좋아하는 한국인 특유의 표현이며 감성이다. 그런데 이제까지 '우리'는 비슷한 외모, 혈통, 출신지역 등을 중심으로 나와 남을 구별하는 배타적인 의미로 쓰임으로써, 수많은 정치적·사회적 '소수자'들을 양산하고 그들에 대한 차별을 정당화하는 폭력적인 결과를 가져오곤 했다. 이제는 '우리'라는 울타리를 개방해서 좀더 다양하고 긍정적인 요소들을 우리 안에 담을 수 있어야 한다.

MBC <!느낌표>의 '아시아, 아시아' 코너 등을 통해서 한국에 거주하는 수많은 외국인 노동자들을 우리 이웃으로 받아들이려는 노력은 그래서 더욱 돋보인다. 이제까지 '우리'라는 배타적인 울타리에 기대어 무시해왔던 소수자, 특히 혼혈인에 대한 방송의 책무를 다시금 돌이켜봐야 할 때다. 방송은 현실에 존재하는 다양한 가치관과 존재 양태를 반영할 수 있어야 한다. 또한 소수자들이 방송에서 특정 의미틀로 재단되고 왜곡되어서도 안 된다. 이제 방송이 '소수자' 문제를 좀더 올바르고 지속적으로 다룸으로써, 다양한 차이를 인정하고 존중하는 것이 미덕이 되는 사회를 만드는 데 기여할 수 있기를 바란다.

# TV로 책을 읽는 또 다른 방식
### 시청자와 독자의 선순환, EBS <문학산책>

김남일(대학원생)

## 책을 말하는 TV

TV에 책 관련 프로그램이 본격적으로 제작·편성되기 시작한 것은 그리 오래 전 일이 아니다. KBS의 <TV 책을 말하다>(2001년 5월 3일~ )에 이어 지금은 폐지된 MBC의 <행복한 책읽기>(2001년 11월 6일~2003년 4월 22일), 그리고 낙양의 지가와 함께 출판사의 사활까지 결정한다는 <!느낌표>(2001년 11월 10일~ )까지. 문화와 교양에 대한 사회적 욕구증가와 방송이 가지는 공익성이 맞물린 결과라고 할 수 있지만 영상매체의 주류인 TV가 책을 말한다는 것은 우리에 겐 아직 낯선 광경이다.

이런 광경의 한켠에선 스필버그도 어렸을 때 책을 많이 읽었다거나 영화 한 편에 자동차 몇 대라는 놀라운 등식을 만들어내는 어처구니없는 일들이 있다. 이들은 얄팍한 문화콘텐츠론에 기대어 독서라는 전인적 경험을 경제적 가치로 환산하기에 바쁘다. 이런 주장이 전혀 가치가 없는 것은 아니지만 그 유효범위를 넘어 무분별하게 TV 전파를 타는 현실은 견디기 힘들다. 그러기에, 앞서 언급한 프로그램들이 이들과 일정한 거리를 두고 '의식적'으로 책에 접근하려는 노력은 칭찬할 만하다.

TV보다는 한 발 빠르게 앞다투어 북섹션을 마련한 신문은 종이와 활자, 독자를 책과 공유한다. 반면 TV는 보여준다. TV는 읽는 것이 아니라 보는 행위를 전제로 한다. 따라서 신문과 책은 서로를 등지지 않지만 TV는 책과 다른 존재방식을 가진다. TV가 말하는 책의 존재, 혹은 TV가 책을 말하는 방식이 어색한 이유는 이런 이율배반에서 기인한다.

물론 시청자와 독자가 철저히 구분되는 것은 아니다. 구분되는 것은 TV와 책이라는 이질적 매체를 수용하는 방식이다. 시청자가 독자가 되거나, 반대로 독자가 시청자가 되는 경우는 있어도 동시에 시청자이면서 독자일 수는 없다. 간단히 말해 TV를 보면서 책을 읽기는 힘들며, 거칠게 말해 독서율이 올라가면 시청률은 떨어진다.

## TV와 책의 행복한 만남은 가능한가

그러나 TV와 책의 '행복한 만남'이 불가능한 것은 아니다. 노벨문학상 수상자인 권터 그라스의 작품마저 혹독하게 비평했던 독일 공영방송 ZDF의 <문학 4중주(Literarisches Quartett)>(1988~2001)는 TV가 책을 말하는 하나의 전범(典範)처럼 거론된다(이 프로그램의 진행자인 마르셀 라이히-라니츠키가 프로그램을 맡으며 방송사에 요구한 사항은 '방송시간 60분에서 75분, 방송에서는 어떠한 사진, 필름, 노래, 소설 속 장면, 책 낭송 장면 사용금지'였다). 아마도 <TV 책을 말하다>는 이를 따르는 듯하다. 하지만 날카로운 비평문화가 아직 뿌리내리지 못한 우리 현실에서 이런 형식의 프로그램은 너무 앞서 있거나 불완전한 모방에 그치기 마련이다.

우리 TV는 이에 대한 적절한 타협점을 독서캠페인에서 찾은 듯하다. '북스타트운동'처럼 시스템이 받쳐주는 독서습관 기르기는 아직까지 먼 나라 얘기다. 도무지 인정하기 힘든 몰아가기식 획일성에도 불구하고 <!느낌표>의 성공을 일단은 수긍하게 되는 것도 이 때문이다.

지식과 재미가 현학이나 오락의 외피를 쓰지 않고도 자연스럽게 만나는 경험은 불가능한가? 여기에 또 하나의 프로그램이 도서대출증을 발급하며 책을 말하기 시작했다. 책을 말하지만 드라마다. 드라마면서 다큐멘터리다. 새로운 방식으로 TV와 책의 행복한 만남을 주선하는 EBS <문학산책> 안에서 작가와 평론가와 독자는 등급이 매겨지지 않은 채 책을 중심으로 모여든다.

지난 2003년 2월 성석제의 소설 『황만근은 이렇게 말했다』 편을 시작으로 매주 수요일 밤 10시 50분부터 40분간 방영되는 <문학산책>은, 그간 조세희의 『난장이가 쏘아 올린 작은 공』(2화), 선우휘의 『단독강화』(17화) 등 굴곡진 우리 현대사를 큰 울림으로 다른 작품뿐만 아니라, 신경숙의 『풍금이 있던 자리』(7화), 하성란의 『곰팡이꽃』(8화), 조경란의 『마리의 집』(12화), 김영하의 『흡혈귀』(14화), 이응준의 『레몬트리』(18화)처럼 1990년대 이후 새롭게 등장한 젊은 소설가들의 작품을 드라마와 다큐멘터리가 결합된 독특한 형식으로 차분하면서도 지루하지 않게 다루어왔다.

<문학산책>은 문학, 오직 소설만을 위해 TV가 나섰다는 점에서 앞서 말한 여타의 책 관련 프로그램들 속에서 도두보인다. <TV 책을 말하다>와 <!느낌표>가 백과사전식 채집가라면 <문학산책>은 하나의 사냥감만을 노리는 사냥꾼의 눈으로 책을 본다. 역으로, 매회마다 큰 편차를 보이지 않는 이러한 집중력은 탄탄한 구성과 작품성을 겸비한 '대본', 즉 소설이 있었기에 가능하다.

## TV로 문학한다는 것의 의미

'TV로 문학을 한다'는 것은 간단한 일이 아니다. 책 읽을 시간이 없다는 사람들도 TV 보는 시간만큼은 남겨둔다지만 그 시간이 책이 주는 경험을 대체하는 경우는 흔치 않다. TV에서 교양물이 차지하는 위태한 지위는 어쩌면 당연한 것이다. 하지만 <문학산책>은 말한다. 바쁜 일상 속의 현대인들…… 영상매체에 익숙해져 버린 현대인들…… 글로 가득한 소설책 한 권, 읽기도 힘든가요? (중략) 아직 읽지 못한 시청자들에게는 소설을 읽고 싶은 유혹을 던지고 이미 읽은 시청자들에게는 소설의 또 다른 매력을 찾을 수 있는 유익하고 색다른 즐거움의 시간을 마련합니다(<문학산책> 인터넷 홈페이지 머리말).

영상매체에 익숙한 시청자들에게 TV라는 영상매체를 통해 책으로 유혹하고 매력을 선사하겠다는 전략은 솔직하지만 천진하고, 열려 있지만 고급스럽다. 당연히 '요즘' 시청자들의 공감을 얻기 어려워 보인다. 그러나 <문학산책>은 지금까지 30여 회를 방영하면서 잔잔한 시청자들의 호응을 받으며 꾸준히 완성도를 높여가고 있다. 이 힘은 어디서 나오는 것일까?

## 드라마이길 거부하는 드라마

소설은 일단 검증된 흥행성과 내적 완결성으로 인해 드라마의 좋은 소재가 되어왔다. 해당 책의 독자를 시청자로 끌어안을 수 있다는 점도 매력일 것이다. 그러나 몇몇 특집극을 제외한 대부분의 드라마는 한정된 독자와 집중을 요하는 순수·본격문학보다 베스트셀러나 역사소설처럼 인지도와 각색의 용이함에 앞서는 작품들을 선호해왔다(대중문학과 순수문학을 가르는 이분법의 칼날을 들이대는 것이 아니라 TV에서 순수문학을 다루는 어려움을 이야기하는 것이다).

물론 <문학산책>처럼 순수문학만을 바탕으로 극화를 시도한 기획은 이전에도 있었다. KBS의 <TV문학관>(현 <신TV문학관>)이 대표적인 경우인데, 순수문학을 극화했지만 <문학산책>과 뚜렷이 구분되는 차이점이 있다.

<TV문학관>은 '드라마'다. 따라서 책은 화면 뒤로, 극 속의 인물과 배경, 줄거리 뒤로 숨는다. <TV문학관>을 두고 "원작의 맛을 잘 살렸다"고 말할 때도 이는 '드라마가 보여주는 극적 짜임새와 영상미'를 칭찬하는 것이다. TV가 출생신고를 하고 TV가 길러온 드라마의 완성도를 측정하는 차원인 것이다. 순수문학은 드라마가 되어야만 TV에 나올 수 있다.

그러나 <문학산책>은 극화된 형식이되 책이 전면에 등장한다. 홈페이지를 장식하는 '선언문'은 당신들로 하여금 소설을 읽게 하겠다는 의지의 표현이다. 따라서 화면 뒤에 숨은 것은 각색된 대본이 아니라 바로 책 자체다. <문학산책>을 높이 평가하는 이유가 여기에 있다.

<문학산책>에서 소설의 서사적 기능은 드라마가 맡는다. 이것은 소설과 드라마가 '이야기의 진행'이라는 공통의 기반을 가지기 때문에 당연한 일이다. 하지만 <문학산책>은 드라마가 아니다. 따라서 지금 보고 있는 것은 드라마가 아닌 '책', '소설'에 관한 것임을 끊임없이 상기시키는 다양한 장치들이 방영시간 내내 불쑥불쑥 고개를 내민다. 즐기지만 말고 생각하라고 시청자들에게 주문을 한다. 극적 진행을 단절시키고 상승하는 긴장을 바닥으로 끌어내리는 드라마의 '약한 고리들'. 저자, 평론가, 독자가 작품을 말하는 다큐멘터리의 시간이다.

## DVD 서플먼트 같은 다큐멘터리의 힘

드라마를 드라마로 보지 못하게 하는 의도적 장치는 바로 다큐멘터리 형식의 개입이다. <문학산책>이 끌어가는 드라마가 가지는 한계는 처음부터 명백하다. 사실 <TV문학관>과 비교하지 않더라도 40분이라는 방송시간은 시트콤이라면 몰라도 드라마를 위한 시간은 아니다. 시간은 짧다. 하지만 어정쩡한 드라마로 끝나서는 안 된다. 시청자를 독자로 만들기 위한 장치가 필요하다. 그 목적을 위해 40분에서 기꺼이 일부(7~8분)를 할애해 만든 것이 다큐멘터리적 요소다. 하나의 작품을 온전히 극적 구성으로 옮겨놓은 것도 벅찬 일인데 없는 시간 쪼개 다큐멘터리를 끼워 넣은 이유는 무엇일까?

<문학산책>은 인터뷰로 시작한다. 작가, 평론가, 일반독자들로 구성되는 인터뷰 대상자들은 자신들의 목소리를 통해 '이것은 소설을 말하기 위한 드라마임'을 명시하고 들어가는 것이다. 하지만 시작을 알리는 인터뷰가 시청자를 주눅들게 하지 않는다. 이미 책을 읽은 사람에게는 희미해진 기억을 떠올리게 하며, 읽지 않은 사람이라도 일반독자가 들려주는 책에 대한 인상은 이 시간을 편안하게 받아들이라고 주문한다. 일반적인 다큐멘터리라면 전문가적 입장에서 인터뷰에 임했을 작가나 평론가 역시 책을 둘러싼 모험에서는 특권적 지위를 가지지 않은 채 한 명의 독자로 참여할 뿐이다.

일반적으로 작가·평론가 한 명, 일반독자 서너 명(신경숙의 『풍금이 있던 자리』의 경우 연령대별로 다양한 여성독자 여섯 명이 나오기도 했다)으로 구성되는 인터뷰대상자들은 드라마가 전개되다가 다양한 해석과 의미부여가 가능한 순간에 도달하면 어김없이 '의문부호'와 함께 등장한다. 이완된 정신이 드라마로 녹아 들어갈 때쯤 집중을 요구하는 것이다. "잊으셨습니까? 지금은 드라마가 아닌 책을 위한 시간입니다."

하지만 질문은 어렵지 않다. 답도 존재하지 않는다. 아버지, 옥탑방, 아기부처의 의미는? 흡혈귀는 과연 누구인가? 소설 속 등장인물이 당신이라면? 소설 속 '황만근'의 얼굴은 어떻게 생겼을까를 두고 작가조차도 단지 하나의 의견으로만 존재할 뿐이다. <문학산책>이 그 계몽적·교양적 기능에도 불구하고 수능방송이나 여타의 작가인터뷰와 다른 이유는 이처럼 열린 해석을 통해 순수문학의 닫힌 문을 여는 데 있다. 어렵지 않아야 시청자를 소설로 '유혹'할 수 있지 않겠는가. 독자가 이해한 방식이 틀렸다고 주장한다면 소설의 '매력'지수는 마이너스가 되지 않겠는가.

여기에 소설에 따라 의도적으로 선정된 인터뷰 대상자들은 가상으로서의 문학을 현실 속에서 구체적으로 생각하는 계기로 작용하며 시청자의 흥미를 유발시킨다. 예를 들어 입담과 재치, 감칠맛 나는 문체로 소문난 성석제의 작품 『황만근은 이렇게 말했다』 편에서 개그우먼 김미화가 독자로 등장하거나 아나운서가 등장인물로 나오는 <아기부처> 편에 KBS 아나운서 공정민이 등장하는 식이다. 『난장이가 쏘아 올린 작은 공』 편에서는 동명영화에 소설 속 인물 '영희'로 출연했던 영화배우 금보라가 나오기도 했다.

드라마 전반에 걸친 내레이션의 역할도 빼놓을 수 없다. <문학산책>에서 내레이션은 소설 속 문장을 통째로 들여놓는다. 내레이션은 극적 재현이 감수해야 하는 원작에 대한 축소나 압축의 위험을 줄여주며 소설이 가진 문체의 결과 맛을 고스란히 살려준다. 즉 압축된 원작을 본래대로 돌려놓는 '압축풀기'의 역할을 통해 원작에 최대한 가까이 다가서는 것이다.

<내 마음의 옥탑방>(21화) 편처럼 그동안 우호적이던 시청자들이 '원작훼손'에 불만을 표시했을 때도 내레이션은 압축풀기와 복구의 기능을 어느 정도 수행했다. 게다가 소설 중에서도 그 여운과 감성적 깊이가 가장 뛰어난 부분들을 인용하는 내레이션은 시청자를 책으로

유혹하는 강력한 기제가 된다.

자주 사용되지는 않았지만 육필원고나 자료필름(3화 <자전거 도둑> 편)의 활용은 다큐멘터리가 가진 순기능을 극대화하며 작가와 시청자, 소설과 시청자 사이의 간격을 좁혀준다. 심지어 다분히 비다큐멘터리적 요소인 만화나 게임(『황만근은 이렇게 말했다』에서 주인공이 '토깽이'와 싸우는 장면, <자전거 도둑>에서 주인공이 혹부리영감 가게에 숨어드는 장면)조차 유쾌하거나 황당한 장면을 설명하는 다큐멘터리적 장치로 기능한다.

## 서로를 감싸는 영상과 활자

공사화 3년을 맞으면서 EBS가 선보인 <문학산책>은 지상파 3사의 전유물이었던 드라마를 적극적으로 활용하고 여기에 다큐멘터리적 요소를 결합한 독특한 형식을 만들어냈다. 의도적 선택과 편집으로 살짝살짝 중요부분을 건드리는 드라마, 여기에 인터뷰들이 쏟아내는 다양한 의견들이 더해져 책에 대한 궁금증을 유발시킨다. <문학산책>의 힘은 바로 여기에서 나온다.

"이 정도는 읽어야 한다"는 강박, "이렇게 이해해야 한다"는 현학으로 둘러싸인 기존의 책 관련 프로그램들은 애초의 의도와는 달리 책의 표피들만을 건드리고 있다. 따라서 <!느낌표>는 제목, 저자, 줄거리를 하나로 잇기만 하면 박수와 함께 교양인의 자격을 부여하며 <TV 책을 말하다>의 진지한 토론은 어려운 말로 포장된 '책소개'로 결론이 난다. 반면 <문학산책>은 소설을 구성하는 큰 가지를 따라가며 공허하거나 표피적인 책이 아닌 하나하나의 낱장들과 활자들이 살아 숨쉬는 속이 꽉 찬 책을 상상하게 만든다. <문학산책>은 TV를 '차가운' 매체로 규정한 맥루한의 길을 충실히 따르고 있는 셈이다.

이를 통해 <문학산책>이 선택한 작품을 이미 접했던 시청자들은 적극적이 된다. 쌍방향성은 어쩌면 이럴 때 쓰는 말일지도 모른다. '독자였던 시청자'는 활자가 영상화되는 변화의 동선을 따라간다. 자기가 아는 이야기, 종종 자기만의 경험이었다고 착각하는 독서의 내밀한 경험이 영상으로 변하는 과정은 상당한 흡인력으로 시청자를 잡아당긴다.

이것은 새롭게 읽기, 혹은 비교하며 읽기에 다름 아니며 <문학산책>이 시청자에게 요구하는 능동적 시청행위, 능동적 독서행위다. 반대로 <문학산책>의 유혹에 빠져 '시청자에서 독자로' 자리를 옮긴 사람들은 자신이 본 이미지와 다양한 해석들에 살을 붙여가며 영상을 활자로 풀어가는 독서를 경험하게 된다.

<문학산책>은 주로 근현대문학사에서 중요한 위치를 차지하는 작가들, 예를 들어 김유정(28화 「동백꽃」), 선우휘(「단독강화」), 박완서(4화 「마른꽃」) 등의 작품을 다루면서도 새로운 세대가 그들만의 시각과 고민으로 일구어낸 인간과 사회의 모습들을 적극적으로 받아들인다. 특히 신경숙, 하성란, 조경란, 한강처럼 한국문학에 새로운 가능성을 불어넣고 있는 여성작가들을 적극 소개하고 있는데, 폭넓고 다양한 <문학산책>의 '도서목록'은 문화의 다양성과 저변확대에 TV가 어떤 방식으로 기여할 수 있는지 잘 보여준다.

또한 전문영역으로 남아 있던 비평을 인터뷰라는 대화의 형식을 통해 삶이 묻어나는 살아 있은 비평, 일상의 비평으로 끌어내린 것도 이의 연장선에서 높이 평가받아야 한다.

다만 문학상 수상작품이 자주 눈에 띄거나 방송시간의 제약으로 단편소설이 대부분을 차지하는 소재편식은 <문학산책>이 좀더 고민해야 할 부분이다.

변화에 대한 고민은 이미 시작되고 있다. 첫 회에 작가 13회, 평론가 9회, 일반독자 44회에 달했던 인터뷰 횟수는 매회마다 차이는 있지만 점차 줄어드는 추세다. 그간 <문학산책>이 거둔 성과에 대한 자신감, 여기에 시청자의 상상력을 좀더 열어놓겠다는 제작진의 의도가 반영된 결과일 것이다.

## 책으로 향하는 시청자의 눈

문학의 속살을 맛본 사람들에게 책을 집어 드는 기회는 더 많이 주어진다. <문학산책>은 소설의 속살을 하나하나 발라주지는 않는다. 나머지는 감질맛을 느낀 사람들이 직접 해결해야 할 몫으로 남는다. 따라서 기획의도와 다르게 <문학산책>을 보는 것으로 책읽기를 대신하는 경우는 <문학산책>과 시청자 모두 가장 경계해야 할 것이다.

<문학산책>은 시청자를 독자로, 독자를 시청자로 적극적으로 유도하는 나름의 성과를 올리고 있다. TV를 보고 책을 읽고, TV를 통해 책의 매력을 느낀다! 시청자가 책과 만나는 행복한 순간이다.

# 새로운 세대, 새로운 현실을 위한 변주곡
## <옥탑방 고양이>에 대한 작은 생각

김성훈(프리랜서)

### 이야기를 시작하며

몇 년 전 인터넷 소설을 원작으로 하여 제작된 영화 <엽기적인 그녀>가 폭발적인 인기를 얻었었다. 국내는 물론, 해외에서도 호평을 받은 이 영화는 한류열풍에 한몫을 담당하기도 했다. 얼마 전에는 <동갑내기 과외하기>라는 다소 황당한 줄거리를 가진 영화가 인기를 얻기도 했다. 이 영화 역시 인터넷에 연재되던 소설을 기반으로 만들어졌다. 그리고, 이번 여름 우리는 웹상에 있던 소설이 안방의 드라마로 바뀐 현실을 목격하게 된다. 이제 이야기하게 될 <옥탑방 고양이>가 그것이다.

사실, <옥탑방 고양이>가 보여주는 젊은 남녀 사이의 연애과정은 그동안 보아왔던 수많은 드라마와 크게 다르지 않다. 남녀 주인공의 사이에 갈등을 조장하는 적당한 조연, 짜여진 삼각관계, 게다가 여주인공이 조건 좋은 남자를 만나는 신데렐라의 신화까지……. 고개를 저어버릴 만큼 트렌디 드라마의 공식을 지킨다. 그러나, 브라운관에서 쏟아져 나오는 단순한 공식이 아니라, 그 드라마를 보고 있던 우리의 입장을 돌이켜 본다면 이야기의 범위는 달라진다. 드라마가 지니고 있는 우리의 현실, 그리고 그 현실을 벗어나기 위해 다시 브라운관 앞에 자리를 차지하게 되는 우리들, 이 속에서 드라마와 현실, 그리고 시청자의 삼각관계가 새로이 형성된다.

## 옥탑방, 그 달라진 의미

1960~1970년대 고도성장은 한강의 기적이라는 성과를 안겨준 대신, 지역적·계층적 불균형이라는 단점도 같이 생산했다. 그래서, 서울은 성장의 최대 수혜자이자 동시에 가장 많은 문제점을 지니고 있는 도시이기도 하다. '성공'을 위해 각지에서 몰려든 사람들로 일찌감치 과포화상태가 되어버린 서울은 이들의 터전을 어떻게 해서든 마련해주어야 했다. 그로 인해 다른 지역에서는 보기 힘든 독특한 주거형태가 생겨났다. 밑으로는 '반지하', 위로는 '옥탑방'이 그것이다. 이곳은 대개 사회·경제적으로 만족할 만한 현실을 획득하지 못한 이들이 다달이 방 값을 치르며 힘겹게 살아왔던 공간이다. 따라서, '소외'라는 현실적 힘겨움과 '희망'이라는 미래의 꿈을 동시에 그 이미지로 가지고 있다. 특히, 반지하가 어둡고 칙칙한 모습으로 현실의 힘겨움을 내포하고 있는 이미지가 강한 데 반하여, 옥탑방은 그 물리적 위치에 힘입어 상대적으로 미래에 대한 희망과 상승의 이미지를 갖게 된다. 하지만, 한여름 뜨거운 직사광선과 한겨울 찬바람의 기운을 피부로 느끼며 살아가는 옥탑의 거주자들에게 이 공간은 마냥 미래를 꿈꾸는 아름다운 공간일 수 없다. 오히려, 더위와 추위가 직접적으로 와 닿은 현실이 옥탑의 거주를 한사코 벗어나고프게끔 만든다. 즉, 1층에 살면서 그저 가끔씩 쳐다보는 이미지는 낭만과 꿈이라

는 환상을 가지고 있지만, 4층 위 옥탑에서 직접 살아가고 있는 이들에게는 힘겨운 현실이 살아 있은 곳이다. 드라마 <옥탑방 고양이>는 이 엇갈린 이미지가 긍정적인 요소로만 만나고 있다.

<옥탑방 고양이>의 옥탑방은 벗어나고픈 힘겨운 현실이 아니다. 대신 그곳은 아기자기한 사랑으로 가득 차 있다. 그 밀고 당기기 사랑이 1970년대식 낭만과 꿈을 대신한다. 무엇보다 드라마의 주인공, 경민(김래원 분)과 정은(정다빈 분)은 암담한 현실에 힘들어하는 1970년대 근로청소년이 아니다. 경민은 부유한 집안의 손자라는 경제적 위치와 명문 법대생이라는 사회적 지위를 가진 채, 또 다른 숙소로 옥탑방에 거주한다. 그는 옥탑방을 떠나게 되면 갈 곳이 없어 처량한 고양이가 아니라, 언제라도 돌아갈 저택이 마련되어 있는 도련님이다. 그의 모습은 하루하루가 고달픈 노동자의 현실이 아니라, 카드와 노름빚에 쫓기는 현대판 한량의 그것이다. 정은 역시 크게 다르지 않다. 그녀가 보여주는 고생의 의미는 '필수'가 아닌 '선택'에 의해 진행되는 자기단련의 과정이다. 아침에 마늘을 까다가도, 저녁이면 언제든지 복귀할 수 있는 따스한 부모님의 배려가 준비되어 있다. 이처럼 그곳에 거주하는 주인공들의 달라진 현실에서부터 2000년대 서울 하늘 아래 새로운 옥탑방의 의미는 부여된다.

고도성장의 기간 옥탑방에 거주하던 이들은 대부분 성장에 대한 적절한 분배에서 소외되었던 자들이었다. 그러나, 한 세대가 지난 이제 그 공간은 희망의 공간으로 재설정된다. 즉, 배고프게 살아야 했던 부모세대의 그 공간이, 한 세대가 지난 시점에서 사랑과 꿈의 공간으로 변화된 것이다. 고난과 불안함, 고달픈 현실의 공간이 사랑과 유쾌함, 꿈으로 가득 찬 곳이 될 수 있었던 이유는 그들에게 든든한 배경이 있었던 까닭이다. 그러므로, 경민의 할아버지(김무생 분)가 정은을 바라보는 시선에는 변해버린 환경에도 불구하고 자기단련의 수련이라는 과정을 거치는 사실에 대한 대견스러움과 더불어, 어려웠

던 자신의 시대에 대한 일말의 향수가 담겨 있다.

## 동거, 무너지지 않는 사회적 질서

시대가 변하면, 가치관이 바뀌는 것은 당연한 이치이다. 변한 사회, 달라진 가치관, 그것을 반영하듯 <옥탑방 고양이>의 소재는 동거에 대한 새로운 모습이다. 그러나 과연, 드라마에서 보여주는 이야기가 새로운 가치관의 형성으로까지 발전될 수 있었을까? 무엇보다 드라마의 영향으로 인해 변한 점이 있다면 이제는 떳떳이 '동거'를 이야기할 수 있게 된 점이다. TV 속에서 드라마가 방영되는 동안, 현실에서도 드라마 같은 일들이 벌어지고 있었다. 인터넷 사이트마다 적당한 동거인을 찾는 유행이 생겨난 것이다. 물론, 이전에도 그런 경우가 있어서 간혹 사회적 문제로 대두되기도 했었지만, 이처럼 공공연히 드러내 놓고 이야기가 된 적은 없었다. 이로 인하여 TV가 가지는 영향력을 새삼스레 확인하는 계기도 되었으며, 한편으로는 점점 개방되어가는 우리 세대의 단면을 고스란히 드러내 놓았다.

그렇다면 몇 년 사이에 '동거'에 대해 긍정적인 시선을 보낼 수 있을 만큼, 혹은 그만큼은 아니더라도 진지하게 이야기를 주고받을 수 있을 만큼 우리 사회의 인식이 열리게 된 것일까? 일테면, 동거에 임하는 이들이 자신의 행동에 대하여 윤리적으로 떳떳할 수 있으며, 스스로에 대하여 책임감을 가지고 있는 것일까? 혹은, 이들을 바라보는 주위의 시선이 이방인이 아니라 자신과 동일하다라는 사실에 동의를 보내고 있는 것일까? 이 점에 대하여 그 유행을 만들었던 <옥탑방 고양이>는 아이로니컬하게도 "아니다"라고 대답하고 있다.

손자 경민이 잘 지내고 있는지를 보기 위해 옥탑방에 들른 할머니 (강부자 분)는 그곳에서 정은의 물건들을 발견하게 된다. 옥탑방에 돌아온 손자에게 이야기하는 것은 "책임질 일은 하지 말라는 것!" 남자야 언제라도 여자를 만날 수 있으며, 일단 시험만 합격하고 나면 줄 줄이 여자가 따를 것이라는 점을 새삼스레 강조한다. 아들 손주 가진 할머니의 역성으로 어찌 보면 당연한 듯이 보이지만, 그 당연함 속에 아직도 건재한 남성 우월의 현실이 고스란히 담겨 있다. 정은 아버지 (장용 역)의 모습에서도 이와 동일한 시각이 발견된다. 서울 사는 딸 아이가 남자와 동거하고 있다는 사실을 알게 된 정은의 아버지는 그 날 밤 당장 옥탑방으로 찾아와 경민과 정은을 발견하고 실망을 금치 못한다. 경민을 따로 불러낸 뒤, 술잔을 건네며 앞으로 어떻게 할 것 이냐고 묻는다. 질문 속에 담겨진 의도는 드라마를 보고 있는 누구라 도 알 수 있다. 즉, 딸 가진 부모의 심정, 다 큰 딸이 결혼 전에 남자 와 동거하고 있다면, 당연히 같이 살고 있는 남자가 딸아이를 '책임' 져야 한다는 생각이다. 이 시점에서 자유롭고 즐거우며, 다소 현실과 동떨어져 있던 그들만의 공간 '옥탑방'은, 다시 현실로 회귀하여 변 하지 않는 도덕률로 복귀하게 된다. 아직 우리 사회에서 남자와 여자 의 관계를 바라보는 시선이 변하지 않음을 여실히 드러내고 있다. 같 이 살면, 남자는 책임을 져야 하고, 그 책임을 받아내지 못하는 여자 는 죄인이 되어버린다. 물론, 책임지지 못하는 남자도 죄인일 수 있 지만, 도망치면 그만인 것이다. 경민은 결혼할 것이냐는 정은의 아버 지 질문에 "아니다"라는 대답을 한다. 그리고, 그들의 관계는 아버지 가 생각하는 '그런' 관계가 아니라고 이야기를 보태지만, 딸아이의 아버지에게 그 이야기는 들리지도 않는다. 책임을 받아내지도 못할 일을 해버린 정은, 그 대가는 아버지의 손찌검이었다.

드라마 제작의도에서 밝힌 '사랑과 결혼의 의미'를 찾아가는 방식 으로는 전혀 나아진 것도, 새로워진 모습도 없다. 정은 어머니(김자옥 분)의 '시험이 끝난 뒤 1년 안에 결혼하겠다'라는 서약서의 강제에서 사랑은 간 곳이 없고, 결혼은 마치 일종의 보험과 같은 계약으로 그 려지고 있다. 이렇듯 부모세대에서 시작된 별로 새로울 것 없는 결혼의 이미지가 좌충우돌하는 주인공들의 모습에까지 영향을 미치고 있다. 즉, '새로운 생각을 하는 젊은이들의 사랑'의 방식이 아니라, 그저 한순간의 감정에 충실한 젊은 시절의 치기로만 치닫고 있다. 미래에 대한 무계획을 '그들이 찾아낸 새로운 행복의 방법'이라고 한다면 지금껏 숱하게 보아온 수많은 드라마와 다를 바 없지 않은가? 좌충우돌 젊은 세대의 연애방식이 곧바로 새로워진 결혼의 가치관이라고 생각했다면 큰 오산이다. 고금을 막론하고 젊은 세대는 언제나 그 열정에 못 견뎌 했으며, 그 연애과정은 언제나 한 편의 드라마였다. 단지, 동거의 '모습'으로 새로운 가치관을 담을 수 없다는 것은 드라마를 들여다보는 누구라도 알 수 있다. 보다 중요한 것은 그러한 모습을 통해 버려져야 할 것은 버려지고, 담아져야 할 것은 새로이 마련되어야 한다는 사실이다. 과거에도 결혼 전 이성간의 동거가 없었던 것은 아니지만, 사회적으로 이처럼 드러내 놓고 이야기된 적이 없었다. 그 담론의 기반을 마련한 것은 성공한 일이지만, 실제 중요한 알맹이는 이끌어내지 못한 점이 아쉬움으로 남는다. 오히려 구습의 반복만을 보여준다면 이는 퇴행이라 함이 적당할 것이다. 결국, 유행을 몰고 왔던 그들의 동거에는 실제 변했어야 할 부분은 변하지 않았으며 여전히 1970년대 옥탑방에나 존재할 의식이 상주하고 있었다.

### 인터넷, 드라마, 그리고 현실

그러나 우리의 현실로 돌아와서 볼 때 <옥탑방 고양이>는 새로운 가치관의 설정에는 실패했지만, 확실히 '독자만족' 우선의 원칙은 지킨 셈이다. 연일 사람들의 마음을 힘들게 만들던 경제·사회 소식만 가져다 주는 뉴스시간 다음에 편성된 미니시리즈이기에, 그 시간에 또다시 힘겨운 현실을 놓아두어서는 안 될 일이었다. 피곤한 하루를 지켜온 우리들에게는 피난처가 필요했다. 그리고, 그곳에 <옥탑방

고양이>가 기다리고 있었다.

드라마를 보는 많은 사람들이 간혹 똑같은 스토리의 연장에 대하여 지겨워하며, 혹은 과장된 남녀의 애정싸움에 대해 낯간지러워한다. 그러나, 정말 당혹스러운 사실은 말도 안 되는 스토리라고 황당스러워하면서도 화요일 방영이 끝나면 간절히 다음 주 방영을 손꼽아 기다리게 된다는 것이다. 반복되는 스토리, 뻔한 남녀관계, 그리고 그 과장된 이야기를 다시 기다리게 되는 시청자, 이 묘한 삼각관계 속에 우리의 현실이 담겨 있다.

소위 대부분의 트렌디 드라마가 내용 없는 스토리로 일관한다는 비판이 있지만, 그럼에도 불구하고 계속 제작이 되는 것은 절대다수의 시청자가 언제나 기다리고 있기 때문이다. 더욱이 <옥탑방 고양이>는 원작이 인터넷 소설이라는 사실을 인지해야만 한다. 사실, 드라마와 원작의 내용은 거의 같은 점이 없다. 어느 인터뷰에서 원작의 지은이가 제목·동거·아버지의 직업만 동일하다고 밝힌 적도 있다.

동거라는 주인공들의 삶의 형태와 제목에서 드러나는 배경의 동일성은 작품의 전제 맥락이 원작의 힘에 기반하고 있음을 보여준다. 여기서 우리는 소재의 원천이 인터넷에서 비롯되었다는 점에 주목해야 한다. 앞서 이야기한 바 있는 영화 <엽기적인 그녀>나 <동갑내기 과외하기>에서도 알 수 있듯이, 우리의 현실은 더욱더 가상공간인 웹과 가까워지고 있다. 그러나 엄연히 현실과 사이버의 세계는 다르다. 가령, 인터넷 소설이 말 그대로, 인터넷을 기반으로 한 텍스트이기에 애초에 출판을 목적으로 창작되는 소위 '정통문학'과는 그 성격이 다를 수밖에 없다. 통신언어라는 새로운 환경에 익숙하지 않는 이라면 이해조차 허락되지 않을 수 있다. 그래서, 인터넷 소설이 책으로 출간되어 지면에 오르내리면서 많은 논란이 생기기도 했다. '언어파괴현상'이라는 이야기부터 '내용이 없다'라는 비판 등이 그것이다. 그러나, 텍스트가 생산된 환경을 조금만 감안하고 나서 본다면,

새로운 언어의 생성이나 가벼울 수밖에 없는 내용에 대하여 충분히 이해가 가능하다. 드라마로 만들어진 <옥탑방 고양이>의 가벼움에 대한 문제는 이 점에서 출발해야 한다.

어린 시절 재밌게 보았던 만화영화를 어른이 되어서 다시 볼 때면 유치한 감정이 드는 이유는, 그 만화가 가진 환경에 쉽사리 적응할 수 없기 때문이다. 드라마 역시 마찬가지이다. 우리가 살고 있는 현실에 비추어 드라마 내용을 모두 '판단'해나간다면, 그 시각은 드라마를 즐기는 것이 아니다. 그러한 시선은 감독관이 될 수는 있을지언정 진정한 시청자는 되지 못할 것이다. "어떻게 저렇게 놀고서 고시에 합격할 수 있지?", "할아버지한테 저렇게 얘기해도 되는 거냐?", 혹은 "저렇게 모욕을 당하고서도 계속 좋아한다는 게 말이 돼?" 등 우리가 살고 있는 현실에 드라마의 현실을 끼워 맞추다 보면 어느새 이야기는 말 그대로 '말이 안 되는 이야기'가 되어버린다. 그러나, 드라마는 드라마다. 그 속에는 또 다른 '현실'이 존재한다. 우리가 시청하던 시간 속에 여자 꽁무니만 쫓아다니던 주인공은 우리가 보지 못하는 시간 속에서 열심히 공부하고 있었을 것이며, 그래서 그는 고시에 합격한 것이다. 원래 크면서부터 할아버지한테 존댓말을 쓰지 않고 자라온 손자를 자신의 도덕률로 맞추려는 시각은, 그러한 시각자체부터 다시 바꿀 필요가 있다. 가끔씩 말도 안 되는 일이 신문이나 방송을 도배하고 있는 것처럼, 아무리 모욕을 당해도 꼭 하고 싶은 일은 누구에게라도 있기 마련이다. 더군다나 그것이 사랑에 관한 시선이라면 말할 것도 없다. 그럼에도 불구하고, 사람들은 자주 드라마에서 자신들의 '현실'을 찾으려고 한다. 드라마의 현실이 따로 있음을 수긍하지 못한 채, 우리 자신의 현실을 대입시키려는 실수를 거듭하게 된다. 결국, 현실의 피곤한 하루를 벗어나는 곳으로 즐겨야 할 드라마에서 또 다른 현실을 쫓고 있는 셈이다. 더욱 불행한 것은 이런 '비(非)현실'을 피난처로 삼아 현실을 벗어날 수밖에 없는 우리들의 모습이다. 미디어가 시대의 거울이라는 이야기가 사실이라면 우리의 현실은 드라마 속에 있을 수도 있다. 그러나, 그 이전에 드라마 속의 현실과 우리가 생존하고 있는 현실은 분명히 동일한 것이 아님을 인지해야 한다.

## 이야기를 마치며

결국, 주인공 경민은 고시에 합격하여 검사가 된다. 우리의 현실적인 시각으로 본다면 그 '불공평'함에 불만스러울 수도 있겠지만, 경민이 지니고 있는 드라마의 환경에서는 충분히 예상되던 일이었다. 경쾌하고 즐거운 드라마에서 주인공의 몰락은 그다지 유쾌하지 못하니까 말이다. 정은 역시 마찬가지이다. 비록 백마 탄 왕자님을 만나 아르바이트생에서 짧은 시간에 커리어우먼으로 변하는 놀라운 마법을 보여주기는 하지만, '한 사람으로서 당당히' 서게 할 의도였다고 본다면 즐거운 희망인 셈이다. 하지만, 아쉽게도 그들의 생활이 1970년대 서러운 다락방의 그것이 아니었던 만큼, 드라마의 내용이 새로운 세대의 가치관이나 이상을 제대로 보여주지는 못했다.

오늘도 수많은 이들이 옥탑방에서 아름다운 미래를 꿈꾸고 있을 것이다. 그 옥탑방 사이로 찾아든 고양이 한 마리가 누군가에게는 '희망'이 될 수도 있고, 누군가에게는 '고난'을 상징할 수도 있다. 중요한 것은 고난을 희망으로 바꿀 수 있는 우리의 인식이다. 어쩌면 후세대의 인류학자는 '당시의 동거는 사회악이었다'라는 문구를 어이없어 하며 혹은 그 보수성에 놀라워하며 발견할지도 모른다. 혹은 지금의 개방적인 인터넷 세대들이 언젠가는 또 다른 새로운 문화에 대하여 강력히 반대할지도 모른다. 어쨌거나, 이제 우리는 드라마에서 정다운 '남녀의 동거'를 바라보게 되었고, 그들의 옥탑방은 더 이상 지리멸렬한 삶에 찌든 공간이 아니었다. 여기에 금상첨화가 되려면, 그에 따르는 책임이 동반되어야 할 것이다. 벗어나고픈 현실들, 실상 그것은 우리의 무책임한 자세에서 비롯되었을 것이다. 언제나 현실은 다른 누구의 것도 아닌 우리 자신들의 몫이다. 정은이 떠나 있던 그 시간들을 홀로 옥탑방을 지킨 경민은 이제 자신과 타인에 대해 책임을 질 준비가 된 듯 보인다. 어리광만 부리던 고양이에서 진짜 인간으로 성숙한 듯 말이다.

# 혼수라는 이름의 거래

서상희(회사원)

## 결혼, 인생의 새 출발 혹은 무덤

"결혼은 인생의 무덤이다"라는 속담이 있다. 사랑과 신뢰로 새 출발 하는 당사자들이 들으면 펄쩍 뛸 만한 악담이지만 이런 말이 생겨난 이유가 있다. 우리 사회에서 '결혼'이란 신랑과 신부 둘만의 결합이 아닌 가문과 가문의 결합이라는 의미가 있기 때문이고, 결혼과정에서 치러야 할 각종 의례의식이 기다리고 있기 때문이다.

한국소비자보호원이 지난 9월 14일, 전국 5대 도시에 사는 신혼부부 등 841명을 대상으로 조사하여 발표한 올해의 '결혼문화 의식 및 실태조사' 결과 결혼비용이 9,088만 원에 달했다고 한다. 전체 결혼비용 중 주택 마련에 드는 돈이 6,226만 원(68.5%)으로 가장 큰 비중을 차지했고, 혼수비용 1,819만 원(20%), 예식·피로연·신혼여행 경비 등 의례비용 1,043만 원(11.5%) 등의 순이었다.

또한 결혼을 준비하면서 배우자와 다툰 적이 있다는 응답이 40%

를 차지했는데, 그 이유로 '예물·예단'과 관련된 문제가 37.8%로 가장 많았고 '신혼집 선택(27.9%)', '결혼비용(14.7%)' 등의 순이었다.

한편 이들에게 결혼문화에 대해 설문한 결과, 73.4%가 결혼문화가 '사치스럽다'고 답한 반면 '건전하다'는 의견은 26.6%에 불과했다. 또 체면문화(38.7%), 과시적인 사회풍조(27.9%), 물질만능주의(16.7%), 사회지도층의 과시적 혼례(8.4%) 등이 호화결혼을 부추긴다고 꼬집었다.

현실이 이러한데도 우리나라의 대부분의 드라마는 혼수로 인해 생기는 문제를 제대로 반영하지 못했다. 대부분의 드라마는 청춘남녀 주인공의 사랑과 갈등, 결혼에 이르는 과정을 주된 내용으로 하지만 결혼과정에서 일어나는 에피소드들은 사소한 '갈등'의 하나로 묘사되고 이를 극복하고 행복하게 잘사는 모습을 주로 다루어왔다. 특히 밤 8시대에 '가족드라마'란 타이틀로 방송되는 일일드라마의 경우가 그러했다.

그런데 이런 유의 드라마에 대해 정면으로 반박하는 특집드라마가 방송되었다. 그것도 온 가족이 모여 정을 나누는 명절인 추석에. 추석연휴인 9월 12일 밤 9시부터 12시까지 세 시간 동안 방송된 KBS의 3부작 추석특집극 <혼수(婚需)>가 바로 그것이다.

<혼수>는 제목에서 알 수 있듯이 과도한 혼수를 요구하는 시어머니와 예비신부 간의 갈등을 통해 결혼과 가족의 진정한 의미를 되새겨 보는 드라마다. 졸부집안에서 속물 어머니(김용림 분) 때문에 고민하는 아들 정일 역은 김정현이 맡았고 시댁으로부터 수억 원대의 혼수목록을 받아들고 고민하는 평범한 가정의 막내딸 승주 역은 '하이마트' 광고로 깜찍한 신부상을 그린 김현수가 맡았다. 승주네 집은 한복집을 하는 어머니와 결혼한 검사 오빠, 교사부부인 언니와 은행에 다니는 막내딸 승주로 구성된다. 정일과 승주는 결혼을 시도하지만 혼수문제로 결국 헤어지고 정일은 자신의 집안내력과 어머니의 속물근성에 반항하여 가출을 시도한다.

추석특집극 <혼수>는 추석 연휴 동안 20%를 넘는 시청률을 기록하며 추석연휴 동안 최고의 시청률을 올렸다. 이런 성과는 최근 몇 년간 설날, 추석 기간의 특집드라마들이 거둔 낮은 시청률과 대비되며 이 드라마의 흡인력을 설명해준다. 아울러 이 드라마가 작가 김수현의 전작들처럼 여전히 대중의 많은 관심과 사랑을 받았음을 반증한다.

## 김수현의 드라마

'언어의 마술사', '안방의 대통령', '시청률의 신화' 등 화려한 수식어를 갖고 있은 작가 김수현은 명성만큼 우리나라 드라마에 많은 영향을 끼쳤다. "자던 시체도 벌떡 일어나게 한다"는 그의 살아 펄떡이는 대사와 송곳 같은 언어, 비수 같은 감성에 안방은 울고 웃었으며 그의 이런 업적을 기려 문학·언론학·심미학 등 관련학자 14명이 김수현의 드라마를 분석한 『김수현 드라마에 대하여』란 비평서를 집필하기도 했다.

김수현의 드라마는 대략 세 분류로 나눌 수 있다.

첫번째는 가부장제를 옹호하는 가족극으로 주로 홈 코믹 드라마의 성격을 띠고 있다. 삼대 이상의 대가족이 모여 살아가며 할아버지 혹은 할머니가 집안의 경제권과 의사결정권을 쥐고 살아간다. 삼대가 모여 살면서 일어나는 에피소드와 신구세대 간의 갈등과 융합, 대가족 집안과 핵가족 집안의 결혼을 위주로 전개되는 드라마이다. <사랑이 뭐길래>, <목욕탕집 남자들>, <내 사랑 누굴까> 등을 이 범주에 넣을 수 있다.

두번째는 남녀간의 사랑과 배신, 불륜 등을 다룬 소위 '문제작'이라 불리는 드라마들. <불꽃>, <청춘의 덫>, <사랑과 진실>, <모래성> 등을 들 수 있다.

마지막 분류는 주로 명절 특집극. 주로 2~3부작으로 구성되며 치매 노인, 혼수문제, 독거노인문제 등 주로 드라마에 다루어지지 않은 사회의 어두운 면을 다루며 날카로운 문제제기를 한다.

1995년 11월에 방송된 SBS 창사특집극 3부작 <인생>에서는 치매노인이 있는 가정을 통해 노인문제와 효도에 대한 성찰을 시도했고 1999년 SBS 창사특집극 <아들아 너는 아느냐>에서는 단란한 가족의 아들이 사고를 당해 뇌사를 당하는 과정을 그렸다.

2000년 11월 14일 SBS 창사특집극으로 방송된 3부작 특집드라마 <은사시나무>는 명절에 모인 가족 이야기를 다루었다. 겨울 길목에 처량하게 서 있는 은사시나무를 통해 우리들의 아버지를 상징한 작품이다. 소도시 우체국장 출신의 아버지(이순재 분)를 중심으로 어머니의 제사를 치르기 위해 찾아온 자녀들과 아버지의 갈등, 자녀들간의 갈등을 통해 가족의 의미를 되새기게 해주는 작품이었다. 올해 선보인 <혼수> 역시 특집극으로 가족들이 겪는 혼수문제를 다룬 작품이다.

## 명절 특집극의 '틀'을 벗어난 '비범함'

온 가족이 모이는 민족의 명절 설과 추석에는 온 가족이 함께 볼 수 있는 특집 가족드라마가 으레 방송된다. 이 드라마들의 주제는 보통 가족간의 사랑을 재확인하거나 가족의 의미를 생각하게끔 하는 드라마나 혹은 잊혀져 가는 전통을 되살리고 그 가치를 확인하는 내용들이다.

올해 설날특집으로 방송된 2부작 드라마 <달중씨의 신데렐라>(KBS2)와 2부작 드라마 <도토리묵>(SBS), 작년 추석특집으로 방송된 <첨성대의 달>(KBS2), <가족만들기>(SBS), <황금연못>(SBS) 등의 특집드라마가 전자에 속한다.

이런 명절 특집드라마는 각각 두 남녀의 사랑만들기와 새로운 가족의 형성과정을 그리거나(<달중씨의 신데렐라>, <가족만들기>, <황금연못>) 20년이 넘도록 하루도 빠짐없이 도토리묵을 만드는 어머니를 통해 진한 가족간의 사랑과 희생정신을 전달한다(<도토리묵>). 때로는 전국노래자랑대회 출전이라는 코믹한 에피소드를 통해 가족의 의미와 사랑을 전달하기도 한다(<첨성대의 달>).

이에 비해 작년 추석특집으로 방송된 <부엌데기>(MBC)와 올해 설날 특집으로 방송된 <천년의 꿈>(KBS1)은 우리의 전통문화를 살려가는 젊은이들의 노력을 그린 특집드라마이다. <부엌데기>는 1950년대 말 종갓집 부엌데기로 들어간 순영(이민영 분)·순실(김영미 분) 자매가 어렵게 종갓집 음식을 배운 뒤 몰락해가는 종갓집의 음식을 살려내는 과정을 그렸고, <천년의 꿈>은 자랑스런 문화유산인 고려청자에 얽힌 이야기를 담은 사극 2부작. 고려 말 청자를 위해 매진하는 한 늙은 도공(이정길 분)과 그런 아버지로 인해 남자인 채 살아야 하는 딸(김사랑 분)의 이야기이다. 둘 다 우리에게 잊혀져 가는 전통문화의 소중함을 다룬 작품들이다.

명절의 테마는 이처럼 오랜만에 한자리에 모이는 가족들을 위해 가족애를 극복하는 희망에 찬 내용을 담은 특집드라마를 방송한다. 그러나 <혼수>는 가족애를 주제로 하는 드라마는 아니었다. 여주인공의 가족은 긍정적인 것으로 묘사되었고 서로 고통을 나누고 감싸안는 가족애를 엿볼 수 있지만, 여주인공과 남주인공은 결혼해 새로운 가족을 이루는 데 실패하고 남자의 집안은 큰아들의 이혼위기와 작은아들의 가출로 해체 수순을 밟는다.

추석특집극으로 보기에는 좀 생뚱맞고 암울한 결말이다. 그러나 그 여운은 쓸쓸하지만은 않다. 평범을 넘어 비범함을 안겨주는 이유는 '이게 현실이구나' 하는 생각과 더불어 반성의 계기를 마련해주기 때문이다. 그리고 그것은 김수현이라는 작가의 힘이다.

김수현의 드라마가 인기가 있는 것은 현실비판과 풍자가 칼날 같기 때문이다. 지나치게 길거나 속사포처럼 쏘아대는 대사가 논란이 되기는 하지만 어떤 상황을 톡톡 튀는 대사로 날카롭게 꼬집어주는 카타르시스가 있다. 때문에 시청자들은 주인공의 심리에 공감하고 때로는 통쾌한 감정까지 느끼게 된다. <청춘의 덫>의 그 유명한 대사 "당신, 부셔버릴 거야"가 그랬고, 이번 드라마의 경우, "저요, 엄마 아들로 살기 너무 힘들었어요. 해방될 거예요, 엄마 너무 형편없어요"라는 대사가 그러했다.

똑같은 김수현의 작품이라도 특집극의 경우는 주말드라마 등 중장편 연재 드라마들과는 다르게 속사포 같다거나 직설적인 대사는 다소 자제된다. 현실에 대한 날카로운 풍자 등 특유의 분위기는 살아 있지만 대사의 칼날은 무뎌진다. 대신 극단적인 상황을 통해 직설적인 대사보다 더 감정을 고조시키는 편이다.

"눈은 안 돼요. 앞이 안 보이면 저승길 어떻게 가. 몸은 빈껍데기라도 눈은 보여야 할 것 아냐."

뇌사상태의 아들의 장기를 기증할 것을 결정하고 울먹이는 어머니의 절규(<아들아 너는 아느냐>)가 그렇고 <혼수>의 경우 예비 시어머니가 어머니가 계모라는 것을 알고 모욕을 주자 큰딸이 반박하고 승주가 결혼을 깰 결심을 하는 장면이 그러했다.

<혼수>는 예비 시어머니 복희(김용림 분)의 교양 없는 행동과 함부로 톡톡 던지는 말, 교양 있는 척하는 속물근성을 통해 졸부에 대한 아낌없는 조소와 풍자를 보낸다. 등장인물 중 가장 돈을 밝히고 부를 과시하는 속물인 그녀는 "난 돈밖에 모르는 속물들이 제일 싫다"고 말하면서도 예비 며느리에게는 "한복 단추는 금파와 밀화로 하라, 가구 하나를 해도 똘똘한 것을 사라, 청담동으로 가라, 6천짜리 혼수를 창피스럽게 어디다 던져놓냐"며 당당하게 수억대의 혼수를 강요한다. 현실에 대한 강렬한 풍자이다.

복희의 논리는 물려받을 재산이 얼만데 무리를 해서라도 혼수를 해오라는 것이다. 그녀가 이렇게 당당하게 말할 수 있는 이유는 아직까지 우리나라에서 혼수란 자녀의 학벌이나 직장처럼 공공연하게 회자되고 그 결혼의 '가치'를 알려주는 기준의 역할을 하고 있기 때문이다. 결혼에 '혼수'라는 금전이 개입되면 돈을 지불받는 쪽이나 지불하는 쪽이나 본전을 생각하게 되고 그 결혼을 하나의 '거래'로 생각하게 된다. 또한 그 거래가 양 집안 사이에 '단 한번' 있다는 점에서 그 금액은 다른 사람의 경우와 비교되고, 영원히 잊혀지지 않는 공식기록으로 남는 것이다. 때로는 자신의 아들이 얼마의 가치를 가졌다는 것을 과시하는 수단이 되기도 한다. 그래서 조금 무리해서라도 '폼 나게' 많이 준비하고 많이 받자는 논리가 성립하게 된다.

우리 사회에서 아직도 결혼에 대해, 혼수에 대해 자리 잡고 있는 남존여비적인 발상이 여실히 드러나는 것이다.

## 명불허전(名不虛傳), 그러나 약간의 아쉬움

<혼수>를 보고 탄탄한 구성과 혼수문제에 대한 비판과 풍자에 감탄했음에도 불구하고 약간의 아쉬움이 남는다.

혼수에 집착하는 예비 시어머니의 모습을 통해 물질만연주의 풍조를 꼬집어보려는 의도였겠지만 구체적으로 제시된 혼수금액 '6,000만 원'은 일반 서민에게 허탈감과 소외감을 안겨주기에 충분한 금액이었다.

앞의 기사에서 살펴본 바와 같이 평균 신혼 부부의 혼수비용은 1,800만 원 선이다. 6,000만 원이라면 평균 혼수비용의 세 배 이상 되는 큰돈이다. 이렇게 큰돈을 '기꺼이' 준비하고 딸의 행복을 위해 노후를 위해 마련한 7,000만 원짜리 아파트를 팔아서라도 혼수를 초과할 준비가 되었노라고 말하는 어머니의 결심은 갸륵함을 넘어 당황스러웠다.

또한 남자측 집안에서 그래도 가장 정신이 똑바로 박힌 것으로 묘사되는 남주인공 정일(김정현 분)의 행동도 가부장적이고 권위적인 면이 드러난다. 그는 자신의 집에 대해 형편없다고 비판하며, 여주인공 승주(김현수 분)에게 우리 집안 분위기가 너네 집안과 많이 달라 부끄럽고 널 실망시킬까 봐 두렵다고 말하면서도 부모가 자신을 위해 마련해둔 45평짜리 아파트에 대해서는 당연한 듯 받아들이면서 '과분하다'고 사양하려 들지 않는다. 어머니(김용림 분)의 폭언과 과도한 혼수요구, 몰상식한 행동으로 혼담이 깨질 지경에 이르자 비로소 "우리 집하고 상관없이 원룸 하나 얻어서 시작하자"고 이야기한다. 늦어도 한참 늦었다. 더구나 그가 등장할 때마다 몰고 다니는 차 역시 부모가 마련해준 것이다.

진정 그가 자신의 집안에 대해 '부끄럽게' 여겼다면 애초부터 집에서 독립하여 자신의 힘으로 살았어야 하는 것이 아닐까? 받을 혜택은 다 누리고 혼수 및 새 출발 문제에서만 집안에서 독립할 것을 주장하는 모습은 어쩐지 설득력이 떨어진다.

여주인공의 가족과 남주인공 가족에 대한 극명한 대비로 진정한 혈연관계에 있지 않은 계모 슬하의 자녀들도 얼마든지 행복할 수 있음을 잘 보여주었지만 다소 무리인 설정도 엿보인다. 김수현의 대부분의 드라마에서 그러했듯이 대가족 집안은 긍정적으로 묘사된다. 승주의 가족은 홀어머니 집안이지만 장가간 큰오빠를 포함하여 시집간 언니와 조카들까지 삼대가 한자리에 모여 집안의 명절이나 생일마다 정을 나누는 가정으로 그려진다. 이는 대가족 제도의 연장선상에 있다고 볼 수 있다. 시집간 언니의 생일에 친정집에 한데 모여 생일잔치를 치르는 집이 우리나라에는 몇이나 될까?

정일네 가족에 비해 가난하고 평범한 가족으로 그려졌지만 승주네 가족도 평범한 집안은 아니다. 어머니는 홀로되기는 했으나 집안 좋

은 부유층 고객을 단골로 모신 솜씨 좋은 한복집을 경영하며, 큰아들
은 검사이고 큰딸은 교사이다. 또한 막내딸 승주는 요즘 가장 많은
월급을 받는다는 은행에 취직해 모범적인 직장생활을 하고 있다. 홀
어머니란 점을 제외하면 일반서민의 부러움을 받을 만한 집안인 것
이다.

## 소재를 보는 새로운 시각, 생각하는 TV를 꿈꾸며

물질에만 집착하는 속물인 어머니로 인해 결국 사랑하는 두 남녀
의 결혼이 깨지고 아들이 "엄마 아들로 살기 너무 힘들었어요. 해방
될 거예요"라는 말을 끝으로 가출해 종적을 감추는 것으로 맺는 결
론이 한편으로는 통쾌감을 안겨주었지만 한편으로는 현실의 씁쓸함
을 안겨주기도 했다. 온 가족이 모이는 대표명절인 추석에 방송된 특
집극임을 감안할 때, 지나치게 어두운 분위기의 결말이었던 것도 사
실이다.

그럼에도 불구하고 이 드라마는 많은 것을 생각하게 해주었다. 그
리고 그것은 극본을 이끈 '작가의 힘'에 기인한 바가 크다. 김수현은
여전히 현실에 대한 날카로운 묘사와 풍자로 어느 작가들도 정면으
로 다루지 못한, 그러나 현실에서 딸을 둔 어느 가정이라도 겪게 되
는 통과의례인 혼수문제에 대해 문제를 제기했으며 이를 치열하게
다루었다.

흔히 결혼을 치르며 그 과정에서 혼수나 예단문제가 개입되며 소
위 '뚜껑 열리지 않는' 집안이 없다고 들었다. 나 역시 그런 과정을
겪었으며 주위에서도 그러한 많은 경우를 목격했다.

요즘 사회는 '결혼'이란 계약을 두고 거는 '계약금'으로 그 의미가
변질된 듯하다. 계약금이 클수록 더 큰 집을 가질 수 있고 결혼의 행
복과 성공을 보장할 수 있다고 생각하는 이가 많다. 그러나 혼수는

결혼의 부록일 뿐 결혼의 본질이 아니다.

"뱁새가 황새 따라가려면 가랑이 찢어진다"는 말이 전하듯 주제에 맞지 않는 혼수는 가정파탄만을 초래할 뿐이다.

결말은 비극적이긴 하지만 승주네 가족을 통해 작가는 여전히 가족의 소중한 사랑을 보여준다. 새어머니이긴 하지만 친어머니보다 더 큰 사랑과 헌신으로 전처의 자식들을 보살피는 진숙(김혜숙 분)과 이를 따르는 세 남매의 모습은 돈보다 더 귀한 것은 가족간의 사랑임을 일깨워줌과 동시에 가슴 찡한 감동을 안겨준다.

추석특집극 <혼수>처럼 다른 드라마에서 많이 다루어진 소재이지만 그 본질에 대한 고찰이 이루어지지 않은 소재에 대해 현실적이고 다양한 시각으로 다룬 드라마가 많이 나오기를 바란다.

TV란 그저 멍하니 바라보며 시간을 때우는 '바보상자'가 아니라 진화하는 '생각하는 상자'가 되어야 하기 때문이다.

# 다큐미니시리즈 〈인간극장〉
## 5부작의 허상

이미애(주부)

저녁 8시 50분만 되면 우리 가족은 TV 앞으로 둘러앉는다. 이제는 마치 습관처럼 초등학교 아이들이 어린이드라마나 만화영화를 시청하듯 이 시간의 프로그램을 즐겨 본다. 이 프로그램은 다름 아닌 다큐미니시리즈 〈인간극장〉이다. 난 이 프로그램을 보기 위해 매일 이 시간만큼은 한 점 여백처럼 비워두는 편이다. 마치 중독된 주말드라마나 아침드라마처럼 말이다.

이 프로그램은 일단 접근이 쉽고 재미가 있다. 거울을 보듯 내 생활과 크게 무관하지 않은 생활 속 이야기가 뼈대를 이루기 때문일 것이다. 아무런 마음의 준비 없이 그저 이 프로그램을 지켜보면서 화면 속 사람들을 헤아려보며 나 자신의 삶 또한 한 번쯤 되돌아보는 여유를 부린다면 다시없는 감상이 될 터였다. 그러면서 언제부턴가 이 프로그램을 아이들에게까지 보라고 권하게 되었다. 아이들이 학교에서 배우는 지식적 측면이나 책이나 인터넷에서 얻는 고급정보보다도 더 가치 있는 생활 속 지혜의 꾸러미가 이 프로그램의 배경으

로 깔려 있다고 생각됐기 때문이다. 평소에 사소한 불만에 가득 차
있던 우리 아이들이 자신의 위치와 학교생활에서 알지 못할 투정 섞
인 상황에서 다른 사람의 씩씩하고 다양한 삶의 모습에서 보이지 않
는 여유를 되찾게 되는 것을 실제로 느낄 수도 있었다. 그렇다고 꼭
어떤 두드러지는 효과를 기대하며 아이들에게 강요하듯 이 프로그램
을 보게 하진 않았다. 다만 이 프로그램은 어떤 식으로든 아이들이
바라보는 세상적인 눈에 지대한 영향을 미칠 것은 예측할 수 있었기
때문이다. 마치 환경교육을 위해서 환경스페셜 같은 환경프로그램으
로 친화되는 것이 우선되는 것처럼 자신의 삶이 윤택해지기 위해서
는 왜 어떻게 자신을 설정해나가야 되는지를 스스로 깨닫게 하는 데
신선한 충격을 주는 프로그램이라고 생각했던 것이다.

다큐프로그램이 홍수처럼 방송에서 터져 나오고 있다. 음식다큐,
환경다큐, 자연다큐, 로드다큐, 문화다큐, 시사다큐, 법률다큐, 의학다
큐, 과학다큐 등등 우리가 학문이나 사회성에 비춘 다양한 부류에 다
큐멘터리만 붙이면 그건 어느새 전문성을 띤 다큐프로그램이 완성되
는 것이다. 나는 그 중에서도 생활다큐물과 미니시리즈가 합쳐진 다
큐미니시리즈 <인간극장>에 대해 늘 가까이 하면서 느꼈던 내 생
각들을 부족하지만 종합적으로 정리해보고자 한다.

다큐미니시리즈 <인간극장>은 소외되고 대체로 버림받았지만 건
강하게 자신을 추슬러 내일을 준비하는 사람들로 그려진 인간세상이
다. 희망의 그늘에 가려 지금은 당장 힘들고 어렵고 고달프지만 빛을
향해 한발 한발 나아가는 모습이 정말 살맛 나게 만드는 과정인 것
이다. 한 걸음 멀리 있는 우리들조차 그들로 인해 희망과 용기를 얻
는다는 말은 사실 과장이 아닐 것이다.

소년소녀가장, 장애인가족의 이야기와 다산가족, 외국인과 함께 사
는 부부 이야기, 재혼을 했거나 별난 가정 이야기, 외국에서 한국을
잊지 못하며 사는 이민 1세대 이야기, 입양가족 이야기, 치매부모를

모시는 이야기 등등 이루 헤아릴 수 없는 내용으로 우리의 심금을 울리고 있다. 폭넓은 소재로 시청자의 눈과 귀와 마음을 훈훈하게 만들고 즐겁게도 해주고 그들의 특별한 삶의 모습 자체가 우리에게 커다란 삶의 그늘을 지우는 역할도 하는 것이다.

가난을 늘 밑바탕에 깔고 살아가는 소외된 주인공들이 하나의 일탈로 받아들일 수밖에 없는 풍요와 소유의 행복은 질펀한 삶의 정리(情理)로 한 치의 여과도 없이 보이는 건 삶의 기쁨이자 아름다움일 것이다. 가난을 최악의 죄와 치욕으로 인식하고 조그만 좌절과 어려움도 참아내질 못하고 받아들이기를 거부하는 요즘의 신세대들에게 가난의 진정한 모습과 그 가난과 맞부딪치며 살아가야 하는 건강한 사람들의 참된 용기를 이 프로그램에서 만날 수 있는 것이다.

이 프로그램은 일일이 열거가 어려울 정도로 시청해야 할 좋은 점을 많이 가지고 있다. 우선 장애인에 대한 일반인의 편견을 그들의 삶 속으로 들어가 자연스럽게 동화하게 만들어 이해하고 긍정적으로 받아들이게 한다. 한 달에 한 번꼴로 장애인이나 장애인 가족을 취재해 진정한 매스미디어의 참일꾼으로서의 역할을 톡톡히 해내고 있는 것이다. <광화문연가>에서 장애인끼리의 고래 힘줄보다 질긴 인연과 사랑의 끈이 프로그램 중간중간 시청자에게 전해져 가슴 뭉클한 감동을 안겨주었던 것도 그 예가 될 것이다. 우리가 정말 사회 속에서 자신의 가족과 학연, 지연 등 자질구레한 굴레만을 꼽으며 상대적인 삶만을 비교하며 살아온 세월에 비하면 주인공들의 시와 생활은 정말 가치가 있는 볼거리였다. 사람이 서로 공존하면서 공유할 수 있는 감정은 다양할 수 있지만 서로를 걱정하고 자신도 성한 몸이 아니면서 대신 아파주었으면 하고 안달을 하는 모습은 가족이란 혈육으로 통하는 관계에서도 점차 찾아보기 힘든 사회가 되어가기 때문에 이 프로그램의 파장은 그만큼 크다고 할 수 있는 것이다. 일상생활 속에서 순수한 재미를 맛볼 수 있다는 점에서도 정형화되지 않은 주인공들의 때묻지 않은 솔직한 표현과 세상 속 삶의 소박한 기쁨을 이 프로그램에서는 힘들이지 않고 가슴으로 훤히 들여다보게 해주는 것이다. 어려운 생활 속 법률이나 절차, 또는 사회에서의 불이익에 대한 정보들도 이 프로그램에서는 마치 족집게 선생님이 시험문제를 알려주듯 요소요소를 가르쳐주는 것을 빼놓지 않는 알뜰살뜰한 정보 프로그램이기도 했다. 이것이야말로 TV의 대단한 교육효과가 아니겠는가. 편하게 보면서도 '아하! 저런 어려움이 있었구나. 그래 저렇게 처리하면 되겠네' 하는 생각이 저절로 들게 만들어준다.

그리고 적당히 우리의 궁핍함을 그들에게서 뼈저리게 느낄 수 있어 그것조차 닮아 보여 가깝게 여겨지고 내가 더 소유하고 있다는 넉넉함에 대리만족 또한 느끼게 해주어 생활에 더욱 충실하게 만드는 구실도 한다. 그리고 마치 드라마의 라스트신을 연상하듯 내일 예고로 이어지는 숨막히는 긴장감도 우리의 시선을 끌기에 주저함이 없다. 항상 커다란 파란이 예고되기 때문이다. 또한 이 프로그램은 그 어떤 것보다도 무한한 감동을 맛볼 수 있다는 데 있다. 마치 잔잔한 파도의 떨림처럼 아무런 울림 없이 아무런 예고도 없이 우리 가슴에 가만가만 심장을 고동치게 해주는 것이다. 너스레처럼 자신도 모르게 웃을 수 있는 시간 자신의 존재자체를 잠시 벗어던질 수 있는 생활다큐물의 질펀한 에너지가 여기서 창출되는 것이다. 궁핍과 불안정한 정서상태에서도 웃음으로 현재를 승화해 사회악적인 요소를 이겨낼 수 있는 밑그림을 그려주는 곳 또한 이 프로그램만의 진정한 매력이다.

이렇듯 고저의 드라마적 요소에 주절주절 이어져 내려가는 고단한 삶은 단순한 재미뿐만 아니라 교육적 효과도 크지만 거의 매일을 이 프로그램과 접하다 보니 약간은 아쉬운 몇 가지 문제점 또한 그냥 지나칠 수만은 없어 짚어보고자 한다.

다큐미니시리즈 <인간극장>이 가진 단점이래야 장점을 처음엔 잘 살려왔지만 시간이 가면서 약간은 식상해지고 매너리즘에 빠지지 않았나 하고 생각된 문제점이다.

첫번째로 몇몇 작품을 제외하고는 대부분 5부작으로 구성되어 있는데 그 내용이 첫날의 하루 35분 분량으로 몰아서 해도 좋을 것을 늘어진 테이프처럼 너무 늘여놓았다는 생각이 드는 작품이 없잖아 있는 것이다. 드라마처럼 생활다큐물을 구성하다 보니 작품의 완성도는 갈수록 떨어지는 느낌이 드는 것도 길이에서 오는 건 아닐까. 산골 9남매와 목사 부부의 9남매를 둔 가정을 소개하는 과정에서 대동소이한 내용들이 제법 지루했던 점 또한 사실이다. 보기 드문 다산으로 옛 조상들을 연상시키는 다복한 가정의 모습이 연출되긴 했지만 교훈적인 의미나 현재를 딛고 일어서는 희망, 미래를 향한 생활의 지침서 같은 의미에서는 낮은 점수를 줄 수밖에 없었다. 특별한 사연이나 기구한 운명으로 어쩌면 다산을 할 수밖에 없는 뚜렷한 배경은 전혀 없이 그냥 아이가 좋아서 다산한 경우로 자초해서 어렵게 별나게 사는 모습이었을 뿐이었다. 출산이 1.12퍼센트밖에 안 된다는 우리나라 출산율의 통계에 비추어 만약 이 통계를 염두에 두고 제작한 프로그램이라면 모를까 그 외에는 왠지 비생산적으로 보여 아이들을 어쩌면 정서적으로 방치하는 것으로까지 보여 다분히 위험한 소재였음을 우려한 프로그램이었다. 또한 이 가정들은 이미 토크쇼에서 여러 번 소개되어 더 이상 궁금한 부분이 희박할 정도로 널리 알려진 가족이란 사실이다. 5부작 175분간의 대장정을 함께 어렵게 등반을 하듯 정상을 차지하는 기쁨을 나눌 수 있는 화젯거리의 시간이 되었으면 한다.

두번째로 처음에는 폭넓은 소재로 매번 시선을 끌었지만 회를 거듭할수록 소재기갈에 허덕이는 진풍경이 연출되고 있는 것이다. 대부분 소년소녀가장, 장애인가정, 외국인 가정이나 별난 부부 이야기 등 소재가 너무 진부하고 획일화되어 사람만 바뀌는 꼴이 되어간다는 것이다. 사람 사는 형태는 어떻든 대개가 비슷한 모습일 것이다. 하지만 진짜로 특색 있는 삶의 방식과 모습을 가진 사람들은 얼마든지 찾으면 존재할 것이다. 귀감이 될 만한 인생부류는 시청자 참여나 추천, 또는 인터넷 공모 등 다양한 경로를 통해 제작진에서 스스로 발굴의사가 충분하다면 얼마든지 독창적인 소재가 분명히 확보될 수 있다고 생각된다. 타 방송사에서 이미 소개되어 우려낼 대로 다 우려낸 이야기를 다시 5부작으로 그려내는 건 한 번쯤 깊이 생각해볼 일이 아닐까. 제작진들이 스스로 자화자찬하는 소소한 생활 속 감동만을 주장하며 더 이상의 발전을 얘기하기를 꺼린다면 모를까 그렇지 않다면 자성할 수 있는 계기를 다가오는 가을에 풍성한 소재로 새 단장이 필요할 때라고 생각된다.

세번째는 소외되고 사회 가장자리에 머무는 사람들의 삶을 위주로 그려내다 보니 부정적이고 어두운 요소가 너무 많이 차지하고 있다는 것이다. 어둠을 밝혀 빛으로 향하게 하려는 기획 의도는 충분히 이해되지만 <새 남편 새 아내> 같은 재혼한 부부 이야기나 <나의 아들 이등병>, <선생님, 우리 선생님> 같은 작품 외에는 거의가 사회 한켠에 머무는 사람들의 이야기라고 생각된다. 안 그래도 경제가 어렵고 세상살이가 힘들다고 난리인데 우리네 삶의 모습을 지나치게 쥐어짜고 형편없는 면만을 보여준다는 것은 우리의 마음까지 얼어붙게 하는 것일 수도 있기 때문이다. 어쩌면 둘째 단점과 맞물려 있다고 생각되지만 성공한 사람들의 이야기, 예술혼에 불타는 예술인의 특별한 여정, 자원봉사자들의 베푸는 삶, 최고의 직업정신을 가지고 우뚝 선 사람들의 모습 등을 전체 구성의 절반으로 보여주는 것이 희망을 꿈꾸며 오늘을 사는 사람들의 삶에 훈기가 되지 않을까 한다.

네번째는 이 프로그램의 특성상 아마추어다운 자연스러움이 묻어나거나 약간은 어색한 모습이 연출되어야 하는데 전혀 그렇지 않을 때가 있다는 것이다. 거꾸로는 작위적인 느낌이 강하다는 말도 된다. 이 프로그램의 1회 방송분에 대한 출연료가 150만 원이나 된다고 한다. 적지 않은 돈임에 틀림없다. 이렇다 보니 이 프로그램에 대한 잡음이 더러 있어왔다. 예전에 '산골소녀 영자' 이야기를 프로그램으로 내보내고 그 출연료(?) 때문에 영자 아버지가 목숨을 잃은 사건은 두고두고 우리의 마음을 어둡게 하는 점이다. 그냥 자연인으로 살아가는 그들을 그대로 놔두었다면 사태가 그렇게까지는 번지지 않았을 텐데 하는 때늦은 후회 때문일 것이다. 하지만 이것도 다 사람의 운명이라 생각하면 어쩔 수 없는 일이다. 그래서 이 프로그램을 보다 보면 출연료가 맞물려서 그런지 분명 우리 같은 평범한 사람들이 출연을 하는데도 자연스러움이 지나칠 경우가 많다는 걸 느끼게 만든다. 어눌한 모습들이 완성도가 더 높은 프로그램인데도 전혀 그렇게 표현되지 않는 게 문제로 보인다. 작가와 지나친 자연스러움으로 별별 이야기를 나누는 모습은 마치 토크쇼를 방불케 하는 부분으로 방송을 지나치게 의식한 점이 부각되어 시청자로 하여금 오히려 주인공의 생활을 있는 그대로 받아들이는 데 역효과를 낸다고 생각된다. 요즘 사람들이 그만큼 방송에 능수능란한지는 잘 모르겠지만 어쨌든 탤런트 뺨치는 연기력(?)으로 이 프로그램에 출연하는 주인공들을 보면 볼수록 마음이 개운치가 않은 것이다.

다섯번째는 4부작의 맨 마지막 부분에 붙는 드라마적인 요소는 물론 시청률을 의식한 밋밋한 내용을 커버하는 역할도 하지만 그 엔딩 부분이 대부분 지나친 호기심을 유발한다는 생각이 든다. 주말드라마를 보더라도 예전처럼 다음 방송분까지 지독히 자극적인 결말로 호기심을 부풀렸지만 요즘에는 오히려 더욱 자연스럽게 막을 내리고 있지 않는가. 그것도 아니면 아예 예고편 자체를 내보내지 않는 실정인 것이다. 그런데 이 프로그램은 거꾸로 이 부분을 심하게 강조해 자연스런 끝맺음을 오히려 역류하는 기분을 느끼게 만드는 것이다.

논픽션을 드라마화한 특별한 사람들의 이야기이긴 하지만 결코 드라마적인 요소가 될 수 없는 부분을 확대 과장하는 듯한 이미지는 그 프로그램에 동화되어가는 시청자를 결국 우롱하는 꼴이 되게 만든다. 결국 생활적인 문제로 대부분이 별일 아닌 사소한 문제로 다음 방송분에서 그 자극적인 결말이 싱겁게 끝나버리기 일쑤였던 것이다. 5부작으로 이야기를 차분하게 이끌어갈 의도라면 마치 파도를 타듯 그렇게 생활 이야기를 리드미컬하게 이끌어가야 할 것이다.

여섯번째는 주제와 정보가 너무 미비하다는 것이다. 특별한 환경이나 삶의 방식으로 우리처럼 살아가면서도 그 모습에는 무언가 다른 요소가 항상 존재하기 마련이다. 그렇다면 주인공의 삶을 투명하게 보여주려면 그들에게서 우리와 다른 뭔가를 정보로 끌어올려 제대로 된 해설을 할 필요가 있는 것이다. 스치듯 지나가는 광고처럼 흘러가버리는 주인공의 남다른 인생이라면 그 얼마나 아쉬움이 남겠는가. 5부작을 다 보았는데도 결국 남는 것은 제목과 주인공의 그렇고 그런 생활 정도라면 안타까울 것이다. 설사 어떤 강한 메시지나 주제가 아니더라도 정보에서라도 그 부족함은 채워져야 할 것이다. 마치 의학다큐물 <병원 24시>가 희귀병에 대한 정확한 지식과 정보를 제공하며 완성도를 높이는 것과 마찬가지로 주제가 있는 테마다큐물이 된다면 보다 실속 있는 다큐미니시리즈가 될 것 같기 때문이다. 소재가 반복된다는 의미에서 <병원 24시>나 <한민족 리포트>, <이것이 인생이다> 같은 뚜렷한 성격의 다큐물처럼 완성도가 높은 작품에 도전해보는 것도 5부작의 여러 가지 면에서 더 유리할 것이다.

하지만 이 다큐미니시리즈 <인간극장>이 진정한 장수프로그램으로 거듭나려면 흐르는 물처럼 감동을 선사하는 것도 좋지만 주인공과의 대화에서 그 물을 굽어보는 가치관이나 지혜를 일상적인 것 외에도 끌어낼 줄 아는 제작진의 노력 또한 필요하지 않을까 한다. 특히 요즘 젊은 세대는 지식과 정보에는 눈을 번쩍 뜨는 데 반해 밋밋한 줄거리에는 금방 식상해버리기 때문이다. 그들에게도 이런 삶의 파편들이 건강한 영향이 되게 폭넓은 시청자 확보에 노력할 욕심이 있다면 뼈대가 되는 생활 이야기에 살을 붙이는 내레이터는 좀더 뚜렷한 목적의 주제와 정보를 제공할 필요가 있는 것이다. 안일한 프로그램은 언제나 신세대에 밀려나게 마련이므로 다양한 시청자층을 잡으려면 그들의 관심사에 다가가는 노력으로 중·장년층만이 대상이 아닌 프로그램으로 거듭나야 할 것이다.

일곱번째는 이 프로그램을 보다 보면 싸우거나 언짢은 분위기에서 주인공이 촬영을 거부하는 장면이 종종 여과 없이 방송되곤 한다. 이미 촬영하기로 했는데도 주인공의 생활에서 보이기 싫은 부분을 촬영 중간에 손바닥으로 막거나 모자이크 처리로 보여주지 않는 장면은 거부감이 앞선다. 처음에는 시청자에 대한 예의가 없다고밖에 생각되지 않았다. 만약 장애인가족이나 피치 못할 사정으로 방송에 나가는 것을 싫어한다면 그 부분은 아예 촬영되지 않았어야 옳았다. 이 프로그램의 특성상 주인공 가족의 사생활이 어느 정도 침해되는 것은 당연한 일이지만 개인적인 사고방식까지 시청자에게 보여줘 판단하게 하는 것은 지나친 사생활침해가 아닌가 하는 생각이 들었다. 주인공이 자신의 피치 못할 상황과 기분을 촬영거부까지 할 정도라면 그건 이미 촬영수위를 넘어선 것이다. 이런 상황은 제작진에서 주인공의 인격과 명예를 훼손하지 않는 범위 내에서 적절한 수위조절로 시청자한테까지 보여줘 눈살을 찌푸리게 하기 전에 차단되게 조치해야 마땅할 것이다.

여덟번째는 이 프로그램의 주인공들을 정확한 검증 없이 방송부터 내보낸다는 것이다. 한마디로 적합하지도 않는 소재가 방송되는 것이다. 우리나라가 세계 2위라는 불명예의 급격한 이혼증가로 편모·편부가정이 느는데, 진짜 소년소녀가장의 범위가 애매모호하다는 것이다. 이 프로그램을 자세히 보면 소년소녀가장의 이야기가 자주 등장한다. 그 중에서도 이해가 안 되는 부분이 있었다. <넓고 넓은 바닷가에>라는 소녀가장을 그린 이야기에서 느꼈지만 네 딸의 아버지는 암으로 사망하고 어머니는 가출한 상태였다. 그런데 돈 벌러 간 어머니가 한 번씩 전화통화를 하는 것으로 봐서 이는 가출의 진정한 의미는 아닌 것이다. 부양의 의무를 회피한 채 몰상식하게 자식을 내버린 가족을 보여주는 것으로밖에 인식되지 않았다. 어머니의 가출로 아이들은 생활비를 국가에서 지원받고 주위의 도움을 받아 생활하는 것이었다. 하지만 그 어머니는 전화도 걸어 안부도 묻고 할 정도로 멀쩡히 존재하고 있는 것이다. 이런 소녀가장은 어쩌면 도움이 필요한 진짜 소년소녀가장에 비한다면 그 어머니의 역할에 비추어 볼 때도 방송분으로 적합하지 않다고 생각되었다. 얼마 전에 2부작으로 방송된 <작은 아씨들> 또한 어머니가 생계가 어려워 같이 살지 않지만 자주 만나는 소년소녀가장의 모습이었다. 물론 부양의 의무를 저버린 어머니의 몫을 대신하는 소녀가장이 동생들을 보살피는 모습은 가슴이 아팠지만 어쩌면 법을 악용한 소지가 있는 이런 가정보다는 고아로 버려진 채 사회복지의 외곽에서 소외받는 진정한 소년소녀가장을 취재방송했어야 옳았다. 더 무거운 짐을 짊어지고 사는 소년소녀가장을 찾아 그들의 참모습을 보여주는 것이 바람직한 방송자세가 아니었을까 하는 생각이 들었다.

아홉번째로 천편일률적인 내레이터 이금희 씨의 목소리에 중독되는 현상을 느꼈다. 다양한 목소리로 프로그램을 감상할 수 있었어야 했는데 너무 일방적인 내레이터의 목소리에 솔직히 시청자가 마치 <인간극장> 하면 바로 이금희 씨를 떠올리는 사태까지 생겨나고 있는 것이다. 물론 차분하고 따스한 정적 이미지로 이 프로그램의 내레이터로 더 이상 적격자가 없을 정도로 여겨지지만 남주인공의 경우에까지 다소 처지는 분위기를 자아내는 내레이터의 역할은 한 번쯤 자제하며 생각해볼 일이 아닐까. 목소리와 톤에서 풍겨오는 분위기 또한 방송에서는 무시 못하는 부분이다. 처음에는 다양한 내레이터로 시작되던 것이 이제는 아예 혼자서 다하는데 이건 시청자를 차츰 정신적으로 세뇌시키는 결과를 낳고 있는 것이다. 시청자로서는 상황에 맞는 다양한 기교와 변화가 내레이터의 역할에 주어졌으면 하고 바라는 것이다.

열번째로 나는 이 프로그램이 어떤 변화와 해결을 주지 않는다는 데 안타까움을 느꼈다. 단지 보여주는 것에 의미를 갖는 것 같은 안일한 인상을 심어주는 것이다. 제자리걸음이 아닌 미래를 걷는 청소년의 포부처럼 변화될 건더기를 가진 프로그램을 제작해야 한다는 것이다. 5부작의 거대 장정에 묘미를 살리려면 작은 감동의 일상을 방송하는 데만 의미를 부여하지 말고 주인공 삶의 다양한 변화와 나아진 현재를 그려낼 줄 아는 심미안적인 요소가 5회분에는 적어도 제시되어야 한다는 것이다. 물론 건강한 삶을 유지하면 바른 방향으로 나아갔겠지 하는 지레짐작은 하지만 시청자들은 한발 나아간 발전된 그들의 건전한 의식과 밝은 얼굴을 보고 싶은 것이다. 희망의 메시지로 도배가 된 억지스러운 결말 부분을 원하는 것이 아니라 실지로 약간의 시간이 소요되더라도 진정 변화된 건강한 사회의 역군으로 주인공을 마주하길 원하는 것이다. 그래야 시청자가 진정한 희망의 끈을 놓지 않게 되는 것이다. 연속으로 밋밋하리만치 단순한 일상을 여과 없이 보여주다 희망을 품고 내일을 향해 간다는 그렇고 그런 결말은 이제 발 빠른 시대에 뒤떨어진 유행가 정도가 아닐까한다. <꾸러기 스님들>이나 <아름다운 동거 그후>같이 시간이 지난 뒤에 연결고리를 생각해서 궁금증을 해결해주는 것은 오히려 진한 감동의 인연과 정리(情理)를 느꼈던 교훈적인 의미를 삭감시키는 것이라 생각되었다. 전체적인 생활의 흐름을 훑는 정도로 현재의 변화를 특집처럼 방송하는 것이라면 모를까 왠지 새로운 소재보다 신

선함만 떨어지는 느낌이 들었다. 좀더 발전적인 건전한 의식을 품어
줄 수 있는 제작진의 진지하고 성의 있는 작품이 기대되는 것이다.

그래서 나는 이 프로그램에 대해 총체적으로 이런 바람을 가지게
되었다. 5부작으로 다소 늘어난 느낌이 있는 길이를 절충할 수도 있
고 힘도 실리는 주제가 뚜렷한 다큐물로 제작을 하는 것이다. 주제를
가지고 연령, 직업, 가족, 외국인, 지역 등으로 제작을 한다. 길게는
한 달을 기준으로 해도 좋고, 짧게는 일주일을 단위로 해도 좋다. 독
특한 직업을 가진 사람이나 성공한 직업군을 선정해 그의 주변 사람
들도 각각 하루분이나 이틀분으로 취재해 누구나 그 프로그램의 주
인공이 되게 하는 것이다. 이번 주 월요일부터 방송되는 <5인의 추
적자>는 마약단속반에 근무하는 다섯 명의 경찰관을 그린 다큐물로
이런 형태는 처음으로 방송되었다. 어쩌면 내가 생각한 부분을 마치
알기라도 한 듯이 한 직업을 통한 다양한 군상을 그려낸 것이다. 하
지만 이 프로그램에서도 경찰관이란 직업에는 우리는 익숙한데 그것
외에 다섯 명의 경찰관의 직업 외적인 생활의 차이를 그려내었으면
더욱 <인간극장>다웠을 텐데 하는 아쉬움이 있긴 했다. 너무 직업
적인 박진감으로 도배를 해 내레이터의 처지는 목소리와 불균형을
이루었고 내용적으로도 경찰청 사람들 정도의 수위였다. 하지만 앞
으로는 더욱 발전이 거듭되리라 믿어진다. 그리고 소년소녀가장의
문제에 있어서도 소년가장의 어제, 오늘, 그리고 내일을 시간을 두고
각각 다른 모습의 가정을 통해서도 서로 비교하게도 하고 서로에게
도움도 줄 수 있는 모습을 취재하면 좋을 것이다. 그 다음 주에는 소
녀가장들만 모아 취재해 우리 사회를 바라보는 시각을 표현하게 하
는 것도 좋을 것 같다. 지금까지 소년소녀가장 이야기는 주로 어머니
가 안 계시는 소녀가장만을 취재한 것으로 소년가장에 대한 섬세한
자료조사와 취재대상을 물색하는 자세도 필요한 것 같다. 또한 고령
화사회로 나아가는 우리 사회에 어르신 대상의 얼굴이 이 프로그램

에서는 매우 빈약한 것을 느꼈다. 독거노인의 힘든 삶에서부터 그들을 도와주는 자원봉사자의 넉넉한 삶까지 이웃하는 삶의 모습도 다변하는 이 사회가 보여주는 아름다운 풍경이 아니겠는가. 또한 연령별로 유치원에 다니는 병아리의 천진무구한 일상에서부터 왕따를 느끼는 10대의 문제가 되는 학교생활과 80대 어르신의 메마른 일상까지 두루 섭렵할 수 있는 포용하는 프로그램이 되어야 할 것이다. 또한 사회적 핫이슈를 너무 무겁고 파장이 두려워 거부만 하지 말고 정치인의 공개되지 않은 애환, 연예인의 메마른 허상, 원정출산이 가져온 국적문제, 고학력 지방대 실업, 영재교육의 구조적 폐단, 애완견 전성시대, 자살사이트, 만년 고질병 노사파업 등을 시사다큐뿐만 아니라 이 프로그램에서 문제의 주인공을 찾아 생활과 사회 속에서 그 원인을 분석해보고 그 치유방법을 함께 고민하며 해결하는 것 또한 깊이 있는 주제가 될 것이다. 우리 시대의 절대적 아픔을 희망으로 딛고 일어서게 만드는 사회정화와 희망 프로젝트가 이 프로그램의 진정한 주제인 것이다. 그런 의미에서 이 프로그램이 폭넓은 소재로 장수하면서 사회문제까지 놓치지 않는 건강한 프로그램으로 거듭나기를 기대해본다.

# 〈조선 여형사 다모(茶母)〉의 역사성

조경란(대학원생)

## 1. 머리말: 현재성 중심의 사극

2003년 9월 어느 한 주의 방송 편성표를 보기로 하자. <조선 여형사 다모>(MBC, 월화, 이하 <다모>), <야인시대>(SBS, 월화), <장희빈>(KBS, 수목), <무인시대>(KBS, 토일), 그리고 <전왕(錢王)>(MBC, 금)까지. 사극을 좋아하는 사람이라면 매일 공중파 방송에서 사극을 볼 수 있는[1] 이러한 편성이 낯설지 않은 것을 보면, 최근 몇 년 동안 방송에서 사극이 붐을 일으키고 있다는 말이 과언은 아닌 듯하다. 이와 같은 분위기가 조성된 데에는 <용의 눈물>(KBS)이란 사극의 기

---

1) 공중파 방송과 케이블 방송에서의 재방송을 활용하면 하루 종일 사극을 즐길 수도 있다. 한편, 매체의 발달(저장성)로 인하여 질리지만 않는다면 그 많은 시간 동안 녹화나 해당 프로그램 인터넷 홈페이지에서의 '다시 보기'를 통해 특정 드라마 하나만을 반복해서 볼 수도 있다. 실제로 '다모폐인'이라 지칭되는 이들은 <다모>라는 드라마에 그렇게 빠져 지냈다고 한다.

여를 생각해볼 수 있다. 이 드라마를 기점으로 이전의 야사 중심의
사극이 정사 중심의 사극로 바뀌었고, 주 시청자층이 여성에서 남성
으로까지 넓어졌기 때문이다.[2] 드라마 <허준>[3](MBC)에 이르러서는
시청률 50%를 상회하는 '국민드라마'가 탄생하기도 하였다. 위와 같
은 정사 중심의 사극은 우리가 알고 있는 시대에 실제 살았던 우리
가 알고 있던 인물들의 이야기로 교훈과 재미라는 사극의 목적을 충
실히 달성해주었다. 그러나 정사를 중심에 둔 이상 고증의 문제와 사
실 왜곡의 시비가 이것을 늘 따라다녔다.[4]

　　최근 방송된 사극 중, 고증과 왜곡의 시비 문제에 비교적 자유로
웠던 사극으로 <대망>(SBS)과 <다모>(MBC)를 꼽을 수 있다. 과거
사극과 달리, 이 사극은 우리가 알 수 없는 시대에 살고 있는 알 수
없는 사람들의 이야기처럼 보였다. 그런데 조금 더 들여다보면, 그
낯선 시대와 그 낯선 사람들이 우리 시대와 우리들의 모습과 닮아
있다는 것을 어렵지 않게 알 수 있다. 우리를 낯설게 바라본 것의 다
름 아니었다. 기존 사극과 차별화된 등장 인물, 그리고 그들의 행위,
의복, 어투와 어휘, 음악 등은 이 드라마가 현재를 딛고 서 있음을

---

2) 정준영, 『텔레비전 보기: 시청에서 비평으로』, 책세상, 2002, 97쪽.

3) 드라마 <허준>은 정사 중심의 사극이라기보다는 정보 중심의 사극이란 표현이
　 더 적절할 듯하다. 여기서는 정사 중심의 사극이란 범주를 좀더 넓혀서 이 드라
　 마를 그 안에 포함시켰다.

4) 사극은 과거의 역사적 사실에 대한 제작진의 분석과 해석이 들어가서 창출된 '새
　 로운 이야기'이다. 그런데 정사 중심의 사극인 경우, 정사를 다루기 때문에 일부
　 제작진은 자신들이 역사를 쓴다고 생각하기 쉽다. 또 일부 시청자들은 그것이 역
　 사라고 생각하기도 한다. 여기서 사실여부의 논란이나 여러 가지 문제가 일어나
　 게 된다. 심지어 관련 인물의 후손들이 명예훼손이라고 소송을 제기하기도 한다.
　 <야인시대>는 방송 내내 이 문제에 시달렸다. 정사 중심의 사극은 역사적 사실
　 에 충실해야 한다는 것으로 제작진이나 시청자를 강박하였기에 예술과 역사 서
　 술의 경계에서 자기 자리를 찾지 못하였다. 그리고 배우들의 호연에도 불구하고,
　 그 속의 인물들은 박제화된 채 내레이션으로 대표되는 일정한 한 목소리에 갇혀
　 있을 수밖에 없었다.

드러내서 보여주었다. 곧 현재성을 중심에 둔 새로운 사극이 출현한 것이다.

<다모>의 성공은 새로운 사극이 단지 출현했다는 것뿐만 아니라 사극이 진일보하여 새로운 시대로 접어들었다는 평가를 끌어내었다. 어쩌면 사극의 시대가 <다모> 이전과 이후로 나뉠지도 모르겠다. 그런 까닭에 <다모>를 '포스트 모던 퓨전사극', '탈역사사극'이라고 명명하는 이들도 있다. 특히 '탈역사사극'이란 명명은 <다모>가 중심에 두었던 현재성 때문에 사극에서 역사 자체가 사라지는 '탈역사화'가 일어난 것으로 본 것이다.[5] 그런데 역사를 벗어버린 사극이라 말이 모순으로 들린다. 역사성이 없다면, 사극의 기반이 사라져버리는 것이 아닌가? 사극은 가장 절정을 이룬 시기에 그 기반인 역사성을 포기해야 하는 사극과 맞닥뜨린 셈이다. 진화하기 위해서 그 길로 발을 내디뎌야 하는가? 그런데, 현재성 중심 사극들은 정말 역사성이 없는 사극인가? <다모>에는 역사성이 없는가?

## 2. 당혹스러운 고민

### 단상 하나

나는 대학을 다닐 때 학과의 답사를 준비하는 답사반이란 동아리 활동을 하였다. 사학과 학생으로 답사라는 것을 가야 한다면 그 중심에서 활동하고 싶은 욕심에서 시작한 일이었다. 사학과의 답사는 학과의 '공식행사'였고, '학술활동'이었다. 참여를 자율의사에 맡겼어도, 그 참여율은 늘 50% 이상이었다. 그런데, 1992년 가을 학기 답사에서는 참여율이 바닥을 치고 말았다. '공식행사'임에도 불구하고

---

5) 양성희, ≪문화일보≫, 2003년 8월 8일자(www.munhwa.co.kr) 참조.

모두 '개인적인 이유' 때문에, '학술활동'임에도 불구하고 '재미가 없기' 때문에 참여하지 않았다. 빈자리를 채워준 것은 등교하던 복학생 선배들이었다. 수많은 고민과 몇 해라는 시간을 쓴 다음에야 겨우 과거의 참여율을 회복할 수 있었던 것은, '놀러 가자'란 말과 '재미와 놀이'로 참여 유도 전술을 바꾸었기 때문이었다. '공식행사'와 '학술활동'이란 말은 참여에서 그 당위성을 상실하였고, 그것의 과거 지위를 이제 '놀이와 재미'가 차지하였음을 그제서야 알았다.

### 단상 둘

<다모>라는 드라마는 방송 동안 평균 20%를 조금 웃도는 시청률을 보였다. 그런데도 그 드라마를 성공한 드라마로 꼽으면서 신문지상에서 연일 다투어 다루었던 것은 그 드라마 홈페이지 '시청자 의견' 게시판을 통해 만들어진 '다모폐인(茶母嬖人)'들 때문이었다. 시청자 의견에 올려진 글 수가 100만을 넘었고, 간간이 올라오는 제작진의 글에 대한 조회수는 수십만이었다. 인터넷상의 공지만으로 1,700여만 원의 수해 성금을 모금해 방송국에 기탁하기도 하였다. 오프라인으로 옮겨져 치러진 각종 행사들—마지막 방송 함께 시청하기, 수해 지역 봉사활동, '한국희귀·난치성질환연합회' 기금마련 일일호프 참여 등—은 자발적으로 이뤄졌으며 그 참여율과 호응도가 매우 높았다. 이러한 다모폐인들의 힘이 '놀이와 재미'에서 나온 것임을 이 게시판 글들 속에 보이는 각종 '○○놀이'라는 표현에서 어렵지 않게 짐작할 수 있었다.

이 두 가지 단상을 통해 나는 사람들이 모임에 참여하는 이유가 어떻게 변했는지를 알게 되었다. 지난 대통령 선거에서 선거운동원들이 참여한 이유 중 하나가 '재미있을 것 같아서'였다. 내가 모임에

참여하는 것은 사회 정의가 아니라 나의 즐거움 때문이라는 것이다. 그런데 이것을 철없는 행동이라고 누가 말할 수 있을까? 이러한 변화는 문화의 중심이 바뀌고 있음을 보여주는 것이었다. 10년이란 시간 동안 우리 문화는 '공식행사'나 '학술활동'으로 표현되던 사회 중심의 문화에서 '재미와 놀이'로 표현되는 개인 중심의 문화로 바뀌고 있었던 것이다. '공식'으로 표현되는 거대한 이야기는 더 이상 나를 설득할 수가 없다. 이것을 포스트모더니즘에서 말하는 '거대 담론'에 대한 도전과 해체라는 것과 관련짓는다면 지나친 것일까? 이 사회의 거대 담론이라는 것은 사회에 속해 있는 나의 정체성에 정당성을 부여해오던 것이었다. 이것이 도전받는 것은 곧 사회와 나의 정체성도 도전받고 있다는 것이다. 여기서 사회와의 관계를 통하여 형성되었던 나의 정체성은 수정되어야만 한다.

나는 <다모>를 보면서 앞의 단상 하나에서 말했던 그 복학생 선배들을 떠올렸다. 그 선배들은 등굣길에 참여율이 너무나 저조해서 참담해진 학과의 공식행사를 위해, 자신들의 시간을 희생해서 계획에도 없던 답사를 함께 떠나 주었다. 그 상황 속에서, 참여하지 않은 내 동기들과 그 동기들을 너무나 자연스레 받아들이고 있는 나를 그들은 당혹스러워했다. 그들에게 우리들이 낯설었기 때문만은 아니었다. "이들과 어떻게 함께 학교 생활을 해야 하나?" 하는 문제, 곧 그들이 남에 대한 이해, 사회에 대한 이해를 다시 해야 하고 그 가운데 자신의 자리를 찾아야 한다는 문제가 발생하였기 때문이었다. 그들은 이제까지의 거대 담론 아래에서, 사회와의 관계 속에 세웠던 자신의 정체성을 수정해야 할 때를 만난 것이었다(이 답사 후, 학과의 공식적인 모임에서 그 선배들을 자주 볼 수 없었다). 드라마 <다모>는 이 당혹스러운 고민을 이야기하고 있었다.

## 3. '대의명분'에 대한 도전

<다모>가 설정한 시·공간은 1692년(숙종 18)의 조선이었다. 조선은 유교적 이상정치를 구현하고자 하는 이념적 목표를 가진 나라였다. 유교적 이상 정치는 인의를 근본으로 하는 것인데, 이는 사람들이 생명을 존귀하게 여기고 인간다운 생을 누리도록 하며 이를 수호함을 말하는 것이다. 이상정치의 실현을 위하여 중요하게 여겼던 것은 명분을 바로 한다(正名)는 것으로, 이른바 대의명분이 그것이다. 여기에는 직분을 지키는 것으로 그 사회의 질서를 세우고 유지한다는 의미가 있다.

그런데 병자호란의 패전으로 당시 국제 질서 속에 녹아 있던 유교적 질서는 파괴되었다. 이것은 조선 사회 전반의 유교 질서에도 영향을 미쳤다. 전쟁의 여파로 해이해진 신분제는 직분을 지켜서 유지하려던 그 질서의 한 축을 서서히 무너뜨리고 있었다. 상황이 이럴수록 지배자들은 '대의명분'과 '의리'를 강조하였다. 이것은 그것이 도전받는 만큼 강요되어 일반 서민들에게까지 영향력을 행사하였다. '대의명분'에 대한 도전과 그것의 강요라는 상황 속에서 그것의 모순이 드러나고 그것에 대한 거부가 일어났던 것은 어쩌면 당연한 것이었을지 모른다. '대의명분'이 지닌 모순이 드러난 것과 그에 대한 거부가 일어난 것은 조선 사회를 지배하고 있었던 거대 담론이 받은 도전이라고 볼 수 있다.

인간다운 생을 누리기 위해 제시되었던 직분은 신분제란 굴레가 되어 오히려 인간다운 생을 영위하지 못하게 만들고 있었다. 그런 상황에서 인간답게 살기 위해 도적의 무리가 되었던 이들의 행동은 그 직분에 대한 거부라고 할 수 있다. 잦은 환국(換局)으로 신분제 정책의 근간마저 흔들려서 신분제-직분의 모순이 극명하게 드러났던 시·공간, 잡히지 않아 직분의 도전이란 과제를 이룰 수 있는 꿈으로 제시해준 장길산(張吉山)이란 도적이 살았던 시·공간이 숙종 18년의 조선이었다.

<다모> 제작진이 여기를 주목하였다는 것에서 그들의 고민[6]이 거대 담론에 대한 도전으로 흔들리고 있는 정체성의 재정립에 있다는 것을 생각할 수 있었다. 그들은 현재의 거대 담론이 받고 있는 도전을 조선 시대 대의명분이 받았던 도전으로 연결시켰던 것이다. 거대 담론에 정당성을 두고 있는 정체성은 거대 담론이 도전받게 되면 그 의미를 잃게 된다. 변화된 환경에서 자신의 정체성을 세우기 위해서는 그것의 근간이 되는 사회와 나와의 관계를 다시 살펴서 새롭게 관계 맺기를 시도할 수밖에 없다. 이 과정을 <다모>에서는 주인공들이 '이상(꿈)과 사랑'에 대하여 갈등하고 고민하는 모습으로 그리고 있다.


## 4. 이상(理想)과 사랑

사회와 나와의 관계를 보다 잘 보여줄 수 있는 것으로 <다모>에서는 이상(理想)과 사랑을 택하였다. 이상은 지극히 사회적인 것이고 사랑은 지극히 개인적인 것이다. 그런데 이상은 사회 속에서 자아의

---

6) 이 글에서 <다모>의 제작진이라 하면 작가·연출가·스태프 그리고 배우를 일컫는다. 드라마는 이들 제작진의 다중 창작의 결과물이다. 그런데 <다모>에서 특기할 만한 것은 '다모폐인'이라 일컬어지는 시청자들이다. 다모가 사전제작제를 표방하여 이미 방송 전에 대부분의 촬영을 마친 상황이었지만, 그 편집은 방송 도중에 이루어졌다. 다모폐인들의 폭발적인 반응을 생각해보면, 편집과정에 이들의 영향력이 미치지 않았다고는 할 수 없을 것이다. 그러므로 여기서는 시청자들의 고민 참여도 고려해보아야 한다. 등장인물 중에서 정체성의 혼란이 두드러졌던 황보윤이란 인물에 시청자들은 매우 열광하였다. 이것은 시청자들이 이 부분에 대한 고민을 지니고 있었기 때문에 등장인물 중 그 어떤 이보다 황보윤이란 인물을 주목하였다는 것을 말해준다. 만약 시청자들이 혁명을 바라는 상황이었다면 황보윤보다는 장성백이란 인물에 더 주목하였을 것이다.

실현으로 성취되는 것이다. 사랑의 성취에는 사회가 주는 난관이란 복병이 있다. 별개의 영역으로 보이던 것이 성취의 과정에서는 결합된다. 그러므로 성취의 과정에서 두 영역이 어떻게 영향을 주고받는지를 통해 나와 사회가 어떻게 관계 맺고 있는지를 볼 수 있다.

다모의 주인공들은 생사(生死)를 넘나들며 자기 자신의 본 모습을 만나게 되고 이것을 기점으로 자신의 이상과 사랑에 대해 돌이켜보게 되었다. 이를 통해 우리는 이들이 다시 맺은 사회와의 관계를 읽을 수 있었다. 곧 황보윤의 '꿈'이 그 사랑 때문에 어떻게 변해가는지, 장성백의 사랑이 그의 '혁명' 때문에 어떻게 변해가는지를 보면서 그들이 사회와 관계를 어떻게 다시 맺어가는지를, 그리고 그들의 정체성을 어떻게 정립해가는지를 볼 수 있었다.

새로운 관계는 대체로 사랑으로 수렴되었다. <다모>의 주인공들은 '나'에게 무게 중심을 두고 사회와 다시 관계를 맺었다. 동시에 자신의 정체성의 근원에 자신의 본 모습을 두었다. 황보윤은 사랑하는 사람이 '사람답게 살아가기를' 바라기만 하는 '아버지'(군자: 君子)[7]보다는 그녀를 '아껴주는 사내'로 자신의 모습을 다시 세우고 있다. 썩은 세상을 개혁하기 위해 어린아이의 생명을 요구하는 이가 있다면 세상에 앞서 그 자부터 베겠다고 장성백이 절규하는 모습에서, 사회가 거대한 틀이 아니라 나와 같은 생명 있는 인간들의 어울림이라는 사회의 정체성을 그가 세웠음을 알 수 있었다. 그리고 그에게 혁명이란 그들에 대한 사랑이었다.

<다모>는 방송 내내 비극적인 정서를 지니고 있었고, 그 주인공들의 죽음으로 끝을 맺었다. 여기서 거대 담론의 해체와 정체성의 재정립이란 문제가 제작진에게 매우 두려운 문제였던 것은 아니었나

---

7) 황보윤이 조선 시대 사람이란 맥락에서, 그의 이 대사가 그의 꿈을 말해주는 것으로 보았다. 그의 꿈을 수기안인(修己安人)하는 군자(君子)라는 유교적 이상향의 인간을 구현하는 것으로 생각하였다.

하는 생각이 들었다. 그러나 주인공들이 자신의 죽음을 선택할 수 있었고, 그것을 통하여 미래를 기약하고 있다는 것에서 제작진이 그들이 품었던 문제가 두렵지만 한발 내딛기 위하여 필요한 과정이라고 말하고 있음을 들을 수 있었다.

## 5. 맺음말: 포스트 모던 사극

다모는 조선 후기 사회를 지배하고 있던 대의명분이 도전받은 가운데, 사화와 자신의 관계 맺기를 통해 자신의 정체성을 재정립하고자 했던 이들의 이야기였다. 이 이야기를 통해서 <다모> 제작진이 그들이 살고 있는 사회를 지배하는 거대 담론이 위기에 처해 있으며 그 위기 속에서 흔들리는 정체성을 재정립해야 한다는 문제 의식을 지니고 있었다는 것을 짐작할 수 있었다. 이 문제의식은 사회 정의마저도 '재미와 놀이'라는 방식으로 참여하는 사람들을 어떻게 이해해야 하는가, 그리고 그런 그들과 어울려 살고 있는 이 사회를 어떻게 이해해야 하는가, 그 속에 있는 나를 어느 자리에 둘 것인가를 고민하는 내 선배들의 당혹스러움에 그 맥이 닿아 있다. 다모폐인들에 당황했던 제작진처럼, 그들만큼 나이를 먹은 내 선배들도 다모폐인 중의 하나인 나[8]를 보면 또 당혹스러워할 것이다. "이 사람들과 어떻게 어울려 살아야 하는가" 하고.

1692년의 조선을 통하여 자신들의 문제 의식을 드러내 보이려고 했다는 것은 달리 말하면, 제작진이 자신들의 문제 의식이 가장 잘 드러나 보이는 시공간으로 1692년의 조선을 선택했다는 것이다. 그

---

8) 필자는 <다모>라는 사극을 시청하면서, MBC <다모> 홈페이지 시청자 의견 게시판에 '다모연구'라는 이름으로 다모에 대한 여러 편의 시청 소감을 올렸다. 이런 글쓰기를 통해서 필자는 <다모>라는 드라마와의 대화, 다모폐인들과의 '대화'를 시도해볼 수 있었다.

런데 이 선택에는 이미 1692년 조선에 대한 그들의 역사 해석이라는 전제가 있다. 따라서 <다모> 속에 그려진 그 세계는 제작진이 해석하고 재구성한 조선 시대라고 할 수 있다. 염두에 둘 것은 그 모습들이 그들이 전하려고 하는 이야기를 보다 효과적으로 전달하기 위해 만들어졌다는 것이다. 보는 이들로 하여금 수긍할 수 있는 형식으로 재구성되다 보니 지금의 문화들이 곳곳에 보이고 보다 적극적인 현대적 해석도 눈에 띄는 것이다. 각 인물에 대한 묘사, 인물간의 관계 설정 등에서 그런 경향이 두드러져 보였다. 그리고 의복이나 어투, 어휘에서도 그런 흔적은 쉽게 찾을 수 있었다.

이렇게 만들어진 조선 시대의 모습은 우리가 알고 있는 조선 시대의 모습과는 사뭇 다를 수 있다. 우리가 알고 있는 조선 시대와 다르다고 해서 이 사극이 역사를 벗어버렸다고 할 수 있을까? 너무 성급한 것은 아닌가? 우리는 "사료가 말하게 하라"는 역사주의의 역사교육을 받아왔기에 과거 기록이 역사 그 자체인 줄 알고 있다. 그러나 과거 기록은 그것을 기록한 이가 전하는 이야기일 뿐이고 여기에는 수많은 선택과 배제가 있다. 그것을 마주하고 있는 우리 역시 그것을 읽는 동안 다시 그것을 해체하며 분석하고, 재창출한다. 과거에 대한 수많은 선택과 배제, 그리고 해석과 재창출을 거친 것 중 어느 하나를 우리는 과거에 대한 역사로 알고 있는 것이다.

우리가 지니고 있는 역사상(歷史像)이란 것은 역사가들이 만들어 놓은 것을 배우면서 나름대로 해석한 것을 지니고 있던 것이다. 역사가들이 제시한 역사상이란 것은 역사학이란 학문이 정립해놓은 방식에 따라 과거를 연구하고 해석하여 구축해놓은 상에 지나지 않는 것이다. 그래서 포스트 모더니즘 역사가들은 절대 진리라고 할 역사는 없으며 수많은 가능성을 지닌 해석의 역사가 존재한다고 말하고 있다. 해석은 현재를 딛고 서 있는 것이다. 내가 역사를 알고자 하는 것은 현재의 나를 알기 위한 것이다. 곧 나의 현재를 직시하고, 미래를 예측하기 위한 것이다. 그러하다면, 현재성 중심의 사극인 <다모> 속에 그려지는 조선 시대에도 나름의 역사적 진실이 있고, 그 주인공이 비록 허구의 인물이지만 그들의 삶을 통해 그 진실을 드러낸다고 해도 큰 문제가 될 것 같지는 않다. 역사성이란 것은 바로 이런 것이 아닐까?

## 참고문헌

김지혜. 1996, 「영상에 의한 역사 : 또 하나의 역사서술」, 서강대 석사학위논문.
박치형. 2003, 『텔레비전 영상과 커뮤니케이션』, 커뮤니케이션북스
임상우. 2002, 「포스트 모더니즘과 당혹스런 역사학」, 『서양사론 71』.
정준영. 2002, 『텔레비전보기-시청에서 비평으로』, 책세상.
젠킨스, 키그. 1990, 『누구를 위한 역사학인가?』(최용찬 역), 혜안.
조한욱. 2000, 『문화로 보면 역사가 달라진다』, 책세상.

# 재일동포를 바라보는 방송의 정치적인 시각

MBC <100분 토론> '두 개의 조국, 하나됨을 위하여'를 중심으로

김관식(프리랜서)

## 1. 들어가는 글

몇 년 전 KBS는 이례적으로 극장용으로 제작된 다큐멘터리를 다시 편집해 방송했다. 홍형숙 감독의 <본명선언>이라는 작품이었다. 이 작품은 누구에게도 생소하지 않은 집단, 재일동포를 그 소재로 삼고 있었다. 그러나 그 내용은 누구도 관심을 갖지 않았던, 그러나 지금을 살아가고 있는 재일동포들에게는 매우 민감한 고민에 대한 이야기였다.

일본에서 일본인들과 함께 고등학교를 다니는 재일 한국인 3세들이 전교생 앞에서 자신의 한국 이름 말하고 자신은 한국인이라는, 한국인으로 대접해달라는 선언을 하는 것. 그것은 한국의 TV를 통해 그 과정을 지켜보는 우리들이 다 알 수 없는 일생의 결단이었다. 그들이 한국인으로 일본에서 살아가는 것은 수많은 차별과 멸시를 견뎌내야 한다는 뜻이기 때문이다. 그럼에도 불구하고 그 아이들은 자

신의 정체성에서 한국, 혹은 조선을 그 중심에 두기로 결정했다.

분명 재일동포들은 그들의 조국으로 인해 힘든 삶을 살아가고 있다. 비단 일본이라는 나라 안에서의 이방인이라는 이유만이 아니다. 그들은 조국의 분단을 고스란히 체험하고 있는 유일한 해외동포다. 다들 알고 있는 것처럼 재일동포 사회는 민단과 총련으로 나뉘어 각각 남과 북을 지지하고 있다. 그러나 겉으로 보는 모습보다 그 속은 훨씬 복잡하고 뒤얽혀 있다. 그런 이야기들을 얼마 전 MBC의 <100분 토론>이 화두로 꺼내 들었다. 과연 우리 방송은 재일동포 사회를 어떤 시각을 가지고 바라보는지, 또 얼마나 그들에게 관심이 있는지 생각해볼 문제다. 이 글은 얼마 전 방영된 MBC <100분 토론> '두 개의 조국, 하나됨을 위하여'를 중심으로 우리 방송이 재일동포 사회를 바라보는 시각과 그 문제점에 대해 이야기하고자 한다.

## 2. 너무나도 정치적인 두 개의 조국, 그 하나됨을 위하여

지난 9월 4일 MBC <100분 토론>은 방송 최초로 일본 오사카에서 생방송되었다. '두 개의 조국, 하나됨을 위하여'. 지금까지 재일동포를 다룬 방송들의 제목과는 사뭇 그 분위기가 달랐다. 아직까지도 국가보안법이 살아 숨쉬고 있는 대한민국의 TV에 북한을 지지한다고 알려진 총련계와 한국을 지지한다고 알려진 민단계 재일동포들이 함께 앉아 토론을 벌인다는 것 자체가 진일보한 것이었다. 오래간만에 다시 한번 방송은 재일동포들을 말했다. 그들은 어쩌면 한반도보다 더 치열하게 분단을 겪고 있는 사람들. 단지 자신들의 조국이 나뉘어 있다는 이유로 다른 나라에 살면서까지 분열을 겪어야 하는 사람들이다. <100분 토론>은 그런 재일동포 사회의 상황을 시청자들에게 알리고 앞으로 나아가야 할 방향에 대해 이야기하는 자리를 만들기 위한 시도였다. 그들을 바라보는 타자의 입장으로 말하는 것이 아니라 직접 그들을 브라운관 안으로 끌어들여 직접 시청자들과 마주하게 했다. 그들의 입에서 나오는 거침없는 이야기들을 그대로 시청자들에게 보여주었다. 그렇게 재일동포 사회의 문제와 조국에 대한 불만을 거침없이 같은 민족인 시청자들에게 전달했다.

이날 방송은 최근 북한 핵문제와 김정일 국방위원장의 일본인 납치 시인 등으로 인해 일본 내에서 재일동포들의 입지가 점점 좁아지고 있는 것을 주목했다. 그리고 그것을 지금까지 재일동포들이 일본 안에서 받아온 차별에 연결시켰다. 시청자들의 '동정심'을 유발시키려는 시도였을까? 이날 제목은 이런 상황을 한반도의 정치상황에 연결시킨다. '두 개의 조국, 하나됨을 위하여'. 이 제목은 이런 힘든 상황에서도 재일동포들이 한국이나 조선 국적을 유지하면서 살아가고 있는 것을 애국심과 연결시켰다. 조국을 너무나도 사랑한 나머지 일본에 살고 있으면서도 조국의 국적을 버리지 않고 그 차별과 설움을 견뎌내는 이들에 주목해야 한다. 맞는 말이다. 재일동포들은 분명 한반도에 살고 있는 사람들보다 아직도 이 나라를 지배하고 있는 냉전 이데올로기에 희생당하고 있는 사람들이다. 그런 사람들의 이야기를 <100분 토론>이라는 영향력 있는 프로그램에서 다룬다는 것은 매우 고무적인 일이다. 그러나 이날 토론은 너무나도 정치적이었다.

## 3. 재일동포는 정치세력이 아니다

이날 토론 자리에는 민단과 총련계 인사 이외에도 재일동포 3세를 대표하는 사람들도 함께 참여하고 있었다. 또 이날 토론에서 참가자가 말했던 것처럼 정치적 성격을 띠고 있는 민단이나 총련, 그 어느 쪽에도 속해 있지 않은 많은 재일동포들도 참여했다. 그러나 토론 내용의 많은 부분은 정치적인 분열 상황을 부각시켰다. 사회자 바로 옆자리에 자리 잡은 민단과 총련계 참가자들은 서로의 입장을 대변하거나 상대방을 공격하는 식의 발언을 서슴지 않았고, 사회자도 계속해서 양쪽의 협력과 화해가 어떻게 이루어지고 있는가, 혹은 그런 움직임에는 어떤 예가 있는지 물어보는 것으로 방향을 몰아갔다. 물론 분단된 '두 개의 조국이 하나 되기 위한' 방안을 모색하는 자리여서 그럴 수밖에 없었을지 모른다. 그러나 그들의 상황을 한반도의 분단 상황에 끼워 맞추려는 듯한 의도는 너무 노골적으로 드러났다.

　재일동포 3세들이 겪고 있는 정체성에 관한 이야기도 결국 그들 삶 자체의 정체성이라기보다는 남과 북 어느 한쪽을 택하는가, 아니면 일본으로 편입하는가의 양자택일적인 것에만 논의가 머물렀다. 재일동포 작가인 가네시로 가즈키의 작품을 원작으로 하고 있는 영화 <GO>는 정치성을 일부러 멀리 밀어놓고 재일동포 3세들의 정체성에 대한 이야기를 한다. 이 작품에서는 한국 국적과 조선 국적, 혹은 일본 국적은 선택하는 정치적인 행위가 재일동포들 삶에서 가장 중요한 부분이 아니라고 말한다. 그들은 조국의 정치 싸움에 희생양이 되어왔지만, 또 그들의 애국심과 민족애로 기꺼이 그런 불편을 감수해왔지만 그들이 일본에서 계속해서 살고 있는 한, 그런 정치적 선택은 삶에 있어서 가장 중요한 문제는 아니라는 것이다. 물론 사회자, 그리고 토론에 참여한 많은 사람들의 말대로 재일동포 사회가 분단된 한반도와 똑같이 분열되고 있는 정치적인 상황은 매우 슬픈 일이고 중요한 일이다. 그러나 그런 정치적인 이야기만 하는 것이 그들을 진정으로 위하는 길이었을까? 2시간의 짧은 시간으로 수많은 이야기를 할 수 없다는 것을 감안한다고 해도 말이다.

## 4. 흔히 방송에서 다뤄지는 재일동포의 이미지

　흔하게 볼 수는 없지만 방송에서 재일동포를 만나는 것은 어렵지 않다. 뉴스는 일본에 입항하는 북한의 만경봉호를 취재할 때마다 그

배를 만들고 북한을 정치·경제적으로 돕고 있는 '조총련'에 관한 이
야기를 빠뜨리지 않는다. 그러나 해방 이후 대한민국 정부가 전혀 재
일동포 사회에 관심이 없었다는 이야기, 북한이 어떤 이유에서건 재
일동포 사회를 경제적으로 지원했다는 이야기는 쉽게 들을 수가 없
다. 그뿐인가. 흰 저고리와 검정 치마를 입은 총련계 민족 학교 여학
생도 우리가 방송에서 쉽게 접할 수 있는 재일동포의 이미지다. 그러
나 이들의 교실에 걸려 있던 김일성, 김정일 부자의 초상이나 그들에
게 행해지던 북한식 사상교육도 언제나 함께 전해져 왔다. 그리고 그
반대편에, 대한민국 편에 서 있는 민단계 재일동포들이 있다. 이렇게
재일동포들은 항상 정치적인 잣대로 조국의 방송에 오르내렸다. 그
것도 철저히 대한민국의 정치적인 잣대로 말이다. 2002년 방영되었
던 MBC의 조총련 학생들의 서울 나들이에 관한 특집 다큐멘터리도
그들이 우리와 같은 민족임을 말하고 있었지만 마치 북한 주민들이
우리와 같은 민족이라고 말하는 것과 다를 바 없었다. 그러나 전혀
다른 방향에서, 혹은 전혀 다른 각도의 정치적 접근을 시도했던 프로
그램도 있었다.

## 5. 재일동포에 관한 또 다른 MBC의 이야기

2001년 7월 방송되었던 MBC의 <이제는 말할 수 있다> '또 하
나의 분단: 재일동포' 편은 이번 <100분 토론>이 보여준 모습보다
훨씬 앞으로 나아가 있었다. 이 프로그램은 이례적으로 남한 정권과
북한 정권이 재일동포들을 어떻게 정치적으로 이용했는가를 보여주
었다. 아마도 공중파 방송에서 처음으로 시도된 재일동포들에 대한
대한민국의 첫 사과였는지도 모른다. 이 프로그램은 그들의 분단 상
황이나 그들의 정치적 선택을 보여주지만 그것을 이슈로 부각시키지
는 않았다. 반대로 이 프로그램은 그들의 정치적 분단 상황은 조국에

존재하고 있는 두 개의 정권에 의해 조장되고 이용된 것이라고 말함으로써, 조국에 의해 더 많은 차별과 설움을 받게 된 재일동포들의 삶에 직접 다가섰다.

물론 이 프로그램이 지난 정권의 과오를 말하고 재일동포 사회를 정치적으로 새롭게 바라보기 위한 시각을 제시하기 위해 만들어졌다는 것은 사실이다. 그러나 적어도 프로그램이 가진 목소리는 이번 <100분 토론>의 것보다 훨씬 덜 정치적이었다. 그들의 분단 상황을 가지고 한반도의 분단을 논하지도 않았고, 그들에게 정치적 화해를 강요하지도 않았다. 그들에게 정치적으로 화해하고 합치점을 찾으라고 말하는 대신, 그들의 정치적 분단이 애초에 조국에 의해 조작되고 고착화되었다고 말함으로써 그들이 놓인 분단 아닌 분단 상황의 허구성을 부각시켰다. 프로그램은 마지막 부분에 한 나이 많은 재일동포의 인터뷰를 사용해 '남과 북의 정부는 더 이상 재일동포 사회에 정치적으로 간섭하지 말라'는 메시지까지 포함하고 있다. 이 메시지는 분명 지극히 정치적인 성향의 시청자들이 주로 보는 <100분 토론>이 이번 프로그램을 만들기 전에 떠올렸어야 하는 명제는 아닐까 생각된다.


## 6. 다시 〈100분 토론〉으로 돌아와서

분명 이번 토론은 시청자들이 재일동포 사회를 올바르게 이해하는 데 좋은 계기가 되었을 것이다. 짧은 시간에 그들 사회의 전반적인 이야기를 나누려는 제작진과 참여자의 욕심으로 토론이 아닌 재일동포 현황 설명회 같은 내용이 되었지만 그것만으로도 프로그램을 함께 한 시청자들은 지금까지 가지고 있었던 재일동포 사회에 대한 편견, 특히 국적문제나 총련계 재일동포들에 관한 선입견을 버릴 수 있었으리라 생각한다. 적어도 이번 토론은 재일동포 하면 떠오르는 만경봉호나 총련계 학교의 이미지를 지우는 것에 큰 힘이 되었을 것이다. 그러나 앞으로도 <100분 토론>이, 또 방송이 재일동포 사회에 지속적인 관심과 애정을 보내고 그들의 문제를 함께 풀어가려 한다면 많은 부분 그들 사회를 바라보는 자세를 고쳐야 한다.

분명 그들의 겉모습은 한반도와 같은 정치적 이유로 갈라져 있다. 그러나 <100분 토론>에 참여한 참여자들이 말했듯이 그들은 우리처럼 냉전 이데올로기만을 위해 나뉜 것은 아니다. 일본에 살고 있는 한국인들의 상당수는 일본 식민지 시대에 강제로 일본으로 옮겨간 사람들과 그 자손들이고 그들은 남한의 동포가 아니라 통일조국의 동포다. 그들은 정치적인 목적을 위해 그곳에 살고 있는 것도 아니며 정치적인 신념 하나만으로 민단이나 총련 어느 한쪽을 지지하는 것도 아니다. 그리고 무엇보다 간과해서는 안 될 것은, 그들에겐 조국의 분단보다 더 중요한 일본에서의 삶이 있다는 점이다. 따라서 재일동포 사회의 분단 상황을 한반도의 분단 상황에 연결 지으려는 방송의 정치적인 시도는 그들과 TV를 보는 시청자들에게 오해를 불러일으킬 수 있다. 정말로 방송이 그들의 분열을 초래하고 조장한 남과 북의 역사를 반성하고 책임을 느낀다면 이제 방송이 할 일은 그들의 삶 자체를 조명하고 돕는 것이다. <이제는 말할 수 있다>처럼 시청자의 바로 앞에서 재일동포에게 사과해야 한다. 그리고 그들이 원하지 않는 정치적 잣대를 거두어야 한다. 남과 북의 분단도 그렇지만 그들의 분열을 민주주의와 공산주의의 분열로 보고 정치적으로만 해결점을 찾으려고 한다면 그들에게 아무 도움을 줄 수 없다.

한반도의 지상과제는 통일이지만, 일본 사회를 살아가고 있는 재일동포들에게는 더 중요한 문제가 있다. 물론 그들 사회가 통합되는 것은 한반도의 통일을 우선 조건으로 한다. 그런 상황에서 방송이 재일동포 사회의 통합을 논한다는 것은 분명 정치적인 행위밖에 되지 못한다. 그들의 삶 자체를 조명해야 한다. 시청자들이 재일동포들에게 미안한 마음을 갖고 그들의 문제에 진심으로 귀기울일 수 있도록 해야 한다. 수박 겉 핥기식의 토론이나 정치적인 프로그램 제목으로는 재일동포들을 진정으로 끌어안을 수 없다. 진정으로 재일동포와 시청자들에게 필요한 것은 <100분 토론> '두 개의 조국, 하나됨을 위하여'가 아니라 이제는 말할 수 있다. '또 하나의 분단: 재일동포'임을, 영화 <GO>나 다큐멘터리 <본명선언>임을 잊지 말아야 한다.

# 알 권리를 넘어서 삶의 영역까지

<좋은 나라 운동본부>의 한계 고찰과
시민 참여 프로그램으로의 효율성 제고

강지원(대학생)

## Preview

방송의 매력은 아마도 쉽게 '우리가 알지 못하는 것을 알 수 있게 해준다는 점'일 것이다. 새로움이 가진 매력은 시청자들을 텔레비전 앞에 앉게 만드는 힘을 가지고 있다. 새로움의 요소와 함께 말할 수 있는 또 다른 방송의 힘은, '우리를 돌아보게 만든다는 점'이다. 우리가 일상 속에 쉽게 지나쳤던 문제들이나 인식하고 있지 못했던 점들을 방송이 밝혀줌으로써 시청자들로 하여금 일상을 돌아보고 문제점을 재인식하도록 하여 전체적으로 삶에 영향을 준다. 이렇듯 방송이 갖고 있는 영향력에 대해서 부인하는 사람은 아무도 없을 것이다.

불과 몇 년 전부터 대중적인 취향을 따르는 프로그램들과는 차별성을 가진 다양한 다큐멘터리 형식의 새로운 교양 프로그램들이 등장하게 되었다. 새로운 교양 프로그램들은 교양 프로그램들의 전형이던 훈계조를 지양하고 실제 생활에서 발견할 수 있는 친근한 소재를 다루어 교양 프로그램에 대한 새로운 인식을 심어주었다. 교양적인 성격에 오락성 혹은 흥미를 유발시킬 수 있는 코드들을 활용하여 좀더 대중에게 친밀하면서도 의미를 담아주는 프로그램들이 만들어지고 있는 것이다.

이때까지 관심을 주지 않았던 우리네 이웃들의 삶의 이야기들을 보여주기 시작했고, 알면서도 또한 느끼면서도 이렇다 하게 논의되지 못했던 삶의 다양한 문제에 대한 접근을 하게 된 것이다. 이같이 새로운 형식의 다큐멘터리 프로그램들이 각 방송사 주요 시간대에 다수 편성되기 시작했고 또한 사회 고발적인 프로그램들도 많이 제작되었다.

다양한 사회 고발적인 프로그램 중에서 일부 프로그램은 단순히 문제를 제기하는 차원을 넘어서 시청자들의 행동을 유발시킬 수 있는 영향력을 행사하고 있다. 이 글 처음에 언급한 방송의 영향력이 간접적인 영역을 지나 이제 직접적으로 시청자들의 삶에 영향을 주는 영역으로 확대된 것이다. 최근 국민적인 사랑을 받고 있는 MBC의 <!느낌표>라는 프로그램이나 KBS의 <좋은 나라 운동본부>는 그 대표적인 프로그램이라고 볼 수 있다.

우리가 쉽게 접할 수 있는 생활의 문제들에서부터 사회적으로 그 사안의 중요함에 따라 이슈가 되는 문제들까지 소재로 삼고 있는 이들 프로그램은 단순한 문제의 발굴에 그치지 않고 그 문제에 대한 깊은 공감과 함께 '우리는 어떻게 행동해야 하는가?' 하는 질문을 시청자들에게 던져준다. 그러한 문제인식은 곧 시청자들의 폭넓은 방향과 관심, 나아가 직접적인 행동을 불러일으킬 정도로 파급력이 대단하다. 더 이상 방송에 대해 수동적인 입장만을 취하지 않는 시청자들이 프로그램에 함께 참여하고 자신들의 생활과 사회를 변화시키기 위해 노력하는 것이다. 이러한 프로그램을 통해 앞서 지적한 바와 같이 우리가 일상에서 지나치기 쉬운 문제들이 발견되고, 공통의 이슈화가 되는가 하면, 함께 사는 삶에 대한 잔잔하지만 진지한 되짚음, 그리고 훈계조에서 벗어나 교훈을 얻을 수 있는 창구가 된다. 이와 같이 새로운 형식의 교양 다큐멘터리는 여러 가지 장점을 지니고 있음에도 불구하고 몇 가지 측면에서는 여전히 아쉬움을 남긴다.

이 글에서는 교양 다큐멘터리 프로그램의 하나인 KBS의 <좋은 나라 운동본부>와 MBC의 <!느낌표>를 소재로 이 두 프로그램의 비교를 통해 <좋은 나라 운동본부>의 한계점들을 지적하고, 시민 참여 프로그램으로의 효율성을 제고하는 차원에서 몇 가지 제언을 첨부하고자 한다.

## Main Subject

### 나무를 볼 것이냐, 숲을 볼 것이냐?

KBS의 <좋은 나라 운동본부>나 MBC의 <!느낌표>는 모두 사회적 문제점을 지적하는 교양 다큐멘터리라는 점에서는 거의 동일한 장르와 포맷의 프로그램이다. 그러나 <!느낌표>의 활력이나 사회적 파급력에 비해 왠지 <좋은 나라 운동본부>는 그만한 영향력을 발휘하지 못하고 있다. <!느낌표>는 <좋은 나라 운동본부>에 비해 뒤늦게 방송되기 시작한 프로그램이며 편성시간도 토요일 오후 10시경으로 교양 다큐멘터리 프로그램으로는 그다지 유리한 시간대에 편성된 것은 아닌 것으로 여겨진다.

그럼에도 <!느낌표>는 여러 가지 사회적 문제점을 연이어 이슈화하는 데 성공했고 국민들의 큰 관심과 반향을 불러일으키는 데 일조했다. 나아가 문제제기에 그치지 않고 그 문제를 해결하기 위한 정책의 변화를 행정적으로 유도해내고, 사회적 운동까지 주도함으로 시민들의 대대적인 참여를 이끌어내고 있다. 황금 시간대를 벗어난 편성임에도 <!느낌표>가 이런 힘을 갖게 된 것은 어떤 이유에서일까? 무엇이 <!느낌표>를 <좋은 나라 운동본부>와 다르게 하는가? 이 부분을 주목해야 할 필요성이 있다.

문제를 바라보는 관점은 여러 가지일 수 있다. 하지만 그 관점의 상이함에 따라서 문제를 해결할 수도 있고 그렇지 못할 수도 있다. <좋은 나라 운동본부>가 가지고 있는 가장 큰 한계는 문제를 바라보는 관점이 아닌가 한다. 이 프로그램이 사회에서 벌어지는 여러 문제들에 대한 주의를 환기시켜 시민의 문제의식을 제고한다는 측면에서는 분명 긍정적으로 기여하는 바가 있다. 하지만 실제로 그 문제를 통해 국민적인 의제(agenda)를 형성하고 그것을 기반으로 사회나 개인의 변화를 유도하는 데에는 한계를 가지고 있다. 현재 MBC에서 방영중인 <!느낌표>와 비교해보면 이러한 문제를 쉽게 인식할 수 있다.

<!느낌표>의 경우 사회적인 문제점을 부각시키고 "문제를 해결합시다"라는 공허한 구호로 맺는 일상적인 캠페인 프로그램의 전형에서 벗어나 오히려 문제를 해결하는 데 도움이 되는 방안을 이슈화하는 것에서부터 프로그램을 시작한다. 예를 들어 '기적의 도서관'이라는 꼭지에서는 해결책을 통해 시청자들에게 우리나라 도서관의 현황과 문제점들을 인식하게 만들 뿐 아니라 책을 구입하고 읽는 시민들의 직접적이고 자발적인 행동을 유도해내고 있다. 선정 도서 판매 수익의 일부를 기적의 도서관 건립기금으로 활용함으로써 시민들로 하여금 책을 읽는 행위가 마음의 양식을 제공할 뿐 아니라 사회적 문제인 도서관 부족을 해결하는 데 직접적인 도움이 된다는 사실을 부각시켜 시민의 자발적 참여를 유도할 수 있는 것이다. 또한 <!느낌표>의 한 꼭지인 '아시아! 아시아!'를 통해 외국인 노동자 개개인의 힘겨운 삶의 모습을 투영하여 인권과 노동에 대한 큰 시각의 문

제의식을 심어준다. 이로 인해 우리 정부의 외국인 노동자들에 대한 법률과 정책의 변화를 이끌어내는 데 큰 공헌을 했다. 최근 시작한 '청소년 할인하자!' 역시 사회의 소수자로서 피해를 보고 있는 학생이 아닌 청소년들이 겪는 애로점을 부각시켜 시청자들에게 보여주고 있다. 이 꼭지 역시 단순한 문제제기가 아닌 실질적 해결책 모색을 염두에 두고 있다. 가령 해당 청소년의 애환은 물론 버스 회사 사장, 서울시장, 문광부 장관과의 만남을 통해 정책 변화의 의향이나 가능성을 직접 묻고 이를 통해 상당한 개선 효과를 이끌어냈다는 평을 듣는다. 이전까지 쉽사리 인식하지 못했던 문제에 대하여 시청자들과 함께 궁극적인 대안까지 이루어낸 것이다. 방송 프로그램의 한계와 내적 문제점들에도 불구하고 <!느낌표>가 영향력을 지니게 되는 것은 바로 시민의 참여를 통해 삶의 구체적인 변화를 유도해내고 있다는 점이다.

<좋은 나라 운동본부>에서 다루는 많은 사회적 문제들 역시 사회적으로 중요한 사안임에는 틀림없다. 예를 들어 음주 운전, 쓰레기 불법투기, 고액 체납 및 탈세와의 전쟁 등 <좋은 나라 운동본부>에서 다루어온 문제점들은 그 제목만 들어도 느낄 수 있는, 사회의 고질적인 문제들이다. 하지만 그러한 문제들에 대한 접근은 한계성을 지니고 있다. 문제의 현상에만 초점을 맞춘 나머지 문제들을 해결하기 위한 궁극적인 대안이 형성되지 못한다는 점이다. "이런 일은 하지 맙시다" 혹은 "이렇게 행동하면 잘못된 것입니다"라는 식의 접근은 시청자에게 "저것이 바로 내 문제"라는 자발적 동기화의 원인을 제공하지 못하고 종국에는 시청자들의 참여를 이끌어내는 데에 어려움으로 작용한다. 문제 인식을 넘어서 참여의 영역에까지 도달하기 위해서 조금 더 구체적인 대안들에 대한 논의가 있었으면 한다. 모두가 공감할 수 있는 이슈와 그 공감을 전제로 문제 해결을 위한 의제를 제공할 수 있다면 시청자들의 참여를 유도하는 데 성공할 것으로

생각한다.

하나하나의 나무보다는 숲을 조망함으로써 거시적인 안목과 함께 문제 해결을 위한 방법을 만들어낼 수 있다. 문제에 대한 새로운 관점에서의 접근은 기존의 시청자들의 행동을 변화시킬 수 있는 전제가 되는 것이다.

### 기성세대를 위한? 하지만……

금요일 저녁 우리가 흔히 이야기하는 편성의 황금 시간대에 위치하고 있으면서도 <좋은 나라 운동본부>의 시청률은 그다지 높지 않다. 타 방송국에 경쟁이 될 만한 프로그램이 없음에도 불구하고 이런 현상이 벌어지는 이유는 분명 프로그램 자체에 있다고 본다.

가족 모두가 프로그램을 시청하는 이 시간대에 주요 시청자층은 누구일까? 기존의 인기 프로그램들이 10대 후반에서 20대를 주 시청자층으로 삼고 프로그램을 제작하는 것은 이미 다 알려진 사실이다. 시청률만을 의식한 프로그램 제작자들의 편협한 생각은 비판받아 마땅하며, 누구나 다양한 계층을 위한 프로그램이 필요하다고 말한다. 그러한 면에서 살펴보면 <좋은 나라 운동본부>는 뚜렷한 주 시청자층이 없는, 즉 온 가족을 위하는 프로그램이라 생각할 수도 있다. 하지만 프로그램의 소재를 면밀히 살펴보면 곧바로 이 프로그램이 어느 시청자 계층을 위한 프로그램인지를 인식할 수 있다.

음주운전, 고속도로 과속, 안전벨트 미착용, 고액 체납 및 탈세 등과 같은 문제들은 청소년이나 청년층, 주부들과는 거리감이 있는 내용임에 틀림없다. 물론 프로그램의 내용을 이성적으로는 수긍하고 이해할지는 모르나 실생활 속에서 쉽게 경험할 수 있는 일이 아니기 때문에 정작 유사한 상황에 봉착했을 때 방송에서 원하는 시민의식이 발현될 것인가에 대해서는 조금 회의적이다.

때문에 그 시간대 방송 프로그램이 가족 구성원 모두를 대상으로 함에도 불구하고 <좋은 나라 운동본부>는 기성세대만을 주요 시청자로 확보하고 있을 뿐이다. 이와 같은 프로그램의 성격은 젊은 시청자들이 쉽게 채널을 변경하게 되는 주요한 이유가 된다. 물론 쓰레기 불법투기, 112·119 장난전화와 같은 사회적 문제들도 다루고 있지만 이 역시도 가족적인 성격에 부합된다고 하기에는 무리가 있다.

주 시청자층인 젊은 세대에게 어필하지 못하는 프로그램의 성격은 자연히 시청률의 저하로 나타난다. 시청률의 저하가 프로그램의 영향력을 약화시키는 것은 명백한 사실이다.

### 가부장적인 시각, 공영 방송의 한계?

프로그램의 사회적 파급력과 관련하여 또 하나의 문제가 있다. <좋은 나라 운동본부>는 교양 프로그램의 전형을 따르다 보니 전체 순서를 진행하는 사회자를 두고 있다. 이 점 역시 간과할 수 없는 이 프로그램의 한계이다. 현재 사회자는 임백천을 중심으로 최불암과 최재원 같은 다양한 계층의 인물들이 패널로 구성되어 있다. 차분한 진행으로 <좋은 나라 운동본부>의 꼭지들(박수림의 '옐로 카드', 최재원의 '양심추적', 이용식의 '베스트 친절 시민')을 유기적으로 연결하기 위한 의도에서 사회자와 패널을 둔 것으로 생각한다.

하지만 사회자의 존재가 오히려 프로그램의 역동성이나 흐름을 저해하는 요인으로 작용한다. 현장감을 최대화시켜야 할 ENG 화면 중간중간에 등장하는 사회자나 패널의 훈계조 발언은 전체적인 흐름을 조절하기보다는 흐름을 깨뜨리는 역할을 하는 듯 보인다. 또한 사회자나 패널들이 제시하는 의견은 즉흥적이거나 감정적인 경우가 많다. 탁상공론에 머무를 수 있는 이러한 사회자의 진행은 실제 프로그램과의 함께 호흡할 수 없는 이유가 되며 괴리감까지 형성시키기도 한다.

유사 프로그램인 <!느낌표>를 살펴보면 당대 최고의 인기인을 꼭지별 진행자로 등장시키고 있지만 전체 사회자는 없다. 아울러 각 꼭지마다 스튜디오가 아닌 현장에 직접 진행자가 나가서 제작한 화면을 보여줌으로써 현장감을 극대화하고 있다. 중간에 프로그램을 조절하는 사회자보다는 프로그램 내에 각 세부 프로그램의 사회자들이 직접 현장을 뛰어다니면서 여러 사실을 전달해준다. 현장감은 곧 시청자들에게 역동성으로 다가오고 프로그램에 몰입하게 만들어 준다. 지루함은 느껴지지 않는다. 전체적인 흐름이 저해되지도 않는다.

<좋은 나라 운동본부>도 분명 현장감 있는 진행을 한다. 하지만 그것을 조절해야 할 사회자의 입장이 도리어 전체적인 흐름에 영향을 준다면 어떻게 해야 하는가? 프로그램 진행의 묘를 살린다는 원래의 의도가 잘 이루어지고 있는지에 대한 고찰이 필요하지 않을까?

<좋은 나라 운동본부>의 경우 더 문제가 되는 것은 패널의 문제다. 임백천의 의례적인 성격에 더하여 최불암의 등장은 시청자들에게 바른 생활을 실천했는지 자문하도록 하는 무언의 압력으로 느껴진다. 앞서 지적한대로 그들이 하는 대부분의 대화나 발언은 훈계조로 일관하며 시청자들을 교화하려는 성격이 강하다. 가부장적인 사회적 의미가 그대로 드러난다고 할 수 있다. 훈계나 교훈의 전달을 통해 시청자를 교육시키겠다는 의도가 그들의 이야기 저변에 깔려 있는 듯 하다.

당연히 그러한 성격의 멘트는 젊은 시청자들에게 공감대를 형성해 주기보다는 권위적인 힘을 느끼게 함으로 프로그램에서 눈을 돌리게 하는 역할을 하게 된다. 요즘 방영되는 각종 프로그램의 성격을 생각해볼 때 보수적이고 권위적인 자세의 패널과 사회자의 필요성에 대해서는 다시 한번 제고해볼 여지가 충분히 있다고 생각된다. 공영 방송으로서 방송의 여러 측면을 고려하는 것도 중요하지만 실제 프로그램에서 시청자들이 원하는 바를 수용하는 것도 필요하다. <좋은

나라 운동본부>의 많은 장점들을 최대화 할 수 있는 의견의 수렴이 절실히 필요한 시점이라고 본다.

## 성실한 자의 모습은 어디에?

현장감은 빼놓을 수 없는 <좋은 나라 운동본부>의 특성이다. 그러나 현장감 속에 담겨 있는 내용에 대해서 진지한 고민을 하지 않을 수 없다. 프로그램에서 다루는 많은 사회 문제들은 계속해서 변화한다. 하지만 하나의 문제에 관한 심각성을 시청자들에게 알리는 데에는 상당한 시간이 필요하다. 때문에 한동안 시청자들은 하나의 문제를 반복적으로 매주 접하게 된다. 예를 들어 요즘 최재원의 '양심선언' 꼭지에서 다루고 있는 고액 체납자에 관한 내용을 이야기 할 수 있다. 매주 나름대로 부유한 생활을 하면서도 자신의 책임을 다하지 못하는 고액 체납자들의 모습은 시청자로 하여금 분노를 일으킨다. 사회적 문제에 대한 깊은 인상과 더불어 문제의 심각성을 인지하게 되는 것이다. 하지만 매주 같은 내용의 방송이 반복되면서 시청자들은 고액 체납자에 관한 비뚤어진 시선을 가지게 된다.

물론 고액 체납자들의 잘못은 지당한 사실이다. 하지만 그들 모두가 방송에서와 같이 극단적이고 무절제한 행동을 하는 것은 아니다. 어려움 가운데에서도 체납금을 갚기 위해 노력하는 사람들, 성실하게 자신의 책임을 감수하고 있는 사람들이 존재한다. 그렇지만 방송을 통해서 시청자들은 쉽사리 이들에 대한 잘못된 시각을 가지게 되는 것이다.

이것은 한 가지 예에 불과하지만 <좋은 나라 세상본부>에서 일반적으로 되풀이되는 내용의 흐름이다. 사회문제에 대한 직접적인 문제제기는 좋지만 그렇다고 해서 잘못된 측면의 반대편에 있는 성실하고 올바르게 생활하는 이들에게 피해를 주어서는 안 될 것이다.

차라리 한 프로그램 내에서 상이한 두 편의 사람들을 보여줌으로써
편파적인 인식이 아닌 객관적인 시각을 제시해보는 것은 어떨까? 그
렇게 한다면 시청자들이 균형 있는 시각을 갖는 데 무리가 없을 듯
하다. 또 그렇게 시청자들의 자리를 마련해줌으로써 자연스럽게 그
들의 공감과 행동을 유발해낼 수 있지 않을까?

### 베스트 친절 시민?

　MBC의 <칭찬합시다>라는 프로그램이 한동안 국민적인 반향을
불러일으켰다. 시민들의 삶을 투영하고 그들 중에서 본받을 만한 내
용을 알림으로 사람들에게 '아직 살 만한 사회'라는 의미를 심어주었
다. <좋은 나라 운동본부>의 '베스트 친절 시민' 꼭지 역시 <좋은
나라 운동본부>의 메인 프로그램으로 2001년 방송이 시작된 이후로
계속해서 방영되고 있는 의미 있는 프로그램이다.
　개인주의적 성향이 증가하고 있는 현재의 사회 속에서, 이제는 더
이상 물 한잔 얻어먹기 힘든 현실 속에서 아름다운 친절을 베푼 사
람들의 이야기는 따스함을 시청자들에게 제공해준다. 어려움에 처한
이를 아무 대가도 바라지 않고 도와준 사람, 외국인에게 선행을 베푼
사람, 남들이 예상하지 못한 것까지 배려해주는 사람, 이들의 이야기
를 접하면서 시청자들은 아직 우리 사회가 살 만하다고 느끼게 된다.
거기에 더하여 한 단계 성숙한 시민 의식을 배우게 된다. 감동의 단
계를 넘어 배움에 단계에 이르게 되는 것이다.
　그러나 이러한 많은 장점과 그 의의에도 불과하고 '베스트 친절
시민'에 대한 여러 가지 문제점들이 보이고 있다. 어떻게 선별하게
되었나 하는 문제제기는 결국 선별 기준의 모호성이라 말할 수 있다.
시민들의 직접적인 추천으로 선출되는 친절 시민은 정확한 기준이
없는 듯한 인상을 준다. 프로그램 제작자의 내부 기준이 있다 하더라

도 실제 방송에서 그것을 느끼기에는 무리가 있다. 때때로 부적합한 사람이 선정되어 보는 시청자들을 당황하게 할 때도 있다.

더 심각한 점은 친절 시민으로 뽑힌 당사자들에 대한 간단한 모의 실험을 할 때 드러난다. 몰래 카메라식의 함정을 만들어놓고 친절한 시민이 얼마나 친절한지 실험하는 듯한 인상을 주는 것은 바람직하지 않다고 본다. 어떤 경우에는 그다지 친절하다 느껴지지 않는 당사자를 마치 정말 선한 시민인 듯 인식하도록 강요한다는 느낌을 받기도 한다. 사람을 한 번의 선행을 바탕으로 해서 선출한다는 어려움과 또 그 사람의 모든 점을 알 수 없는 상황에서 프로그램을 만드는 고충을 이해하지 못하는 것은 아니다. 하지만 친절 시민으로 보기에 많은 부분이 모자란 듯 느껴지는 사람까지도 프로그램을 위해 친절 시민으로 선출하는 것은 분명 문제가 있다고 생각된다. 이것은 방송을 시청하는 시청자들에게 행사하는 하나의 폭력이 될 수 있는 것이다.

사전에 조금 더 친절 시민 개개인에 대한 확인이 필요한 것 같다. 그리고 친절 시민의 선별 기준을 시청자들에게 제시하는 것도 새로운 친절 시민을 찾는 데 많은 도움이 될 것이라 생각한다. 아름다운 사람들의 이야기가 모두의 공감 속에 더 큰 영향력을 가지길 소망해 본다.

## Conclusion

시청자 의식의 향상은 결국 시민 참여적인 프로그램을 만들기 위한 토양이 된다고 생각할 수 있다. 좋은 시청자들을 통해 더 이상 알 권리만을 만족시키는 프로그램이 아닌 시청자들과 함께 호흡하고 고민하는 참여 프로그램이 만들어져야 한다. 그것이 공영 방송이 궁극적으로 추구하는 공익성과 공공성에도 부합하는 것이라 생각된다.

그런 의미에서 <좋은 나라 운동본부>는 여러 가지 장점을 가지고 있는 프로그램임에 분명하다. 사회적으로 다루기 힘든 고질적인 문제들에 대한 직접적인 고찰을 가능케 할 뿐 아니라 그 인식을 바탕으로 시청자들의 성숙한 의식을 이끌어낼 수 있다. 뿐만 아니라 사회를 변화시키는 시민운동의 기반으로도 활용될 수 있다.

하지만 실제 시청자들의 참여를 유도하기 위해서는 여러 가지의 한계점들을 극복해야 한다. 많은 사회적 문제에 대한 고찰을 분명 시청자들에게 좋은 영향을 주고 있다. 하지만 더 이상 알 권리만을 충족시켜주는 프로그램으로 정체되어서는 안 된다. 시청자들의 의식 함양과 더불어 프로그램도 발전해야 한다. 시대적 흐름에 부합되는 형식의 변화가 필요하다. 권위적인 시각에서의 접근은 이제 시청자들의 욕구를 만족시켜주지 못한다. 또한 단순히 문제의식을 반복해서 제공하는 것만으로는 새로운 사회적 의제를 형성할 수 없을 것이다. 세부 꼭지가 가지고 있는 한계성에 대한 깊은 고찰도 필요하다. 다양성 속에서 <좋은 나라 운동본부>만이 가질 수 있는 차별성을 가져야 한다. 프로그램 소재 선정에서도 더욱 다양하고 많은 세대가 공감할 수 있는 것으로 변해가야 할 것이다.

지금의 <좋은 나라 운동본부>는 선구자적 입장에 서 있다. 참여 프로그램으로서의 무한한 가능성을 내포하고 있기 때문이다. 시작하는 자리는 언제나 그렇듯 어려움이 따른다. 하지만 지난 3년간의 노하우와 현재 제기되는 한계점들에 대한 깊은 고찰을 통한 새로운 대안으로의 변화는 <좋은 나라 운동본부>에 주어지는 당위적 과제라 생각된다.

알 권리를 넘어서 삶의 영역까지, 성숙한 시민의식을 고취시키기 위한 프로그램의 기본 이념을 다시 한번 되새기며 <좋은 나라 운동본부>의 의미 있는 변화를 기대해본다.

# 엉망진창 시민 프로젝트, 해결책 나와주세요!

### KBS 2TV <시민 프로젝트 나와주세요>를 중심으로 한 시사토론 프로그램의 연성화와 시사 버라이어티의 나아갈 길에 대해

배옥진(대학생)

## Ⅰ. 들어가기

흔히 시사토론 프로그램이라고 하면 국가에서 이슈가 되고 있는 묵직한 이슈들을 관련 전문가들이 진지하게 토론하는 것이 일반적이다. 물론 이런 이상과는 달리 출연한 패널이 흥분하거나 다른 패널을 배려하지 않고 억지가 묻어 있는 논리를 마구잡이로 전개해 시청자들의 눈살을 찌푸리게 하는 경우도 많다.

시사토론 프로그램은 제작비도 적게 들고 소위 '교양 있는' 프로그램의 대명사로 인식되기에 신설되면 '교양 프로그램 확충에 힘썼다'는 평을 듣기도 한다. 제작비와 대외명분이라는 두 마리 토끼를 한꺼번에 잡을 수 있는 것이다. 하지만 시사토론 프로그램의 낮은 시청률은 광고비로 운영되는 방송사에 큰 압력으로 작용한다. 시청률이 높아야 광고가 많이 들어올 수 있고 그래야 방송사는 윤택한 경영을 할 수 있는데, 이것이 시사토론 프로그램하에서는 작용하지 않는 것이다. 그렇다고 해서 시청자에게 공공의 쟁점에 대한 여론을 형성할 수 있는 장을 제거할 수는 없는 노릇이다.

이런 현실에서 나온 것이 바로 '재미있고 말랑한' 시사토론 프로그램이다. 뉴스도 연성화되어가는 지금, 더 이상 어려운 이야기나 딱딱한 내용은 시청자가 소화하기 힘들다. 시청자들은 이미 씹어 먹기 좋게 말랑말랑하고 달달하기까지 한 프로그램만을 접하는 데 너무도 익숙해져 있기 때문이다. <시민 프로젝트 나와주세요>는 딱딱한 시사물에 오락의 요소를 가미했다. 꼭 짚고 넘어가야 할 쟁점을 알되 좀더 쉽게, 좀더 재미있게 문제를 다루자는 의도다. 기존 시사토론 프로그램을 시청하는 연령대를 확대할 수 있는 좋은 의도다. 그러나 이렇게 해서 출현한 KBS 2TV <시민 프로젝트 나와주세요>는 '시사 버라이어티'라는 새로운 장르를 소개했지만 그 내용과 질적인 면에서 많은 문제점을 가지고 있다.

## II. 본론

### 1. 시청자의 막힌 속 뚫어주기 프로젝트

KBS2 TV <시민 프로젝트 나와주세요>는 시민들이 생활주변의 부조리나 개선점을 제시하여 책임자를 호출, 문제를 해결하자는 취지에서 생겨났다. 묵직한 국가 이슈도 있지만 우리 피부에 직접 닿는 사안들을 주로 제시하는 것이 특징. 휴대폰 부가서비스 문제나 일용직 노동자 문제, 일제 강제노동 피해 진상규명 및 특별법 제정 사안 등 해결되어야 할 것들이었지만, 정작 사회의 큰 관심을 받지는 못했거나 인터넷에서 지속적인 여론이 형성되었음에도 불구하고 현실적인 변화를 일으키지 못했던 사안들을 시민의 제안으로 다룬다. 풀뿌

리 언론의 정신에서 제기된 문제들이라는 점은 가히 보기에 만족스
럽다. 제한된 전파와 시간 때문에 실제적인 여론을 십분 발휘하지 못
했던 방송에서 시민의 의견을 직접 듣고 책임자까지 직접 호출하여
문제를 해결해보자고 하니 이 얼마나 통쾌한 일인가, 일단 상상해보
자면.

## 2. 시민 프로젝트, 그 의욕적인 시작과 허무한 결론

### 엉뚱한 패널, 진부한 대화

이렇게 좋은 취지에서 출발한 KBS2 TV <시민 프로젝트 나와주
세요>는 그 기획의도만 의욕적이었지 문제를 해결하는 과정과 그
결론은 허무하다.

먼저 패널의 구성을 살펴보자. <시민 프로젝트 나와주세요>의 패
널 구성을 자세히 보면 여타 시사토론 프로그램과는 다르다. 패널과
시민에게 불려나온 책임자. 이 둘은 서로 첨예한 논쟁을 벌이지 않는
다. 아니, 그럴 수가 없다. 추징금 미납 관련으로 전두환 전 대통령을
호출하여 파장을 일으켰던 첫 회나 이동통신 부가요금제 문제가 대
표적인 예다. 프로그램 도입부에 제공되는 화면에서 제시하지 못한
심층적인 자료 제시나 비판은 패널의 몫인데, 문제는 자신들의 역할
을 제대로 해내지 못하고 있다는 것이다.

근본적으로 패널의 구성에 문제가 있다. 세 명의 고정 패널은 각
기 변호사, 기자, 방송인(음악 VJ)이며 한 명은 유명인 또는 연예인으
로 매주 바뀐다. 이렇게 총 네 명의 패널이 중심이 되는데, 문제는
방송인과 매회 바뀌는 패널의 구성이다. 음악 VJ가 왜 고정출연을
하는 것인지, 일제 강제동원 피해의 진상규명과 관련법 촉구(제7회 방
송)를 주제로 했는데 왜 그곳에 유명 개그맨이 나오는지 이해가 되지
않는다. 그래, 그들도 대한민국 시민의 일원이므로 출연했다 치자.

이들의 대화는 더욱 가관이다. 제11회에 수지 김 유가족과 관련해 공소시효 특별법 제정을 촉구하는 방송에서 음악 VJ는 "그때 기분이 어떠셨어요?", "안타깝네요"라는 말만 연발했다. 방송 내내 명확한 주장보다는 누구나 다 할 수 있는 추상적인 말만 쏟아냈다. 제7회 방송에 출연한 개그맨은 평소 그답지 않게 진지한 표정을 지었지만 정작 그의 생각을 피력하는 데는 너무도 조용했다. "국가가 모든 이의 상처를 치유해줄 수는 없을 것입니다. 하지만 국가가 힘이 없어서 상처를 받은 이들은 국가가 지금이라도 치유해주어야 한다고 생각합니다. 잘 좀 부탁드립니다"라는 그럴듯하지만 너무도 추상적인 말 한마디로 그의 출연은 끝을 맺었다.

이런 패널들의 대화는 차라리 넋두리에 가깝다. 문제가 어떤 식으로 해결되어야 옳다는 당위성을 현실적인 방향으로 논의하거나 현 상황을 다른 시각에서 보기보다는, 현상 그 자체를 놓고 VCR에서 결정해놓은 여론에 부합하는 말만을 되풀이한다. 사안에 대한 객관적인 자료나 진행과정은 이미 제시되어 있다. 그러니 패널들은 그냥 말 몇 마디만 하면 된다. 왜 네 명씩이나 되는 사람들이 필요한지 의문이다. 그냥 만들어놓은 화면을 보여준 후 책임자만 나와서 변명해도 모자람이 없을 것 같다. 영양가 없는 패널의 대화는 없는 것만 못하다. '패널'이란 이름으로 불릴 가치가 과연 있는 것인지조차도 의심스럽다.

### 초조한 기다림, "나와주세요!"

이렇게 화면과 패널 간 대화가 교차 진행되며 방송은 막바지에 이른다. 바로 프로그램의 하이라이트인 책임자의 스튜디오 출연. 가슴을 두근거리게 만드는 효과음악과 조명이 어우러진 가운데 방청객과 출연진은 "나와주세요!"를 외친다. 한 시간 남짓 사안이 해결되어야 한다고 다들 입을 모았는데 이제 그 결과가 눈앞에 있으니 시청자는 초조하다. 과연 책임자는 나올까? 나와서 '해결하겠다'고 말할까?

확실한 해결책은 둘째 치고라도 책임자가 나와서 '긍정적으로 생각해보겠다'는 대답이라도 하면 실낱 같은 희망이라도 가질 수 있다. 물론 의뢰된 문제는 '해결한다'는 기획의도와는 멀지만. 하지만 책임자가 안 나오면 시청자는 계속 답답할 수밖에 없다. 한 시간 남짓 떠들었던 무수한 내용이 소용없게 된다. 다들 알고 있는 사실에서 더이상 변화도 진전도 없다. 단지 '꼭 해결되어야 한다'는 말을 강조하려고 프로그램을 제작한 것인가?

이렇게 제작진은 책임자의 출연에 대해 알고 있으면서도 끝까지 함구함으로써 시청자를 기다리고 조바심나게 만든다. 제1회 방송에서 전두환 대통령이 출연하지 않을 것이 거의 확실한데도 제작진은 이를 단행했다. 방송 전 몇 차례 발송한 초대장에 대한 반응이 없다면 제작진은 이미 출연여부가 불투명한 것을 알고 다른 형식으로 대체했어야 했다. 하지만 1회 방송뿐만 아니라 이후에도 계속 "나와주세요!"는 대답 없는 메아리가 되어 울려퍼진 적이 많다. 이것이 시사버라이어티라는 명목하에 재미를 위한 수단이기도 하겠지만 시원한 해결책을 기대한, 그리고 프로그램에 의해 기대하게끔 만들어진 시청자가 느끼는 실망과 허탈감은 시청률보다 중요시해야 할 가치임을 망각해서는 안 될 것이다.

### 의뢰된 문제를 해결했나?

제8회에서 제기된 남양주시의 옹벽철거 관련 문제는 방송 이후 한 기업에서 무상으로 해결해주겠다고 하여 해결되었다. 근본적으로 시에서 해결한 것이 아니기에 씁쓸하긴 하지만 어쨌든 초등학교 어린이들이 더 이상 학교 운동장에서 콘크리트에 맞아 다칠 일은 없어졌기에 다행이라고 해야겠다. 하지만 이는 예외적이라는 데 문제가 있다. 지금까지 방송된 12회까지의 사안들을 보면 그 자리에 호출된

책임자 한 사람에 의해 좌지우지될 수 있는 성격의 것이 아니라는 것을 알 수 있다. 긴 시간을 갖고 해결해나가야 할 정책들이 대다수다. '병역폭력 근절'(제4회 방송)이나 '공소시효 특별법 제정'(제11회 방송), '시간강사의 신분보장'(제8회 방송) 등이 그 예다. 따라서 프로그램 자체도 책임자를 불러내 '해결할 거냐 말 거냐'를 추궁하기보다는 제작된 화면을 통해 쟁점을 차근차근 짚고 관련분야의 전문가와 함께 해결책을 '모색'하는 것이 낫다. 당장 해결하기 불가능한 사안이 마치 책임자의 출현과 함께 해결될 것처럼 다뤄지는 것은 분명 문제가 있다.

### 3. 야단치는 시민, 바보가 되다

<시민 프로젝트 나와주세요> 속에서 '호출하는 자'와 '호출당하는 자'의 관계는 평등하지 않다. 호출당하는 자는 죄목, 즉 시민이 제기한 문제 앞에 이미 죄인인 것이다. 그나마 이 '죄인'이 스튜디오에 나와 몇 마디라도 한다면 그가 나오기까지 숱하게 떠들어대느라 투자한 시간이 조금이나마 보상되는 것 같은 심리라도 든다. 하지만 정작 나와야 할 그 책임자가 나오지 않고 '긍정적인 방향으로 생각해보겠다'는 식의 대답만을 제작진에게 흘릴 때, 결국 시청자의 손에 쥐어진 것은 아무것도 없다. 근 70여 분 동안 시원한 해결을 고대했던 시청자에게는 "정말 해결되어야 할 문제다"라는 누구나 다 아는 사항만이 강조될 뿐이다. 그리고 그저 그 사안에 전문가가 아닌 같은 '시민'으로서 출연한 연예인이나 유명인들의 견해를 마치 새롭고 특별한 것인 양 듣고 있어야 하는 것이다.

이렇게 <시민 프로젝트 나와주세요> 안에서 당당하게 피해자로서, 시민으로서, 또 국민으로서 제기한 요구사항들은 책임자의 출연회피나 사안의 특성상 즉각적인 해결이 어려운 것들이 많다. '해결한다'

고 자신있게 밝힌 제작진의 기획 의도는 그것에 기대하고 책임자를 야단치던 시청자를 바보로 만들어버린다. 현실적으로 한순간에 해치울 수 없는 뜨거운 감자들을 가져다 놓고 부채질 한 번에 차갑게 식을 수 있다고 현혹하는 것과 다를 바가 무엇인가. 이에 속은 시청자는 여전히 식지 않은 감자를 받아들고 어안이 벙벙할 수밖에 없다.

## III. 나오기

청소년 시절의 기억을 떠올려 보면 시사토론 프로그램만큼 따분하고 지루한 프로그램이 또 있었을까 싶다. 양복을 차려입은 사람들이 서로 마주 보고 앉아 당시 신문의 1면을 장식하던 소재로 점잖게 혹은 열심히 말하던 모습들. 지금 생각해보면 그 딱딱하고 지루해 보이는 모습에 질려 관심은커녕 채널을 돌리는 데 전혀 거리낌이 없었다. 이런 점에서 본다면 <시민 프로젝트 나와주세요>는 형식면에서 다른 시사토론 프로그램보다 눈길을 끄는 것은 사실이다. 시사 문제와는 상관없는 모델이 프로그램을 진행하고, 매주 바뀌는 한 명의 패널은 오늘이 개그맨이었다면 다음 주는 내가 좋아하는 가수일수도 있는 희망을 갖게 한다. 나머지 일부 패널들도 각각의 다양한 사안에 과연 얼마나 깊은 식견을 갖고 이해하는 것인지 의문이 든다. 결국 이것들은 그저 달짝지근한 양념 역할을 할 뿐이다. 스튜디오에서 나눠지는 대화는 그저 패널들의 일반적인 견해와 이의를 제기한 시민에게 던지는 기본적인 질문이 전부다. 맛도 있는데 게다가 말랑말랑하기까지 하다. 생방송으로 진행되기에 '현장해결 중계차'는 늦은 밤전 대통령의 집 앞에도 가고 불 꺼진 국회 앞에도 간다. 현장에 직접 가면 과연 무엇을 해결할 수 있다는 것인지는 알 수 없으나 아무튼 톡톡 쏘는 맛까지 있으니 먹기에 더할 나위가 없다. 하지만 그것이 과연 시청자에게도 좋은 것일까?

&lt;시민 프로젝트 나와주세요&gt;는 좀더 전문적인 패널의 구성을 통해 시청자에게 사안과 관련된 다양한 의논거리들을 하나라도 더 제공해주어야 한다. 예쁘고 재미있는 여러 명의 패널보다는 말 한마디를 하더라도 논리정연하게 정곡을 찌를 수 있는 한 명의 패널이 더 절실하다. 고정패널보다는 매회마다 사안에 전문지식을 가진 사람들을 패널로 구성하는 것이 바람직하다. &lt;시민 프로젝트 나와주세요&gt;가 오락적 성향을 의도적으로 갖기는 하지만 그 근본은 '시사성'이다. 근본은 절대로 흔들려서는 안 된다. 근본이 무너지면 프로그램의 의도도 무너진다.

제공되는 화면도 시민의 입장뿐만 아니라 책임자의 입장도 담아야 한다. 특히 정부의 정책과 관련된 것들에는 일반인이 잘 모르는 복잡한 요소들이 얽혀 있을 수 있기 때문이다. 또 의뢰된 문제를 그 자리에서 '해결한다'는 비현실적인 면은 제거되어야 한다. 그러기 위해서는 책임자를 '호출'하여 야단쳐서는 안 된다. 책임자 호출과 원망 어린 추궁은 다분히 짙은 오락적 성향을 나타낸다. 시청자는 텔레비전을 보며 책임자를 야단칠 때 일시적으로 후련함을 느낄 수 있을 것이다. 하지만 사안의 현실적 해결을 위해서나, 답답한 시민을 위해서나 이것은 장기적으로 볼 때 좋은 방법이 아니다. 시민과 책임자가 동등한 위치에서 조목조목 전후과정에 대해 서로 이해할 수 있도록 멍석을 깔아주어야 한다.

어떤 프로그램이든 시청자는 자신이 신뢰하는 것을 시청한다. 교양이든 오락이든 텔레비전에서 제공하는 텍스트들은 대다수의 사람들이 이해하고 수용할 수 있는 범위 안에 있어야 수용자의 지지를 받는다. 그 신뢰는 각 분야의 전문성에서 나온다. 각 분야에서 다양한 경험을 바탕으로 능력을 갖춘 이들이 프로그램에 투입되어 그 나름의 색깔을 낼 때, 시청자는 자신의 시간을 투자해서 그 프로그램에 채널을 맞추는 것이다. 하지만 &lt;시민 프로젝트 나와주세요&gt;는 '시사 버라이어티'라는 설익은 장르 안에서 우왕좌왕하고 있다. 근본인 '시사성'에 중심을 두고 재미라는 양념을 적당히 쳐야 하는데, 무엇이 중요한지 알아채지 못하고 있다.

달고 말랑한 <시민 프로젝트 나와주세요>. 먹을 때는 좋았지만 이를 다 소화한 시청자에게 과연 어떤 영양분이 남아 있을까 궁금하다.

# 인간을 담는 감동의 드라마를 위하여

## 마라톤 중계방송의 문제점과 개선방향

서석범(프리랜서)

마라톤은 최근 몇 년 사이에 국민적인 생활스포츠로 확고하게 자리 잡아가고 있다. 우리나라가 전통적인 마라톤 강국이란 점을 감안하면 이런 현상은 다소 때늦은 감이 없지 않다. 마라톤은 우리 국민들에게 꽤나 친숙하고 사랑받은 스포츠다. 고 손기정 옹이 베를린 올림픽에서 1등으로 역주하는 빛바랜 흑백 화면은 볼 때마다 서늘한 감동을 안겨준다. 또 황영조 선수가 바르셀로나 올림픽에서 엎치락뒤치락하던 끝에 일본 선수를 따돌리고 금메달을 땄을 때는 TV 앞에 앉은 전 국민이 환호했다.

마라톤 중계방송은 국민들에게는 이렇듯 감동과 자부심, 일체감을 안겨준다. 특별히 응원하는 선수가 없더라도 치열한 레이스 경쟁을 지켜보는 것도 재미있고, 자신이 응원하는 선수가 어떤 성적을 낼 것인지, 누가 어떤 기록으로 우승할 것인지를 보는 것도 묘미가 아닐 수 없다.

반면에 마라토너를 꿈꾸는 어린 꿈나무들이나 선수, 지도자들에게는 훌륭한 자극제가 된다. 세계적인 선수들의 주법이나 레이스 운영의 추세 내지는 흐름을 파악할 수 있는 좋은 교본 노릇도 한다. 그런 점에서 텔레비전의 마라톤 중계방송은 마라토너를 꿈꾸는 선수나 그들을 가르치는 지도자들에게는 의미가 크다.

마라톤을 전문으로 하는 엘리트 선수들과 일반인들이 마라톤 중계방송을 대하는 자세는 이렇듯 다를 수밖에 없다. 또 다른 게 당연하다고 할 수 있다. 이런 인식이 지금까지는 상식이었다. 그래서 방송사들은 중계방송 시간 내내 엘리트 선수, 그것도 선두그룹만 집중적으로 보여주었다. 그렇게 해도 불만을 제기하는 시청자들은 별로 없었다.

그러나 근래 들어 관행적으로 해오던 방송사들의 마라톤 중계방송 방식에 불만을 제기하는 목소리들이 높게 일어나고 있다. 방송사들은 더 좋은 그림을 더 생생하게 안방으로 전달하기 위해 예전보다 훨씬 더 많은 노력을 경주하고 있다. 이런 노력에 힘입어 시청자들은 과거와는 비교할 수 없을 정도로 생동감 넘치는 방송을 볼 수 있는 것도 사실이다. 그런데도 시청자들은 불만을 표시한다. 무엇이 문제인가. 방송사와 시청자, 이 양자간의 간극의 원인을 찾기 위해서는 먼저 방송사들의 마라톤 중계방송 방식을 살펴보는 게 순서이다.

우리나라 방송사들의 마라톤 중계방송은 공영이든 민영이든 크게 다를 바가 없다. 극단적으로 말한다면 중계하는 아나운서와 해설자가 다르고, 대회명이 다를 뿐이라고 해도 지나친 말은 아니다. 그 방식을 거칠게 요약한다면 이렇게 된다. 처음 출발할 때에 전체 참가자들의 모습을 조금 보여준다. 그리고 일정 구간이 지나서 선두권이 형성되면 이 그룹만 줄기차게 보여준다. 그리고 남녀 우승자가 가려지면 잠시 인터뷰를 하고 중계방송을 끝맺는다. 물론 중간중간에 후위그룹이나 코스의 전경을 보여주기도 하지만 이런 장면은 무시해도 좋을 정도로 비중이 적다. 선두그룹만 보여주고 끝이 나는 것이나 다

름없는 것이다. 다시 말해 방송사들은 엘리트 선수들의 모습만 중계
하고, 아마추어 마스터스 참가자들은 철저하게 무시하고 있다는 얘
기이다.

이런 중계방식은 마라톤 인구가 얼마 되지 않았던 시절에는 아무
런 문제가 없었다. 시청자들은 편안하게 앉아서, 혹은 누워서 방송사
가 제공하는 그림과 해설을 보고 들으면서 엘리트 선수들의 경기 모
습을 수동적으로 즐기기만 하면 되었다. 그러나 1990년대 중후반을
넘어서면서부터 사정이 돌변하게 된다. 마라톤 인구가 폭발적으로
늘어나기 시작한 것이다. 그 전까지만 해도 일반인들에게 마라톤은
전문적인 선수들만 뛰는 것으로 인식됐고, 국내에서 개최되는 대회
수도 많지 않았다. 대회에 참가하는 마스터스 선수들의 수는 몇백 명
에 불과할 뿐이었고, 아무도 이들을 주목하지 않았다. 또 이들을 무
시한다고 해서 시청자들이 방송국에 항의를 한다거나 하는 일들도
물론 없었다. 방송사는 당연히 엘리트 선수들, 그것도 선두권만 보여
주었고, 그런 화면에 오랫동안 길들여져온 시청자들은 그런 중계방
식을 당연한 걸로 받아들였던 것이다.

이런 방송사들의 오랜 관행에 문제가 제기되기 시작한 것은 앞서
말한 대로 마라톤 인구의 증가와 깊은 관련이 있다. 마라톤 인구의 증
가는 여러 가지 면에서 많은 변화를 몰고 왔다. 먼저, 동호회의 활성
화를 들 수 있다. 기존에 소수의 사람들만 활동하는 동호회는 가입자
가 줄을 이었고, 지역에는 풀뿌리 동호회가 곳곳에서 생겨났다. 회사
들은 직원들의 건강과 복지 차원에서 동호회 결성을 적극 지원했다.

이렇게 달리는 사람들이 늘어나자 마스터스들을 위한 대회도 자연
스레 늘어났다. 예전에 대회를 주최한 쪽은 대개가 메이저 언론사들
이었다. 이들 언론사들은 거액의 돈을 들여 국제적인 선수들을 초청
하는 등으로 대회의 질적·양적인 성장을 추구해왔다. 이 과정에서 마
스터스들은 적지 않은 참가비를 내고서도 대회를 빛내는 조연에 불

과할 뿐이었다. 그러나 대회에 참가하는 달리기 인구가 급격히 늘어나는 것을 본 다른 언론사들은 자사의 이미지를 높이기 위해, 혹은 수익성을 보고, 속속 대회를 개최하기 시작했다. 여기에 기초자치단체들까지 가세를 하게 된다. 군소 자치단체들은 마라톤 대회를 지역을 알리고 특산품을 홍보하는 효과적인 수단으로 인식하면서 너도나도 대회 개최에 나섰다.

불과 몇 개에 불과하던 마라톤 대회가 백 단위를 훌쩍 뛰어넘더니 이제는 정확한 숫자를 파악하기도 힘들 정도이다. 올해 대한육상경기연맹이 파악하고 있는 대회만 100개 남짓 된다. 한 온라인 사이트에는 국내 대회 수가 200개가 넘게 소개되어 있다. 이제는 1년 열두 달 마라톤 대회가 없는 달이 없고, 매주 일요일은 전국 어디에서나 어떤 형태로든 대회가 열리고 있는 실정이다. 여기에는 혹서기나 혹한기라고 해서 예외가 아니다. 이렇게 많은 대회가 있는데도 어느 대회든 참가자들이 최소 5,000여 명 정도는 된다. 이런 사정이다 보니 일부 전통 있는 메이저 대회는 일정 기록에 미달하는 사람은 참가를 못하게 하기도 하고, 추첨을 해서 지원자를 탈락시키기도 한다.

또 마라톤 인구의 증가는 관련 산업에까지도 큰 영향을 미치고 있다. 기왕의 스포츠용품 전문업체들은 마스터스 선수들을 겨냥해서 신발과 의류의 신상품을 속속 내놓는가 하면, 각종 대회에서 사진을 찍어 파는 신종 사업체가 생겨났다. 유명 해외마라톤대회 참가를 원하는 마스터스를 위해 전문 여행업체도 나타났다. 그런가 하면 마라토너들이 대회 중이나 연습과정에서 즐겨 먹는 바나나나 초코파이류의 판매량이 늘어나고, 잊혀져 가던 영양갱 같은 상품이 인기 상품으로 떠오르기도 한다.

문제는 바로 여기에 있다. 마라톤 인구의 증가는 이처럼 다방면으로 영향을 미치고 있는데 유일하게 방송사들만 이런 변화를 수용하지 못하고 있는 것이다. 방송사들은 여전히 과거의 엘리트 선수 중심의 중계방송 관행에서 크게 벗어나지 못하고 있다. 이런 방송사들을 향해서 마스터스들은 이제는 엘리트 선수들만 비출 게 아니라 우리들도 주목해달라고 목소리를 내기 시작한 것이다.

올해 3월 16일 서울에서 열렸던 '2003동아서울국제마라톤대회'의 KBS 중계방송은 방송사들의 마스터스에 대한 이해나 인식이 얼마나 부족한지를 상징적으로 보여주는 사건(?)이었다. 이 대회에서 42세의 한 마스터스 선수가 2시간 25분이라는 눈부신 성적으로 골인점을 통과했다. 마스터스 1위였다. 이 기록은 이 대회에 참가한 엘리트 마라토너들의 기록에 못지않았고, 역대 마스터스 마라톤 부문 신기록이었다. 그러나 대회를 중계한 아나운서와 해설자는 아무도 이 선수를 주목하지 않았다. 어떤 멘트도, 소개도 없었다. 그러다 보니 당연하게도 이 선수가 마스터스 신기록을 수립했다는 사실을 알 리가 없었다. 그건 중계방송을 하는 아나운서나 해설자, 혹은 담당 프로듀서가 마스터스 선수들에 대한 어떤 준비도, 자료도 살펴보지 않았다는 걸 의미했다. 그러나 이 선수는 마스터스들 사이에서는 이미 '하프의 황제'라 불리는 유명인이었다. 중계가 끝난 뒤 방송국 게시판에는 마스터스들을 무시하고 소외시킨 데 대해서 항의를 하거나, 관심을 촉구하는 글들이 올라왔다.

이런 사정은 MBC도 예외는 아니었다. 올해 5월 4일 대전에서는 '제2회 MBC대전마라톤대회'가 열렸다. 이 대회는 MBC-ESPN을 통해 여러 차례 녹화방송이 이뤄졌다. 이 대회는 세계적인 선수들을 초청한 국제대회도 아니었고, 순수 마스터스들을 위한 풀뿌리 대회였다. 그런데도 방송사측의 중계방송 방식은 기존의 국제대회를 중계할 때처럼 선두권만 지루하게 보여주는 방식을 그대로 답습했다. 풀뿌리 대회에서조차 선두권만 보여주다 보니 참가자들은 많은 불만을 가질 수밖에 없었다. 또 MBC-ESPN측은 '제1회 경기마라톤대회'도 중계를 했는데 선두권 중심의 중계방송 방식은 조금도 달라지지 않았다. 시청자들은 순위 경쟁도 없이 한 선수가 계속해서 선두를 질주하는 모습을 지루하게 바라볼 수밖에 없었다. 기록과는 무관한 풀뿌리 대회의 중계방식이 국제대회의 중계방식, 즉 선두권 중심의 방식을 그대로 답습한 결과였다.

위에서 언급한 '동아마라톤'이나 '춘천마라톤' 같은 국제 대회는 역사도 오래됐고, 세계 유명 선수나 국내 대표 선수들이 대거 참가한다. 이런 대회는 기록에 대한 관심은 물론 누가 우승할 것인지에 대한 관심도 대단히 높다. 그런 점에서 선두권 중심으로 중계를 하는 것을 어느 정도 이해할 수 있다. 그러나 마스터스들만 참가하는 풀뿌리 대회마저 선두그룹 중심으로 중계하는 것은 분명히 문제가 아닐 수 없다.

비단 마라톤뿐만이 아니지만 우리나라 체육은 지나치게 엘리트 선수 중심으로 이뤄지고 있다. 엘리트 선수 위주로 모든 체육 활동의 초점이 맞춰지다 보니 성적 지상주의에 빠지게 될 수밖에 없다. 1등이 아니면 제대로 대접을 받지 못하게 되고, 그러다 보니 국내대회든 국제대회든 2등 3등이라는 좋은 성적을 내고서도 시무룩한 표정을 짓는 선수들을 흔히 보게 된다. 이런 엘리트 체육의 병폐에 대한 비판은 꾸준히 제기돼왔지만 개선될 조짐은 별로 보이지 않는다. 국제대회에서 우리나라가 좋은 성적을 내는 것도 중요하지만 모든 국민이 스포츠를 즐기면서 건강한 삶을 영위하는 것이 더욱 바람직하다는 것은 재론할 필요가 없을 것이다.

그런 점에서 엘리트 선수 위주로 스포츠 방송을 기획·중계하고 있는 방송사들의 태도는 이제라도 깊은 성찰이 뒤따라야 할 것이다. 마라톤 중계방식도 마찬가지다. 그동안 반성 없이, 관행적으로 해온 중계방식에 일대 혁신을 하지 않고서는 시청자들의 욕구를 맞출 수가 없게 될 것은 불문가지이다. 이런 사정 외에도 방송사들이 기존의 중계 관행을 벗어나 새로운 방식을 도입하지 않을 수 없도록 하는 내

부적인 요인도 존재한다.

KBS, MBC, SBS 방송 3사는 스포츠 전문 채널을 운영하고 있다. 이것은 두 가지 의미를 갖는다. 먼저, 스포츠 중계방송에서 그동안 다른 프로그램 때문에 시간적인 제약을 받던 것에서 벗어날 수 있게 됐다는 점이다. 그만큼 충실한 방송이 가능하게 된 것은 긍정적인 의미이다. 그러나 한편으로는 전문 채널의 성격에 맞고, 시청자들을 유인할 수 있는 내용물을 채워 넣을 필요성이 생겨났다. 이런 점은 방송사들의 노력이 뒤따라야 한다는 점을 의미한다.

그렇다면 이런 사회적 변화나 방송 환경의 변화 속에서 바람직한 마라톤 중계방송 방식은 어떠해야 할까? 우선 대회의 성격에 따라 다소 차이가 날 수 있다. 이것은 외국 유명 선수나 국내 대표선수가 참가하는 국제대회와 마스터스들의 잔치인 풀뿌리 마라톤 대회의 중계방송 방식이 달라야 한다는 말이다(해외에서 열리는 마라톤 대회를 국내에 중계하는 것은 이 논의에서 제외시킨다).

국제 대회의 경우부터 살펴보자. 먼저, 엘리트 선수들과 마스터스 참가자들의 시간 배분 문제이다. 국제대회의 중계방송은 그 성격상 엘리트 선수 위주로 갈 수밖에 없다. 그렇다고는 해도 지금처럼 카메라가 줄곧 선두권만 비춰야 한다는 얘기는 아니다. 기본 줄기는 엘리트 선수, 선두권에 맞추되, 일정 시간은 마스터스들의 모습도 보여줄 필요가 있다. 중계방송 시간을 2시간 20분 정도로 잡는다면, 이 가운데 20분이 되든, 30분이 되든 일정 시간 정도는 마스터스들의 달리는 모습을 중계할 필요가 있다. 물론 시청자들 가운데는 마스터스들이 달리는 모습보다는 엘리트 선수들의 선두권의 경기 모습을 더 궁금해하는 사람이 있을 것이다. 이런 시청자를 위해서는 2중 화면을 활용할 필요가 있다. 마스터스 선수들의 모습을 전체화면으로 잡을 때는 우측 하단에 작은 화면으로 엘리트 선수들의 선두권 모습을 중계하는 식이다.

　다음은 마라톤 해설과 관련된 부분이다. 대개의 해설은 엘리트 선수들의 훈련 방법과 현재의 컨디션 상태, 레이스 운영 방법, 또는 각 구간을 얼마에 통과하고, 그럴 경우 언제쯤 골인할 것인가에 집중된다. 즉, 어느 선수가 상태가 좋고, 기록은 어떻게 될 것인가에 초점을 맞춘다. 그러나 마라톤 해설은 달리기를 즐기는 사람들이건, 관심이 없는 사람이건 간에 그것을 시청하는 사람들에게는 좋은 정보와 교육적 효과가 크다는 점을 감안하면 해설 방법도 개선할 필요가 있다. 달리기 기초에서부터 고급 훈련과정을 소개하고, 달리기가 가져다주는 효과, 바른 달리기 자세, 부상에 대처하는 방법, 식이요법은 어떻게 하는지, 평소의 훈련은 어떻게 할까 등등 관련 정보를 체계적으로 해설한다면 TV를 시청하는 사람들에게 큰 도움이 될 수 있다. 또 그런 해설은 앞서 마스터스들을 화면에 비출 때 그 주자의 좋은 점과 고칠 점을 동시에 지적하면 더욱 효과적일 수 있다.

　이것과 관련해서 현재 방송사들은 엘리트 선수 출신을 해설자로 기용하고 있다. 그러나 이들은 경험과 이론을 겸비하고 있다고는 해도 마스터스들이 무엇을 궁금해하고 필요로 하는지에 대한 사정은 다소 어두울 수 있다는 사실이다.

　이런 문제점을 보완하기 위해서는 마스터스 주자들 중에서 상당한 이론과 식견을 가진 사람을 보조 해설자로 기용하는 문제도 충분히 검토할 만하다. 보조 해설자가 주 해설자에게 마스터스나 일반 시청자들이 궁금해하는 사항을 문답을 통해 알려준다면 시청자들에겐 마라톤이 더욱 친숙해질 수가 있을 것이다. 이 같은 보조 해설자 역할은 아나운서가 대신할 수도 있지만, 풀 코스를 뛰어보지 못한 사람은 주로(走路)에서 참가자들이 부딪치는 여러 문제에 대해서 제대로 알 수가 없다. 마라톤은 직접 경험하는 것과 이론으로 아는 것과는 엄청난 차이가 있다는 것을 알아야 한다. 그런 점에서 제대로 된 마라톤 중계방송이 되려면 풀 코스를 뛰어본 사람이 진행을 맡는 것이 옳을 것이다. 이렇게 중계방송이 충실해지면 마라톤에 관심이 없는 사람들도 마라톤이란 선택된 사람만이 하는 것이 아니라, 자신도 할 수 있다는 관심과 의욕을 가질 수 있다. 중계방송이 엘리트 선수들만의 축제가 아니라 사회체육의 산 교육의 장이 될 수 있는 것이다.

다음은 풀뿌리 마라톤 대회의 중계방송이 어떠해야 할지에 대해서 생각해보자. 앞서 잠시 언급했지만 풀뿌리 대회의 중계방송 방식도 선두권 위주라는 점에서 국제대회 방식과 큰 차이가 없다. 그 원인은 방송사의 마라톤 중계방송에 대한 깊은 고민이 없어서일 수도 있고, 달리 해보고 싶어도 인력이나 장비 지원이 뒤따르지 않기 때문일 수도 있다.

사실 방송사가 하기에 따라서는 풀뿌리 대회의 중계방송이 가장 재미있고 감동적일 수 있다. 마라톤 중계방송이 단지 순위를 가리기 위한 것이라면 지금 방식대로 해도 불만을 토로할 사람은 아무도 없을 것이다. 그러나 국제 경기대회도 아니고, 마스터스들만의 잔치라면 사정이 달라진다. 이런 대회는 시청자들에겐 기록도, 우승자도 큰 의미를 갖지 못한다. 그렇다면 당연히 중계하는 방식도 달라져야 하지 않을까?

풀뿌리 마라톤 대회는 참가하는 모든 사람이 주인공이라는 점을 방송사는 알아야 한다. 우승을 했다고 해서 주연인 것도 아니고, 중도에 포기를 했다고 해서 조연인 것도 아니다. 우승을 한 사람도, 중도에 포기한 사람도, 이를 악물고 완주한 사람도, 기록이 어떠하든 간에, 모두가 주인공이라는 사실이다. 이런 시각으로 접근을 하게 되면 아주 재미있고, 감동적인 방송을 안방에 내보낼 수 있다.

마스터스들이 달리는 주로(走路)에 서보자. 여기에는 남녀를 불문하고 백발이 성성한 할아버지·할머니에서부터, 20대의 젊은이에 이르기까지 다양한 직업군과 연령층이 참가하고 있다. 엘리트 선수들에게서는 결코 볼 수 없는 다양한 패션도 볼거리다. 특히 휠체어를 탄 선수라든가, 시각장애인이 정상인과 손목에 줄로 연결된 채 달리는 장면도 흔하다. 또 요즘엔 부부가 같이 달리는 분들도 적지 않다. 이런 다양한 사람들이 갖가지의 사연을 안고 풀 코스를 달리는 장면은 그 자체로 뭉클한 감동을 안겨주기에 충분하다.

다음과 같은 장면이 방송된다고 가정해보자. 리포터가 레이스를 펼치는 시각장애인에게 달려가 마이크를 들이댄다. 시각장애인들은 평소에 어떻게 훈련을 하십니까? 훈련을 하는 과정에서 어려운 점은 무엇입니까? 우리 사회에 바라는 점이 있다면요? 이런 질문에 대해서 시각장애인이 대답을 한다면 시청자들은 가슴 울컥한 감동과 함께 우리 사회가 그동안 장애인 문제에 대해 얼마나 무관심했는지를 깨닫게 되는 기회가 될 것이다. 이것은 단적인 예일 뿐이다.

대회에 참가한 사람들은 그 수만큼 다양한 사연을 안고 있다. 슬픈 일, 기쁜 일, 가슴 아픈 일, 재미있는 일 등등 이루 헤아릴 수 없는 사연들이 널려 있다. 또 레이스를 중도에 포기하고 회송차를 탄 사람들의 얘기를 들어보는 것도 시청자들에게 색다른 재미를 줄 수 있다. 그런가 하면 '달리는 의사들'처럼 레이스를 하면서 의료봉사를 하는 사람들이나, 급수대에서 자원봉사를 하는 사람들, 장애인 도우미로 자원봉사 하는 사람들의 사연을 보여줄 수도 있다. 한마디로 레이스가 펼쳐지는 주로에는 보석이 널려 있는 것이나 다름없다. 방송사는 유능한 리포터를 잘 교육시켜서 주로에 던져놓기만 하면 이 같은 보석들을 안방에 생생하게 전해줄 수 있다. 이것은 단순한 스포츠 중계방송이 아니다. 어떤 영화, 어떤 예술도 따라올 수 없는 인생의 드라마가 가공되지 않은 채 감동과 재미로 시청자들에게 다가갈 수 있는 것이다. 이런 중계방송은 순위경쟁 위주의 현 방식으로는 결코 따라올 수 없는 매력이자 장점이다.

물론 마스터스 대회라고 해서 이런 사연 위주로 중계방송을 할 수는 없다. 풀뿌리 대회도 대회인 것은 분명하다. 당연히 선두권이 있고, 중위권이 있고, 후위그룹이 있다. 생방송이냐, 녹화방송이냐에 따라 다르겠지만, 이런 순위 경쟁을 전혀 무시하고 방송할 수는 없을 것이다. 사실 마스터스들의 경쟁도 엘리트 선수들에 못지 않게 치열하다. 자기가 속한 회사나 동호회의 명예를 위해, 혹은 개인의 자존심과 명예를 위해 엘리트 선수들에 못지 않은 훈련을 하는 사람들도 적지 않다. 그러나 중요한 점은 이런 순위 위주의 중계방송을 하긴 하되, 그 비율을 국제대회보다는 훨씬 줄이고, 보다 많은 마스터스들을 화면 속으로 끌어들여야 한다는 것이다.

사실 마스터스에 대한 배려는 풀뿌리 대회뿐만 아니라 국제경기대회에서도 얼마든지 가능하다. 전체화면/작은 화면을 활용하면 된다. 아직 어느 방송사도 시도를 하지 않아서 그렇지 만약 실제로 마스터스들을 메인 화면으로 끌어낸다면 마라톤 중계방송에 일대 신기원을 열게 될 것이다.

다음으로 마스터스 대회를 중계할 때 해설자는 마라톤 '교사'의 역할을 해야 한다는 점이다. 앞서 국제경기대회의 중계방송에서 해설자의 역할을 강조한 바 있지만, 마스터스 대회의 해설자도 그 역할이 매우 중요하다. 해설자는 기초적인 훈련에서부터 레이스 전략에 이르는 고급과정을 시청자들이 알기 쉽게 설명해주어야 한다. 역시 주 해설자와 함께 보조 해설자가 필요하다. 앞서 국제경기대회에서 보조 해설자의 역할을 강조한 바 있기 때문에 여기서는 보조 해설자를 어떻게 발굴할 것인가에 대해서 생각해보자. 마라톤 동호회에는 명칭이야 어떻든 회원들의 훈련을 책임지는 훈련팀장 같은 사람들이 있기 마련이다. 이들은 대개 적게는 수회에서부터 많게는 수십 회에 이르기까지 실전 경험이 아주 풍부한 사람들이다. 게다가 여러 회원들을 지도하기 위해 이론 무장도 충분히 되어 있다. 무엇보다도 이들은 초보자들과 늘 함께 운동을 하기 때문에 일반인들이 무엇을 궁금해하는 지를 가장 잘 알고 있다. 이론과 실전을 겸비한 이런 사람을 발굴해서 보조 해설자로 기용한다면 마라톤 중계방송의 내용과 질이 한 단계 더 높아지지 않을까 판단된다.

우리나라에 있어서 마라톤은 세계적으로 경쟁력이 있는 육상경기 종목이면서 동시에 국민적인 생활 스포츠로 거듭나고 있는 중이다. 방송사들은 그동안 별다른 고민 없이 엘리트 선수 위주로, 그것도 선두권 중심이라는 아주 편리한 방식대로 중계방송을 해왔다. 그러나 이제는 사회 체육의 활성화라는 측면에서 보더라도 그동안 방송에서 철저하게 소외되어온 마스터스들도 조명을 해야 할 시기가 됐다. 국제경기대회든 풀뿌리대회든 마라톤을 중계하는 방송사들은 이제는 선두권뿐만 아니라 중위권, 후위그룹, 심지어 탈락자들에게도 관심과 애정을 가져야 한다.

그리고, 시청자들의 이해와 관심을 제고하기 위해 현행 유명 해설자 한 명이 전담하는 해설 부문을 보강할 필요가 있다. 보조 해설자를 기용해서 초보자들이 가장 궁금해하는 부분에 대해 정확하고 올바른 정보를 제공해야 한다.

마지막으로, 방송사들은 인간을 배려하고, 인간 냄새가 물씬 나는 감동의 드라마를 중계방송에 담아야 한다. 그러기 위해서는 잘 교육된 리포터를 선수들이 달리는 주로에 같이 넣어서 소중하고 감동적인 사연들을 발굴해야 한다. 예를 들면 장애인 같은 사회적 약자들의 목소리를 적극 담으려는 노력이 있어야 한다. 과거에 하던 방식, 타성에 젖어서는 아무런 발전이 있을 수가 없다. 지금부터라도 방송사들은 과감하게 새로운 시도를 해볼 필요가 있다.

결론적으로 얘기한다면, 마라톤 중계방송은 단순한 스포츠 경기의 중계가 아니라 '인간'의 얘기가 담긴 감동의 드라마여야 한다는 것이다.

# 우리 안의 인종주의

채석진(회사원)

"외국인 노동자도 우리의 이웃입니다."

MBC <!느낌표>가 2003년 '야심 찬 초대형 휴먼 프로젝트'로 시작한 '박수홍·윤정수의 아시아! 아시아!'(이하 '아시아! 아시아!')의 모토이다. 올해 3월에 시작하여 9월까지 35여 회 방영된 '아시아! 아시아!'는 "그동안 외국인 노동자들에게 행한 인격적 차별을 반성하고, 외국인 노동자에게도 가족이 있다는 인간적인 접근을 통해 차별과 편견이 아닌 관용과 배려로 그들을 우리의 이웃으로 받아들이는 성숙한 대한민국을 만들고자"[1]는 기획의도를 가지고 시작했다.

방송 초기 '아시아! 아시아!' 게시판에는 "한 번도 진지하게 생각해보지 않았던 외국인 노동자의 삶에 대해 다시 한번 생각할 수 있는 계기가 되었다", "한국에 들어와 있는 외국인근로자들도 모두 자신들의 가족을 위해 먼 곳까지 와서 고생을 하고 있다는 것을 새삼

---

1) MBC <!느낌표> 홈페이지

느끼게 됐다", "외국인 노동자를 학대하는 사장이나 한국 사람들이 있다면 이 프로를 꼭 보여주고 싶다"는 등의 반응이 올라와,2) '아시아! 아시아!'가 기획의도에 맞게 시청자들의 반응을 불러일으켰으며, 한국에서 일하고 있는 외국인 노동자들의 현실에 대한 문제의식을 제기하는 역할을 한 것을 알 수 있다.

또한 여러 단체의 협조의사를 받아내면서 기업체와 사회단체의 외국인 노동자에 대한 관심을 이끌어내기도 했다. 하지만 반 년 가량의 방영기간이 지난 지금 '아시아! 아시아!'의 문제점을 비판하는 목소리도 만만치 않다. '아시아! 아시아!'가 오락 프로그램의 한계를 넘지 못하고 외국인 노동자 문제에 대한 구조적인 해결책을 모색하는 방향으로 나아가지 못하고 있다는 지적과 오락 프로그램의 극적이 요소를 위해 가족상봉과정을 지나치게 과장하고 있어 짜증스럽다는 등의 지적이다.

이 글은 '아시아! 아시아!'가 외국인 노동자에 대한 관심을 불러일으키는 데 성공했다고 하더라도, 과연 '외국인 노동자에 대한 차별과 편견을 바로잡아서' 그들을 '우리의 이웃'으로 보게 하고 있는지에 대한 의문에서 시작했다. '아시아! 아시아!'가 서구인과 비서구인으로 나누어 바라보는 인종주의적인 시각을 기반으로, 아시아계 사람들에 대해 느끼는 한국인의 우월감을 충족시키는 방식으로 외국인 노동자 문제를 다루고 있음을 비판하고, 이런 방식들이 어떻게 시청자에게 인종주의적인 태도를 학습시키고 있는지를 살펴보고자 한다.


## 성숙한 대한민국을 만들기 위해

'아시아! 아시아!'는 우선 외국인 노동자를 편견 없이 대해야 하는

---

2) "외국인 노동자 현실 들여다보기", 《국민일보》 2003년 4월 16일자.

것을 설득시키기 위해 내세운 이유부터 그들을 동등한 우리의 이웃으로 받아들이려는 것에서 벗어나 있다. '아시아! 아시아!'가 내세우고 있는 외국인 노동자에 대한 우리의 잘못된 생각과 시선을 바로잡으려는 동기는 외국인 노동자들이 기본적인 인권을 존중받아야 할 우리와 동일한 인간이라는 자각에서라기보다, '성숙한 대한민국을 만들기 위해서'이고, '작은 사랑으로 커지는 대한민국을 만들기 위해서'이고, '세계 속의 한국을 위해서'이다. 즉 외국인 노동자 문제에 대한 관심은 위에 열거한 대한민국을 만들기 위한 도구로 인식되고 있다. 앞에서 언급한 MBC <!느낌표> 홈페이지의 '아시아! 아시아!' 코너 설명에서 이러한 의도를 읽을 수 있다.

> 2002년 월드컵의 성공적 개최로 전 세계를 놀라게 한 한국의 힘! 세계 속의 한국!
> 성숙한 대한민국을 위한 '박수홍·윤정수의 아시아! 아시아!'
> "외국인 노동자도 우리의 이웃입니다~"
> 코리안 드림을 안고 들어온 국내 체류 외국인 노동자 총 33만 명!!!
> 그러나 그들은 외국인 노동자라는 이유로 현재까지 근로자로서의 신분을 인정받지 못하고 있습니다!
> 그동안 외국인 노동자들에게 행한 인격적 차별을 반성하고, 외국인 노동자에게도 '가족'이 있다는 인간적인 접근을 통해 차별과 편견이 아닌 관용과 배려로 그들을 우리의 이웃으로 받아들이는 성숙한 대한민국을 만들고자 합니다. 32억 아시아의 중심! 대한민국!! '박수홍·윤정수의 아시아! 아시아!'가 시작합니다.

이 글을 보면 '아시아! 아시아!'가 외국인 노동자의 인권 자체를 문제로 삼기보다는 '32억 아시아의 중심'인 대한민국의 이미지에 외국인 노동자에 대한 차별이 어울리지 않는다는 것을 더 큰 문제로 인식하고 있음을 엿볼 수 있다. 외국인 노동자의 인권신장을 주장하긴 했지만, 그들을 대하는 한국의 우월성을 절대 버리지는 않고 있다.

결국 '아시아! 아시아!'에서 외국인 노동자 문제에 대한 관심은 한국의 우월성을 전제로 하고 있고, 이에 대한 접근도 그 우월성을 높이기 위해서 이용되고 있다. 이런 접근은 오히려 외국인 노동자에 대한 잘못된 시선을 바로잡기보다 우리보다 열등하다는 인식, 약자의 이미지를 강화시키고 있다.

## 인종주의와 가족주의의 베일

아시아인에 대한 우월의식은 '아시아! 아시아!' 프로그램 내용에 곳곳에서 강화되고 있다.

'아시아! 아시아!'는 보통 한 명의 출연자(외국인 노동자)마다 2회에 걸쳐 구성하고 있다. 첫번째 방송에서는 출연자의 사연을 주로 다루고, 두번째 방송에서는 진행자(박수홍·윤정수)가 출연자의 고향에 가서 가족을 찾는 내용이 주를 이룬다.

출연자의 사연을 다루는 방송은 주로 한국에서 노동자로 일하는 외국인 노동자를 찾아가서, 그들이 얼마나 열악한 노동환경과 척박한 생활을 보여주면서 시작한다. 그리고 그들의 집(대부분 가건물이거나 1평 남짓한 쪽방)을 방문하여 외국인 노동자가 간직하고 있는 가족 사진을 보며, 그들이 가족을 위해 한국에 오게 된 사연을 들으며 눈물짓는 장면이 이어진다.

출연자의 사연을 다루는 부분에서는 크게 두 가지 문제를 지적할 수 있다.

첫째, 외국인 노동자 가운데 유독 아시아계 노동자만으로 설정하여 아시아인에 대한 한국의 경제적인 우월감을 강화시키고 있는 점이다. '아시아! 아시아!'에 출연하는 외국인 노동자의 국적은 방글라데시, 몽골, 필리핀, 파키스탄, 인도네시아, 스리랑카, 미얀마 등 아시아계 외국인 노동자들로 아시아 중에서도 유색인종만을 다루고 있다. 표면적으로 국내 외국인 노동자에 대한 인격적 차별을 문제삼으면서도 국내에 다양한 국적의 외국인 노동자는 무시한 채, 인종주의적 편견에 맞는 아시아계 노동자만을 대상으로 하고 있다.[3)]

둘째는, 가족에 대한 그들의 희생과 애정을 부각시킴으로써 암울한 노동 상황을 견뎌내야 하는 것으로 정당화시키고 있는 점이다. 외국인 노동자가 고향에 두고 온 늙은 어머니, 혼자 남은 아내, 어린 아이들의 사진이 화면을 채우면서, 고향의 가족을 위해 한국에서의 척박한 생활을 참을 수 있고, 또 참아야 한다는 것을 암시한다. '아시아! 아시아!'는 외국인 노동자들이 처한 현실의 문제를 가족을 위해 자신들이 선택했으므로 어쩔 수 없다는 인식을 강조하며, 그들의 노동환경을 개선할 수 있는 제도적 문제들은 전혀 언급하지 않고 있다. 즉 '아시아! 아시아!'가 내세우는 가족주의는 외국인 노동자의 제도적 문제를 가리는 기제로 사용되고 있다.

### 서구 시각에서의 아시아 재현

방송의 두번째 회는 진행자가 외국인 노동자의 가족을 데리고 오기 위해 그들의 고향을 가는 내용이다. 이 부분은 주로 진행자가 출연자의 고국에 도착해서 힘든 여건 속에서 어렵게 외국인 노동자의 가족을 찾아서 데리고 오기 위해 고생하는 모습을 강조한다. 애닯은

---

3) 한국에 외국인 노동자의 출신 국적은 1992년 해외법인을 통해 연수생 유입이 허용된 후 1994년부터 중소기업협동조합중앙회를 통해 아시아 지역 14~15개국에서 본격적으로 산업연수생이 유입되어 아시아계가 주를 이루었으나, 최근에는 카자흐스탄과 우즈베키스탄 등 중앙아시아와 나이지리아, 카메룬, 가나 등 아프리카인 노동자가 크게 늘어 외국인 노동자의 출신국적도 다양하다("외국인 노동자 '더불어 사는 이웃으로'", 《세계일보》 2003년 9월 17일자.)

| 방영일 | 국 적 | 출연자 소개 문구 |
|--------|-------|------------------|
| 3/1 | 방글라데시 | 6년 전에 한국에 온 삐뿌의 가족상봉 |
| 3/15 | 몽골 | 남편을 잃고 한국에서 아이들을 위해 일하고 있는 몽골여인 자야 |
| 3/22, 29 | 필리핀 | 한국에서 교통사로를 당해 어려운 생활을 하고 있는 죠 |
| 4/12 | 파키스탄 | 파키스탄의 바른 생활 청년 보비 |
| 4/19, 26 | 인도 | 인도에서 온 한 집안의 가장 라나의 안타까운 죽음 |
| 5/3, 10 | 인도네시아 | 인도네시아의 순수 청년 |
| 5/17, 24 | 스리랑카 | 스리랑카에서 온 이주 노동자 에드리의 지난 6년간 간직해온 딸에 대한 그리움 |
| 6/7, 14 | 몽골 | 모스크바 석사 출신의 인재, 학업을 포기하고 너무나도 사랑하는 가족을 위해 자신을 희생한 몽골여인 을지 |
| 6/21, 28 | 미얀마 | 아내의 임신 8개월 때 어렵게 한국행을 선택하고 지금까지 사진으로만 만난 아들을 만나고 싶은 미얀마의 가장 |
| 7/5 | 한국 | 일본에서 불법체류자로 살아가고 있는 한국인 노동자 |
| 7/12, 26 | 네팔 | 네팔 여인 건천의 남편과 아들에 대한 그리움 |
| 7/19 | 대통령과의 특별한 만남 | |
| 8/2, 9 | 우즈베키스탄 | 사랑하는 가족들의 밝은 미래를 위해 열심히 일하고 있는 희생적인 아버지 |
| 8/16, 23 | 태국 | 집안의 큰딸, 어린 나이에 가족을 위해 어쩔 수 없이 한국행을 선택한 맴 |

사연을 듣고 이들을 위해 험한 일정(깨끗하지 못한 거리, 정비되지 않은 교통, 복잡한 사람들, 알아들을 수 없는 말들)을 헤치고 그들을 위해 가족을 데리러 간다. 이를 통해 '아시아! 아시아!'는 경제적으로 다른 아시아계보다 부유한 한국이라는 나라의 관용과 배려를 과시한다.

또한 '아시아! 아시아!'는 방문하는 국가에서 부딪치는 어려움을 통해 아시아에 대한 '불결하고, 저발전적이고, 원시적인' 서구 중심적인 편견을 답습하고 있다. 또한 집을 찾는 여성에서 만나는 사람을 대하는 진행자의 태도도 서구 국가에 갔을 때와 대단히 다른 모습을 보여주고 있다. 오락 프로그램에서 서구사회에 갈 경우 주로 그들의 문화와 제도를 배우고자 벤치마킹할 수 있는 점을 소개하는 것이 주를 이룬다.

서구사회에서 진행자는 자신이 그들의 언어를 잘하지 못하는 점을 부끄러워하고, 그들의 언어를 모르는 자신을 무식하다고 생각한다. 그래서 길을 물을 때도 당연히 그들의 언어나 영어를 사용하여 물어보고, 자신의 말을 못 알아들을 경우 진행자가 웃음거리가 된다. 서구사회의 사람들을 대하는 태도도 대단히 조심스럽고 정중하다. 하지만 '아시아! 아시아!'에서의 진행자의 모습은 이와 대단히 대조적인 모습을 보인다.

해당 국가의 말을 사용하는 것은 거의 생각지도 않고, 영어로 의사소통이 안 되는 아시아 국가 사람들을 희화화한다. 이들을 대하는 진행자의 태도 또한 서구사회를 갔을 때의 그것과 전혀 다르다. 길을 물을 때 상대방이 알아듣는 것과 상관없이 한국어로 반말을 사용하는 경우도 있고, 심지어 아이들의 머리를 툭툭 치며 길을 묻기도 한다. 이는 한국사회에서 서구인과 비서구인을 대할 때의 차이가 그대로 투영된 것으로 보인다.

진행자가 한국사회의 인종주의적 편견을 그대로 가지고 있어서 서구사회를 갔을 때와 비서구사회를 갔을 때의 태도가 전혀 달라지는 것이다. 이는 비서구사회에서 유입되는 이주 노동자를 대하는 태도를 그래도 답습하고 있다는 데 문제가 있다. 즉 이주 노동자를 대하는 우리들의 태도를 바로잡아야 할 진행자 또한 아무 생각 없이 한국에서 이주 노동자를 대하는 방식으로 그들의 국가에서 행동을 하는 것이다. 이는 시청자로 하여금 아시아계 사람들은 우리보다 열등하다는 인식과 함께 그들을 대하는 태도를 학습시키는 부정적인 효과를 가져올 수 있다.

| 방영일 | 국 적 | 나라 소개 문구 |
|---|---|---|
| 3/1 | 방글라데시 | |
| 3/15 | 몽골 | 상상을 초월하는 영하 30도의 설원 |
| 3/22, 29 | 필리핀 | 30도가 넘는 날씨와 정글을 헤쳐나가야 하는 어려움 |
| 4/12 | 파키스탄 | 이라크와 괴질이라는 악조건, 게다가 파키스탄 정세 때문에 비자도 받기 힘든 상황 |
| 4/19, 26 | 인도 | 인도 현지 상황으로 여권이 발급되지 않았다. |
| 5/3, 10 | 인도네시아 | 관광국가로 알려진 인도네시아. 7시간 동안 비행기를 타고 다시 국내선을 갈아타야 만날 수 있는 후마의 가족들 |
| 5/17, 24 | 스리랑카 | 실론의 섬, 불교의 나라, 19시간의 비행 |
| 6/7, 14 | 몽골 | |
| 6/21, 28 | 미얀마 | 풍부한 광물을 가진 황금의 땅<br>한 달 전부터 준비한 제작진의 비자가 미얀마 상황 때문에 나오지 않았다. |
| 7/5 | 한국 | |
| 7/12, 26 | 네팔 | 2000년 전의 불교문화를 고스란히 간직하고 있는 나라<br>비행기 시간을 맞추기 위해 경비행기를 타야 하는 수홍 |
| 8/2, 9 | 우즈베키스탄 | 강과 계곡의 실크로드의 나라<br>40도가 넘는 날씨에 차로 6시간을 달려야 하는 거리 |
| 8/16, 23 | 태국 | 관광국가로 알려진 나라, 미소의 나라 태국 |

## 방송에서의 인종주의

TV 속의 외국인에는 두 부류가 있다. 하나는 노란 머리의 얼굴이 하얀 서구인이고, 하나는 얼굴 색깔이 우리보다 약간 더 진한 아시아계 사람들이다. 방송에서 '외국인'이라는 용어가 전자를 가리킬 경우 긍정적인 말이 되고, 후자를 가리키는 경우 부정적인 단어가 된다. 서구인은 우리보다 '선진' 문명과 문화를 소유한, 그리고 힘이 있는 사람들로 묘사된다. 반면 비서구인은 '후진' 국가에서 생활고에 시달리다 한국으로 돈을 벌기 위해 온 그리 환영받지 못하는 사람들이다.

이러한 외국인에 대한 양분된 이미지는 방송 프로그램 곳곳에서 찾아볼 수 있다. 요즘 유행하는 재현 프로그램에 나오는 외국인들은 서구인들로 백인이 주를 이루고 흑인이 가끔 등장한다(흑인일 경우 영어를 사용하는 서구 국가 출신). 재현 프로그램에서 소개하는 일화들이 대부분 서양의 이야기여서 작품의 현실성을 살리기 위해 외국인을 캐스팅했다고 제작자는 말한다. 하지만 세계 각국의 다양한 이야기를 들려준다는 프로그램이 소개하는 일화들이 서구 이야기에 편중되어 있는 것은 서구를 무조건적으로 추종하는 사회 분위기를 반영하는 것으로 볼 수 있다. 우리나라의 잘못된 제도에 대한 대안을 모색하는 프로그램도 대부분 서구사회를 예로 들어 그들의 좋은 제도를 소개하며, 서구는 이렇게 발전적인데 우리도 빨리 이런 것을 배우도록 해야 한다는 내용이다.

이런 구성은 정치·경제적 상황이 전혀 다른 우리나라에 서구제도를 곧바로 적용시키기 어렵고, 오히려 서구에 대한 열등의식을 심어 서구 숭배주의를 팽배하게 하는 데 한몫하는 문제가 있다. 이런 서구 사회에 대한 이상화는 서구인에 대한 숭배주의를 낳는다. 서구인은 우리가 무엇이든 본받아야 할 대상이 되었고, 오락 프로그램들까지 이런 서구 지향주의에 편승하여 우스운 이야기나 기괴한 이야기마저 서구의 것을 다루며, 서구 이미지의 현실감을 높이기 위해 연기자마저 서구인으로 대체해가고 있다.

반면 비서구인은 뉴스나 프로그램에서 외국인 노동자라는 신분으로 주로 등장한다. 교수의 신분으로 살아가는 비서구인, 특히 아시아인들은 거의 다뤄지지 않고, 이들은 출신국가가 경제적으로 부유하지 않은 까닭에 불법노동자로서만 TV에 존재한다. '아시아! 아시아!'는 방송이 비서구인의 이미지를 어떻게 형성하고 있는지를 볼 수 있는 대표적인 예이다.

## 글을 맺으며

'아시아! 아시아!'는 '성숙한 대한민국을 만들기 위한' 의도에서 알 수 있듯이, 외국인 노동자 문제를 기본적인 인권을 개선하기 위한 목적보다는 '32억 아시아의 중심'으로서의 대한민국의 위상을 높이기 위한 프로젝트의 하나로 외국인 노동자 문제를 다루고 있다. 이런 관점에서의 외국인 노동자를 접근한 것은 아시아계 이주 노동자를 대할 때, 우리 안의 '우월의식'을 그대로 투영한 것으로, 경제적으로 우리나라보다 사정이 좋지 못한 나라에서 온 이주 노동자에 대해 시혜를 베푸는 식으로 재현되고 있다. 일시적인 자선행위(가족상봉)로 외국인 노동자의 구조적인 문제를 마치 해결한 것처럼 착각하게 만들 위험이 있다. 또한 한국의 이주 노동자의 현실을 고발하고 더불어 살자는 기획과는 달리, 이들에 대한 관심을 불러일으켰을지라도 이들을 대하는 무례한 행동과 말들을 통해 서구인과 달리 아시아인들을 함부로 대해도 된다는 인식을 주어 오히려 인종주의적인 차별적 인식을 학습시키는 부정적인 영향을 미칠 수 있다. 따라서 서구인이든 비서구인이든 그들 국가의 경제력과 상관없이 해당 국가에 대한 예의를 갖추고, 사람에 대한 기본적인 존경을 가지고 똑같이 대하는 모습을 통해 방송은 우리 안에 있는 인종과 경제적 조건에 따른 차별의식을 바로잡을 수 있을 것이다.

인종주의적인 문제 외에도 '아시아! 아시아!'는 외국인 노동자의 구조적인 문제를 백안시하며, 가족주의를 통해 외국인 노동자의 제도적인 문제를 가리는 역할을 하고 있다는 점에서 비판을 받을 수 있다. 또한 일부 아시아계 외국인 노동자의 열악한 노동환경을 부각시키는 것은 동일 직급의 한국인 노동자의 존재를 보이지 않게 만들어서, 이러한 한국사회 전반의 노동문제가 한국인에게는 해당되지 않는 것으로 만들고 있다는 우려도 있다.[4] 즉, 열악한 노동환경을 외국인 노동자의 문제로 한정하여 전반적인 한국사회의 노동문제를 축소하고, 한국인의 경우 이러한 어려움을 겪고 있지 않은 듯 포장함으로써 오히려 열악한 노동환경에 대한 문제의식을 약화시키고 있다는 것이다. 이런 까닭에 '아시아! 아시아!'와 같이 외국인 노동자만을 부각시키는 프로그램을 보면서, 동일한 조건의 한국 노동자들은 또 다른 소외감을 느끼게 된다는 것이다.[5] 이 점에서 '아시아! 아시아!'는 아시아계 이주 노동자의 열악한 현실과 그들의 가족에 대한 그리움을 오락 프로그램에서 선정적으로 사용하고 있다는 비난을 면치 못할 것으로 보인다. '아시아! 아시아!'는 선정적인 소재로 외국인 노동자 문제를 사용하는 것에서 벗어나 인권이라는 큰 틀에서 다시 접근을 해야 할 것이다.

---

4) 산업의 구조적인 문제로 인해 직종간·학력간 임금격차는 이미 1990년대 중반부터 구조적으로 확대되고 있고("빈부격차 어떻게 해결하나: 전문가 분석과 처방", 《조선일보》 2003년 9월 10일자), 1998년 경제위기 이후 소득분배가 악화되면서 소득의 양극화가 극도로 심해지고 있는 상황이다. 지난해 연간 소득이 1000만 원 이하라고 신고한 납세자는 전체 신고자의 65%에 이르지만 소득은 전체 신고액의 21.9%에 그친다("연수입 5억 이상 2,511명—2002년보다 31% 증가", 《동아일보》 2003년 9월 26일자).

5) 외국인 노동자 쉼터에서 간사로 일하고 있는 김찬 씨는 '아시아! 아시아!'가 오히려 같은 노동환경에 있는 외국인 노동자와 한국 노동자 사이의 갈등을 만들고 있다"며 "노사간의 대립 상태를 노동자 간의 갈등으로 변화시키고 있는 것이 가장 큰 문제"라고 지적한다.

# 무한 모방의 뫼비우스

## 한국 방송의 베끼기 신드롬에 대한 분석

한석희(대학생)

## 1. 모방과 창조

"모방은 창조의 어머니"란 말이 있다. 모방을 통하여 새로운 창조물을 만들어낸다는 뜻이다. 새가 나는 모습을 보고 비행기를 만든 라이트 형제, 거북이의 갑피를 본떠 거북선을 만든 이순신 장군, 물고기를 보고 유선형의 배를 만든 발명가의 일화가 모방의 훌륭한 예다.

그러나 모방이 방송과 만나면 이제 더 이상 모방은 창조의 어머니가 아니다. 또 다른 모방을 창조해내기만 하는 모방을 위한 모방. 즉, 베끼기 수준에 머무르는 모방은 단지 모방의 어머니일 뿐이다. 요즘 텔레비전에서는 다양한 모방 프로그램을 보여준다. 타 방송사의 프로그램을 모방하는 프로그램이 늘어남으로써 무한 모방의 뫼비우스가 시작되고 있다.

방송 프로그램의 모방은 크게 두 가지—일본, 미국 등의 프로그램을 모방하는 외국 방송 모방과 우리나라 타 방송사의 프로그램을 모

<표 1> 모방의 과정, 창조의 과정

| | | 모방의 과정 | 창조의 과정 |
|---|---|---|---|
| 투입(Input) | 포맷개발의 노력 | 노력이 필요 없음 | 많은 노력이 필요 |
| | 개발인력 | 없어도 됨 | 양성이 필요함 |
| | 개발비용 | 저비용 | 고비용 |
| 산출(Output) | 시청률 | 불확실성 낮음 | 불확실성 높음 |
| | 재생산구조 | 열악해짐 | 강화됨 |
| | 시청자 복지 | 단기적 보장 | 중장기적 보장 |

방하는 국내 방송 모방으로 볼 수 있다. 외국 프로그램의 모방과 국내 프로그램의 모방은 모방의 대상만 다를 뿐, 모방의 과정에 있어서는 동일한 모습을 보이고 있다. 흥행의 불확실성에 대한 우려감으로 시작되는 모방은 새로운 프로그램을 창조해내는 것보다 훨씬 더 쉬운 일이다. <표 1>의 '모방의 과정, 창조의 과정'이 보여주는 것과 같이 모방은 창조의 과정보다 훨씬 적은 노력으로도 큰 성공을 기대할 수 있다.

모방과 창조의 이항 대립에서 보여주는 것처럼, 투입과 산출의 과정으로부터 프로그램 모방은 시작되었으며, 한국 방송은 '모방의 순환구조'라는 새로운 구조를 형성한다. 그리고 모방의 순환구조에 따라 또 다른 새로운 모방을 만들어내는, 즉 모방을 권하는 방송이 되고 있다. 이제 우리는 위에서 보여지는 모방의 과정을 단지 구조적인 문제로 파악하고 인식하는 데 그쳐서는 안 된다. 모방 프로그램의 실상을 파악하고, 그것이 가져오는 폐해를 지적할 줄 알며, 나아가 모방에서 창조로 나아갈 수 있는 방법을 모색해야 한다.

## 2. 모방 프로그램을 만들어내는 것

한국 방송에 있어 모방 프로그램은 결코 어제오늘의 일이 아니다. 선진국의 방송을 그대로 베끼는 모방 실상은 과거에도 이슈화된 적이 있었을 만큼, 그 상황이 심각하다고 볼 수 있겠다. 그러나 이제는 외국 방송의 모방뿐 아니라 국내 방송의 모방까지도 심각한 수준이다. 모방 프로그램을 만들어내는 것, 즉 모방을 만드는 사회적 구조를 살펴보겠다.

먼저 방송 제작자들의 안일한 태도가 모방 프로그램을 만들어낸다. 방송 제작자가 새로운 프로그램을 만드는 데에는 큰 모험이 따른다. 어떤 형식의 프로그램을 어떻게 만들어서, 언제 내보내느냐에 따라 프로그램의 인기도와 시청률이 좌우되기 때문에 제작자에게 프로그램의 제작은 모험일 수 있다. 그러나 이러한 모험을 극복하고 창의적인 방송 프로그램을 만드는 것이 제작자의 몫이다. 그들에게는 신선한 프로그램을 소신껏 시도하려는 태도가 필요하다.

하지만 제작자의 현실은 어떠한가? 한마디로, 안일한 태도에 빠진 그들은 그들의 진정한 역할을 망각했다. 그들은 신선하고 독창적인 자신만의 프로그램을 만들어서 시청자들에게 전달해야 함에도 불구하고 오히려 타 방송을 베끼기에만 급급하다. 프로그램을 제작하는 데 있어 자신들의 위험을 최대한 줄이기 위하여 타 방송사의 인기있는 프로그램을 그대로 가져와 제목만 바꿔 내보내는 경우가 많다.

이러한 방송들은 일단 시청자들에게 인기를 얻은 타 방송사 프로그램의 형식과 내용을 그대로 가져오고, 출연자까지 비슷하게 섭외하는 모방 프로그램을 만들어낸다. 모험을 줄이고 안일함을 추구하는 제작자들의 이러한 태도는 이미 인기를 얻은 프로그램을 모방함으로써 시청률의 위험 부담을 줄이고, 프로그램의 제작에 있어서도 형식·내용·출연자까지 모방하는 결과를 낳는다.

그리고 기다려주지 않는 방송사 또한 모방 프로그램을 조장하고 있다. 방송사는 한 프로그램이 시작되어 인기를 얻게 될 때까지의 과정을 기다려 주지 않는다. 프로그램이 시작하면 즉각적인 시청률을 기대한다. 새로운 프로그램이 탄생하고, 시청자들에게 관심을 얻고, 인기를 얻게 되기까지는 일정한 시간이 필요한데 말이다. 더욱이 기존의 프로그램과 모습을 달리하는 새로운 형식의 프로그램이라면 훨씬 더 많은 시간이 필요하기 마련이다. 그러나 우리 방송사들은 이를 기다려주지 못하고 있다. 새롭게 탄생한 프로그램이 곧바로 반응을 얻지 못하면 조기종영을 하거나, 다음 개편 때 막을 내린다.

방송사의 이러한 성격—기다림을 모르는—때문에 프로그램은 시청자들의 즉각적인 반응을 얻을 수 있도록 만들어지고 있다. 바로 이러한 방송사의 성격이 새로운 방송을 시도할 수 있는 분위기를 조성해 주기는커녕 오히려 모방 프로그램을 조장하고 있는 것이다. 이러한 분위기 속에서 방송사의 요구에 따라 프로그램 제작자는 곧바로 인기를 얻을 수 있는 프로그램을 만들어야 한다. 즉각적인 인기를 얻을 수 있는 프로그램을 만드는 가장 확실한 방법은 지금 현재 인기를 누리고 있는 프로그램을 모방하는 것이다. 이 경우 최소한의 위험 부담으로 즉각적인 인기 프로그램을 만들어낼 수 있기 때문이다. 따라서 모방 프로그램을 만드는 데 방송사도 한몫하고 있다.

마지막으로 몇몇 프로그램에 너무나도 익숙한 시청자 또한 모방 프로그램의 탄생을 돕는다. 시청자들의 의식과 태도가 변하면 이에 따라 프로그램 제작자와 방송사의 생각도 바뀔 수 있다. 프로그램 제작자와 방송사는 시청자들의 입맛에 맞는 프로그램을 제작하기 마련이다. 모방 프로그램이 꼬리의 꼬리를 무는 이유도 결국 시청자의 관심과 인기를 얻기 위함이다. 시청자들은 폭넓은 시청을 하지 않는다. 다양한 프로그램에 두루두루 관심을 가지는 것이 아니라 몇몇 프로그램에 익숙한 나머지 방송 프로그램 편식을 하고 있는 것이다.

또한 새롭고 도전적인 프로그램에 있어 결코 관대하지도 못하다. 이미 익숙해져버린 프로그램에만 관심을 갖고 다른 쪽으로는 눈을 돌리지 않는 그들의 태도가 또 하나의 모방 프로그램을 만들어내고 있다. 모방 프로그램에 질린 몇몇의 시청자가 이러한 현실을 비판하기는 하지만 대부분의 시청자들은 이를 간과하고 있다. 채널을 돌리다 접하는 비슷한 형식과 내용의 모방 프로그램을 보면서 비판하기보다 오히려 익숙한 형식과 내용의 프로그램을 즐기는 시청자들이 많이 있다. 이렇듯 모방 프로그램을 비판하는 것이 아니라, 이러한 프로그램에 점점 익숙해져 가는 시청자들의 반응이 모방 프로그램을 부추기고 있다. 그러나 시청자들은 모방 프로그램의 결과 결국 손해—시청자의 볼 권리가 훼손되는—를 보게 되는 것은 시청자 그들 자신이라는 것을 명심해야 한다.

## 3. 모방 프로그램의 실제

외국 방송, 국내 방송의 다양한 모방 사례. 현재 우리 방송의 모방 실태이다. 실제로 몇몇 프로그램을 모니터링해본 결과 방송 프로그램의 모방은 심각한 수준임을 다시 한번 인식했다. '외국 방송 프로그램의 모방과 한국 방송 프로그램의 모방'이라는 두 부류의 모방을 통하여 방송 프로그램의 실제를 알아보았다.

외국 방송 프로그램 모방의 경우 일본 방송 프로그램의 모방이 가장 많았다. 아래의 표에서 제시하는 프로그램 외에도 <전국 노래자랑>을 비롯하여 지금은 종영된 <황수관의 호기심 천국>, <이경규가 간다> 등등 많은 모방 프로그램이 발견되었다. 이러한 일본 프로그램의 모방은 다양한 장르에서 나타났다. 시사, 교양, 연예, 드라마에 이르기까지 다양한 장르에서 두루두루 모방이 일어나고 있음을 알게 되었다. 그리고 드라마 부문에서도 표절에 휩싸였던 <앞

<표 2> 외국 방송 프로그램 모방

| 프로그램 | 방송사 | 장르 | 소 스 | 내 용 |
|---|---|---|---|---|
| 자유선언!<br>토요대작<br>전<장미<br>의 전쟁> | KBS1 | 연예/<br>오락 | 강호동의<br>천생연분<br>(MBC) | ·스토리 모방: 연예인 짝짓기 프로그램<br>·출연자의 이미지 모방 : 느끼남, 덥앤<br>더머, 인기남 등 출연자의 컨셉 모방<br>·구성 모방: 댄스 대결, 중간 결정, 커플<br>게임 등 비슷한 구조 |
| 와우<br>동물천하 | MBC | 연예/<br>오락 | 동물농장<br>(SBS) | ·스토리 모방: 인간과 함께하는 애완 동<br>물의 잔잔한 에피소드부터 지구촌 곳<br>곳의 동물탐험을 다룸<br>·진행자 모방: 여자 아나운서와 남자 개<br>그맨을 진행자로 섭외하여 흥미를 더<br>해줌 |
| 퀴즈<br>대한민국 | KBS1 | 연예/<br>오락 | 생방송<br>퀴즈가 좋다<br>(MBC) | ·스토리 모방: 일반 국민이 참가하여 퀴<br>즈를 풀고, 우승자에게 상금을 줌<br>·구성 모방: 한 문제 한 문제 맞출수록<br>상금은 올라감 |
| 비타민 | KBS2 | 연예/<br>오락 | 맨투맨<br><특별진단!<br>맨투맨<br>건강보고서><br>(SBS) | ·스토리 모방: 국민의 건강을 진단해본<br>다는 의도로 건강에 대한 내용을 다룸.<br>·구성 모방: 연예인의 건강 상태를 직접<br>체크하고 전문의가 상담해주는 비슷한<br>구성. 건강 비법 공개<br>·진행자 모방: 개그맨을 투입하여 프로<br>그램의 오락성을 더함 |

집여자>, <로망스>, <청춘> 등도 있었다.

한국 방송 프로그램의 경우에는 주로 연예/오락 프로그램에서 모방이 뚜렷했다. 연예인의 이미지를 비슷하게 설정하거나, 심지어는 시간대까지 비슷하게 편성하는(<맨투맨> 오후 11시, <건강 보고서> 오후 10시, <강호동의 천생연분> 토요일 6시, <장미의 전쟁> 토요일 7시) 모습까지 보였다.

그리고 모방의 뫼비우스다운 면모도 발견할 수 있었다. <해결! 돈이 보인다>는 일본의 프로그램을 모방했는데, 이는 몇 년 전 <신동

<표 3> 한국 프로그램 모방

| 프로그램 | 방송사 | 장르 | 소 스 | 내 용 |
|---|---|---|---|---|
| 시민 프로젝트 나와주세 요 | KBS1 | 시사/ 교양 | 직담판, 책임자 나와라 (일본 도쿄TV) | ·스토리 모방: 책임자(정부부서, 사건 책임자)에게 개선점을 요구<br>·프로그램명 모방: <책임자, 나와라>와 <나와주세요><br>·구성 모방: 영상중계를 통하거나(일본 프로그램), 스튜디오에서의 만남(한 국 프로그램)을 통한 의뢰인과 책임 자의 만남, 그리고 문제의 해결 |
| 해결! 돈이 보인다 | SBS | 교양/ 정보 | 사랑의 가난 탈출 대작전 (일본 도쿄TV) | ·스토리 모방: 동일 업계의 성공 사례 와 실패 사례를 비교하고, 실패 사례 의 인기 없는 음식점을 찾아가 돈을 벌게 해주는 내용<br>·구성 모방: 실패의 원인을 분석, 인테 리어의 변화, 성공과 실패 사례를 비 교하는 구성<br>·출연자 모방: 실패를 극복할 수 있도 록 연예인이 도움 |
| TV는 사랑을 싣고 | KBS2 | 연예/ 오락 | 완전 특수선언! 당신과 만나고 싶어요 (일본 아사히TV) | ·스토리 모방: 출연자가 만나고 싶어하 는 추억 속의 사람을 찾아줌<br>·구성 모방: 출연자의 과거로 구성. 출 연자가 만나고 싶은 사람의 이름을 부르면 배경 음악과 함께 추억 속의 인물 등장 드라마 |
| 여름향기 | KBS2 | 드라마 | Return to Me (미국 영화) | ·스토리 모방: 죽은 옛 연인의 심장 이 식 수술을 받은 사람을 사랑하게 되 는 굵직한 줄거리를 모방 |

엽의 신장개업>과 비슷한 경우이다. <신동엽의 신장개업> 또한 일본의 프로그램을 그대로 모방해서 물의를 일으킨 바 있는데, 또 다시 일본 프로그램을 베낀 <해결! 돈이 보인다> 혹시 이 프로그 램은 <신동엽의 신장개업>을 모방한 것은 아닐까 하는 조심스러 운 상상도 해본다.

## 4. 모방 프로그램이 만들어내는 것들

지금까지 수많은 모방 프로그램들은 또 다른 모방 프로그램을 양산해왔다. 아울러 우리 방송 사회와 시청자들에게 큰 영향을 주었다. 모방 프로그램이 만들어내는 것들—모방 프로그램으로 인한 방송 사회의 변화 및 모방 프로그램이 주는 영향에는 어떤 것들이 있을까.

모방 프로그램은 방송 전제의 질을 저하시키는 결과를 가져온다. 모방 프로그램과 뫼비우스 띠와의 공통점은 끝이 없다는 것이다. 모방이 모방을 낳고, 그 모방은 또 다른 모방을 낳고……. 극단적으로, 모방에만 익숙한 방송은 더 이상 신선하고 참신한 프로그램을 제작할 이유가 없다. 단지 인기 있는 몇몇의 프로그램을 베끼면 금세 또 하나의 프로그램이 만들어지는데 굳이 위험을 감수하면서까지 새로운 프로그램 만들기를 시도하는 제작자가 몇이나 있을까?

이 위험한 생각이 제발 나만의 생각이길 바란다. 모방 프로그램의 실태가 이렇게 극단적으로 치닫지 않는다 할지라도 모방이 자연스러운 방송 사회에서 이제 모방은 더 이상 낯선 것이 아니다. 아무런 죄책감 없이 프로그램을 모방하는 경우가 늘어나고, 모방 프로그램이 판을 치는 방송 사회에서 '방송의 질 저하'라는 사실은 당연한 이치이다. 새로운 방송을 창조해내지 못하고 지금 현재 인기를 누리고 있는 프로그램과 비슷한 프로그램만 제작함으로써 나타나게 되는 어쩔 수 없는 사실인 것이다. "구르는 돌에는 이끼가 끼지 않는다"라는 말이 있다. 항상 부지런히 노력하면 뜻을 이룬다는 말이다. 그러나 우리 방송은 이끼만 잔뜩 낀 구르지 않는 돌과 같다. 모험을 줄이고, 새로운 도전을 피하면서 모방 프로그램만 만들어내는 우리 방송이 바로 구르지 않는 돌이다. 따라서 방송 수준은 항상 그 자리에 머물 수밖에 없으며, 이러한 현상이 누적되면 결국 방송의 전반적인 질을 저하시키는 결과를 초래한다.

그리고 모방 프로그램은 한국 방송의 새로운 문화를 형성할 수 있다. 우리 방송이 외국의 인기 있는 프로그램을 베낀다는 사실은 너무나도 잘 알려진 사실이다. '한국의 오락 프로그램 = 외국 프로그램 베끼기'라는 공식이 무색할 정도다. 따라서 이는 한국 방송 사회에서 없어져야 할 문화라고 볼 수 있겠는데, 이제 타 방송사의 인기 프로그램 베끼기라는 사실 또한 하나의 문화가 되는 것이 아닌가 싶다. 모방 프로그램이 아무렇지 않게 수용되는 현실 속에서 어쩌면 이미 모방 프로그램은 새로운 문화로서 뿌리를 내렸는지도 모르겠다.

또한 시청자의 다양한 볼 권리를 훼손시키는 결과를 가져온다. 시청자에게는 다양한 프로그램을 볼 권리가 있다. 이에 따라 방송사의 역할은 참신하고 다양한 프로그램을 제작하는 것이다. 그러나 제작의 편의를 위하여, 시청률 확보를 위하여 모방 프로그램을 앞세우는 방송사의 행동은 시청자의 볼 권리를 침해하는 횡포라고까지 보겠다. 방송사와 제작자들이 프로그램을 좌지우지하는 시대가 지나고, 이제는 시청자들의 힘이 막강해진 시대임에도 불구하고 아직도 방송사들은 자신들의 편의에 따라 프로그램을 제작하고 있다. 시청자들이 주체가 아니라 방송사가 주체라는 생각이 그들의 볼 권리를 빼앗게 되는 것이다.

## 5. 모방을 권하는 방송에서 창조를 권하는 방송으로

모방을 권하는 사회에 살고 있는 우리는 그동안 모방 프로그램을 만들기에 상부상조해왔다. 지금까지 우리의 역할이 모방을 만들어왔다면 이제는 창조적인 방송을 만들기 위해 서로 도와야 한다. 모방을 권하는 방송에서 창조를 권하는 방송으로 나아가기 위해 우리에겐 몇 가지 자세가 필요하다.

그동안 베끼기에 치중했던 방송 제작자들은 지금의 태도에서 벗어

나 윤리의식을 가지고, 노력이 담긴 프로그램을 만들어야 한다. 지금
까지의 안일한 태도가 모방 프로그램을 만들어왔다면 이제는 적극적
이고 도전적인 태도가 필요한 때이다. 새로운 시도를 두려워하지 않
고, 모험과 맞설 때 모방 프로그램은 사라질 수 있다. 거기에 제작자
들의 윤리의식과 신선함, 창의성이 더해졌으면 더욱 좋겠다. 프로그
램을 모방하는 것은 타인의 저작권을 침해하는 것과도 같다. 프로그
램의 모방에는 단지 법적인 처벌이 없을 뿐, 남의 창작물을 그대로
모방하는 것은 범죄를 저지르는 것이다. 따라서 프로그램 제작자들
은 남의 프로그램을 베끼는 데 있어 양심의 가책을 느껴야 한다.

　그리고 모방 프로그램이 아니라 자신들만의 개성 있는 프로그램으
로 시청자들에게 다가가기 위하여 신선함과 창의성을 더해야 할 것이
다. 리모콘을 가지고 텔레비전을 시청하는 시청자들의 채널은 언
제 어떻게 돌아갈지 모른다. 따라서 이러한 시청자들을 잡아두려면
신선하고 창의적인 프로그램이 필수적이다.

　그리고 시청자의 즉각적인 반응과 시청률 올리기에만 눈을 돌렸던
방송사는 이제 기다릴 줄 아는 지혜를 가져야 한다. 지금까지의 방송
사는 시청률에 급급한 나머지 인기 있는 프로그램은 늘리기 방송을
하고, 인기가 없는 프로그램은 조기종영을 하는 등 시청률에 민감한
반응을 보였다. 그러나 이제 방송사는 기다릴 줄 아는 지혜를 지녀야
한다. 창의적이고 신선한 아이템을 가지고 탄생한 프로그램이 지금
당장 큰 관심을 받지는 못해도 천천히 기다리며 그 반응을 살펴봐야
할 것이다.

　방송사의 입장에서 인기가 없는 프로그램을 무한정 기다린다는 것
은 결코 쉬운 일이 아니다. 이 점을 잘 알고는 있다. 하지만 방송사
는 시청자들은 노력을 깃들인 창의적인 프로그램을 외면하지 않는다
는 사실을 염두에 두고 기다릴 줄 아는 지혜를 가졌으면 한다.

　KBS의 <부부클리닉 사랑과 전쟁>이 그 좋은 예이다. 이혼 위기

에 처한 부부의 문제를 다루면서 시청자 의견을 알아보는 <부부 클리닉 사랑과 전쟁>은 초기에 시청률이 매우 낮았다고 한다. 인기 배우가 나오는 것도 아니고, 자극적인 내용을 담은 것도 아니며 모방 프로그램과는 거리가 멀었던 이 프로그램은 시간이 지나면서 차츰 시청자들의 관심을 받게 되었다. 현재 200회를 넘긴 이 프로그램은 시청률 20%대를 기록하며 드라마 부문 10위 안의 순위를 지키고 있다.

또한 프로그램 시작 초반에 인기도가 낮았던 <도전! 골든벨>은 고등학생들의 퀴즈 프로그램이다. 이 프로그램은 단순히 퀴즈를 푸는 것이 아니라 청소년들의 재치와 문화를 알아보기 위하여 제작되었다고 한다. 청소년 프로그램의 한 코너였던 <도전! 골든벨>은 독립적인 한 프로그램이 된 후 큰 호응을 얻지 못했다.

그러나 방송사는 인기가 없었던 이 프로그램을 기다려줬고, 차츰차츰 인기를 얻은 <도전! 골든벨>은 프로그램 시작 5년이 되어가는 지금 방송 시간대는 일요일 오후 7시로 편성되었으며, 모바일 <도전! 골든벨> 게임이 생겨날 정도로 그 인기를 실감할 수 있다. 그리고 시청률도 꾸준히 올랐다. 이 두 가지의 경우 방송사는 이들 프로그램의 참신성과 창의성을 믿고 기다려준 결과 지금의 성과를 얻게 되었다. 기다릴 줄 아는 지혜. 방송사에겐 어려운 것인 동시에 꼭 필요한 것임을 기억해주었으면 한다.

시청자들은 다양한 프로그램에 대하여 관대한 자세를 지녀야 한다. 이제 방송의 주체는 방송사나 프로그램의 제작자가 아닌 시청자 그들 자신이다. 시청자들은 스스로 볼 권리를 찾아야 하며, 프로그램 제작에도 적극적인 자세를 보여야 한다. 우리는 아무리 좋은 프로그램일지라도 시청자들이 외면하는 프로그램을 "좋은 프로그램이다"라고 쉽게 말할 수는 없다. 그러나 모방 프로그램, 저질의 프로그램일지라도 시청자들의 사랑을 받는 프로그램은 '시청률이 높은 프로그램'으로 간주될 수 있다. 그만큼 시청자들의 역할이 중요하다는 것이다.

　이렇게 시청자의 역할이 중요한 시점에서 시청자들이 그들의 역할을 제대로 수행하지 않는다면 한국 방송은 올바른 방향으로 나아가기 힘들다. 다시 말하면 시청자들은 새로운 프로그램에 대하여 관대한 자세를 지녀야 한다. 지금까지 보아오던 형식이 아니라 새로운 형식, 새로운 내용의 프로그램에 대하여 관대한 자세와 함께 관심을 가져야 한다. 그리고 이제는 시청자들이 익숙한 프로그램을 모방한 프로그램은 외면할 때도 됐다. 모방 프로그램을 스스로 비판할 줄 알고, 새롭고 창의적인 프로그램에 대해서는 관대함을 지닐 줄 아는 것이 시청자의 덕목인 것이다.

## 6. 무한 모방의 뫼비우스

　한국 방송의 모방 구조는 '무한 모방의 뫼비우스'이다. 프로그램 창작의 고통과 노력 없이도 '시청률 확보'라는 수확을 안겨다 주는 모방 프로그램은 꼬리의 꼬리를 무는 모방 프로그램을 탄생시킴으로써 모방의 순환구조를 그리고 있는 것이다. 여기서 창조는 설자리를 잃고야 만다.

　모방 프로그램이 생존할 수 있는 이유는 단 한 가지 요인 때문이 아니다. 창조성을 잃고 인기 있는 프로그램을 그대로 베끼는 제작자의 안일한 태도, 다양한 방송 문화를 만들기보다는 시청률 높은 프로그램을 만들기에 급급한 방송사, 그리고 인기 있는 몇몇 프로그램에만 익숙한 시청자가 모방 프로그램의 장본인이다.

　국내 방송 프로그램의 모방, 해외 방송 프로그램의 모방을 진행하고 있는 우리 방송은 서로서로 베끼기에 급급한 나머지 폭넓고 다양한 프로그램의 창조보다는 인기 있는 몇몇 프로그램 살리기만을 하고 있는 셈이다. 이러한 상황 속에서 한국 방송의 발전을 기대하기란 어렵다. 우리 방송 수준은 항상 지금의 자리에 머물 수밖에 없고, 모방이 더 진행되면 될수록 오히려 방송의 질은 떨어지게 된다. 그리고 몇몇 프로그램의 모방을 시작으로 방송 사회의 전체적인 모방 분위기는 결국 '모방문화'라는 불명예를 안겨다 준다. 모방의 폐해는 여기서 그치는 것이 아니다. 대충대충 베껴서 만든 성의 없는 방송—모방 프로그램이 난무하는 세계에서 시청자들은 자신들도 모르는 사이 다양한 프로그램을 볼 권리를 침해받는다.

　모방을 가능케 했던 삼박자. 이제 그들이 나서야 할 차례다. 모방에서 창조로……. 창의성을 중시하는 프로그램 제작자, 프로그램을 믿고 기다릴 줄 아는 방송사, 그리고 비판적인 시청자. 이들의 노력 없이 모방 프로그램은 사라질 수 없다. 이들의 노력이 있어야만 모방에서 창조의 길로 진입할 수 있는 것이다. 따라서 제작자, 방송사, 시청자는 한국 방송의 발전을 위하여 자신의 위치에서 올바른 역할을 수행하길 바란다. 아울러 제작자, 방송사, 시청자—이들 삼박자의 조화로 모방 없는 프로그램, 아름다운 프로그램이 탄생하기를 기대한다.

# 감동으로 덮어버린 현실 속의 그늘

### MBC <!느낌표> '아시아! 아시아!'를 보고

강진희(대학생)

## 1. 들어가며

외국인 노동자에 대한 새로운 시도로 주목받는 프로그램이 있다. 연예 오락 프로그램으로는 드물게 오락성과 공익성으로 어필하고 있는 MBC <!느낌표>의 한 코너인 '아시아! 아시아!'가 그것이다. "외국인 노동자도 우리의 이웃입니다"라는 슬로건으로 외국인 노동자에 대한 인식의 변화에 초점을 맞추어 그들에 대한 인간적인 접근을 시도한 '아시아! 아시아!'는 방영 초기부터 시청자들의 큰 호응을 이끌어내고 있다. 프로그램을 본 대다수의 시청자 및 네티즌들은 "감동적이다", "우리 주위에 저런 외국인 노동자도 있구나", "그들에 대해 다시 한번 생각하게 되었다"라며 프로그램에 긍정적인 반응을 보이고 있다. 외국인 노동자라는 이유로 근로자로서의 신분을 인정받지 못하는 그들에게 그동안 행한 인격적 차별을 반성하고 관용과 배려로 그들을 우리의 이웃으로 받아들이자는 프로그램의 취지가 제대로 전달되고 있는 것이다.

## 2. 흥행요소

웃음 뒤에 전해지는 교훈까지 담고 있는 '아시아! 아시아!'는 시청률 면에서도 우위를 차지하고 있다. 호평과 함께 흥행까지 하고 있는 '아시아! 아시아!'의 흥행요소는 무엇인가? 그것은 휴머니즘적 시각과 가족의 접목에 있다고 생각한다.

저임금에 한국의 3D 업종을 도맡다시피 해온 외국인 노동자들의 삶의 이야기를 휴머니즘적 시각으로 다루어 그들의 노고와 희생에 대해 다시금 생각하게 한 것이 첫번째 흥행요소이다. 알다시피 산업연수생이란 이름으로 외국인 노동자를 원했던 우리 사회는 그들에게 부끄러운 일을 너무 많이 저질렀다. 외국인 노동자에 대한 구타 및 임금 착취는 알게 모르게 우리 사회에 엄연히 행해져왔다. '아시아! 아시아!'는 바로 그 외국인 노동자에 대해 우리가 갖고 있는 차별과 편견의 굳은 가슴을 따뜻하게 촉촉하게 열어준다.

두번째 흥행요소는 '가족'에 있다. 우리 모두에게 가족이 있듯이 외국인 노동자들에게도 그들의 가족이 있기 마련이다. '아시아! 아시아!'는 방글라데시, 몽골, 필리핀 등 아시아 각지에서 온 외국인 노동자들의 이야기와 만나고, 그들의 고향으로 찾아가 가족과 재회하는 이벤트를 통해서 시청자의 눈물과 미소를 자아낸다. 너무 곁에 있어서 소중함을 모르는 가족의 의미를 새롭게 깨우쳐주고 있는 것이다.

그 밖에 진행자인 박수홍·윤정수가 프로그램에 임하는 자세 또한 시청자들이 '아시아! 아시아!'에 관심을 갖게 하는 요소이다. 비장함마저 느낄 정도로 투철한 사명감을 갖고 임하는 그들의 모습은 시청자들을 브라운관 앞으로 끌어들이고 박수홍의 눈물 흘리는 모습은 시청자들의 안타깝게 하기도 한다.

이렇듯 휴머니즘적 시각에 가족을 접목하고 진심 어린 사명감으로 프로그램을 이끌어가는 진행자의 3박자가 고루 맞춰져 '아시아! 아시아!'가 주말에 안방까지 감동의 최루탄을 선사하는 것이다.

## 3. 메시지의 문제점

그렇다면 '아시아! 아시아!'가 갖고 있는 문제점은 없을까? 외국인 노동자에 대해 전달하는 메시지가 다분히 편협하다는 것은 짚고 넘어가야 할 부분이다. 그동안 외국인 노동자들을 다룬 신문과 방송에는 한국인에게 매를 맞는 불쌍한 사람이나 한국인에게 사기를 치는 비열한 범죄자 등 두 갈래의 극단적인 모습만이 소개되어왔다. 외국인 노동자들을 모두 범죄화시키거나 동정의 대상으로 만들어버리는 것이다.

여기서 '아시아! 아시아!'는 전적으로 후자의 입장을 취하고 있다. 외국인 노동자들에 대해 동정 어린 시각을 보이고 있는 것이다. 출연한 외국인 노동자들의 열악한 근무 조건 및 생활 환경을 강조하여 시청자로 하여금 동정의 시각을 보내도록 유도하고 있다. 출연자들이 겪어온 어려움을 이야기하면서 눈시울을 붉히는 장면을 클로즈업된 화면으로 내보내거나 열악한 생활 환경을 비추며 충격적이라는 반응을 보이는 것도 시청자에게 정서적인 호소를 하는 것이다.

이러한 메시지는 외국인 노동자에 대한 또 하나의 그릇된 인식을 심어준다고 생각한다. 물론 외국인 노동자 인권이 열악한 것은 사실이지만 '아시아! 아시아!'의 이런 감성적 메시지는 외국인 노동자를 불쌍하고 도와줘야 할 대상으로 만들어 은연중에 원래 우리보다 못사는 열등한 사람들이라는 인식을 갖게 하는 데 일조를 한다. 또한 그들을 '우리'와 동등한 주체가 아닌 동정의 대상으로 보는 태도는 그들을 우리의 이웃으로 받아들이기는커녕 '우리'와는 다른 존재로 분리시키는 효과를 갖는다고 생각한다. 실제로 '아시아! 아시아!'의 시청자 의견에는 그들이 너무 불쌍하다는 의견이 쇄도하고 있는 실정이다.

'아시아! 아시아!'는 그동안 언론이 보여준 전형적인 시각에서는 벗어났지만 여전히 시혜적이고 온정적인 시각을 보이는 것은 문제가 있다. 인간적인 접근방식이 상대적인 우월감에서 혜택을 베푸는 식으로 비쳐질 경우 외국인 노동자 문제의 본질을 훼손할 우려가 있는 만큼 좀더 냉철한 고민이 필요하다. 또한 외국인 노동자들이 직접 자신들의 삶을 카메라에 담는다면 이러한 시혜적 시각은 줄일 수 있지 않을까 생각한다.

사업주에 대한 극단적인 시각 또한 문제점으로 제기될 수 있다. '아시아! 아시아!'에 이야기로나 화면으로나 등장하는 사업주들은 악덕적인 사업주이거나 너무나 자애로운 사업주로 양분되어 있다. 프로그램의 특성상 외국인 노동자들의 시각에서 바라보았기 때문에 '좋거나 나쁘거나'라는 이분법적인 시각이 되는 것이다. 그러나 실제로 사업주들이 이렇게 둘 중 하나로 나뉘지는 않는다. 사업주에게도 외국인 노동자들을 고용함으로써 생기는 나름대로의 고통이 존재할 수 있다. 일부 외국인 노동자들은 업무 도중 갑자기 사라지거나 지나친 요구로 사업주들을 곤란하게 만들기도 한다고 한다. 외국인 노동자들의 행위와는 별도로 단순히 그들을 억압과 착취의 대상으로 삼는 악덕 사업주 혹은 친자식처럼 보살펴 자애로운 사업주로 양분하는 것은 바람직하지 못하다. 사업주에 대한 폭넓은 이해가 필요하다고 생각한다.

마지막으로 외국인 노동자들에게 존재하는 그늘에 대해서는 언급을 회피하는 것도 문제점이다. 양지가 있으면 그늘이 존재하게 마련인데 '아시아! 아시아!'는 외국인 노동자들이 겪는 억압과 착취에 대해서는 다루려 하지 않는다. 그래서인지 '아시아! 아시아!'에 출연하는 외국인 노동자들은 신체적인 장애가 없는 멀쩡한 사람들이 대다수이다. 물론 '아시아! 아시아!'도 초심은 그렇지 않았다. 첫 출연했던 외국인 노동자는 아마 프레스에 눌렸는지 육신 중 일부가 잘려나가 있었다. 외국인 노동자의 비참한 생활을 정밀묘사하기도 했던 '아시아! 아시아!'가 어느새 지나칠 만큼 깔끔하게 변해버린 것이다. 외국인 노동자의 현주소를 파악하기는커녕 그들에게 도움을 준 한국인들에 대한 칭찬 일색으로 프로그램이 바뀌었다. 가끔씩 그들이 겪는 어려움을 얘기할 때 한국인 때문에 겪은 억압과 착취에 대해서는 그냥 흘려보내고 있다. 외국인 노동자들에게 만행을 저지르는 같은 한국인들이 부끄럽기 때문일까? 그런 이유보다는 외국인 노동자에게 선행을 베푼 한국인들을 소개하여 또 다른 자기 만족을 느끼고 있는 것은 아닌지 모르겠다.

또한 그들을 오직 가족을 만나는 것만을 갈망하는 단순한 인간으로만 묘사하기도 한다. 우리 사회에 원한이 있거나 지독하게 착취당하거나, 가족까지 만날 수 없는 처지로 전락해버린 외국인 노동자들은 상대도 하지 않는 것이다. 지나치게 깔끔한 캐릭터를 선호하고 외로운 그들에게 갖은 고생을 다하여 도와주는 것은 자선적 풍경을 만들기도 한다. 한국인에게 고마워하는 외국인 노동자의 모습을 보여줘서 방송을 본 시청자들은 우리의 도덕성을 확인하고 자긍심을 얻게 된다. 그러나 자책은 조금도 요구하지 않고 오직 자긍의 감상을 선물하는 것이 옳은 것일까? 그런 면에서 '아시아! 아시아!'는 외국인 노동자들에게 유익하기보다는 우리나라 사람들에게 훨씬 유익하지 않느냐고 반문해본다.

## 4. 표현 방식의 문제점

연예 오락 프로그램에서 외국인 노동자에 대해 다루었다는 점에서

'아시아! 아시아!'는 특별 점수는 받는다. 시청자로 하여금 마음의 무장을 해제하고 자신을 성찰하게 이끌 줄 아는 미덕을 발휘하게 하는 연예 오락의 진화된 모델이라 할 수 있다. 그러나 연예 오락 프로그램이기에 갖는 단점도 많다. 이는 표현 방식에서 현저히 드러난다.

연예 오락 프로그램은 오락성을 추구해야 한다. 그렇기 때문에 '아시아! 아시아!' 역시 그 특성을 따르고 있다. 진행자들의 지나친 과장 행동 등이 그것이다. 이러한 행동의 과장들은 TV 안에서의 현실을 왜곡시켜 투영할 우려도 있다.

또한 극적인 상황 연출 또한 지나치다. 이는 가족 상봉 과정에서 많이 나타나는 경향이다. 가족을 데려올 수 없는 현실적 어려움에 대해 극도로 강조한 뒤 커튼 뒤에 가족이 나타날지에 대해 여러 번의 반복된 화면과 긴장하는 외국인 노동자의 얼굴을 클로즈업시켜 극적 요소를 만들어낸다. 이렇듯 지나친 과장은 시청자에게 짜증을 유발할 수 있다. 이는 가족을 상봉과정에서 오는 감동을 반감시킬 수 있는 요소임이 분명하다.

가족을 데려올 수 없는 과정에서는 과도한 편집이 문제가 된다. 프로그램은 매회 가족들을 쉽게 데려올 수 없는 현실적 어려움을 토로한다. 우선 가족을 찾는 것부터 항상 난관에 봉착한다. 주소가 있으면 집을 찾는 것은 그리 어려운 일이 아닐 텐데 프로그램은 시종일관 가족들의 집을 찾기 위해 이곳저곳을 헤맨다. 막상 가족을 만난 후 그들을 한국으로 데려오는 것은 더 큰 어려움이 따른다. 비자 문제 등을 비롯한 갖가지 문제점의 제기는 가족을 데려오지 못하는 것이 아니냐 하는 불안감을 조성한다. 그러나 대개 가족들은 한국으로 오게 되고 불안감은 더 큰 감동으로 눈시울을 적시게 만든다. 이 과정에서 프로그램은 그런 어려운 상황에서 어떻게 가족을 데려왔는가에 대해서는 편집으로 응수한다. 가족 상봉과정을 좀더 드라마틱하게 표현하기 위한 의도인 듯하다. 그러나 시종 불가능성을 강조하다

뜬금없이 상봉과정을 등장시키는 화면의 전환은 프로그램의 부드러운 흐름을 저해하는 요소라고 생각된다. 가족을 데려오는 과정을 아주 상세히 설명할 것까지는 없지만 그 과정에 대해 조금의 묘사를 하는 것이 보다 매끄러운 화면이 될 것으로 여겨진다.

## 5. 맺으며

코리안 드림을 안고 들어온 국내 체류 외국인 노동자는 총 33만 명이라고 한다. 우리나라 곳곳의 여느 공장지대를 가도 만나볼 수 있을 정도로 그들은 결코 적지 않은 수로 우리 사회의 일부에 자리 잡고 있다.

그런 면에서 '아시아! 아시아!'는 시청자들에게 참 매력적인 프로그램이다. 가난한 나라 출신의 외국인들이 우리와 같은 정서와 희망과 절망을 가지고 있다는 사실을 새삼 절감하게 만든다. 여기에 그런 외국인 노동자들을 도와줌으로써 자긍심마저 키워준다. 이런 이유로 '아시아! 아시아!'는 큰 호응을 얻고 있다. 또한 그동안 사회적으로 묵인되던 외국인 노동자에 대한 문제를 시사 프로그램이 아닌 연예오락 프로그램에서 다루었다는 점은 참신한 시도이며 높이 평가되어야 할 부분이다.

문제는 '아시아! 아시아!'가 오락 프로그램의 한계를 뛰어넘어 외국인 노동자 문제에 대한 구조적인 해결책으로 나아가야 한다는 것이다. 제작자는 제도를 언급할 경우 역효과가 날 우려가 있어 감정에 호소한다고 하지만 근본적인 해결책이 없이 외국인 노동자에 대해 다룬다는 것은 수박 겉 핥기식의 접근밖에 되지 않는다고 생각한다. 그래서 보고 나면 감동의 최루탄 때문에 눈물이 흐르는 프로그램에 그치는 것이 아니라 문제 해결의 대안을 찾는 방향으로 이어져야 한다. 단순히 가족이라는 보편적 정서에만 기대어 외국인 노동자에 대한 시각을 바꾸자는 것은 역량이 부족해 보인다.

나는 '아시아! 아시아!'를 즐겨 보는 시청자로서 이 코너가 횟수가 거듭될수록 색깔이 흐려지는 여타 프로그램과 달리 초심으로 더욱더 발전하기를 바란다. 더 이상 외국인 노동자를 못사는 나라의 불쌍한 국민 이미지로 만들지 말고 또한 동정과 시혜를 베푸는 우리의 능력에 자화자찬하지 말기를 바란다. 외국인 노동자도 나와 같은 사람이라는 사실을 느끼게 하는 '아시아! 아시아!'의 깨우침은 토요일 밤마다 나를 브라운관 앞으로 붙잡게 될 것이다.

# 삶은 혼자 오를 수 없는 언덕이다

## <죽도록 사랑해>

윤은익(일반)

드라마는 우리가 사는 삶을 비추는 거울이기도 하다. 그런데 가끔 드라마속 주인공들은 너무도 쉽게 행운을 거머쥐거나 신분상승을 하여 현실과 괴리감을 느끼게 한다. 드라마 속 주인공이 부자 왕자님을 만나 결혼을 한다거나 출생의 비밀이 밝혀지면서 막대한 재산과 지위를 넘겨받는 설정은 현실 가능성이 희박하다. 그 희박한 가능성으로 하여금 우리를 더 낙심하게 하는데도 그런 유의 드라마는 절찬 상영중인 아이러니의 시대 속에 살고 있다. 모든 드라마가 환상 속에 젖게 만들어 현실을 망각하게 한다고 생각하면 오산이다. 1970년대 우리네 삶이 주는 향수 속에 데려다 놓고 지금의 현실을 꼬집는 드라마도 있기 때문이다. 가난했지만 함께하는 이웃이 있어 아름다운 1970년대를 그린 문화방송의 주말드라마였던 <죽도록 사랑해>가 그 주인공이다. <죽도록 사랑해>는 1970년대를 사실적으로 그리며 우리가 언제부터인가 잊어버리고 산 가치에 대해 이야기하고 있다.

1970년대는 암울하고 가난했지만 모두의 눈물샘과 그리움을 자극하는 아이콘이다. 1970년대 말에 태어난 나도 그 시절을 어렴풋이 기억할 뿐이지만 1970년대를 그린 드라마에는 가슴이 따뜻해져 온다. 그 이유는 어린 시절 추억에 시간이 더해지면 향기가 짙어지기 때문이기도 하지만 그 시절엔 기쁨과 슬픔을 함께 나눌 수 있는 이웃들의 따뜻한 정이 있었기 때문이다. 우리가 잊어버린 것은 아마 '정'일 것이다.

## 많고 다양한 등장인물에 주목하라

<죽도록 사랑해>는 많은 사람들이 등장한다. 사람들이 많이 나오는 드라마와 비교하자면 <죽도록 사랑해>는 수십 궁녀가 나오는 사극을 못 당한다. 그렇지만 극의 배경상 필요한 궁녀 역할의 엑스트라가 많이 나오는 사극과는 견줄 수 없다. <죽도록 사랑해>의 등장인물은 대사의 양에 관계없이 개성 있는 말투와 성격을 지녔다. 그 예로 걸구는 콧소리를 킁킁 내면서 극의 재미를 주는 역할을 하지만 가끔씩 그가 하는 말은 예리하게 정곡을 찌른다.

요즘 드라마를 보면 인물 설정은 간단하고 인물의 성격도 정형화되어 있다. 결혼이나 사랑을 주제로 하고, 당사자들의 가족과 친구들이 전부이다. 며느리를 미워하는 시어머니와 며느리를 예뻐하는 시아버지의 설정은 끊임없이 반복 중이다. 또 성공을 주제로 한다면서 신데렐라 형식을 가져오는 것은 이제 고전이 되어버렸고 절친한 친구끼리의 배신은 하나의 요소로 자리 잡았다. <죽도록 사랑해>는 설희만을 사랑하는 재섭 두 당사자의 가족과 함께 친구들, 그 친구들의 가족, 그리고 동네 사람들이 등장한다. 그러나 재섭이 설희를 사랑하는 것이 문제가 되고 갈등의 축이 되어 이야기를 이끌어나가지 않는다. 극은 한 동네의 다양한 사람들이 모여 살면서 생기는 많은 소소한 일들로 짜임새 있게 나아갈 뿐이다.

<죽도록 사랑해>는 많은 삶의 형태를 보여주고 있다. 삶이 <전원일기>처럼 누구나 결혼을 해서 아이를 낳고 기르는 형태에만 있지 않다. 그렇기 때문에 우리네 삶 중에는 여주인공 설희만을 사랑하는 재섭처럼 굳은 의지 때문에 노총각이 생길 수 있고 결혼보다는 자유로운 삶을 선택한 독신주의자 걸구도 있다는 것을 보여준다. 보편적인 삶의 방식이 아니라고 하여 무시당하는 게 아니라 어울려 사는 관용이 느껴진다.

요즘 드라마에서 갈등의 축과는 상관없는 동네사람이나 친척은 등장하지 않는다. 갈등의 축인 두 집안과 당사자들의 친구가 대부분이다. 이것은 극의 전개상 필요한 사람만을 등장시킨다는 이유보다는 현실에서 우리가 맺는 인간관계가 여기까지라는 것을 반영한 결과라는 생각이 든다. 많은 인물의 등장은 사람 사이의 관계가 1970년대 그 시절에는 한 동네만큼 넓었다는 것을 의미한다.

1970년대는 경제발전 계획으로 인한 산업화시대를 맞이하면서 일손이 많이 필요한 농촌에서 자연스레 대가족을 이루며 살던 사람들이 하나둘씩 일자리를 찾아 도시로 떠나는 때였다. 극에서 그나마 대가족의 골격만은 유지한 가족이 외손녀를 본 재섭 어머니네 한 집이다. 그 사실은 그 당시 도시 대부분이 핵가족화되어 있음을 보여준다. 도시로 몰려든 사람들 중에는 꼭 가족단위가 아니라 말 못할 사연을 가진 홀아비, 편부모, 뜨내기 등 혼자서 떠도는 사람도 있을 것이다. 농촌 가정과 도시 가정의 차이가 구성원 수에서 오는 것처럼 1970년대 도시를 그리는 데는 다양한 삶의 형식을 가진 많은 사람들이 필요할 수밖에 없었을 것이다.

## 결혼은 최종목표가 아니다

현재 많은 드라마들은 사랑을 주제로 하고 있고 대개의 형태는 결

혼만이 최종목표이며 결혼을 하면서 종영을 하는 경우도 많다. 결혼
이 두 사람만의 결합이 아니라는 의식 때문인지 필요 이상으로 부모
의 간섭은 심하고 그로 인해 헤어지고 다시 만나는 스토리는 요즘
드라마의 경향이다. 부모가 자식 사랑한다는 명분 아래 결혼은 코앞
에서 삐거덕거리고 일쑤요, 결혼하고 나서도 신랑·신부의 마음고생
은 없어서는 안 될 요소인 양 인식되기에 이른다.

그러나 <죽도록 사랑해>에서의 광숙과 재국의 결혼과 별거, 그리
고 재결합에 이르는 과정은 보기 드문 설정에다 바람직한 전개로 인
상을 남겼다. 줄거리를 조금 말하자면 여공이었던 광숙은 일류 명문
대학 법학과를 수석으로 들어간 앞집 재국을 동경한다. 그러다 광숙
은 작업장에서 팔을 다친 동료를 돕기 위해 재국을 찾아가 법률 도
움을 받는다. 순수한 광숙에게 마음을 두고 있던 재국은 시국선언문
사건으로 억울하게 경찰서에서 모진 고문을 당하고 만신창이 몸이
되어버린다.

여공에서 옷공장 사장이 된 광숙은 독일 바이어와의 통역을 도와
준 재국을 사랑하게 된다. 어릴 적부터 동경해온 재국이 고문으로 만
신창이 몸이 되었지만 광숙은 결혼하기로 결심한다. 그 과정에서 재
국은 광숙을 좋아하지만 아픈 몸으로 행복하게 해줄 수 없다고 생각
한다. 광숙이가 얼마나 재국을 사랑하는지 알고 있는 광숙의 아버지
엿장수 이 씨는 바보온달과 평강공주 얘기를 하며 선뜻 결혼을 허락
한다. 재국의 어머니도 부족한 재국과 결혼한다는 광숙에게 너무 감
사한다.

자기 자식들이 잘났다고 내세우기보다는 부족한 상대방을 잘 돌봐
주길 바라는 시어머니와 친정아버지의 태도에서 결혼이 순탄하게 진
행되는 것은 당연한 결과다. 이러한 재국과 광숙의 결혼이라는 경사
에 마을 사람들 모두가 축하해주고 잔치 자리에 참석하는 것은 우리
가 잊고 산 모습이었다. 집들이를 해도 남편 회사 동료에게 하는 게

하나의 관습인 양 굳어갈 즈음 마을 사람과 함께 하는 경사의 기쁨
은 많은 것을 다시 생각하게 한 사건이었다.

  광숙과 재국의 행복한 결혼생활은 오래가지 못했다. 여공을 거쳐
옷공장 사장이 된 광숙이 여공들의 요구조건을 무시하는 모습에서
재국은 광숙이 순수함을 잃었다고 생각한다. 광숙은 고문 후유증으
로 직장을 다니지도 못하는 정상적이지 않은 남자와 이상만 가지고
결혼한 것을 후회한다. 둘은 결국 갈라선다.

  그렇지만 광숙은 사업부도의 힘든 시절을 거쳐 다시 예전의 모습
으로 돌아가 재기를 시작하고, 재국은 친구와 자신의 운명을 바꿔놓
은 고문 기술자에 대한 복수를 꿈꾸다 친구의 죽음을 겪게 된다. 서
로 인생의 쓴맛을 경험하고 성숙해진 둘은 자연스레 재결합을 한다.
재결합 과정에는 바람피운 며느리를 서운케 생각했지만 내색하지 않
고 이해해주려던 시어머니와 한번 사위는 영원한 사위라며 길에서
만난 사위를 집으로 불러 막걸리를 마시는 친정아버지의 역할이 컸
다. 이해심 많고 남의 자식 걱정부터 먼저 하는 시어머니와 친정아버
지로 인해 재국과 광숙은 재결합을 하고 모두의 축복을 받는다. 드라
마는 결혼 후 많은 시행착오를 겪는 재국과 광숙 부부를 보여줌으로
써 결혼이 최종목표가 아님을 다시 한번 일깨워준다.


## 재섭과 설희의 사랑으로 드러난 여성상

  재섭과 설희의 사랑은 설희가 재섭의 사랑을 모른 척한다는 데에
서, 그런데도 재섭의 사랑이 한결같이 변할 줄 모른다는 비극이 더해
져 한층 아름답고 완벽한 사랑 같아 보인다. 재섭은 한눈에 보고 반
한 설희에게 영원한 사랑을 다짐한다. 창배와 결혼했는데도 설희에
게 한결같다. 설희가 낳은 아이를 자기 아들인 양 보살피고 사랑해준
다. 설희는 결혼은 창배랑 하지만 사랑하는 사람은 재섭이라는 <결

혼은 미친 짓이다>의 대사 같은 말을 한 적도 없다. 설희가 계속 그 사랑을 모른 척하는데도 재섭의 사랑은 헌신 그 자체이다. 그러나 시청자들은 "왜 설희는 저렇게 망가질까?" 하고 묻는다. 그리고 "저렇게 망가져도 재섭은 왜 이렇게 한결같이 사랑할까?" 하는 물음도 갖는다. 재섭의 사랑은 너무 이상적이다. <가시나무새>라는 외화 시리즈의 주인공인 메기라는 소녀와 그녀가 사랑하는 신부님의 사랑과 비슷하다. 남편에게 학대받는 메기는 신부님을 사랑하지만 신부님은 직분에 갇혀 그녀를 행복하게 해줄 수 없다. 재섭도 친구와의 의리를 지키면서 어려운 일이 있으면 보살펴주는 범위 안에서만 사랑을 표현한다. 현실에서 플라토닉한 사랑이 사라지고 있음을 전하려, 또는 사랑을 더욱 아름답고 완벽하게 보이게 하기 위해서 여주인공을 망가뜨리지는 않았는가 하는 아쉬움이 든다.

한 가지 문제점을 지적하자면 1970년대에 가로막혀 남자들의 의리라는 주제, 이웃의 정에 너무 치중한 나머지 바람직한 여성인물 설정이 보이지 않았다는 것이다. 설희는 고등학교를 졸업 후 반반한 얼굴로 취직된 백화점의 사장이랑 바람을 피우고 계속해서 다른 남자를 만나는 데 부끄러워하지 않는다. 망가지다 못해 마약중독자의 말로를 걷는다.

현명하고 예의를 아는 재섭의 어머니는 자식들을 위해 희생하고 자식들의 고통을 가슴에 묻는 전형적인 어머니 상이다. 돈을 밝힌다든지 명품을 밝히는 조 여사와 설희 어머니. 업소에서 노래를 부르는 잘생긴 광식과 결혼해 항상 여자들을 경계하는 희숙의 역할 등은 남자들에 비해서 조금은 초라하지 않았나 싶다. 창배의 양아버지인 연탄장수 강 씨의 돈을 훔쳐 달아나는 창배 어머니조차 예전의 아버지들이 했던 역할을 여자가 했다는 것에서 설정은 특이했으나 바람직한 여성상은 아니었다. 토끼 같은 딸을 낳고 실직한 남편에게 용기를 주고 음식도 잘하는 현모양처 재옥의 역할도 시대 상황에 충실한 여성상일 뿐이었다. 자신의 일을 가지고 있고, 몸은 비록 불구이지만 사랑만으로 재국과 결혼결심을 한 광숙은 괜찮은 여성상이었다. 그러나 곧 일하지 않는 남편에 대한 스트레스로 바람을 피는 평범하고 통속적인 여성으로 추락하였다.

## 1970년대라는 시대를 비스듬히 관통하다

1970년대라는 시대를 지나면서 최고 명문대학을 다니는 재국은 데모에 빠져 있던 시절도 있었지만 군대를 갔다 와서 생각의 변화가 생긴다. 그러나 운명의 장난인지 시국선언문 사건으로 경찰서에서 고문을 받은 후배들이 아무 상관없는 자신의 이름을 부름으로써 모진 고문을 당한다. 전에도 재국은 사회주의 국가인 러시아 노래를 들었다고 해서 경찰서에 끌려간 적이 있었다. 두 번의 사건으로 그 시대가 얼마나 숨막힐 정도로 통제화된 사회인지를 넌지시 말하고 있다.

광숙 또한 일하다 팔이 잘린 동료를 위해 노동쟁의를 하다 경찰서에 잡혀간 일이 있었다. 경찰서에 찾아간 광숙의 아버지인 이 씨는 면회기회도 없다는 말에 망연자실해 국기 하강식에 경례를 하지 않았다. 그러자 지나가던 경찰이 그 행동을 보고 이 씨의 사상이 의심스럽다며 체포하려고 한 것은 그 시대가 무인 카메라가 없더라도 국가의 감시가 일상 속에 뿌리박혀 있음을 보여준다. 법 없이도 살 사람인 엿장수 이 씨마저도 공권력의 공포는 한순간에 날아들 수 있음을 드라마는 말하고 있다.

1970년대 운동권의 주변부에서도 떨어져 있는 삶을 사는 주인공 재섭을 통해 작가는 말한다. 비록 고등학교를 졸업하고 밤업소 영업부장으로 살아가지만 자신이 맡은 자리에서 살면서 지켜야 할 원칙을 실천한다는 것이 얼마나 어려운가를 말이다. 업소 무대에서 노래 부를 기회를 얻기 위해 가수들이 내는 뇌물을 거절한 재섭의 행동은 용기 있는 것이었다. 작은 원칙 하나 지켜내지 못하는 많은 사람들에게 보내는 일침인 것이다.

## 인간에 대한 무한한 신뢰

창배 양아버지인 연탄장수 강 씨는 감옥을 들락날락하는 창배를 친아들인 양 마음을 써준다. 면회도 가고 동네 사람들이 창배를 욕할라치면 창배를 두둔하기에 바쁘다. 돈을 훔쳐 다른 남자와 도망간 창배 어머니에게는 매일같이 당하면서도 이런 말을 한다.

"사랑을 한 번도 못 받아봐서 사랑이 무엇인지를 몰라서 그런 잘못을 하는 거지. 나쁜 사람은 아니다."

창배 아버지의 죄가 잘못이지 사람 잘못이 아니라는 말은 우리에게 인간에 대한 믿음을 회복하라고 말한다.

멀쩡한 라디오를 팔아 엿을 먹으려는 아이에겐 절대 엿을 팔지 않고 엿을 팔면서도 길에 차이는 쓰레기를 줍는 이 씨는 걸어다니는 도덕 책이다. 독립군의 아들임을 자랑스러워하며 너무 바르게 살아가는 이 씨로 인해 우리는 돈보다 더 중요한 양심을 꼬집는다.

마을의 모든 사람들은 하나같이 선하고 자신의 실수나 잘못에는 창피해한다. 드라마는 늙어가면서 더 지혜롭고 현명해지는 재섭의 어머니나 엿장수 이 씨를 통해 노인에 대한 긍정적 시각을 심어준다. 어떻게 보면 도덕 책 같아 보일지 모르지만 인물 특유의 코믹한 성격 때문에 낭만과 웃음이 묻어난다.

모든 등장인물들이 남들의 슬픔에 같이 슬퍼하고, 남들의 경사에 같이 기뻐한다. 요즘 드라마들은 남들 행복에 재를 뿌리고 훼방 놓는 악취미의 인물들 일색이다. 그들이 이야기를 부풀리고 와전시켜 갈등을 부추기는 한 축으로 자리한 지는 오래되었다.

<죽도록 사랑해>는 그야말로 1970년대 사람들의 생각과 행동을

사실적으로 그려내 우리에게 상기시킨다. 사랑은 이렇게 조건 없이 한결같아야 하며 이웃들에게 있어서는 예의가 있고 사람이란 자고로 염치가 있어야 함을 말이다. 그리고 기쁨과 슬픔을 함께할 이웃들이 있어 가난했지만 따뜻하고 아름다웠던 시절이었음을 보여주는 드라마이다.

    <죽도록 사랑해>가 드라마왕국이라는 문화방송 주말드라마 평균 시청률을 깎아먹는 수치를 기록했다지만 내용이나 극의 짜임새에 있어서는 일등이었다. 그리고 무거운 주제였지만 정말로 보는 재미, 구어체가 실로 맛이 나는 듣는 재미가 있었다. 재미와 유익함이라는 두 요소를 가지고도 시청률에 실패한 것은 이 시대 탓을 해야겠다. 이렇게 좋은 작품이 가볍고 자극적인 것에 길들여진 시청자들을 한없이 고리타분하게 느끼게 했을 터. 우리부터 먼저 반성해야 하지 않을까.

# 바람난 뮤지컬 씨의 TV 상륙작전

### <고무신 거꾸로 신은 이유에 대한 상상>과
### <내 인생의 콩깍지>를 통해 살펴본 '뮤지컬 드라마'

박은애(대학생)

## 1. 바람난 '뮤지컬 씨', 대중문화와 join!

한국인들만큼 음주가무(飮酒歌舞)를 즐기는 민족이 또 있을까? 몇몇
이 모인 자리에선 '약방의 감초'처럼 술이 빠질 수 없으며, 술자리에
선 으레 감칠맛 나는 노랫가락이 흘러나온다. 또 흥겨운 안방주인들
은 어깨를 들썩이며 춤사위로 그네들의 감정을 표현한다. 노래와 춤
은 우리네 문화에서는 빠질 수 없는 중요한 요소인 셈이다. 이런 우
리네 감성과 맞아떨어지는, 노래와 춤을 가장 잘 표현하는 장르가 바
로 19세기 미국에서 탄생한 뮤지컬(musical)이다. 뮤지컬은 흔히 '음
악과 춤이 극의 플롯 전개에 긴밀하게 짜 맞추어진 연극'1)으로 정의
내려진다.2) 뮤지컬은 서사(narrative) 속에 음악적 요소인 '노래'와 연

---

1) 네이버(www.naver.com) 백과사전 참고.

2) 한국의 뮤지컬은 1950년대 말 드라마센터에서 막을 연 <포기와 베스>가 첫 시
도였다. 그 후 지속적으로 브로드웨이 작품들이 국내에 수입·공연되었고, 최근에

행적 요소인 '춤'이 결합하여 하나의 '쇼'를 형성한다. 따라서 뮤지컬은 일정 부분 줄거리가 정상적으로 전개되다가 돌연 '춤과 노래(쇼)'가 등장하는 게 통상적이다. 이때 뮤지컬에서 펼쳐지는 춤과 노래의 향연은 대개 등장인물의 심적 상태나 상황을 뚜렷하게 부각시키는 효과를 노린다. 그러므로 춤과 노래가 등장하지 않을 때, 뮤지컬의 전개 방식은 일반 극영화에 비해 '맨숭맨숭'하다는 특성이 있다.

최근, 일련의 대중문화 속에서 이런 뮤지컬 요소는 심심찮게 발견된다. 2003년 아카데미 최대 수상작이자, 르네 젤위거와 캐서린 제타 존스, 그리고 리차드 기어라는 걸출한 스타배우들이 나온 영화 <시카고>는 <어둠 속의 댄서>와 마찬가지로 영화와 뮤지컬을 결합한 '뮤지컬 영화'[3]이다. 또한 <하이마트> 광고는 '15초의 미학'이라 일컬어지는 상업적인 광고의 영역에 오페라·가요를 차용한 CM송을 집어넣는 '뮤지컬 광고'를 표방하고 있다.[4] 또한 파일럿 프로그램으로 방영되었던 SBS의 <체인지>의 경우에는 연극적인 요소를 갖춘

---

는 창작뮤지컬이 선보였다. 남경주·최정원을 비롯한 여러 뮤지컬 스타들이 배출되었고, 창작뮤지컬 <명성황후>는 1997년 1998년 뉴욕과 LA 공연을 통해 한국 문화상품의 위상을 떨친 바 있으며, 2002년 런던 무대에 입성하기에 이르렀다.

3) <시카고>에서의 춤과 노래는 줄거리의 전개를 '돕는' 관계가 아니다. 오히려 그 자체로 독자적인 시퀀스를 이룬다는 독특한 특징을 가지고 있다. 영화 자체가 가지고 있는 줄거리와 '쇼' 자체를 명확하게 이분법적으로 분리해서 영화에서는 표현하고 있다.

4) 지난해 오페라 아리아풍의 CM송을 사용해 큰 인기를 얻었던 '하이마트' 광고는, 올해 탤런트 유준상·홍은희 부부를 내세워 과감한 형식의 변화를 꾀하고 있다. 그동안 가곡·가요 등을 오페라 아리아풍으로 변주했던 오페라 시리즈 관례에 따라 이번 CF에서 오페라 아리아로 새로 거듭난 노래는 클론의 「쿵따리 샤바라」. 그 밖에도 한 편에 이어 윤다훈·안연홍 커플을 등장시킨 웅진 '룰루비데'도 이번 신규 CF에 '룰루송'을 뮤지컬 테마 곡으로 변주해 사용했다. 또, 피죤의 새 광고는 영화 <시스터 액트(sister's act)> 주제가로 유명한 「I'll follow him」의 가사만 바꿔 CF에 삽입했다. 최근 들어 뮤지컬 스타일의 광고는 점차 많아지고 있는 추세이다.

시트콤에 적절한 뮤지컬 요소를 결합한 '뮤지컬 시트콤'이란 새로운 장르를 선보였다. 영화·광고·시트콤 등 다양한 장르에 '뮤지컬' 요소는 흡수되어 새로운 장르로 변신을 꾀하고 있는 것이다. 바람난, 뮤지컬 씨의 행보는 여기에서 끝나지 않는다.

## 2. 뮤지컬 씨, TV 드라마에 상륙하다

### 상륙작전 Ⅰ(단막극): <고무신 거꾸로 신은 이유에 대한 상상>

1986년 황인뢰 PD의 <바다의 노래>, 1987년 고석만 PD의 <국물 있사옵니다>, 1990년 장두익 PD의 <각시방에 사랑 열렸네>의 계보를 잇는 독특한 '뮤지컬 드라마'가 12년 만에 MBC <베스트셀러 극장>을 통해 방영되었다. 한희 PD의 '뮤지컬 드라마'의 에피타이저라 말할 수 있는 <고무신 거꾸로 신은 이유에 대한 상상>(이하 <고무신>)5)이 바로 그것이다. 대한민국 남자라면 누구나 한 번은 가야 하는 군대. 애인을 떠나보내고 여러 가지 유혹에 흔들리는 젊은 커플들의 세태를 코믹한 터치로 담아낸 이 작품은 정태우·이동건·김민정 등이 주연을 맡아 춤과 노래를 모두 직접 소화했으며, 유열·컬트 트리플·정선희 등이 카메오로 출연하여 멋진 무대를 선보인 단막극이었다. 애초에 8부작 드라마로 제작되려던 <고무신>은 여러 가지 제작여건들로 인해 HD TV로 단막극으로 방영되었다.6) 하지만 기존의 드라마 형식에서 과감히 벗어나 새로운 장르를 개척했다는 점에 있어 2002년 주목받은 단막극 중 하나였다.

---

5) 극본: 이정은, 작곡: 권오섭, 연출: 한희. 2002년 5월 24일 MBC <베스트셀러 극장> 492회 방영.

6) MBC TV 가이드(http://mbcguide.imbc.com/0206/pdf/0206_03.pdf) 참조.

줄거리가 진행되는 틈틈이 주인공들의 내적 심리를 반영한 노래가 흘러나오면 '드라마'는 한 편의 '뮤지컬'로 변신을 꾀했다. 군대를 가는 스무 살 청춘의 방황과 남자친구를 군대에 보내는 여자의 슬픈 심정은 고스란히 노랫가락에 실려 시청자에게 다가왔다. 드라마가 방영된 후 시청자 게시판은 드라마에 삽입된 노래에 대한 궁금증과 재방송 요청, 그리고 신선함에 대한 칭찬으로 달궈졌다. 이런 장르의 파격은 시청자에게 큰 반향을 불러일으켰고, 현재도 <베스트셀러 극장> 홈페이지의 시청자 게시판을 통해 재방송을 요구하는 시청자들의 의견이 꾸준히 올라오고 있다.

> 장유라(YURA4830): 1시간 30분 동안 뮤지컬을 보는 듯한 기분이 들었습니다. 항상 베스트셀러 극장에서는 새로운 방법으로 여러 작품을 만들어왔지만, 요번 뮤지컬 형식의 드라마는 보는 이로 하여금 드라마에 한층 더 빠져들게 했습니다. 같은 줄거리를 진행하면서도 중간중간 음악을 이용하여 보는 이의 지루함을 덜었고, 또한 드라마나 텔레비전에서 내용, 줄거리의 전달이 꼭 대사를 이용해서 이루어지는 틀을 깨고 뮤지컬의 방식을 따라서 노래의 가사와 춤으로 표현을 했다는 점을 높이 살 만하였습니다. 주인공의 심리적인 변화나 현상도 연기자의 표정 연기나 그 외 간접적인 방식을 사용했던 틀에서 이도 마찬가지로 춤이나 노래로 전달했다는 점은 텔레비전 안에서 전달해야 할 제약 조건을 무시한 시도였고, 이러한 새로운 노력에 박수를 보냅니다.[7]

## 상륙작전 II(16부작 미니시리즈): <내 인생의 콩깍지>

1년이 지난 2003년 4월에 한희 PD는 16부작 미니시리즈 드라마 <내 인생의 콩깍지>[8]를 들고 다시금 나타났다. <내 인생의 콩깍

---

7) iMBC <고무신을 거꾸로 신은 이유에 대한 상상>의 홈페이지 참조
8) 극본: 조명주, 작곡: 권오섭, 연출: 한희. 4월 7일부터 5월 27일까지 방영.

지>는 트렌디 드라마9)의 본질을 외면하지 않으면서도 다채로운 이 벤트와 다양한 시도로 새롭게 포장해낸 종합선물세트 같은 작품이다. 영화 <해리가 샐리를 만났을 때>를 모티브로 10여 년에 걸친 두 남녀의 사랑 찾기를 한국 20~30대의 정서적 공감대에 맞춰 매회 에 피소드(episode) 형식으로 풀어내었다.

이 드라마가 표방한 로맨틱 코미디에 시대극과 뮤지컬 요소를 가 미한 혼성모방(hybridization)의 새로운 형식도 시청자들에게 신선함으 로 평가받았다. 또한 10년이란 세월을 16부작에 담게 됨으로써 드라 마의 속도감이 매우 빠르게 진행된 점도 시청자들의 눈을 사로잡은 특징 중 하나였다.

<내 인생의 콩깍지>에는 경수(박광현 분)와 은영(소유진 분)의 만남 과 헤어짐의 연애사에 양념처럼 매회 한 장면씩 뮤지컬 쇼가 2~3분 가량 들어가 있다. 작품의 전체 줄거리를 말해주는 <내 인생의 콩깍 지>, 경수와 사랑에 빠진 정미(김지우 분)에게 배연정이 들려주는 「신 중하게 생각해요」, 은영이를 스토킹하는 상두(김인권 분)의 애절한 노 래 「은영이는 내거야」 등의 노래는 매회 화려한 조명과 카메라 앵글 그리고 배우들의 춤과 노래가 어울려 작품의 재미를 배가시켰다. 노 래의 가사10)를 보면, 주인공들의 내적 심리가 가사에 그대로 반영되

---

9) 기존의 트렌디 드라마의 소재를 살펴보면, 애정 삼각구도, 불륜, 출생의 비밀, 신 데렐라 모티프 등을 다루며 극적인 효과를 극대화하려는 경향을 보였다. 하지만 <내 인생의 콩깍지>는 경수와 은영의 '악연'이 사랑이라는 '콩깍지'로 변화되는 10년간의 세월이 매회 한 편의 에피소드로 구성되어 있다. 그렇지만 <내 인생의 콩깍지>에도 2003년을 살아가는 젊은이들의 삶의 모습이나 사랑의 이야기가 가 벼운 터치로 담겨 있다는 점에서는 트렌디 드라마의 본질을 거스르지 않았다고 생각한다.

10) ㉠ "신중하게 신중하게 생각해요(신중하게 신중하게 생각해요)/ 아가씨들 후회 하지 말고 내말 들으란 말야 아이구 답답해 정말/ 신중하게 신중하게 생각해요" *「신중하게 생각해요」(배연정)→경수와 여행을 가려는 정미에게 백화점 점원 배 연정이 들려주는 이야기

어 있어, 드라마 줄거리와 뮤지컬 부분이 분리되지 않은 채 하나의 스토리를 구성하고 있다. 배연정·백재현·김영철 등도 카메오로 출연해 노래와 춤 솜씨를 보였다.

5월 27일부로 막을 내린 본격적인 뮤지컬 드라마 <내 인생의 콩깍지>는 절반의 성공과 절반의 실패를 거뒀다. <고무신> 이후 한희 PD와 다시 한번 호흡을 맞춘 작곡가 권오섭의 탁월한 음악은 이후 OST(Original Sound Track)가 출시되는 등 시청자들의 많은 사랑을 받았다. 또한 주 시청층인 20~30대가 경험한 시대적인 사실을 장면으로 재현하여(성수대교 붕괴/ IMF로 인해 구직란/ 금 모으기 운동/ 월드컵응원) 픽션과 논픽션의 경계를 무너뜨리고, 극적 몰입을 할 수 있는 계기를 마련해주었다. 이처럼 '종합선물세트'를 표방한 <내 인생의 콩깍지>의 다양한 시도는 다채롭고 흥미로운 점이었다. 종영 후에도 시청자 게시판에는 "<인어아가씨>를 종영하고 내·콩(<내 인생의 콩깍지>) 2탄을 만들어달라(김영숙 외)", "MBC는 DVD로 내·콩을 출시하라(김문수 외)" 등등의 의견이 올라오고 있다. 비교적 높은 시청률을 기록하진 못했지만 <내 멋대로 해라> 이후 탄탄한 마니아(mania) 층이 이 드라마에는 형성되어 있고, 이는 이후 제작될 뮤지컬 드라마의 가능성을 엿보이게 하는 점이다.

하지만 '뮤지컬 드라마'라고 하기에는 아쉬운 점이 곳곳에서 보였

---

ⓛ "해가 떠도 은영이 달이 떠도 은영이/ 은영이만 생각나네/ 어떤 고난이 와도 이겨 낼거야/ 은영이만 내 곁에 있다면/ 만일 그녀가 나를 싫다고 해도 돌이키기엔 늦었어/ 주사위는 던져졌어/ 은영이는 내거야"
*「은영이는 내거야」(김인권)→자꾸 상두를 피하는 은영이를 납치해서 부르는 노래
ⓒ "경수는 헷갈리네 경수는 망설이네/ 여자가 먼전지, 친구가 먼전지 경수는 헷갈리네/ 경수는 큰일났네, 경수는 헷갈리네~~"
*「경수는 헷갈리네」(백재현·김영철·박광현 외)→친구의 애인으로 다시 만난 은영이를 보고 심경의 변화를 보이는 경수가 애절하게 부르는 노래

다. 본격적인 '뮤지컬 드라마'를 표방하고 있지만 턱없이 부족한 뮤지컬 장면은 시청자들의 비판의 대상이 되었다. 한희 PD는 한 인터뷰에서 '뮤지컬 드라마 제작'의 어려움으로 뮤지컬 작곡가를 구하기 어렵다는 점, 그리고 턱없는 예산과 촉박한 제작일정을 꼽고 있다. <내 인생의 콩깍지>의 경우 3분 정도의 뮤지컬 장면을 찍는 데 여덟 시간 이상 걸리는 등의 이유로 한 편당 한 장면밖에 넣지 못했다. 엄격한 마감(deadline)이 지키고 서 있는 방송산업에서 3분 방영을 위해 여덟 시간 촬영하는 것은 밑지는 장사를 하는 것과 마찬가지이다. 한 편의 완성도 높은 영화처럼 전편에 매달릴 수 있는 경제적·시간적 지원이 방송산업에선 존재하지 않는다. 따라서 성실한 준비와 경제적 지원이 필요한 '뮤지컬 드라마'는 방송과 조우(遭遇)하기 힘들어 보인다.

또 뮤지컬 작곡가를 구하기 힘든 것도 문제다. 몇 달에 걸쳐 준비되는 무대 공연과 달리 TV 드라마는 촬영 당일 대본이 나오는 경우가 허다하다. 따라서 대본이 나오자마자 극의 흐름에 맞게 순발력 있는 곡을 써줄 수 있는 작곡가(작사가)가 필요하지만 현실적으로 부족한 게 사실이다. 따라서 한희 PD가 연출한 두 편의 뮤지컬 음악을 모두 작곡가 권오섭이 맡았고, SBS의 뮤지컬 시트콤 또한 그의 작품이었다. 음악을 창작하는 데도 시간적 여유가 없다 보니 썼던 음악을 재탕, 삼탕 하는 풍조도 자연스럽게 보인다. 따라서 음악적 효과에 있어도 창작성이 점차 떨어질 수밖에 없다.

마지막으로 <내 인생의 콩깍지>의 뮤지컬 부분과 줄거리가 긴밀하게 호응되지 않아 극적 긴장감을 떨어뜨린다는 점도 간과할 수 없는 아쉬움이다. 영화 <시카고>의 경우, 주인공 록시의 상상은 뮤지컬로, 현실은 기존의 방식으로 나누어 진행시키고 있다. 이와 같은 철저한 이분법은 영화 시퀀스와 뮤지컬 시퀀스를 각기 독자적으로 진행시켰다는 점에서 큰 찬사를 받았다. <내 인생의 콩깍지>의 뮤지킬 부분은 극의 줄거리와는 긴밀히 연결되었지만, 뮤지컬이 끝난 그 시점에서는 뒤 시퀀스와 '맨숭맨숭'하게 연결됨에 그쳤다. 앞부분의 성실한 연결에 비해, 뒤를 닦지 않은 찜찜함은 극의 몰입을 방해하는 요인이었다. 이는 후에 제작될 '뮤지컬 드라마'가 극복해야 할 과제로 남는다.

절반의 성공과 절반의 아쉬움이 남는 <내 인생의 콩깍지>는 신선함과 파격적인 장르로 시청자들의 큰 호응을 불러일으켰고, 젊은 세대들의 감성을 비교적 잘 포착한 드라마로 생각된다. 몇 가지 점에서 아쉬움이 남기도 하지만 <내 인생의 콩깍지>는 우리 방송계의 어려운 제작상황 속에서도 뮤지컬 드라마의 한 지평을 열었다는 점에서 큰 박수를 보낸다.

## 3. 뮤지컬 씨, 앞날이 밝다!

경기가 침체되고 청년 실업이 사상 최악으로 진행되고 있는 지금, TV는 우리에게 더 이상 무거운 이야기를 하지 않는다. 대부분의 드라마는 통속적이며 애절한 복고풍의 사랑 이야기를 전하며, 가벼움으로 상징되던 신세대들을 취업난에 허덕이는 현실 도피자로 그려낸다. 현실의 '어둠'은 허구세계의 '밝음'으로 그려진다. <시카고> 록시의 현실적 상황은 '감옥'이란 음침한(암흑의) 공간이지만, 뮤지컬 배우가 된 록시의 상상은 총천연색 '밝음'으로 그려지는 것처럼. <내 인생의 콩깍지>가 보여주는 밝음의 세계도 그것이다. 10년간에 걸친 사랑의 행로는 녹록지 않다. 친구의 애인을 사랑하기도 하고, 실연도 당하고, 애써 대학을 졸업했지만 IMF로 인해 백수 졸업생으로 전락해버린 이 땅의 모든 '경수'는 그의 심정을 노래와 춤이라는 '밝음'으로 떨쳐버린다. 방송을 지켜보는 시청자들의 마음도 이와 마찬가지이다. 현실세계의 '어둠'을, 방송은 심심찮은 춤과 노래의 '밝음'으로 치유한다. 그러한 현실적 욕망이 점차 방송과 뮤지컬, 광고와 뮤지컬, 영화와 뮤지컬의 조우를 만들어내는 것이 아닐까?

시청자들의 현실적 욕망 탈출구로써 '뮤지컬' 요소가 사용되는 것과 함께 현 사회를 아우르는 포스트 모더니즘적 기류에 대해서도 생각해볼 필요가 있다. 방송과 '뮤지컬'의 조우는 이합 핫산(Ihab Hassan)이 제시한 혼성모방(Hybridization)의 한 가지 전략이다. 최근 영화로 성공을 거둔 작품들이 뮤지컬로 다시 제작되고 있다. 또 뮤지컬로 성공을 거둔 작품들이 영화의 탈을 쓰고 등장하기도 하며, 드라마에도 광고에도, 그리고 음악에도 뮤지컬을 복합적으로 차용하고 있다. 이처럼 다양한 장르들의 복합적 결합이 새로운 변종 장르를 형성하고 있다. 이 장르 융합의 한 단면이 드라마 속에 편입되어 '뮤지컬 드라마'라는 새로운 변종 장르를 형성한 것이다.

방송계 사람들의 자성적 각성도 '뮤지컬 드라마'를 만드는 데 한 몫했음을 부인할 수는 없는 것이다. 한희 PD는 지속적으로 뮤지컬 장르를 드라마와 연결시키고자 공부하고 노력한 연출가이다. 그는 <내 인생의 콩깍지> 제작 이전 미국으로 건너가 브로드웨이 뮤지컬을 보며 사전작업을 벌였다고 한다. '그 나물에 그 밥'이란 트렌디 드라마의 통속적인 세계에, 매일 밤 10시면 우리를 찾아오는 신데렐라 이야기에 대한 비판 어린 제작자들의 각성도 새로운 장르를 창작하게 한 따끔한 힘이 됐을 것이다. "공주님과 왕자님은 오랫동안 행복하게 살았답니다"라는 구태의연한 신데렐라 사랑 이야기를 우린 얼마나 오랫동안 보았는가. 불가능한 제작현실 상황에서도 끝까지 뮤지컬이란 장르를 새롭게 개척한 점에, 그래서 신선하게 장르적 파괴를 주도했다는 점에서 <내 인생의 콩깍지>를 높이 평가하고 싶다.

그렇지만 아직 TV와 뮤지컬의 조우에는 아쉬운 점이 더 많다. 하지만 차차 발전해가는 HD TV 기술, 그리고 디지털 기술을 적절하게 조합하며 완성도 높은 뮤지컬 드라마를 만든다면, 이는 굉장한 문화적 가치를 향유한 문화상품으로 자리 잡을 수 있을 것이라 생각한다. 현재에도 <내 인생의 콩깍지>는 iMBC가 실시하고 있는 인터넷 유료 VOD 서비스와 OST 판권으로 짭짤한 부가 수익을 얻고 있다. 그리고 조만간 DVD도 출시할 예정을 잡고 있다. 잘 만들어진 드라마 한 편은 OST 제작 판권과 더불어 DVD 등으로 폭넓은 '창구효과(window effect)'를 창출해낼 수 있을 것으로 기대된다. 그래서 뮤지컬 씨의 TV 상륙작전은 미약하지만 우리 방송산업에 새로운 파격으로 다가온다. 앞으로 다양한 분야에 도전할 뮤지컬 씨의 행보가 기대된다.

# 이주 노동자를 향한 온정적인 시선이 던지는 물음표
## MBC <!느낌표> '아시아! 아시아!' 코너가 남기는 개운찮은 뒷맛

박철(회사원)

## 1. 이주 노동자, 타자에서 이웃으로

  '코리안 드림'을 이루려는 외국인 이주 노동자 수가 40만 명에 이른다고 한다. 대한민국 시민권(국적)이 없는 타자로 배제되고, 때로는 범죄자(불법체류자)로 낙인찍힌 존재들이지만, 그럼에도 그들도 우리 사회의 현실적인 구성원임에 틀림없다. 엄연히 대한민국 경제의 한 축을 담당하고 있기 때문이다. 굳이 인권이니 양심이니 하는 인류보편적 가치를 들먹일 것도 없다. 우리 사회 곳곳에서 온갖 궂은 일을 하는 우리 이웃으로서 나름의 공헌을 하고 있는 이주 노동자들은 그에 걸맞은 대접을 받을 자격과 권리를 충분히 갖고 있다.

  한 사회의 민주적 성숙도는 그 사회 노동자들에 대한 대우에서 알 수 있다는 말이 있다. 전지구화(globalization) 시대에 맞게 이 말은 수정되어야 한다. '한 사회의 민주적 성숙도는 외국인 이주 노동자들에 대한 대우에서 알 수 있다'라고. 다행히 이제 외국인 이주 노동자들의 존재와 의미에 대한 사회적 인식은 상당히 업그레이드돼나가고 있는 상태다. 그만큼 우리 사회가 성숙해지고 있음을 말해주고 있는 것이리라.

특히 2002년 한일월드컵 축구대회 이후, 우리 TV가 외국인 이주 노동자 문제를 이러저러한 방식으로 다루기 시작한 것은 이런 현실을 반영한 것이다. 임금 체불이나 가혹한 노동 조건을 고발하거나 인권의 사각지대를 조명한 시사, 다큐멘터리 프로그램들이 바로 그런 것이다. 물론 그 양이나 내용이 충분하다고는 말할 수 없을 것이다. 게다가 이주 노동자보다는 오히려 외국인 노동자의 집을 중심으로 그들의 인권을 위해 일하고 있는 신부·목사·인권운동가 같은 한국인들의 활동이 초점이 되는 주객전도의 경우가 많았던 것 같다. 또 카메라와 내레이션을 매개로 한 그들과의 거리가 제법 느껴졌다. 아무래도 대중매체가 타자들, 소수자들의 목소리를, 그것도 육성으로 직접 담는 것은 쉽지 않은 일이다.

MBC TV의 오락 프로그램 <!느낌표>의 '아시아! 아시아!' 코너에는 무엇보다 우선 외국인 노동자들의 생생한 표정과 몸짓, 육성이 있다. 비록 그게 어떤 주장을 담은 것은 아니더라도 말이다. 그뿐인가? 이주 노동자와 그 가족들의 클로즈업된 그 얼굴 위로는 애달픈 가족사와 애틋한 가족애가 흐른다. 이어 그 가족사와 가족애로 이어진 상봉이 있다. 그러한 만남들, 남편과 아내의 만남, 아버지와 아들 혹은 아버지와 딸, 어머니와 아들 간의 가족 상봉을 마련해주겠다는 것이 이 프로그램의 궁극적인 목적이다. 물론 그 외에도 이주 노동자들의 한국에서의 삶에 대한 이야기들도 있다.

그런데 그런 것들뿐일까? 시청자들이 자기도 모르게 받아들이게 되는 또 다른 어떤 메시지가 숨겨져 있는 것은 혹 아닐까? 이 글은 <!느낌표>의 '아시아! 아시아!' 코너의 미덕이 무엇인가 하는 것과 함께 그러한 또 다른 메시지가 숨겨져 있는지, 있다면 어떤 것인지 살펴보려 한다. 그러한 메시지는 진부한 표현('꿈', '희망'……)이나 범상한 장면들로 구성되는데, 그러나 반복적으로 송신된다. 일테면 자막의 한 구절이나 내레이션의 한마디, 혹은 스쳐가는 배경 같은 것이다. 그러한 메시지는 혹 한국인들의 어떤 집단무의식이나 자신을 향한 '복화술'을 보여주는 것은 아닐까?

## 2. 느낌표!

<!느낌표>는 무엇보다 우선 오락 프로그램이다. 그러나 보기 드문, 그것도 들뜬 주말 밤(토요일 밤 9시 45분) 오락 프로그램이다. 타자/소수자 문제를 비롯한 사회 문제를 다루고 있기 때문이다. 비록 오락 프로그램답게 MC들의 입담에 버무려 내놓고는 있지만, 그저 억지 웃음 짜내기가 유일한 목표처럼 보이는 많은 다른 오락 프로그램들과 차별성을 갖기에 충분하다.

이러한 <!느낌표>는 세 개의 코너로 이루어져 있다. 약간의 개편을 거쳐 현재는 청소년 문제를 다루고 있는 '하자! 하자!', 독서 관련 코너인 '책 책 책 책을 읽읍시다', 그리고 '아시아! 아시아!'가 이어지고 있다. 이 코너들은 나름대로 각각 사회적 반향을 불러일으키는 데 성공했고, 전체적으로 <!느낌표>는 유익한 프로그램으로 인정받고 있다. 그래서인지 77회 때에는 노무현 대통령의 출연 승낙을 얻어내서 청와대에서 특집 촬영을 한 적도 있다.

이들 중 이 글이 살펴보려는 '아시아! 아시아!'는 진행자(박수홍·윤정수) 중 한 사람이 직접 이주 노동자의 고국에 가서 가족을 데려와 '이산가족 상봉'을 마련해주는 코너다. '박경림의 길거리 특강' 후속편으로 올 2월 말부터 방영됐다. 그럼 이 코너가 던져주는 함축적 물음표를 살펴보기 전에, 그 명시적 느낌표(장점과 미덕)를 간단히 살펴보자.

## 절절한 드라마!

'아시아! 아시아!'에는 절절한 사연들이 있다. 대부분 눈물로 얼룩진 것인데, 때로 드라마보다 더 드라마틱하기조차 하다. 가슴 아픈 사연들을 가슴 뭉클한 사연으로 드라마틱하게 꾸미려는 제작진의 노력이 없지 않겠지만, 이주 노동자들의 사연들은 그 자체가 대부분 하나의 드라마이기도 하다.

촬영 기간 중 한국의 병상에서 죽음을 맞이한 인도의 중년 노동자 라나 씨의 비극적인 이야기(65, 66회)는 대표적인 것이었다. 급성간염에 걸려도 참고 견디던 라나 씨가 위독한 상황에 빠졌고, 박수홍은 인도에 있는 라나 씨의 가족을 데리러 떠난다. 박수홍이 인도행 비행기 안에 있을 때 라나 씨는 이국의 병상에서 쓸쓸히 숨을 거둔다……. 박수홍이 라나 씨의 가족들에게 난감한 얼굴로 라나 씨의 죽음을 알리고……. 카메라는 오열하는 부인과 딸, 실신하는 아들을 잔인하고 비정하리만치 집요하게 클로즈업한다. 구슬픈 음악이 흐르고……. 이윽고 한국으로 온 부인과 아들. 아버지의 여권을 손에 꼭 쥔 아들은 이틀 동안 한끼도 먹지 않았다. 라나 씨의 시신을 확인한 부인은 다시 오열하고, 선량하게 생긴 아들도 다시 실신한다.

## 정서적 공감!

'아시아! 아시아!'에 등장하는 모든 이주 노동자들과 그 가족들은 눈물 어린 영상편지를 주고받고, 거의 예외 없이 울음 속 가족 상봉을 한다. 마치 남북 이산가족 상봉 장면을 보는 듯하다. 가족, 이별, 만남, 이별, 눈물, 울음……. 한국인의 정서에 친숙한 것들이다. 이러한 장면들, 그리고 그것이 자아내는 정서적 동일시는 그들에 대한 공감(sympathy, 동정)을 이끌어내게 마련이다. 역시 아시아는 아시아인가?

이렇듯 '아시아! 아시아!' 코너는 무엇보다 외국인 이주 노동자를 향한 따뜻하고 공감 어린 시선이 두드러진다. 그것은 기본적으로 온정(주의)적인 것인데, 따라서 시청자들은 그러한 시선에 자신을 정서적으로 일치시킨다. '아시아! 아시아!'가 오락 프로그램의 한 코너인 것을 감안한다면, 어쩌면 당연한 것이다.

물론 이주 노동자들을 위해 활동하는 신부나 수녀, 목사, 인권운동가, 자원봉사자 등의 입을 빌려 차별 없는 세상에 대한 꿈을 말하기도 하고, 이주 노동자를 위한 법과 제도의 개선을 촉구하는 목소리를 빼놓지는 않는다. 임금을 체불하거나 각종 공제를 핑계로 제대로 주지 않는 악덕기업주들에 대한 고발도 있다. 그 반대편에 그들을 도와주는 사람들이 또한 있지만.

이 밖에 '아시아! 아시아!'가 갖고 있는 미덕과 장점들이 있을 것이다. 그것은 일테면, 최소한 명시적으로는 국경과 피부색을 뛰어넘는 보편적 가치를 지향하고 있다. 또 일본의 한국 노동자(불법체류자) 문제를 짚어봄으로써(75회) 역지사지(易地思之)를 해보는 기회도 가질 수 있었다. 역지사지야말로 보편성으로 가는 징검다리와 같은 것일 테다. 한편 시청자들은 진행자 중 한 사람이 이주 노동자들의 고향을 찾아가는 여정을 통해 아시아 각 나라들과 그곳 사람들의 삶을 엿볼 수도 있다. 동시에 전통적인 가족의 완전 해체 시대를 맞이한 한국인들은 이주 노동자들의 가족애를 통해 가족의 의미를 다시 한번 생각해보게 된다. 또 붙임성 있고 겸손한 MC 박수홍·윤정수의 성의 있는 진행도 보기 좋다. 이따금 우스갯소리와 엉뚱한 행동으로 옆길로 새기도 하지만, 눈살을 찌푸릴 정도는 아니다. 차라리 약방의 감초처럼 필요한 것이리라. 어쨌든 오락 프로그램이니까. 또 진행자들의 캐릭터가 원래 그러니까.

## 3. 물음표?

이렇듯 '아시아! 아시아!'는 <!느낌표>의 코너들 중에서도 가장
그 프로그램 타이틀에 걸맞은 코너다. "……국경을 뛰어넘는 감동 프
로젝트!"라는 진행자의 끝맺음 멘트처럼, 시청자들의 가슴속에 감동
의 느낌표를 일으켜 세우기 때문이다. 그것은 어떤 보편적인 가치와
맞닿아 있는 것이기 때문일 수도 있고, 같은 아시아에 속해서인지,
혹은 과거 한국인들의 순진하고 소박한 심성을 돌아보게 하는 것이
어서 그럴 수도 있다. 확실히 이주 노동자들의 가족 상봉 모습이 한
국인이 정서와 비슷한 면이 있다.

그런데 '아시아! 아시아!'에는 느낌표만 있는 것이 아니다. 예민한
시청자들이라면, 때로 어떤 물음표들이 낚싯바늘처럼 뒷덜미에 걸려
잡아당김을 느끼게 된다. 뭔가, 석연찮은 게 있다. 과연 그게 뭘까?

### 코리안 드림?

'감동' 외에 '아시아! 아시아!'가 내건 모토는 '꿈'과 희망이다. 시
청자들은 이런 식의 내레이션과 자막을 보고 듣게 된다. "……코리안
드림, 절망이 아닌 희망이어야 합니다.", "절망이 아닌 희망의 코리
안 드림……."

이러한 말을 듣는 시청자가 예민한 사람이라면 어떤 낯간지러움을
느끼지 않을 수 없다. '코리안 드림'이라는 게 있다면, 그건 이주 노
동자들 스스로 발견해야 하는 것이지, 한국인들이 제시해주는 것이
아닐 것이다. 아니, 사실 지금은 한국인들이 자신의 '코리안 드림'을
(되)찾아야 할 때가 아닌가. 저 말들이 한국인들이 다른 누구가 아닌
바로 자신들에게 던지는 되뇜 혹은 자기 위안인 것 같다고 한다면,
나만의 착각일까? 어느 홈쇼핑 채널에서 내놓은 이민상품이 불티나

게 팔린 일이 한동안 화제가 됐던 것을 떠올리지 않을 수 없다.

다음과 같은 내레이션도 낯간지럽긴 마찬가지다. "언젠간 아들이 한국에서 발견한 필리핀의 미래를 짊어지고 돌아올 것이라고…….", "한국에서 발견한 스리랑카의 미래……." 마치 1960년대 미국에서 유행했던 단선적이고 단계론적인 발전이론의 메아리를 듣는 것만 같다. 그러나 한국은 필리핀이나 스리랑카의 미래가 아니다. 필리핀이나 스리랑카 역시 한국의 과거가 아니다. 일본이 한국의 미래가 아니고, 한국이 일본의 과거가 아니듯 말이다.

우리의 꿈과 미래는 바로 우리가 소중히 잘 가꿔나가야겠지만, 그들의 꿈과 미래는 그들에게 돌려줘야 한다. 그렇듯 서로의 차이로부터 나오는 다양성을 존중하고, 그 바탕 위에서 소통 및 교통(intercourse)을 확산시켜나가는 것이 필요하다.

### 희망의 땅, 절망의 땅?

물론 차이를 존중한다고 해서 그들과 우리 사이에 존재하는 공통점을 무시할 순 없다. 차별 없는 사랑과 동등한 대우와 같은 보편적 가치는 바로 그러한 공통점에서 나오는 것이다. 같음과 다름은 서로를 배경으로(against) 해서만 의미 있는 개념들이다. 한마디로 말해서, 우리는 모두 똑같은 인간이다. 아무리 서로 다를지라도.

'아시아! 아시아!'는 '내국인과 외국인의 동등한 대우', '차별 없는 사랑'("그들도 우리와 똑같은 사람이다")을 강조하지만, 은연중에 '희망의 땅 코리아'와 '희망이 별로 없는 나라들'을 대비시킨다. 앞에서 말한 인도인 라나 씨 편에서, 현지에서 인도를 소개하는 박수홍의 멘트는 인도가 많은 인도인들에게 '아무런 희망이 없는 나라'라고 까놓고 말한다. 박수홍 혹은 윤정수가 이주 노동자들의 고향집을 찾아가는 길은 역경에 가득 찬 여정이다. 몽골 출신 여성노동자 을지의 집을 찾아가는 윤정수는 진눈깨비가 내리는 밤 가로등 하나 없는 몽골 초원의 비포장 도로를 달리다 진창에 빠져 고생한다. 그는 미얀마 출신 노동자 산나잉의 가족을 데려오기 위해 방콕을 경유하여 미얀마로 들어가려다가 비자를 받지 못해 돌아온다. 스물세 살 여성노동자인 맴의 고향집이 있는 태국 북부 넝카이는 살인적인 더위로 윤정수를 괴롭힌다. 네팔 여인 건천의 시댁을 찾아가는 박수홍은 폭우 속에서 무섭게 흔들리는 경비행기 안에서 겁을 집어먹는다. 이미 숨을 거둔 라나의 빈민촌 집을 찾아가는 박수홍은 무거운 가슴을 부여안고 고생고생하며 먼 길에 오른다⋯⋯.

외국인 이주 노동자의 고향집으로 가는 여정은 고난의 길이다. 그 과정에서 미얀마, 방글라데시, 네팔, 필리핀, 스리랑카, 몽골, 인도네시아, 심지어 태국까지도 절망까지는 아니더라도 별 희망을 찾을 수 없는 곳으로 은연중에 비친다. 노골적으로 그렇게 말하는 것이 아니라, 카메라의 시선이 주로 그런 곳을 향한다. 대부분 그것은 저개발 혹은 비개발로 인한 가난과 비참함을 암시한다. 그런데 우리가 알아야 할 것이 있다. 외국인 이주 노동자들은 대부분 자기 나라에서도 가난한 지방 출신들이며, 거기에서도 더욱 가난한 대가족을 부양해야 하는 고달픈 처지라는 것을. 따라서 그들의 고향과 가족의 모습이 그늘진 것은 너무도 당연하다. 하지만 그들의 고국이 안고 있는 문제들 중 빈부격차나 도시와 농촌, 지역과 지역 간 불균등한 발전 같은 것은 한국도 똑같이 안고 있는 문제들이다. 그리고 네팔 같은 나라의 행복지수가 대한민국보다 한참 높다는 사실은 '개발과 비개발', 혹은 단선적인 발전론 같은 것으론 이해할 수 없는 것이다.

다시 우리는 이렇게 생각해볼 수도 있겠다. '아시아! 아시아!'가 '희망의 나라 코리아'와 이주 노동자들의 고국의 그늘진 현실과 대비시키는 것은 시청자들로 하여금 한국에 살고 있다는 사실에 조금은 안도하도록 만드는 것은 아닌가? 지금의 현실이 조금은 힘들더라도,

더 어려운 동남아시아의 각국의 현실과 대조함으로써 다시 희망을 채우도록 하는 것은 아닌가? 비록 제작진이 의도한 것은 아닐지라도, 우리 자신을 향한 일종의 무의식적인 복화술(複話術) 같은 것, 남에게 말하는 목소리와 자신에게 말하는 목소리가 겹쳐졌다는 의미에서의 그런 복화술 같은 것은 아닐까? 그렇다면 그러한 희망은 얼마나 현실적인 것인가?

아시아! 아시아?

이 코너의 제목 '아시아! 아시아!'는 한편으로 당연한 듯하면서도 다른 한편으로 곰곰 생각해볼수록 고개를 갸우뚱거리게 된다. 왜 아시아일까? 무엇보다 외국인 이주 노동자의 절대 다수가 아시아, 그중에서도 동남아시아 출신이기 때문일 것이다. 그러나 이주 노동자 문제가 문제인 것은 그들이 '아시아인' 이주 노동자로서가 아니라 '외국인' 이주 노동자로서 차별받고 있기 때문이다. 차별받는다는 점에서 그들은 아프리카 출신 노동자들과 다를 바가 없다. 실제로 한국에는 비록 소수이긴 하지만 나이지리아를 비롯한 아프리카 출신 이주 노동자들이 있다.

이런 면에서 '아시아! 아시아!'는 그 타이틀이 말해주듯, 일종의 오리엔탈리즘에 사로잡힌 기미가 없지 않다. 한국이라는 희망의 땅과 대비된 아시아 각 나라의 이미지는 곳곳에 불교·힌두교·이슬람교 사원들이 즐비한 신비한 나라, 시간의 화살이 비껴간 정체된 사회, 개발의 손길이 미치지 않은 처녀지와 같은 것이다. 세월의 먼지로 뒤덮인 그러한 나라와 사회들은 서구화된 한국의 근대성과 은연중에 대비된다. 시청자들은 근대화되기 전의, 개발되기 전의 과거 우리를 회고하듯 그들 사회를 연민에 찬 눈길로 바라본다. 따라서 우리는 그들의 미래가 되는 것이다.

## 자기위안?

바로 그 연민에 찬 눈길이 온정주의의 손길로 이어지는 것이다. 카메라는 자주 이주 노동자들이나 그들의 가족을 안타깝게 바라보는 진행자 박수홍과 윤정수의 눈길을 클로즈업한다. 때로 그 눈은 눈물로 그렁그렁하다. 그들의 시선과 동일시된 시청자들의 마음은 이주 노동자들에 한껏 감싸안고 또 마구 베풀고 싶어진다. 그러한 온정주의 그 자체는 결코 나쁜 것이라 할 수 없다. 다만 그것은 오래 지속될 수 없는 것이고, 모든 사람에게 확산될 수도 없는 것이라는 점이 문제다.

그러므로 '아시아! 아시아!'에 출연하는 여러 '외국인 노동자의 집' 운영자들도 말하듯, 법과 제도적인 차원에서 외국인 이주 노동자에 대한 합리적인 대책 마련이 절실하다. 그러한 법과 제도적 차원의 장치가 마련되지 않은 상태에서 '아시아! 아시아!'가 보여주는 온정주의적 시선은 자칫 우리 자신에게 일종의 면죄부를 부여하려는 집단 무의식적인 시도로서 분석될 수도 있다고 생각된다. 나쁘게 해석할 때, 그것은 '병 주고 약 주는' 행위이거나 일종의 자기변명으로써, 양심의 가책에 시달리는 우리 자신에게 스스로 위안거리를 제공하려는 것으로 볼 수도 있다.

## 카타르시스?

'저들 다른 아시안 사람들도 우리처럼 눈물이 많구나.' 이렇게 생각한 시청자들도 제법 있을 것이다. 아시아, 그러니까 동아시아와 동남아시아인들이 정말 공통적으로 눈물이 많은 것인지, 아님 그들의 유난히 고달픈 삶과 오랜 이별이 그토록 슬픈 것인지는 모르겠다. 그게 중요한 것은 아니다. 다만 그런 점이 한국인의 정서와 코드가 맞는 부분이 있다는 생각이다.

아니면 혹시 카메라가 이주 노동자와 그 가족들의 눈물과 울음을 지나칠 정도로 집요하게 클로즈업하기 때문인지도 모르겠다. 앞에서 말한, 인도 출신 중년 노동자 라나 씨의 죽음을 접한 가족들의 슬픔을 클로즈업과 슬로모션까지 동원해서 리얼드라마처럼 구성한 것은 비정하고 잔인하다는 생각이 들 정도였다. 물론 그러한 시선 속에 어떤 다른 동기가 섞여 있다는 식으로까지 말하고 싶지는 않다. 그렇더라도 한 가족의 가슴 아픈 사연이 낯선 나라의 안방 곳곳으로 적나라하게 까발려지는 걸 보는 것은 편치 않은 일이었다. 라나 씨 가족의 슬픔과 프라이버시도 어느 정도 존중해줬어야 하지 않았을까 생각한다.

아무튼, 만남의 기쁨과 이별의 슬픔으로 이주 노동자들은 눈물을 흘린다. 그 눈물은 빈번하게 클로즈업된다. 그때 함께 눈물을 흘리던 시청자들은, 그 눈물을 통해 정화되는 자신을 어렴풋이 느낀다. 그런데 그러한 눈물은 대개 흘리고 나면 그뿐이다. 사람들은 대부분 멀쩡한 표정으로 일상으로 복귀한다.

## 4. 끝맺으면서

그러나 나는 '아시아! 아시아!' 코너 하나만으로도 <!느낌표>가 좋은 프로그램이라고 생각한다. 그들의 사연을 보고 들으면서, 그들이 훨씬 가깝고 친근하게 다가오는 것을 느낀 시청자들도 많을 것이라고 생각하기 때문이다. 그렇다. 온정주의면 어떻고, 자기 위안, 카타르시스면 또 어떤가. 최소한 억지 웃음을 짜내는 숱한 오락 프로그램보다는 훨씬 낫다. 최소한, 이주 노동자들의 슬픈 사연들과 그 눈물 가득한 눈망울들은, 우리가 설령 부대끼는 삶 속에서 곧 잊어버렸을지라도, 가슴 어느 한 편에는 남아 있으리라. '오락 프로그램'으로서 이주 노동자들과 관련해서 할 수 있는 일을 나름대로 잘 하고 있다고 생각한다. 무엇보다 정말 가족을 데려와 상봉시켜주고 있지 않은가. 그것만큼 실질적이고 실속 있는 선물은 없을 것이다.

다만 차별대우에 시달리면서도 가족의 생계를 위해 고달픈 이국생활을 꾸려나가는 그들을 앞에 두고, '코리안 드림'이니 '한국에서 발견한 필리핀의 미래'니 하는 표현은 삼갔으면 좋겠다. 그 자체가 조금은 어쭙잖은 우월의식의 찌꺼기가 슬그머니 고개를 든 것이라는 생각이 들기 때문이다. 게다가 그것들은 사실 우리 자신의 현실을 더 돌아보라는 소리로도 들린다. 그리고 이왕이면 이주 노동자들의 나라와 고향을 좀더 많이 소개해줬으면 좋겠다. 그들의 문화, 그들의 역사, 그들의 자연…… . 그래야 일방적으로 베풀어주는 것을 넘어서 그들을 더 잘 알고, 더 가까이 갈 수 있을 것이다. '아시아! 아시아!'라는 타이틀에 더욱 걸맞게 될 것이다.

다른 이를 억압하는 이는 그 스스로도 자유로울 수 없다는 말이 있다. 우리 자신이 어려운 시절을 지나오지 않았던가. 또 앞으로 여러 가지로 아시아 각 나라는 다양한 분야에서 우리의 파트너가 될 것이다. 그들의 인권을 우리들이 소중하게 지켜줄 수 있었으면 한다. 우리 사회는 결국 편협함과 폐쇄성을 뛰어넘어 보편적 가치를 추구하는 그런 사회를 향해나가고 있다고 생각한다. 그리고 국가가 아니라 보통 사람들이 지금 그런 일을 해나가고 있다고 생각한다. <!느낌표>의 '아시아! 아시아!' 코너도 앞으로 계속 오락 프로그램다운 방식으로나마 그러한 흐름에 기여해주었으면 한다.

## 관습적인, 너무나 관습적인
2003 좋은 방송을 위한 시민의 비평상 수상집

ⓒ 방송문화진흥회, 2003

엮은이 | 방송문화진흥회
펴낸이 | 김종수
펴낸곳 | 도서출판 한울

편집 | 곽종구

초판 1쇄 인쇄 | 2003년 11월 20일
초판 1쇄 발행 | 2003년 11월 25일

주소 | 121-801 서울시 마포구 공덕동 105-90 서울빌딩 3층
전화 | 영업 326-0095, 편집 336-6183
팩스 | 333-7543
전자우편 | hanul@hanulbooks.co.kr (대표)
        plan@hanulbooks.co.kr (기획)
        edit@hanulbooks.co.kr (편집)
        marketing@hanulbooks.co.kr (마케팅)
        design@hanulbooks.co.kr (디자인)
등록 | 1980년 3월 13일, 제14-19호

Printed in Korea.
ISBN 89-460-3185-9 03070

* 가격은 겉표지에 있습니다.